RACHAEL TREASURE
Wo der Himmel beginnt

Buch

Rebecca Lewis führt zusammen mit ihrem Mann Charlie, den sie vor zehn Jahren geheiratet hat, die Farm ihres Vaters weiter. Auf »Waters Meeting« haben sie wundervolle Jahre verbracht, und das Glück gipfelte in der Geburt ihrer zwei Söhne Ben und Archie. Doch die Jahre haben auch tiefe Narben hinterlassen, und nun muss sich Rebecca den vielleicht größten Herausforderungen ihres Lebens stellen: Geldsorgen plagen die Familie, ihre Ehe scheint am Ende zu sein und ein schrecklicher Unfall stellt ihr Leben von der einen auf die andere Sekunde auf den Kopf. Rebecca muss mit ansehen, wie ihr gelebter Traum zu platzen droht. Kann sie die Kraft zurückgewinnen, die sie einst als junge Jillaroo hatte, um all das zu retten, was sie liebt und aufgebaut hat?

Autorin

Rachael Treasure wurde 1968 in Hobart/Tasmanien geboren. Sie studierte Agrarwissenschaft und Journalistik und arbeitete für eine Reihe regionaler Zeitungen und Zeitschriften, später auch als Reporterin für ABC-Radio. Mit ihren Kindern Rosie und Chalie lebt sie auf einer Farm im Süden Tasmaniens, wo sie Pferde, Kelpie-Hunde und Merinoschafe züchtet. Jeder ihrer Romane über das schöne und manchmal harte Leben in der Einsamkeit Australiens wurde zu einem großen internationalen Bestseller.

Außerdem von Rachael Treasure bei Blanvalet lieferbar:

Wo der Wind singt (08115)
Wo die Wasser sich finden (08116)
Tal der Sehnsucht (36563)
Wo wilde Flammen tanzen (37883)

Rachael Treasure

Wo der Himmel beginnt

Australien-Saga

Aus dem Englischen
von Theda Krohm-Linke

blanvalet

Die Originalausgabe erschien 2013
unter dem Titel »The Farmer's Wife«
bei Harper Collins Publishers, Sydney.

Verlagsgruppe Random House FSC® N001967
Das FSC®-zertifizierte Papier *Holmen Book Cream*
für dieses Buch liefert Holmen Paper, Hallstavik, Schweden.

1. Auflage
Deutsche Erstveröffentlichung April 2015
bei Blanvalet, einem Unternehmen der Verlagsgruppe
Random House GmbH, München
Copyright © 2013 by Rachael Treasure
Copyright © der deutschsprachigen Ausgabe 2015
by Blanvalet Verlag, München,
in der Verlagsgruppe Random House GmbH, München
Umschlaggestaltung und -illustration:
© Johannes Wiebel | punchdesign, unter Verwendung
eines Motivs von Shutterstock.com
Redaktion: Regine Kirtschig
ue · Herstellung: sam
Satz: DTP Service Apel, Hannover
ISBN: 978-3-442-35146-6

Besuchen Sie uns auch auf www.facebook.com/blanvalet
und www.twitter.com/BlanvaletVerlag.
www.blanvalet.de

Für Luella Meaburn,
meinen wahren Engel auf Erden
und Colin Seis,
den stillen Revolutionär der Graswurzeln.

Für meine Kinder
Rosie und Charlie Treasure, die mich leiten.

Und in Erinnerung an Träume,
die jetzt mit Pegasus in den Wolken schweben.

Ein Umweltschützer fragte einst einen weisen Guru:
»Was nützen all deine Gebete und Meditationen,
wenn du nichts tust, um all die Zerstörung um uns
herum aufzuhalten?«
Der Guru erwiderte ruhig: »Selbst wenn du alle
Flüsse, Meere, Erdböden und den Himmel reini-
gen könntest, so käme die Verschmutzung doch
immer wieder zurück, solange es dir nicht gelingt,
das menschliche Herz zu säubern.«

Wiedergegeben von Bhavani Prakash

Was wir heute sind, stammt aus unseren Gedanken
von gestern, und unsere gegenwärtigen Gedanken
bauen unser Leben von morgen auf; unser Leben
ist die Schöpfung unseres Geistes.

Buddha

Das ewig Weibliche zieht uns hinan.

Goethe

ERSTER TEIL

1

»Du hast behauptet, es sei eine Tupperware-Party!«

Rebecca Lewis verschränkte die Arme vor der Brust, so gut das mit zwei zottigen Terriern auf dem Schoß ging. Sie warf Gabs, die wie ein Feldwebel hinter dem Lenkrad des Land Rover hockte, einen finsteren Blick zu. Gabs blies ihren Zigarettenrauch aus dem Seitenfenster. Dann verzog sie die geschminkten Lippen zu einem schiefen Lächeln.

»Stell dich nicht so an.«

Die Frauen holperten über einen Feldweg, der während des ungewöhnlich nassen Winters ein einziges Schlammloch gewesen war, sich jetzt aber in eine trockene, mit tiefen Schlaglöchern versehene Sandpiste verwandelt hatte. Rebecca setzte sich ein wenig bequemer hin und ließ die Schultern hängen. Sie blickte nach draußen auf das trockene Buschland. In der Hitze des Abends wimmelte es nur so von Insekten.

»Ich dachte, es würde dich aufheitern«, fuhr Gabs fort.

»Mich aufheitern? Sehe ich so aus, als müsste ich aufgeheitert werden?« Rebecca betrachtete sich im staubigen Seitenspiegel. Auf ihrer Stirn hatten sich tiefe Sorgenfalten eingegraben. Ihre blonden, trockenen, an den

Spitzen brüchigen Haare hatte sie so nachlässig zu einem Knoten zusammengedreht, als wolle sie unter die Dusche gehen. Meine Haare sind so struppig wie das Fell der Terrier, dachte sie. Tränensäcke saßen wie Kissen unter ihren blauen Augen. Sie tippte dagegen. Ihre Fingernägel waren abgesplittert, und ihre Mundwinkel hingen nach unten.

Sah sie wirklich mit achtunddreißig schon aus wie eine verbitterte alte Frau? Sie schloss die Augen und zwang sich, tief durchzuatmen.

»So etwas muss einen doch einfach aufheitern!« Gabs reichte ihr eine Einladung. Bec betrachtete die Silhouette einer Frau, die bis auf hohe Stilettos nackt war. Die Frau hatte einen Schwanz und winzige Hörner wie ein Milchlämmchen. *Geile kleine Teufel* stand darunter. *Wir machen die Welt ein bisschen geiler. Australiens PartyPlan Nummer eins.*

»Tupperware-Party, du liebe Güte!« Rebecca verdrehte die Augen, musste aber unwillkürlich lächeln. Sie blickte durch die Windschutzscheibe in Richtung von Doreens und Dennis' Farm, die im nächsten Tal lag. *Vielleicht könnte diese Party ja ein Wendepunkt für Charlie und mich werden*, dachte sie hoffnungsvoll. Zehn Jahre Ehe, zwei kleine Jungen, der Tod ihres Vaters und eine Farm, die nicht lief. Charlie gab dem Wetter die Schuld, aber Rebecca wusste, dass es daran nicht lag. Ihre Familie lebte weit entfernt in der Stadt. Das waren ihre Mutter, Frankie, die kaum Notiz von ihr nahm, und ihr großer Bruder Mick, der sie immer noch behandelte, als sei sie zehn. Und natürlich erinnerte sie sich immer noch lebhaft an Tom. Seufzend schob sie Amber und Muppet von ihrem Schoß und griff nach Gabs' Zigarettenschachtel.

Gabs warf ihr einen besorgten Blick zu, als Bec sich eine Zigarette herausangelte. Mit zitternden Händen schob sie sie zwischen die Lippen und fluchte, als es ihr nicht gelang, das Feuerzeug zu zünden. So niedergeschlagen hatte sie sich seit Jahren nicht mehr gefühlt. Nicht mehr seit dem Tod ihres Bruders Tom.

»Oh Mann!« Entnervt warf sie das Feuerzeug auf das Armaturenbrett und steckte die Zigarette wieder in die Schachtel.

»Ist alles in Ordnung? Seit wann rauchst du denn?«

Bec zuckte mit den Schultern.

»Hier«, sagte Gabs und reichte ihr eine Flasche Bundy-Rum. »Vergiss die Fluppen, vergiss die Cola. Komm auf den Punkt.«

»Wir müssen morgen die Bäume schneiden. Und die Jungs müssen am Samstag zur Buschklinik. Es ist Zahntag«, sagte Bec und ergriff die viereckige Rumflasche.

»Zahntag? Schon wieder? Zum Glück hat Ted noch keine Zähne und Kylies habe ich erst letzten Monat nachschauen lassen, als wir in der Stadt waren. Komm, du Weichei! Hör dir doch mal selbst zu!« Gabs gab jammernde Laute von sich – eine Parodie von Rebeccas Klagen über Charlie, die Farm, das Wetter.

»Du liebe Güte, Bec, spring endlich über deinen Schatten! Du musst das Beste aus deinem Schicksal machen, Prinzessin!«

Rebecca blickte durch die Akazien, die in der Hitze

die Blätter hängen ließen, zu den Eukalyptusbäumen und zog den Korken aus der Flasche. Amber schnüffelte an der Rumflasche und wedelte mit dem Schwanz.

»Nichts für dich«, sagte Rebecca sanft. Sie nahm einen tiefen Schluck und verzog das Gesicht, als der Alkohol brennend durch ihre Kehle rann.

Gabs blickte sie an. »Ich weiß ja, dass es in letzter Zeit hart für dich war. Die Jahreszeiten sind einfach durcheinander und … na ja. Aber gib dir einen Ruck! Du hast bestimmt Spaß heute Abend. Und ich habe nicht meine ganze Milch für Teds Fläschchen abgepumpt, damit du dich jetzt drückst.«

Der Tonfall ihrer Freundin klang humorvoll, aber Bec wäre es lieber gewesen, sie würde strenger mit ihr reden. Sie brauchte einen Tritt in den Hintern. An einen rauen Umgangston war sie gewöhnt. Wieder dachte sie an Charlie. Wütend war er heute Nachmittag aus der Küche gestürmt und hatte sich in seinen gelbgrünen John Deere mit den Doppelrädern gesetzt. Sie stellte sich vor, wie er im schwindenden Licht des heißen Tages immer im Kreis fuhr, um einen Weg über die Weide zu bahnen. Eine Weide, die er auf ihre Bitte hin nicht pflügen sollte.

Früher einmal hatte Rebecca Traktoren geliebt. Und sie hatte es geliebt, wenn Charlie darauf saß. Wie süß das Heu in den ersten Sommern ihrer Ehe in Waters Meeting geduftet hatte. Die großen, runden Ballen, die hinten aus dem New Holland heraus auf die grüne Wiese rollten. Dann ging die Tür der Fahrerkabine auf, und Charlie erschien wie ein sonnenverbrannter Gott. Mit seinen Stie-

14

feln kletterte er sicher herunter, die goldenen Härchen auf seinen gebräunten Beinen waren von einem feinen Staubfilm bedeckt. Seine Zähne schimmerten weiß in der Sonne, als er lächelnd auf sie zutrat, um sie zu küssen. Sie dachte daran, wie er ihr den Frühstückskorb abnahm und ihn auf die frisch gemähte Wiese fallen ließ, dann drückte er sie mit dem Rücken hart an das riesige Rad des Traktors und küsste sie leidenschaftlich. Seine Hände glitten unter ihre Bluse, und der Geruch des sonnenwarmen Reifengummis machte den Moment noch sexyer. Mit den Händen drückte er ihre Beine auseinander, die glatt und honigbraun waren. Sommerliebe. Die Liebe Frischverheirateter. Traktorliebe.

Rebecca schüttelte die Erinnerung ab. Das war schon lange vorbei. Die Farm und der Fluss hatten die Oberhand gewonnen, und ihre Seele war vertrocknet – genau wie die Magie zwischen ihr und Charlie. Nichts konnte sie mehr aus der Erstarrung reißen, die nach der Geburt ihres zweiten Sohnes sogar noch tiefer geworden war. Nichts, abgesehen von ihren Treffen mit Andrew Travis. Durch ihn hatte ihre Welt sich vollkommen verändert. Alles fühlte sich anders und neu an. Sie biss die Zähne zusammen, bis ihr Kiefer schmerzte. »Vielleicht sollte ich doch einmal Anti-Depressiva nehmen.«

Gabs drückte ihre Zigarette im überquellenden Aschenbecher aus. »Vielleicht solltest du dir einfach einen riesigen Dildo zulegen!«

Der Rum wärmte sie von innen, und Rebecca musste lachen. Muppet und Amber kletterten wieder auf den Sitz und hockten wie zwei Ugg-Stiefel auf ihrem Schoß.

Sie griff über die Hunde nach dem Katalog von *Geile kleine Teufel*, der auf dem Armaturenbrett lag, und begann, ihn durchzublättern. »Was ist denn überhaupt ein Gel-Butt-Plug oder ein G-Punkt-Streichler?«, fragte sie und zog die sommersprossige Nase kraus.

Gabs zuckte mit den Schultern. »Keine Ahnung, aber wir werden es bestimmt herausfinden!« Sie trat das Gaspedal durch, und der Land Rover schoss über einen Abflussgraben. Sie kreischten beide, als der Wagen kurz abhob. Mit einem dumpfen Schlag landeten sie auf der anderen Seite. Die Zigarettenschachtel fiel vom Armaturenbrett, die Krallen der Hundepfoten bohrten sich in Becs Oberschenkel, und das Walkie-Talkie rutschte auf den Boden. Als sie weiterfuhren, brachen die beiden Frauen in lautes Lachen aus.

»Fickzubehör, wir kommen!«, schrie Rebecca.

2

Charlie Lewis trank einen Schluck aus seiner kleinen Bierflasche, dann stellte er sie in den Getränkehalter neben sich und stieß einen Rülpser aus. Er ließ den Motor seines Traktors aufheulen und war rundum zufrieden mit seiner Wahl. Warum sollte er sich mit einem 224 PS starken Gerät begnügen, wenn er eins mit 300 PS haben konnte? Außerdem hatte er Rebecca schon mehrmals gesagt, dass er einen Dieselgutschein vom Händler bekommen würde, wenn er den Traktor vor Ende Januar kaufte. Und obendrauf gab es auch noch *zwei* neue iPhones!

»Eines für Ihre Frau«, hatte der Händler fröhlich gesagt.

Charlie blickte prüfend auf sein Handy, um zu sehen, ob er Empfang hatte. Er würde jetzt gerne Murray anrufen, um ein bisschen über den neuen Deere zu quatschen.

Oben am Fluss war der Empfang besser. Er würde noch eine Runde drehen, bevor er ihn anrief. Die Digitaluhr im Traktor stand auf 20.36 Uhr, genau wie die Uhr in seinem iPhone. Er tätschelte das Armaturenbrett des Deere.

»Du Legende«, sagte er zu ihm.

Murray, der heute mit dem Scheren bei den Clarksons fertig geworden war, war bestimmt schon auf der Abschiedsparty der Scherer im Dingo Trapper Hotel. Charlie wäre auch gerne dorthin gegangen, aber wenn er an den Nachmittag zurückdachte, kam er zu dem Schluss, dass es wohl besser wäre, es bei seiner Frau nicht zu weit zu treiben. Sie war immer noch sauer auf ihn, weil er nach dem Krickettraining am Donnerstag erst um zwei Uhr heute früh nach Hause gekommen war.

Charlie dachte daran, dass Rebeccas Hinterteil in der Jeans überraschend breit gewirkt hatte, während sie in den Küchenschränken herumgekramt hatte.

»Warum finde ich bloß diese verdammten Deckel nicht?«, hatte Rebecca geklagt. »Nie sind die Dosen komplett. Und warum muss man auf jede verdammte Party hier in der Gegend etwas zu essen mitbringen? Wahrscheinlich sind die meisten meiner Vorratsdosen im ganzen Bezirk verstreut! Und jetzt soll ich heute Abend noch mehr Behälter auf einer blöden Tupperware-Party kaufen! Ich kapiere es einfach nicht!«

»Du kapierst in der letzten Zeit gar nichts mehr«, hätte Charlie am liebsten gesagt. Aber er biss sich auf die Zunge.

In ihrem Zorn schepperte Rebecca für Charlies Geschmack ein bisschen zu laut mit den Dosen herum. Der Schrank mit den Plastikbehältern war gefährliches Gebiet. Hier hatte er schon die übelsten Wutausbrüche seiner Frau erlebt. Vor allem, wenn der Schulbus gleich kam und Bens Pausenbrot noch nicht gemacht und eingepackt war. In dieser Phase biete ich besser keine Hilfe an, dachte er. Er lehnte sich auf der Bank zurück, steckte die Hände in die Taschen und betrachtete die Vorderseite seines blaukarierten Flanellhemds, das über seinem Bauch spannte. Bec, die auf dem Boden kniete und eine blaue Eiscreme-Schachtel, ebenfalls ohne Deckel, auf dem Schoss jonglierte, sah er lieber nicht an. Ihre Schultern waren heruntergesunken und bebten.

Ach du liebe Scheiße, dachte Charlie, weint sie etwa? Wegen Dosen ohne Deckel? Oder lacht sie? Er biss sich auf die Lippen und trat zu ihr. Irgendetwas musste er jetzt wohl doch tun.

»Ach, komm, Bec, es tut dir bestimmt gut, zu Doreen zu fahren. Kauf dir doch einen neuen Satz Dosen. Und halt ein bisschen Ordnung. Dann gibst du auch weniger Geld für Lebensmittel aus.«

Bec fuhr herum und funkelte ihn wütend an. Charlie hob die Hände, als müsse er sich in Sicherheit bringen. »Ich wollte dir nur helfen.«

Bec richtete sich auf. »Helfen? Das nennst du *helfen*? Das klingt eher nach Bevormunden.«

»Ich … ich …«, stammelte er.

»Seit wann dreht sich eigentlich mein Leben nur noch um Tupperware und unaufgeräumte Schränke, Charlie?« Tränen traten ihr in die himmelblauen Augen, und sie verzog schmerzerfüllt das Gesicht. Sie warf den Behälter heftig nach ihm. Er fing ihn auf wie ein Rugbyspieler und drückte ihn an den Bauch.

Verständnislos starrte er sie an. »Was habe ich denn damit zu tun? Ich reiße mir hier den Arsch für *dich* und für *deine* Farm auf.«

»Du kapierst es einfach nicht, was?«

»Was soll ich denn kapieren, Bec? Du bist immer nur wütend. Du bist immer nur traurig. Da kann ich doch nichts dazu.«

»Fragst du dich eigentlich nie, *warum*?«

Charlie zuckte mit den Schultern.

»Vielleicht könnte es etwas mit dem Zweihunderttausend-Dollar-Traktor zu tun haben, den wir uns nicht leisten können«, fuhr Bec fort. »Du liebe Güte, Charlie! Ein Traktor, den wir gar nicht brauchen. Und dann gehst du auch noch hin und kaufst einen brandneuen Scheiß-Pflug. Und ich sitze hier fest! Stecke fest in diesem verdammten Haus.«

»Irgendjemand muss ja schließlich die Hausarbeit machen. Und du findest vielleicht, dass wir die Geräte nicht brauchen, aber *ich* bin da anderer Meinung.«

»Warum muss ich denn gerade die Hausarbeit machen? Das war nicht abgemacht. Und du weißt doch, wie ich übers Pflügen denke. Hast du mir eigentlich nicht zugehört, als ich das über die Böden und die Direktsaat gesagt habe? Seitdem ich Andrews Theorien kenne, wollte ich hier nie wieder ein Stück Land umpflügen!«

Charlie, der ihre schlechte Laune bis jetzt gleichmütig ertragen hatte, wandte sich ab und schloss einen Moment lang die Augen. Dann öffnete er sie wieder und warf ihr einen finsteren Blick zu. »Oh ja! Das stimmt! Andrew, Andrew, Andrew … dein Gott des landwirtschaftlichen Wandels!«, sagte er sarkastisch. »Lass deinen Ärger doch nicht an mir aus, nur weil ich von deinem blöden esoterischen Anbauquatsch nichts halte! Du willst mich doch nur fertigmachen.«

»Das stimmt nicht!«

Charlie warf die Eiscreme-Schachtel wieder auf sie zu. »Halt endlich den Mund, Rebecca«, spuckte er aus. »Such dir einen anderen Babysitter für die Jungs. Ich gehe pflügen.« Er drängte sich wütend an ihr vorbei und versetzte ihr dabei einen Schlag auf die Schulter. Dann marschierte er hinaus und knallte die Tür hinter sich zu.

In der Dämmerung sahen die Krähen mit ihren gro-ßen Flügeln aus wie Vampire, die über die Erdklumpen glitten. Sie stritten sich mit den weißen Kakadus, die mit empörtem Kreischen die dunklen Rivalen zu vertreiben versuchten. Seufzend blickte Charlie in den Rückspiegel und betrachtete die Falten um seine grünen Augen und die Geheimratsecken in seinen früher so dichten Haaren. Wo waren die Jahre nur hin?

Und warum hatte er das Gefühl, hier nur seine Zeit zu vergeuden? Auf dieser Farm, die ihm nie gehört hatte. Waters Meeting. Rebeccas Farm.

Er fuhr mit den ölverschmierten Fingerspitzen über seinen rundlichen Bauch und kratzte sich durch den Stoff der blauen Weste. Was war denn schon dabei, wenn er ein bisschen zu dick war? Ein paar Bier schadeten doch niemandem. Ständig machte Rebecca ihm Vorhaltungen we-gen seiner Ernährung. Den Kindern setzte sie Salat vor, den sie im Gemüsegarten angebaut hatte, er holte dann erst recht die Tüte mit den Pommes aus dem Tiefkühler und machte sich dazu ein paar Teigtaschen warm.

»Was ist denn falsch daran, wenn man nur Erbsen,

Mais, Karotten und Kartoffeln essen will?«, fragte er eines Abends und schob den mit Käse überbackenen Blumenkohl beiseite, den sie ihm hingestellt hatte.

»Für die Jungs ist es jetzt ganz wichtig, dass sie gut ernährt werden«, sagte sie.

Er drehte den Deckel von einer Cola-Flasche auf, freute sich an dem lauten Zischen und beobachtete sie, während er provokativ direkt aus der Flasche trank.

Wütend verdrehte sie die Augen und wandte sich ab. Sie war so leicht auf die Palme zu bringen. Ach, scheiß drauf, dachte er. Sie war so verdammt selbstgerecht.

Die ersten Jahre ihrer Ehe waren schön gewesen, und dass er hauptsächlich Fleisch und Kartoffeln mit Erbsen, Mais und Karotten aß, war nie ein Thema gewesen. Damals hatte es ihr nichts ausgemacht. Sie war ein prima Mädchen, und während ihrer gemeinsamen Zeit auf der Landwirtschaftsschule war ihre Beziehung zu einer tiefen Freundschaft gereift. Als er nach Waters Meeting zog, war er zutiefst erleichtert gewesen, dem eigenen familiären Elend auf der Farm seiner Eltern im Westen entkommen zu sein.

Nachdem Bec und er geheiratet hatten, hatte er sich mit Becs Vater Harry, der ganz in Ordnung war, die Farmarbeit geteilt. Der alte Mann hatte seit einem Unfall beim Zaunbau nur noch einen Arm gehabt. Er hatte meistens mit Rebecca besprochen, was auf der Farm geschehen sollte, und hatte Charlie in Ruhe gelassen. In den letzten Jahren war er schon zu krank gewesen, um überhaupt noch mitzuarbeiten, und er hatte sich die meiste Zeit in seiner Holzhütte aufgehalten. Nach seinem Tod hatte sich Rebecca jedoch verändert. Sie wirkte ruhelos und frustriert. An manchen Tagen war ihre schlechte Laune kaum zu ertragen.

Dann war der verdammte Andrew Travis mit seiner Direktsaat und seinen Seminaren über ganzheitliches Weiden Rebecca zu Kopf gestiegen, und auf einmal begann sie, ihm Vorschriften zu machen, wie er die Farm führen sollte. Sie warf mehr als zehn Jahre seines guten Managements einfach über Bord, und alles wegen so eines Gurus aus Queensland, der ständig über regenerative Landwirtschaft und den Nutzen aus nicht intensivem Ackerbau schwafelte.

Zwar war auch Charlie klar, dass Waters Meeting nicht allzu große Erträge abwarf, aber Bec musste doch sehen, dass ihre Ernten immer noch besser waren als die der anderen Farmen im Distrikt. Er konnte sich noch gut an die Anfänge ihrer Beziehung erinnern, als sie ihn als »Erntemanager« und natürlich ihren Freund vorgestellt hatte.

In den ersten Jahren war alles gut gegangen. Sie hatten ihr Heu, das sie auf den üppigen Luzerne-Feldern geerntet hatten, in schicke Ställe nach Japan exportiert. Sie waren sogar für einen Monat nach Tokio gereist, um mit eleganten Kunden aus dem Renngeschäft zu verhandeln, die zwar kein Wort Englisch sprachen, aber Sake in rauen Mengen kippen konnten. Nach fünf Jahren hatte die australische Regierung ihnen dann die Wasserrechte weggenommen, weil angeblich Hunderte von Kilometern flussabwärts von der Farm der Salzgehalt im Boden zu hoch war. Aber Charlie wusste, dass es eher etwas

23

mit politischem Druck zu tun hatte, nachdem in einer Dokumentarsendung im Fernsehen zur besten Sendezeit über das Übel der Bewässerung geredet worden war. Sie stellten ihnen einfach das Wasser ab, und Waters Meeting war über Nacht Trockenland geworden. Also mussten sie wie damals, als Bec von der Landwirtschaftsschule zurückgekommen war, ganz von vorne anfangen, um die Farm am Leben zu halten.

Mitten in ihrem Rechtsstreit über die Wasserrechte war Rebecca schwanger geworden. Sie ging damals ärgerlich gelassen mit der Situation um. Sie meinte, das Bewässerungsverbot sei »vom Schicksal so gewollt«. Ihr sei mit der Zeit klar geworden, dass es ihr nicht gefiel, das Heu um die ganze Welt zu verschicken. Das sei nicht gut für die Umwelt, hatte sie gesagt.

Diese blöden Frauen, die ständig ihre Meinung änderten, dachte Charlie wütend. Zuerst hatten sie sich ein Bein ausgerissen, um das Ganze zum Laufen zu kriegen, und dann wurde seine Frau auf einmal eine Grüne. Was war bloß mit ihr los? War den Leuten denn nicht klar, dass Farmer die Nation ernährten? Und dass man sie entsprechend unterstützen sollte?

Charlie blickte erneut in den Rückspiegel und beobachtete, wie der Pflug saubere Erdreihen auf der trockenen Weide aufwarf, die er letzte Woche erst mit Unkrautvernichter besprüht hatte.

Die oberste Schicht wurde von einem leichten Wind aufgewirbelt. Er verzog den Mund. Der Boden war viel zu trocken zum Säen: Bec hatte recht. Sein Bauchgefühl sagte ihm, dass das, was er tat, falsch war, aber er konnte einfach nicht anders. Staub aufzuwirbeln war immer noch besser, als zu Hause zu hocken und Ben und Archie beim Streiten zuzugucken. Leise Schuldgefühle stiegen in ihm auf, denn er wusste, wie sauer die Jungs sein würden, weil sie wieder einmal über Nacht bei Mrs. Newton, ihrer alten Nachbarin, abgeladen worden waren. Er hätte sie eigentlich mitnehmen können. Sie hatten den neuen Traktor so aufregend gefunden.

Charlie trank sein Bier aus und verdrängte den Gedanken. Er beschloss, sich lieber auf den neuen Traumtraktor zu konzentrieren. Alles daran war toll, von der riesigen Glastür, die man aufschieben konnte, bis zu dem freien Blick aus der fast völlig verglasten Fahrerkabine. Der massive John Deere war so schnittig und modern, dass er eher aussah wie eins von Bens *Star-Wars*-Fahrzeugen als wie eine Landmaschine. Er hatte noch nicht einmal ein Armaturenbrett, sondern ein »Display für die Kommandozentrale«. Es gab sogar ein Kreiselgerät, das automatisch die Steuerung ausglich, wenn Charlie schnell die glatteren Schotterstraßen in Waters Meeting entlangfuhr. Er hätte ihn nur zu gerne einmal auf der frisch asphaltierten Hauptstraße ausprobiert. Außerdem gewährleistete das GPS, nachdem er erst einmal begriffen hatte, wie er es einsetzen musste, dass seine Furchen absolut gerade und gleichmäßig wurden.

Er griff nach seiner vierten Bierflasche und öffnete den Bügelverschluss. Das leise Ploppen des Federmechanismus machte ihm Spaß. »Da bekomme ich ja fast einen Steifen«, dachte er frech. Vergnügt prostete er sich im Rückspiegel zu und zog eine Augenbraue hoch.

Als er oben auf der Weide um die Ecke bog, meldete sein Handy eine Nachricht. Murray schickte eine SMS. Im Fur Trapper, dem Spitznamen der Einheimischen für das Dingo Trapper Hotel, sei es brechend voll. Charlie schrieb zurück, dass er heute Nacht an der Kette liege. Er hätte eben eine zänkische Frau. Aber dafür einen verdammt schönen Traktor.

Als die Sonne unterging und er das fünfte Bier intus hatte, überfiel Charlie eine seltsame Mischung aus Langeweile und Ausgelassenheit. Wie auf ein Stichwort meldete sein Handy erneut eine SMS. Er holte es aus der Hemdtasche.

Er lächelte, als er Janine Turners Foto auf dem kleinen Bildschirm sah. Sie trug ein violettes Etwas aus Seide, und aus ihrem offenherzigen Ausschnitt ragte eine Art schwarze Salami heraus. »Komm mich nachher abholen, Cowboy!«, lautete die Nachricht.

Charlie Lewis trank den letzten Schluck Bier. Er hielt an und griff grinsend nach der Schnalle seines Gürtels. Was war gegen ein kleines Spielchen schon einzuwenden? Janine war immer dafür zu haben. Er würde ihr ein hübsches Foto von seinem Schaltknüppel schicken. Das würde ihr bestimmt Spaß machen.

3

Doreen und Dennis Groggans Farm lag auf einem über-
weideten Gelände in einem schmalen Tal. Durch dieses
Tal floss ein gewundenes Flüsschen, das in der Regenzeit
den größeren Rebecca River im Osten speiste, der Fluss,
nach dem Rebecca benannt war. Die Farm der Groggans war klein und armselig, umgeben von Buschland,
das sich über felsige Hänge zog. Das Land und die ab-
gelegene Lage machten die Farm wenig profitabel, deshalb fuhr Dennis an den Werktagen den Schulbus und
Doreen arbeitete als Putzfrau in der Schule. Dem Zustand des Hauses nach zu urteilen, konnte Doreen Dinge
ganz gut in Ordnung halten, dachte Rebecca.

Zu ihrer Silberhochzeit hatte Dennis die Schindeln am
Haus für Doreen gelbgrün gestrichen, die Farben ihres
Wellensittichs hatten ihn dazu inspiriert. Rebecca be-
trachtete das gepflegte, aber völlig überladene Haus mit
Garten. Die Farbe erinnerte sie weniger an einen Wellen-
sittich als vielmehr an eine Eiterbeule bei einem Schaf.

»Was wäre denn an Cremefarben oder Weiß so falsch
gewesen? Das sieht einfach geschmacklos aus«, sagte
sie und verzog das Gesicht. Vorsichtig fuhren sie um
Doreens Kreis von Koniferen, strategisch platzierten
Steinen, Wagenrädern und Betonfiguren herum.

»Jetzt hör auf herumzunörgeln«, wies Gabs sie streng zurecht.

Rebecca ließ beschämt den Kopf hängen. Warum war sie nur ständig so schlecht gelaunt? Und war es wirklich nur eine Laune? In der letzten Zeit kam es ihr eher so vor, als ob es ihr *Daseins*zustand wäre. Als ob sie immer schon so gewesen wäre.

Die meisten Gäste waren bereits eingetroffen, auf dem trockenen gelben Rasen im Vorgarten standen zahlreiche staubige Kombis und Lieferwagen. Rebecca verdrehte die Augen, als sie die dunkelhaarige Janine Turner auf ihren goldglänzenden »Fick-mich«-Stilettos aufs Haus zustöckeln sah. Sie zog ein violettes Negligé über ihre breiten Hüften, während sie mit der anderen Hand eine Schüssel mit Maischips, ihre Handtasche und eine violette Reitgerte balancierte. Sie winkte ihnen fröhlich zu, als sie parkten.

»Ach, du liebe Güte! Sieh dir das an!« Rebecca verzog das Gesicht. »Von einem Kostümfest hast du gar nichts gesagt.«

»Dann wärst du ja auch nicht mitgekommen.« Gabs löste ihren Gurt, drehte sich nach hinten und zog eine Plastiktüte nach vorne. »Ta-da!«, sagte sie und leerte den Inhalt der Tüte auf Becs Schoß. Rebecca verzog erneut das Gesicht, als sie die Kleidungsstücke inspizierte. Ein silberner Paillettenrock mit Federbesatz, ein orangefarbener bauchfreier Schlauch als Oberteil, rote High Heels und rote Netzstrümpfe.

»Und? Wie gefällt dir dein schickes Kostüm? Den Rock habe ich aus einem von Kylies Prinzessinnenkleidern aus der Verkleidungskiste gemacht. Du darfst es ihr aber nicht sagen. Sie kriegt einen Anfall. Und die Schuhe habe ich bei eBay erstanden. Ich glaube, es war ein bisschen Babyöl drauf oder so, aber ich habe sie sauber gemacht.«

»Du machst Witze, oder?«

»Halt den Mund, und zieh dich um.« Gabs grinste. »Sonst fällst du auf.«

»Das wäre ja nicht das erste Mal.«

»Du könntest dich einfach bei mir bedanken«, erwiderte Gabs. »Wo bleibt deine Dankbarkeit?«

Rebecca schüttelte den Kopf. Sie wusste ja, dass ihre Freundin recht hatte. Was war nur mit ihr los? Früher hatte sie immer genau gewusst, wo ihr Platz im Leben war. Sie war nie zu irgendwelchen Frauentreffen gegangen, sondern lieber draußen auf der Weide oder höchstens mal im Pub gewesen. Natürlich hatten sie zu dritt über jede Entscheidung diskutieren müssen, ihr Vater, Charlie und sie, aber am Anfang war die Farm ein gemeinsamer Traum gewesen. Dann waren die Kinder gekommen, und das Leben hatte sich verändert. Sie fuhr zwischen Spielgruppe, Arztterminen und wohltätigen Damenkränzchen hin und her, während die Männer sich um die Schafe kümmerten. Staubwolken verdeckten ihr die Sicht auf die Welt.

Sie blickte in den Rückspiegel und sah im Geiste die beiden kleinen Jungen in ihren Kindersitzen, Ben mit seinen dunklen Haaren und den ernsten braunen Augen und Archie mit seinen blonden Löckchen, den blauen Augen und den Grübchen in den Wangen. Sie liebte sie von ganzem Herzen, aber die alltäglichen Pflichten zermürbten sie. Außerdem war da noch Charlie. Rebecca zügelte ihre Gedanken, so dass sie wie ein gut zugerittenes Pferd auf der Stelle stehen blieben. Stattdessen glitten sie unwillkürlich und voller Hoffnung zu Andrew, bis sie erneut im Geiste auf die Bremse trat. Er ist nur ein Freund, sagte sie sich.

Halt den Ball flach. So flach, wie ihr Atem geworden war. So flach wie ihr Leben.

»Sitz nicht tatenlos herum«, forderte Gabs sie auf, die gerade blauen Glitzerlidschatten auf ihren Augenlidern verteilte. Dann versuchte sie, sich ein besonders langes Hexenhaar am Kinn mit Daumen und Zeigefinger auszureißen. »Du musst dich noch aufbrezeln.«

»Und was ist mit dir?«, fragte Bec. Zögernd schlüpfte sie aus ihren Stiefeln und zog sich die Socken von den heißen, geschwollenen Füßen. »Du bist überhaupt nicht verkleidet.«

Gabs warf ihr einen Seitenblick zu, dann zog sie mit einem verführerischen Grinsen ihr übergroßes T-Shirt aus.

»Ta-da!«, sagte sie wieder. Darunter trug sie ein schwarz-rotes Mieder. Ihre weißen Brüste quollen aus den spitzenbesetzten Körbchen heraus. Weil sie normalerweise bei der Arbeit ein Männerunterhemd trug, sah sie aus wie ein braun und weiß angestrichenes Pferd.

»Frank wird ganz scharf auf mich, wenn ich mich so anziehe. Vor ein paar Tagen haben wir ein paar Whiskey getrunken, und dann sagte er mir, ich solle mich ausziehen und nur die Cowboystiefel anlassen. Und ich …«

»Hör um Gottes willen auf!«, stöhnte Bec und hob lächelnd die Hand. Aber innerlich verzog sie das Gesicht. Wie lange war es schon her, seit Charlie und sie so herumgealbert hatten? Seit Bens Geburt vor sechs Jahren? Oder noch länger? Sie wusste es nicht mehr. Sie erinnerte sich nur noch an die kalte Wand seines Rückens und die leidenschaftslose Art, mit der er in den frühen Morgenstunden nach ihr griff, wenn ihr Körper noch bleiern vor Erschöpfung war. Ohne Liebe oder Gefühl drang er in sie ein, und nach ein paar Stößen war schon wieder alles vorbei. Wenn er sie berührte, spürte sie eine Aggression in ihm, die jeden Kontakt zu ihr trübte. Sie rieb sich die Schulter. Er hatte sich in der Küche so heftig an ihr vorbeigedrängt, dass sie bestimmt einen blauen Fleck hatte. Es war nicht das erste Mal, dass er sie voller Wut angerempelt hatte.

Als sie die Netzstrümpfe anzog, stieg Scham in ihr auf, weil sie in ihrer anscheinend funktionierenden Ehe ein so enttäuschendes Sexleben führte. Auf der Nachbarfarm trieb Gabs es mit ihren bestimmt achtzig Kilo nackt in Cowboystiefeln mit Frank, der nach zehn Jahren Ehe noch beleibter war. Frank und Gabs schienen wirklich verrückt nacheinander zu sein, abgesehen davon, dass sie sich von Zeit zu Zeit zankten. Sie hatten sich auf Charlies und Rebeccas Hochzeit kennengelernt. Gabs, ihre beste Freundin von der Landwirtschaftsschule, war eine der Brautjungfern gewesen, und Frank war eingeladen worden, weil er eine Farm in der Gegend besaß. Nach der Hochzeit hatten sie sich hinten auf einem Lieferwagen eine Schachtel Bier geteilt, und dabei war der Funke übergesprungen. Kurz darauf zog Rebeccas College-Freundin in ihre Nähe und heiratete ihren Nachbarn. Damals hatten beide Mädchen geglaubt, einen guten Griff getan zu haben. Aber jetzt nicht mehr, dachte Rebecca. Nur eine von ihnen hatte es richtig gemacht. Sie selbst saß jetzt praktisch als verheiratete alte Jungfer hier. Als Rebecca in die roten Schuhe schlüpfte, stellte sie fest, dass ihre weißen Socken durch die Netzstrümpfe immer noch zu sehen waren, obwohl sie sie ausgezogen hatte. Ihre Beine waren nur bis zu den Knöcheln gebräunt. Genau wie Gabs hatte auch sie in den Schwangerschaften zugenommen, und sie fand, dass ihre Oberschenkel in den engen Strümpfen ein bisschen aussahen wie Weihnachtsschinken.

Als sie sich in den Paillettenrock und das Schlauchoberteil, aus dem ihr wabbeliger Bauch hervordrängte, gezwängt hatte, krümmte Gabs sich vor Lachen. Sie stolperte auf ihren Sandalen mit den Korkplateausohlen über den Rasen und hielt sich die Seiten.

»Du siehst heiß aus, Bec! Heiß. Heiß, heiß, *verdammt heiß*!«

Bec zog den Bauch ein, richtete sich kerzengerade auf und zeigte ihrer Freundin den Mittelfinger. Sie ging nach hinten und holte die Dips und Crackers aus dem Wagen, die sie einfach in einen silbernen Alubehälter gelegt und mit Frischhaltefolie bedeckt hatte.

»Ich sage dir, so angezogen könnte ich eine Menge Geld im Fur Trapper Hotel verdienen. *Jede Menge Geld!*«

Sie ließen die Fenster ein wenig herunter, damit die Hunde Luft bekamen, und stellten ihnen Wasser hin.

Dann trat Gabs zu ihr. »Das war ernst gemeint. Du siehst wirklich heiß aus. Vielleicht könnten wir beide am Bauch ein bisschen abnehmen, aber sieh doch nur, was wir für Muskeln haben!« Sie beugte die Arme. »Frank liebt meine Muckis. Seit wir das Heu verladen haben, sind sie besonders ausgeprägt. Wir haben für die neuen Rennställe sechshundert kleine Ballen gemacht. Sie haben gesagt, nächsten Sommer verdoppeln sie den Auftrag, bis ihre eigenen Weiden so weit sind.«

Bec verzog das Gesicht, weil Gabs schon wieder erwähnte, wie sehr Frank ihren Körper liebte. Nahm Charlie ihr Aussehen überhaupt noch wahr?

Gabs bemerkte den Stimmungswechsel ihrer Freundin sofort. »Es wird schon wieder alles gut«, sagte sie und zog sie leicht an sich. Bec spürte, wie ihr die Tränen in die Augen traten. Sie wollte Charlie so gerne als guten Ehemann sehen. Wenn sie ehrlich war, dann musste er einiges einstecken. Aber sie musste noch viel mehr einstecken! War es normal, so zu empfinden?

»Hey«, sagte sie und löste sich abrupt aus der Umarmung ihrer Freundin. »Die Leute denken noch, wir ziehen hier eine Lesbennummer ab. Komm, lass uns hineingehen und die sogenannte Tupperware-Party hinter uns bringen.«

Sie marschierte zum Tor, wobei sie sich in ihren hohen eBay-Schuhen beinahe den Knöchel verstauchte. Zwerge grinsten sie aus weißen Kieselstein-Nestern an, während sie den braun gestrichenen Betonweg entlangging, der von Solarleuchten und Plastikblumen eingerahmt war. Die stacheligen Pflanzen standen so gerade in einer Reihe, als seien sie Soldaten bei der Parade. Von der Veranda mit dem grünen Plastikgeländer hingen üppig bepflanzte Blumenkästen herunter.

Noch bevor Gabs klopfen konnte, riss Doreen auch schon die Tür auf. Sie trug ein sehr kurzes Nonnengewand. Ihre Beine in den schwarzen Netzstrümpfen waren so weiß wie Hüttenkäse, und ihre Füße steckten in schwarzen Lackleder-Pumps. Ihr Busen war so groß, dass es aussah, als hätte sie sich eine Luftmatratze vorne in das Nonnengewand gesteckt. Die Ponyfransen ihres Bobs im Stil der Achtziger ragten steif wie die Stacheln eines Ameisenigels aus ihrer Haube.

»Hi, Schwester Doreen! Sag deine Gebete auf, Baby! Die Göttinnen sind hier«, sagte Gabs.

»Hallo, ihr Dirnen«, sagte Doreen. »Wie geht's euch?«

»Prima, Dors. Du siehst scharf aus!«

»Ja, wie eine Fünfzigjährige auf fünfzehn getrimmt«, erwiderte Doreen.

»Dein neuer Garten gefällt mir. Diese künstlichen Blumen sind cool«, sagte Gabs.

»Wenigstens werden sie nicht von den Opossums und Wallabies gefressen«, erwiderte Doreen stolz. »Und sie verblühen nur bei Buschfeuer. Kommt rein, kommt rein. Wir fangen gleich an.«

»Wo ist Dennis?«, fragte Rebecca.

»Er versteckt sich im Schuppen«, sagte Doreen über die Schulter. »Er hat sich den Fernseher und die Couch mitgenommen, hat sich einen Kasten Bier und eine DVD mit Kricket-Highlights geschnappt. Der ist glücklich. Ein bisschen verängstigt, aber glücklich.«

Sie betraten die Küche, wo Amanda Arnott, die Frau des Kneipenwirts, auf der Bank saß und aus einer Karotte einen Penis schnitzte. »Hallo, ihr Schlampen!«, zwitscherte sie. »Ich stelle hier meine große kreative Begabung unter Beweis.« Das Messer und ihre großen Diamantringe funkelten im Schein der Küchenlampe, als sie die Karotte schwenkte. »Ich könnte so was mal zum Beilagensalat im Pub servieren.«

»Dann bestellen die Leute bestimmt mehr Fritten und Salat als Gemüse«, sagte Rebecca. »Vor allem, wenn du in dem Outfit servierst.« Sie wies mit dem Kinn auf Amandas billiges Zofen-Kostüm.

Von nebenan drang schrilles Gelächter herüber.

»Geht durch, aber nehmt einen schwanzlutschenden Cowboy mit!«, sagte Doreen und reichte jeder ein Glas mit Sahnelikör. Dann legte sie weiter hellrote Würstchen auf eine Platte, auf der nur Essen in allen erdenklichen phallischen Formen lag, einschließlich Gürkchen und Crabsticks.

»Wollt ihr vorher noch schnell einen kleinen Schwanz zu euch nehmen?« Doreen reichte ihnen grinsend die Platte mit den Würstchen. An ihren Zähnen klebte roter Lippenstift. »Ihr könnt zwischen großen und kleinen wählen. Die kleinen nenne ich ›Enttäuschung‹.« Sie ergriff ein Cocktailwürstchen und biss mit ihren schiefen Zähnen hinein.

»Oh, mein Gott!«, hauchte Rebecca. Sie ergriff ein kleines Würstchen und tunkte es in Tomatensauce. »Ja, ja, Tupperware. Ich sehe schon, heute Abend wird es schmutzig. Sehr, *sehr* schmutzig!«

4

In Doreens Wohnzimmer sah es aus, als hätte sich ein Haufen aufgeregter, hormongesteuerter Teenager dort versammelt. Die kichernden, schnatternden Frauen aus dem ganzen Distrikt waren alle wie Nutten, Transen oder Schlampen gekleidet, mit Federboas, viel Spitze und Pailletten. Viele von ihnen waren recht übergewichtig, und einige hätten sich durchaus bei *The Biggest Loser* bewerben können.

Sie drängten sich alle um Doreens Esstisch, als wäre gerade Halbzeit bei einem Fußballspiel. Über Doreens Spitzendecke lag ein schwarzer Samtüberwurf, auf dem freches Spielzeug wie Vibratoren, kugel- und eiförmige Hilfsmittel lagen, was Rebecca, die mit Plastikbehältern und Trinkflaschen gerechnet hatte, etwas beunruhigte. In Plastikfolien verpackt, waren Fetisch- und Fantasiekostüme auf dem Tisch drapiert. Rebecca fiel auf, dass der Käfig von Speedo, dem Wellensittich der Groggans, diskret mit einem Laken abgedeckt war, als ob der Anblick der Gegenstände auf dem Tisch ihm schaden könnte.

»Keine Tupperware in Sicht«, sagte Bec. »Mein Deckel-Defizit kann ich hier wohl nicht beheben.«

»Nö«, sagte Gabs. »Aber dafür kannst du andere Defizite beheben.«

36

»Ha! Schmutziges Mädchen!«

»Du musst zugeben, dass manche dieser Dinge aussehen wie Küchengeräte. Mit dem da könntest du zum Beispiel Kuchenteig rühren«, sagte Gabs und zeigte auf einen riesigen roten Vibrator.

Bec grinste sie an. Die anderen Frauen begrüßten sie. Candice Brown aus dem Laden im zwei Autostunden entfernten Bendoorin trat vor und umarmte Rebecca.

»Schön, dich zu sehen, Beccy. Wir haben uns ja ewig nicht getroffen«, sagte sie. »Du solltest deine Lebensmittel persönlich einkaufen, statt sie dir vom Schulbus bringen zu lassen! Mir fehlt dein Lächeln!«

Candice, die von den Einheimischen nur »Candy Shop« genannt wurde, war keineswegs so langweilig, wie ihr Ehename Brown vermuten ließ. Sowohl ihr Aussehen als auch ihre Persönlichkeit waren bunt und fröhlich. Sie hatte lockige, knallrot gefärbte Haare, die sie heute Abend hochgesteckt trug, so dass sie sich hübsch um ihr freundliches rundes Gesicht ringelten. Im Laden war sie immer leicht auszumachen, weil sie meistens zu ihren schwarzen Leggings leuchtend rosa, rote oder gelbe Oberteile trug. Heute Abend hatte sie sich für ein königsblaues Taftkleid, endlos hohe Absätze und zu allem Überfluss noch eine pinkfarbene Boa und eine Plastikpistole im Strumpfband entschieden.

»Du siehst toll aus!«, sagte Bec. »Als wenn du in einem Saloon stündest!«

»Brian hätte mich fast nicht gehen lassen.« Candice lachte. »Der schlimme Finger! Er liebt einen anständigen Western!«

37

»Auf Whiskey und wilde Frauen!«, warf Gabs ein. Sie reichte Bec und Candice einen weiteren Cowboy Shooter. »Du siehst zum Anbeißen aus, Candy Shop!«

Bec lächelte, als sie an Candices Mann Brian dachte, der ebenfalls im Laden mit der angeschlossenen Poststelle arbeitete. Er war klein, dünn, redete kaum und trug immer beige. Bec konnte sich nicht vorstellen, dass er jemals geil wurde. Er und Candy waren schon seit dreißig Jahren verheiratet und hatten drei Kinder. Wie kam es nur, dass sie immer noch so glücklich waren? Bec beschloss, sich bei Charlie ein bisschen mehr Mühe zu geben. Sie wollte sich in Zukunft eher auf seine guten Seiten konzentrieren, statt ihm immer nur seine schlechten Eigenschaften vorzuhalten.

Suchend blickte sie sich nach einem Stuhl um, um sich hinzusetzen, als ihr Blick auf Ursula Morgan fiel. Ihr weißes Schwestern-Outfit aus Lycra wurde von ihrem mächtigen Bauch bis zum Platzen gedehnt. Die Einbuchtung ihres Bauchnabels war so groß wie ein Mondkrater. Sie brüllte vor Lachen, während sie mit dem iPhone ein Foto von Janine Turner machte. Janine lag auf der Couch, steckte sich einen riesigen schwarzen Dildo in den Ausschnitt und verzog lasziv das Gesicht. Als das Foto aufgenommen war, begann Ursula hastig, eine SMS zu schreiben.

»Ich schreibe ihm, jetzt ist es vorbei mit der Vorherrschaft der Männer. Jetzt sind wir Frauen dran! Lass dein Schamhaar für die gute Sache wachsen!«

Janine lachte kreischend. »Das gefällt mir! Finde ich gut!«

»Für meins brauche ich eine Heckenschere, wenn ich fertig bin!«, murmelte Ursula, während sie den Text tippte.

Janine schwenkte den Dildo durch die Luft und trank einen Schluck, ein zufriedenes Lächeln lag auf ihrem künstlich gebräunten Gesicht. Rebecca verzog gequält das Gesicht, als sie die beiden beobachtete. Welchen armen Kerl mochten sie heute Abend mit ihren SMS und ihren schmutzigen Fotos nerven? Woran lag es bloß, dass manche Frauen jegliches Schamgefühl verloren, wenn sie betrunken waren?

Die normalerweise sehr zurückhaltende und ein bisschen verbitterte Ursula war die Tochter eines ortsansässigen Holzhändlers. Mit ihren siebenundzwanzig Jahren hatte sie alleine schon dafür gesorgt, dass die kleine Schule von Bendoorin bestehen blieb. Sie hatte vier Kinder von vier verschiedenen Vätern, was Verwirrung verursachte, wenn vor dem Vatertag in der Schule Geschenke gebastelt wurden.

Ursula lebte noch zu Hause bei ihren Eltern, obwohl sie sich nicht mit ihnen verstand. Ihren Lebensunterhalt sicherte das Sozialamt, was okay war, wenn auch ein bisschen langweilig. Bec fand es seltsam unheimlich, dass Ursulas beleibter Vater die dicken schwarzen Haare seiner Tochter, die so lang waren, dass sie darauf sitzen konnte, gelegentlich als ihre »Krönungspracht« bezeichnete. Weil es das einzig Nette war, was sie je von ihrem Vater zu hören bekommen hatte, hatte sich Ursula nie die Haare abgeschnitten. Mittlerweile wurden sie leider schon grau, aber sie reichten immer noch bis zu ihrem

39

Hinterteil, das in den letzten Jahren den Umfang eines großen Sitzkissens angenommen hatte.

Ihre Freundin, oder genauer gesagt ihre gelegentliche Saufkumpanin, Janine, war das genaue Gegenteil von Ursula. Sie war mit einem der Schafzüchter von den größeren Farmen im Distrikt verheiratet, die sich bemühten, zum Landadel zu zählen. Sie marschierte kilometerweit über die Landstraßen, um ihren Körper schlank und straff zu halten. Gerne behängte sie sich mit protzigem Schmuck, den sie aus dem Katalog bestellte. Sie war groß darin, konservativ gekleidet mit hochnäsigem Gesichtsausdruck auf Schaf-Schauen am Arm ihres ruhigen, rotgesichtigen Mannes aufzutauchen. Aber abends waren Ursula und ihr ständiger Jim-Beam-Konsum Janines Untergang, und ihre ganze Arroganz und Anmut lösten sich in Wohlgefallen auf.

»Oh, hallo Rebecca!«, lallte Ursula mit leicht sarkastischem Unterton. »Ich habe dich noch gar nicht gesehen.«

Janine schwenkte den Dildo und lächelte spöttisch.

Rebecca ergriff wahllos einen rosa Vibrator und winkte den beiden Schreckschrauben zu. »Hallo, Mädels«, sagte sie. Dann wandte sie sich zu Gabs. »Ich brauche dringend noch was zu trinken.« Bevor sie sich jedoch wieder in die Küche begeben konnten, um sich einen Bundy zu mixen, klatschte Doreen in die Hände, schob zwei Finger in den Mund und stieß den Pfiff aus, mit dem sie ihre Hunde von der Herde zurückholte. Im Raum wurde es still.

»Ladys! Zeit zu beginnen! Willkommen auf der Party

der geilen kleinen Teufel«, sagte Doreen so volltönend, dass das Wort »geil« wie ein vorbeifahrendes Motorrad klang. »Das ist Tracey, sie ist unsere Horny-Vertreterin.« Neben ihr stand ein unscheinbares Mädchen, ganz in Schwarz gekleidet, die Augen stark geschminkt, das schwarze Haar zu einem Pferdeschwanz gebunden.

»Du lieber Himmel, sieh dir das Mädel an«, murmelte Gabs und musterte die Vertreterin für Sexspielzeug »Als ob die wüsste, wie man die Sachen benutzt. Sie sieht ja aus, als wäre sie in der sechsten Klasse.«

Bec unterdrückte ein Kichern. Tracey trat vor. »Abend, meine Damen. Ich gehe jetzt mit Ihnen den Katalog durch. Wir beginnen mit der Reizwäsche und enden mit den Spielzeugen für die Jungs.«

Rebecca blätterte auf die erste Seite, wo eine sonnenstudiogebräunte, brustvergrößerte Blondine den Träger ihres pinken Babydoll mit passendem Stringtanga herunterschob. Auf den nächsten Seiten gab es schwarze Spitzenkorsetts mit Strumpfhaltern für stärkere Damen und hochgeschlossene, elegante königsblaue Kleider mit hohen Beinschlitzen. Sie überlegte, wie Charlie wohl reagieren würde, wenn sie sich hier ein paar Kleidungsstücke zulegen würde. Wie wäre es zum Beispiel als Polizistin, mit Pistole, Schlagstock und Kappe? Wahrscheinlich würde er sie auslachen, wenn sie ihm zuflüstern würde: »Verhafte mich!«

Tracey gab ein paar Muster herum, und die Frauen brachen in »Ooohs« und »Aaahs« aus bei dem Gedanken, welche Wunder die Outfits in ihrer Ehe oder Partnerschaft bewirken konnten.

»Wenn Doreen heute für über fünfzehnhundert Dollar verkauft, dann bekommt sie haufenweise kostenlose Ware.«

»Hoffentlich noch nicht benutzt«, schnaubte Doreen.

Tracey lächelte geduldig. »Womit wir beim Thema Reinigen wären. Auf Seite zweiundzwanzig finden Sie eine ganze Reihe von Reinigungsmitteln und Sterilisatoren für Ihre Vibratoren.«

»Ich dachte, man wäscht sie einfach und hängt sie auf!« Janine kicherte.

»Nein«, erwiderte Tracey mit unbewegter Miene.

»Auch nicht in der Geschirrspülmaschine?«, fragte Janine.

Tracey bedachte sie mit einem Blick, der ausdrückte, dass sie diese Witze schon tausendmal gehört hatte, und fuhr in ihrem Vortrag fort. Sie hielt einen blau schillernden Vibrator hoch, der über einen zusätzlichen »Finger« in Form eines Delphins verfügte. Als sie ihn einschaltete, drehte sich der Delphin, als ob Flipper einen Krampfanfall hätte. Sie reichte ihn Doreen, die ihn aufkreischend sofort an ihre Schwiegertochter Bonnie weitergab.

»Oh, mein Gott!« Bonnie blinzelte hinter ihren Brillengläsern. »Meine Schwiegermutter hat mir gerade einen Vibrator in die Hand gedrückt! Ich muss in Therapie!«

Rebecca nahm sich einen Crabstick und lächelte, als die anderen Frauen lachten. Als der summende Vibrator sie erreichte, hielt sie ihn an Gabs' lange, rote Nase.

»Hier, Gabs«, sagte sie zu ihrer Freundin, »probier ihn mal an deiner Triefnase aus.«

»Ach, du lieber Himmel!«, quietschte ihre Freundin. »Ich glaube, meine Nase ist gerade gekommen! Sie tropft doch nicht, oder?«

Rebecca musste unwillkürlich lachen. »Das ist wirklich äußerst beunruhigend«, sagte sie.

»Ich wäre ja schon hinüber, bevor überhaupt Batterien in dem Ding wären«, sagte Gabs und ergriff den Vibrator. »Das ist ja unglaublich.«

Als Nächstes hielt Tracey etwas hoch, das aussah wie die Anschnallvorrichtung in einem Rennwagen. »Das stammt aus unserer Fetisch-Fantasie-Abteilung und ist eine Türschaukel. Sie befestigen sie einfach so am Türrahmen ...«

»Sieht aus wie eine Babyschaukel«, murmelte Gabs. »Ted würde sie lieben, und wenn er erst einmal im Bett ist, könnte ich mich reinsetzen und Frank zielen lassen.«

»Das ist ja eklig«, sagte Bec.

Von hinten rief Ursula: »Würde die mich auch aushalten? Wahrscheinlich kämen die Dachbalken runter, wenn ich mich da reinsetzen würde.« Einige der Frauen mussten ihr Kichern unterdrücken.

»Sie hält bis zu hundertzwanzig Kilo aus«, sagte Tracey.

»Das bedeutet, dass der Kerl ziemlich klein sein müsste«, sagte Ursula.

»Du könntest es ja mal mit einem von diesen neuen Jockeys probieren«, schlug Gabs vor. »Wenn du nicht drinsäßest, würden drei Jockeys reinpassen. Sie dürfen nicht mehr als vierzig Kilo wiegen, oder?«

Alle Frauen lachten. Seit dem Verkauf von Rivermont wurden häufig Witze über Jockeys gemacht. Es war die zweitgrößte Farm im Bezirk nach Rebeccas Waters Meeting, Rivermont war ein bisschen größer als Elvern Estate, das Janines Mann gehörte. Im letzten Jahr war die Farm für drei Millionen verkauft worden. Die neuen Besitzer, die mit ihrem Rennstall expandieren wollten, hatten den gesamten Besitz und das Farmhaus in kürzester Zeit unglaublich elegant renoviert und verwandelt. Innerhalb weniger Monate hatten sie Trainingsplätze und Zuchtställe angelegt, die dem Polostall der Packers Konkurrenz machten.

Das war jedoch nicht die einzige Veränderung, die die Einheimischen erlebten. Im vergangenen Sommer war die Straße von Bendoorin durch das Tal asphaltiert worden, so dass reiche Touristen, die sich die Gegend, in der auch im Sommer Schnee lag, anschauen wollten, bequem mit ihren BMWs und Mercedes durch das Tal fahren konnten. Es gab Gerüchte, dass Minen-Gesellschaften im Tal nach neuen Standorten Ausschau hielten.

Bendoorin blühte auf. Candices Tochter Larissa hatte sogar einen Coffee Shop eröffnet, in dem sie den Bewohnern von Rivermont, den Touristen und den Minenarbeitern Latte Macchiato und Chai Latte servierte.

Veränderung und Wandel lagen in der Luft, aber trotz der Vorteile für die Wirtschaft waren die meisten Einheimischen dagegen. Vor allem Rebecca. Die Einsamkeit und der Frieden ihrer ruhigen Hinterland-Farm wurden vom Durchgangsverkehr der Skiläufer, Wanderer und Wochenendtouristen gestört, die in den Ferienmonaten der Stadt entrinnen wollten und mit ihren Allrad-Wagen und ihrem Geo-Equipment angereist kamen. Auch dass es auf Rivermont nun von schwerreichen Typen und den besten Rennpferden der Welt nur so wimmelte, störte sie gewaltig.

All diese Vollidioten drängten sich jetzt in Candys Laden und fragten nach organischem Sauerteigbrot und fettarmer Sojamilch für ihren Kaffee. Und wenn die Angestellten von Rivermont in ihren schicken Firmenfahrzeugen ausschwärmten und alle Würstchen und Steaks für ihre blöden Grillpartys aufkauften, dann blieb für die Einheimischen nichts übrig.

»Scheiß auf die Jockeys und die arroganten Kerle auf Rivermont«, sagte Ursula. »Ich bin es leid, dass sie ständig mit ihren blöden Helikoptern herumfliegen und meine Schweine erschrecken!«

»Hört, hört!«, sagte Rebecca und hob ihr leeres Glas.

Die anderen Frauen stimmten in ihren Toast ein. In diesem Moment betrat eine aufsehenerregende Frau in engen Jeans und kniehohen Lederstiefeln den Raum. Sie trug die Haare zu einem Pferdeschwanz gebunden, und ihr Gesicht war so klar und strahlend, dass es schwer war, ihr Alter zu schätzen. Sie konnte Ende zwanzig oder Anfang dreißig sein, möglicherweise war sie aber auch schon vierzig und hatte sich gut gehalten. Rebecca blickte sie mit leisem Bedauern an. So hätte sie gerne ausgesehen. Und vermutlich hätte sie auch so aussehen können, bevor ihr das Leben in die Quere gekommen war.

45

»Entschuldigung, ich bin zu spät«, sagte die Frau zu Doreen und blickte sich im Zimmer um.

»Kein Problem, Schätzchen. Wir haben gerade erst angefangen. Hört mal, das ist Yasmine Stanton. Von Rivermont.«

Die Frauen musterten sie ausgiebig.

»Kurzform Yazzie.« Die Neue lächelte strahlend in die Runde. Ihre Zähne waren weiß und vollkommen. »Alle nennen mich Yazzie.«

»Jazzie Yazzie«, murmelte Ursula. Dass eine langbeinige Blondine in Rivermont eingezogen war, hatte sich bei den Männern von Bendoorin schon herumgesprochen. »Barbie würde besser passen.«

Wenn die Frau Ursulas Kommentare gehört hatte, so ließ sie sich nichts anmerken. Sie lächelte freundlich und nahm den Cocktail entgegen, den Doreen ihr reichte. Sie trank ihn mit einem Zug aus und nahm sich einen zweiten.

Eine Stunde später schob Doreen eine CD von Tom Jones in die Stereoanlage. Einige der Frauen räkelten sich auf Doreens neuem roten Flauschteppich. Gabs' Terrier, die jetzt ins Haus durften, versuchten vergeblich, jedes Bein zu bespringen, das lange genug still hielt. Amanda Arnott versuchte, das kurze Geländer der Treppe herunterzurutschen, die zu den Schlafzimmern und dem Badezimmer führte. Jedes Mal, wenn sie dabei auf dem Boden landete, brach sie in schnaubendes Gelächter aus. Candice stand vor dem Käfig des Wellensittichs und versuchte, Budgie mit ihren selbstgemachten »Käse-Schwänzen« zu füttern.

Bec, die am Tisch mit den Sexspielzeugen saß, bemühte sich vergeblich, sich auf ihr Bestellformular zu konzentrieren und das Chaos um sie herum zu ignorieren. Was soll ich mir bloß bestellen, überlegte sie und blätterte, benommen von dem vielen Rum, durch den Katalog. Für den Rest des Abends sollte sie besser auf Wasser umsteigen. Was würde Charlie denn gefallen? Er hatte in der letzten Zeit noch nicht einmal über Sex mit ihr gesprochen. Beinahe kam es ihr so vor, als ob er nichts mehr damit zu tun haben wollte. Es schockierte sie, dass sie nicht einmal mehr wusste, was ihrem Mann gefiel. Unschlüssig hielt sie den Stift über das Formular. Da ertönte neben ihr eine Stimme. »Hi. Ich bin Yazzie.«

Rebecca blickte auf. »Rebecca.«

»Von Waters Meeting.«

»Ja, genau.«

»Ich habe so sehr gehofft, dich kennenzulernen«, sagte Yazzie fröhlich. »Der neue Hausherr von Rivermont ist nicht so gut darin, sich bei den Nachbarn vorzustellen. Er ist sowieso nie hier, und ich fürchte, wir haben einen ganz schönen Wirbel verursacht, als wir umgebaut haben.«

»Ja, das war ein ziemlicher Wirbel«, erwiderte Bec kühl. Sie dachte an die Zeiten, als sie und Charlie sich wütend darüber aufgeregt hatten, wie die Arbeiter mit ihren riesigen Trucks auf den schmalen Bergstraßen um die Kurven rasten und wie die schweren Maschinen die kalbenden Kühe und die trächtigen Schafe erschreckt hatten, nur weil der reiche Stanton aus der Stadt sich sein Renn-Monument in ihrem stillen Tal bauen musste.

Aber Yazzie schien Rebeccas kühle Reaktion nicht zu bemerken, sie ließ sich zumindest nichts anmerken. »Was kaufst du?«, fragte sie lächelnd.

»Ich weiß es nicht. Ich weiß noch nicht einmal, ob ich überhaupt etwas kaufen soll. Was soll ich sagen, wenn meine Jungs einen Haufen Sexspielzeug finden?«

»Sag ihnen einfach, dass es zu Mummys Lichtschwert-Sammlung gehört«, schlug Yazzie vor.

Bec lachte. »Das wäre eine Möglichkeit.«

»Komm«, sagte Yazzie und nahm ihr den Kugelschreiber und das Formular weg. »Ich suche was aus, und ich bezahle auch. Nimm es einfach als Entschuldigung. Ich weiß, wie mein Vater das Leben anderer Leute durcheinanderbringt, das kannst du mir glauben.«

»Nein, wirklich. Nein. Das geht doch nicht«, sagte Bec und griff nach dem Formular.

Yazzie zog es wieder zu sich hin. »Bitte. Ich bestehe darauf.«

»Du willst mir Sexspielzeug schenken? Als Entschuldigung?« Bec sah Yazzie, die sich neben sie setzte, erstaunt an.

»Warum nicht? Und die Polizeiuniform. Wir beide können damit ausreiten. Das wäre ein Spaß! Ich nehme doch an, du kannst reiten, oder?«

Bec nickte. »Wenn ich Zeit dazu habe.« In Wahrheit konnte sie sich nicht mehr erinnern, wann sie das letzte Mal auf Ink Jet, ihrem Pferd, gesessen hatte. Mittlerweile war die Stute so alt, dass Bec schon ein schlechtes Gewissen hatte, wenn sie sich nur an sie lehnte, geschweige denn einen Sattel auf den durchhängenden Rücken legte.

Sie hatte sich ein anderes Pferd zulegen wollen und hatte auch schon über den Seiten von *Horse Deals* gegrübelt, aber irgendwie hatte sie nie das Gefühl gehabt, es sich leisten zu können. Oder vielmehr, Charlie hatte gemeint, sie könnten es sich nicht leisten.

Sein Interesse an Pferden hatte mit den Jahren nachgelassen. Damals, als er ihr den Hof gemacht hatte, war er mit ihr ausgeritten. Schweigend und Händchen haltend waren sie nebeneinanderher geritten, Charlie auf Hank, Toms altem Pferd. Aber mit der Zeit sagte er immer häufiger: »Ich nehme besser das Stahlross«. und dann war er in einer blaugrauen Dieselwolke weggefahren. Mittlerweile hielt er es nicht einmal mehr für nötig, den Jungs das Reiten beizubringen. Stattdessen hatte er ihnen kleine Vierrad-Motorräder gekauft, die wie gedopte Bienen summten. Bec fand es unglaublich gefährlich, wie ihre Jungs damit um scharfe Kurven rasten, aber Charlie hatte ihnen keine Ponys kaufen wollen. Sie seufzte.

Yazzie kreuzte immer mehr Dinge auf dem Bestellformular an und zog schließlich ihre Kreditkarte heraus. Bec spürte, wie die Röte in ihre Wangen stieg.

»Mach keinen Stress«, sagte Yazzie. »Lass dich doch mal verwöhnen.«

Sollte ich mich gegen dieses fröhliche reiche kleine Mädchen, das hier neben mir sitzt, nicht wehren, fragte Bec sich. Oder sollte ich lieber die Energie aufsaugen, die sie ausstrahlt? Dieses Vögelchen war fast so berauschend wie Doreens Cocktails. Sie summte förmlich vor Vitalität.

»Ich hole uns was zu trinken, während du bezahlst«, sagte Rebecca.

»Danke. Das wird den Einnahmen auf dieser Party ganz schönen Auftrieb geben«, sagte Yazzie und tippte sich mit dem Ende des Kugelschreibers gegen die Stirn. »Doreen wird so viel kostenloses Spielzeug bekommen, dass sie einen Laden aufmachen kann. Und warte nur, bis das Paket ankommt! Dein Mann wird es lieben!«

5

Um Mitternacht war es im Dingo Trapper Hotel brechend voll. Nach ein paar Bier auf der Farm hatten sich die Scherer in ihre Wagen gesetzt, auf dem Weg noch ein paar Kollegen eingesammelt und waren zur Bar gefahren. Stunden später führte der Schafscherer Murray mit breitem Lächeln auf seinem zerknautschten Bulldoggengesicht immer noch das große Wort. In seinen Haaren hingen Wolllöckchen vom Scheren, und seine Kleidung und seine Haut waren mit Lanolin bedeckt. Der Alkohol floss in Strömen, mittlerweile hatten er und seine Männer von Bier zu Bundy gewechselt, und einige waren sogar schon dazu übergegangen, Sambuca anzuzünden und ihn mit Blue Curaçao zu löschen, bevor sie ihn herunterkippten.

Billy Arnott, der Barbesitzer, den alle nur Dutchy nannten, was eine Abkürzung für Dutch Cream in Anspielung auf seine helle Haut und die Tatsache, dass er mit Nachnamen wie eine Schnapsmarke hieß, war, genoss das Schauspiel. Er und seine Frau Amanda hatten die Kneipe erst vor drei Jahren übernommen, als sie aus Sydney hierhergezogen waren. Der letzte Wirt, Dirty Weatherby, war legendär gewesen, und sie hatten ein schweres Erbe angetreten.

Dirty Weatherby, der auf dem Friedhof bei der Kirche begraben war, wurde immer noch von seinen Gästen begrüßt. Sie gingen mit einem Bier an sein Grab und prosteten ihm zu. Seine alte Hündin Trollop, die mittlerweile so fett und breit wie ein Grizzlybär war, lief immer noch zwischen den Gästen umher, die den Verstorbenen und seinen Hund gleichermaßen liebten. Heute Abend lag Trollop, vollgestopft mit Essensresten, schnarchend und furzend in einem Sessel neben dem Pool Billard. Der Geruch, den sie verströmte, zwang die Billardspieler von Zeit zu Zeit zur Flucht.

Dutchy war dankbar, dass der Hund geblieben war.

Der ehemalige Zeitungshändler aus der Stadt konnte zwar gut mit Menschen umgehen, aber Trollop weckte bei allen so starke Erinnerungen an Dirty, dass sie alleine schon wegen ihr in die Kneipe kamen. Aus einem Bier mit dem Hund wurden dann drei oder vier, und schließlich waren die Einheimischen wieder regelmäßig da. Abende wie diesen gab es mittlerweile mindestens einmal die Woche in der Kneipe, die abseits von der Stadt hübsch am Fluss gelegen war. Nur die Kirche befand sich in der Nähe.

Lächelnd riss Dutchy eine neue Tüte Chips auf, leerte sie in eine Schüssel und stellte sie auf die Theke. Er war froh über die Chance, in diesem Teil der Welt ein neues Leben anfangen zu können. Er und Amanda wussten, dass dieses Gebiet dank der Asphaltstraße und der hungrigen, durstigen, wohlhabenden Touristen bald richtig zum Leben erwachen würde. Es wurde auch von Kohlevorkommen im Distrikt gesprochen, obwohl das für die meisten schlechte Nachrichten waren. Die Geologen und ihre Leute tranken gerne Bier und aßen gerne Hühnchen-Sandwich, deshalb sah die Zukunft für die Kneipe rosig aus. Nicht zuletzt für die einheimischen Flittchen schien das Leben wieder interessanter zu werden.

In der Nebensaison musste Dutchy sich allerdings intensiv um die Einheimischen kümmern. Er gab ihnen Freibier aus, damit sie sich willkommen fühlten. Er stellte Tabletts mit Wurstbrötchen und Nuggets auf die Theke und sorgte an kalten Winterabenden dafür, dass immer ein Feuer im Kamin brannte. Seine Musikauswahl richtete er eher auf den lokalen Geschmack aus, selbst wenn die Touristen sich beklagten. Auch jetzt lief gerade eine CD mit Songs von Toby Keith.

Plötzlich erfüllte ein wummerndes Geräusch die Luft. Helles Licht drang durch das Fenster wie die Suchscheinwerfer in einem Gefängnis. Zuerst glaubte Dutchy, ein Helikopter sei auf der Straße gelandet. Genau in dem Moment, als die ersten Gitarrenakkorde der Wolfe Brothers ertönten, leerte sich auf einen Schlag die Kneipe, und seine Gäste strömten nach draußen.

Dutchy hob die kleine Klappe an der Theke und folgte den Männern in den kühlen Abend, um zu sehen, wo der Lärm und das Licht herkamen.

Ein gigantischer neuer Traktor stand mitten auf der Straße. Darin saß Charlie Lewis.

»Basil Lewis, du verrückter Bastard!«, rief Murray. Basil war Charlies Spitzname seit der Zeit in der Landwirtschaftsschule, weil seine Haare morgens immer hochstanden. Charlie Lewis öffnete die Tür der Fahrer-

53

kabine und genoss das freundliche Lächeln der Männer. Grinsend hob er den Daumen.

Er schaltete das Rücklicht ein, so dass das hintere Ende des Traktors beleuchtet war. Der neue gelbe Pflug war mit einer Staubschicht bedeckt, aber die Kanten der Scheiben, die von der Erde blank geputzt waren, schimmerten im hellen Scheinwerferlicht.

»Du lieber Himmel, Basil, du hättest wenigstens den Pflug abmachen können, bevor du hierhergefahren bist!«

Charlie zuckte mit den Schultern. »Ich wollte keine Zeit verschwenden! Schließlich wollte ich vor der Sperrstunde noch ein Bier kriegen!«

Er erläuterte den Männern die Funktionen des Traktors, dann ging er mit ihnen in die Kneipe. Dutchy hatte alle Hände voll zu tun, frisches Bier und Bundy einzuschenken. Insgeheim wünschte er sich, dass seine Frau Amanda endlich von der Frauen-Party nach Hause käme.

»Sie müssen wahrscheinlich alles ausprobieren, bevor sie auf dieser Sexspielzeug-Party einkaufen«, sagte Dutchy und reichte Charlie eine Cola und einen Bundy. »Das macht mich ganz nervös.«

»Was für eine Sexspielzeug-Party?«, fragte Charlie. »Mein Weib hat was von einer *Tupperware*-Party gesagt!«

Murray und seine Leute brachen in Gelächter aus.

»Nein. Keine Tupperware, Kumpel«, erwiderte Dutchy. »Ich frage mich wirklich, was sie dir wohl mit nach Hause bringt! Oder kauft sie für jemand anderen ein und überlässt dir die Frischhaltedosen?«

»Sexspielzeug-Party! Ach, du lieber Himmel!« Bei Charlie fiel endlich der Groschen. Das erklärte auch das Foto, das Janine ihm geschickt hatte. Das war gar keine schwarze Salami zwischen ihren Titten gewesen! Ein Schauer der Erregung durchrann ihn. Bis jetzt hatte sie sich noch nicht wieder gemeldet. Halb war er erleichtert darüber, halb hoffte er, dass sie ihm irgendwo auflauerte.

»Wenn meine Frau zu so einer Party ginge und mit Sexspielzeug nach Hause käme, würde ich sie vor die Tür setzen«, sagte Murray und reckte sein Stoppelkinn. »Wenn mein Stachel nicht gut genug für sie ist, dann war's das. Ich lasse mich nicht durch ein Plastikteil made in China ersetzen.«

»Kein Wunder, dass sie ausgezogen ist, Muzz«, sagte Duncan, ein junger Scherer mit Aknenarben.

»Sie ist nicht ausgezogen. Ich habe sie hinausgeworfen.«

»Aber erst, nachdem sie herausgefunden hat, dass du es mit dieser Schilderfrau von der Bendoorin Highschool getrieben hast«, beharrte Duncan.

Charlie begann zu lachen. Er konnte sich noch gut an das Gerücht erinnern, dass Muzz eine heiße Affäre mit der Frau hätte, die vor der Schule Schilder mit der Aufschrift *Stopp* und *Langsam fahren* hochhielt. Wenn sie früh fertig wurden, richteten die Scherer ihre Heimfahrt so ein, dass sie einen Blick auf die Frau werfen konnten. Ihre Ehefrauen konnten sich nicht erklären, warum die Männer auf einmal so scharf darauf waren, die Kinder zur Schule zu fahren.

Muzz schüttelte den Kopf. »Sie hat mich angehalten.«

»Das war ihr *Job*«, warf Charlie ein. Er hoffte, Muzz würde die Geschichte noch einmal erzählen. Irgendwie hatte er dann weniger Gewissensbisse. Als ob das, was er mit Janine tat, normal sei. Immerhin war es akzeptabel. Alle anderen machten es doch auch, oder? Sie gingen doch alle fremd. Muzz hatte seine Frau ja auch betrogen.

»Ja, nun, sie hat mich gefragt, wie mein Tag so gewesen sei«, sagte Murray und trank einen Schluck Bier. »Und ich sagte, es sei ein harter Tag gewesen. Wir hatten Böcke geschoren. Die Biester waren voller Stacheln, und als ich einen rausgezogen habe, da bin ich in die Disteln geflogen. Ich hatte die ganzen Disteln an den Eiern. Das hat vielleicht wehgetan.«

»Ich sagte ihr also«, fuhr Murray fort, »dass ich Schmerzen hätte, weil ich Disteln an den Eiern hatte, und sie sagte zu mir: ›Ich habe eine Pinzette im Auto und ein Zertifikat in Erster Hilfe.‹ Dabei guckte sie mich ganz komisch an.« Muzz leckte sich über die Lippen und schüttelte den Kopf, als er daran dachte. »Sie hatte echt einen guten Körper, aber, Jesus, ihr Gesicht war nicht so toll.«

Die Männer um ihn herum schlugen sich vor Vergnügen auf die Schenkel.

»Tja, was tut ein Mann nicht alles, wenn er Schmerzen hat? Natürlich lässt er die Hosen herunter, damit die Lady ihm helfen kann.« Murray tat so, als merke er gar nichts von der Begeisterung um ihn herum, in Wahrheit genoss er die ungeteilte Aufmerksamkeit.

»Oh, Muzz. Du bist nicht mit Geld zu bezahlen, Kumpel«, sagte Charlie.

Muzz zuckte mit den Schultern und trank einen Schluck Bier.

»Und hat sie die Disteln rausbekommen?«, fragte der junge Duncan.

Muzz und Charlie blickten ihn verständnislos an. »Was? Was soll sie herausbekommen haben?«

»Die Disteln.«

»Sie hat noch viel mehr aus mir herausbekommen als nur die Disteln, kann ich dir sagen! Stopp! Lang … sam! Stopp! Lang … sam!« Murray ließ die Hüften kreisen.

Die Männer brachen in brüllendes Gelächter aus. Charlie lachte mit ihnen, aber er spürte, wie er sich in Gedanken von ihnen entfernte. Er wusste, dass all das prahlerische Gehabe im Grunde bei jedem von ihnen nur den Schmerz zudeckte. Ob sie alle so unzufrieden sind wie ich, überlegte er. Unzufrieden mit ihren Frauen? Wenn er an Bec dachte, spürte er nur stille Wut. Sie war so toll gewesen, als sie zusammen auf der Landwirtschaftsschule waren. Sexy und fit. Aber seit sie die Kinder hatten, nörgelte sie nur noch herum. Und sie hatte ihn dazu gedrängt, sich operieren zu lassen. Wie ein Jack Russell an einem Kaninchenbau hatte sie so lange gegraben und gebuddelt, bis er nachgegeben hatte. Seit der Vasektomie fühlte er sich nur noch wie ein halber Mann. Ein kastrierter Hengst. Wie entmannt. Die Operation war schmerzhaft und demütigend gewesen. Kein Wunder, dass Janine in den letzten Monaten leichtes Spiel mit ihm gehabt hatte.

»Wenigstens hat sie dich nicht wie meine Frau dazu gezwungen, dir die Eier abschneiden zu lassen«, hätte Charlie am liebsten gesagt, aber er hielt den Mund, kippte seinen Rum herunter und legte Dutchy einen Zehn-Dollar-Schein auf die Theke. Dabei fiel ihm das Werbeplakat der Landwirtschaftsgenossenschaft auf, auf dem für morgen Abend schon wieder eine Veranstaltung über Direktsaaten und ganzheitliche Weidemethoden angekündigt wurde. Wie viele von diesen Blödmännern brauchen wir hier im Distrikt eigentlich, dachte Charlie.

Er verdrehte die Augen. Andrew Travis. Seit die Genossenschaft Travis' Besuche in der Gegend finanziell förderte, ging Rebecca, die sich in den letzten Jahren kaum um die Arbeit auf der Farm gekümmert hatte, Charlie damit auf die Nerven. Er war sich nicht sicher, ob der Tod ihres Vaters etwas mit ihrem plötzlichen Interesse am Farm-Management zu tun hatte oder ob ihr Andrew einfach gefiel. Sie hatte Charlie gebeten, zu den Abenden mitzukommen. Danach hatte sie ihn gebeten, Waters Meeting anders zu führen als bisher. Und ständig hatte sie Travis' Weisheiten nachgeplappert.

Als Charlie nach Waters Meeting gekommen war, um dort zu arbeiten und Bec zu heiraten, hatte ihr Vater sämtliche Weidenbäume am Fluss abgeholzt und die Herden nicht mehr auf die Paddocks gelassen. Stundenlang hatten sie das Holz aufgeschichtet und verbrannt. Dann hatte Bec ein Buch von Peter Andrews in die Finger bekommen und ihnen täglich vorgehalten, sie sollten es anders machen. Sie sagte, sie müssten die Weiden stehen und alles wachsen lassen. Ab und zu sollten sie die Schafe, Rinder und Pferde am Flussufer weiden lassen, damit sie das Gras dort abfressen konnten. In den zehn Jahren, die er jetzt hier war, hatten sich die Ratschläge für die Farmer ständig geändert. Mittlerweile schickte Bec die Dünger-Vertreter weg und verbot ihm zu pflügen, und alles nur wegen dieses blöden esoterischer Farmers Andrew Travis.

Warum hatte sie ihm eigentlich nicht gesagt, dass sie heute Abend auf einer Sexspielzeug-Party war? Vielleicht war sie ja ganz woanders? Er merkte sich, um welche Uhrzeit der Vortrag morgen Abend anfing. Dieses Mal würde er hingehen. Und zwar nicht, um sich anzuhören, was der Typ so zu sagen hatte, sondern um ein Auge darauf zu haben, was zwischen ihm und Rebecca vor sich ging.

Er blickte auf seine Armbanduhr und überlegte, wann Bec wohl zu Hause sein würde.

In diesem Augenblick rauschte Dutchys Frau Amanda in einer Wolke von kalter Luft und Parfüm durch die Tür. Sie hielt eine silberne Platte hoch über den Kopf. Ihre rötlichen Haare, die sich in der feuchten Nachtluft kringelten, umrahmten ihr Gesicht.

»Keine Angst, meine Herren, ich bin es nur!«, rief sie und stellte die Platte auf die Theke. »Reste von den Damen, für euch!«

Sie hob die Klappe und trat neben ihren Mann hinter die Theke. Die Gäste musterten misstrauisch die geschnitzten Karotten mit dem Creme-Dip und die kleinen Würstchen, auf deren Spitze eine Silberzwiebel steckte.

»Ich weiß nicht, ob mir das gefällt, Amanda«, sagte Muzz, biss aber ein Stück von einer Karotte ab und rührte mit dem Rest sein Bier um. »Was hast du denn Dutchy mitgebracht?«

»Das hebe ich mir für später auf«, sagte sie kokett. Sie stellte dem alten Bart, der am Ende der Theke stand, ein Bier hin. »Charlie wird am meisten Spaß haben«, rief sie über die Schulter. »Bec hat die größte Bestellung gemacht.«

Aber Charlie hörte sie gar nicht. Sein Handy hatte gesummt. Janine hatte eine SMS geschickt. *Wo bist du?* Er schrieb zurück: *In der Kneipe.*

Ich bin jetzt an der Kirche, kam ihre Antwort. Unweigerlich zuckte er zusammen. Tom war dort begraben. Die Erinnerung an Rebeccas unendliche Trauer nach dem Tod ihres Bruders hielt Charlie beinahe davon ab, zu Janine zu gehen. Aber dann blickte er wieder auf das Genossenschaftsplakat und das Foto des lächelnden, schlanken Andrew Travis mit seinen George-Clooney-Pfeffer-und-Salz-Haaren, und erneut stieg stille Wut in ihm auf.

»Ich bewege jetzt besser meinen Traktor«, sagte er zu den Jungs und ging schwankend auf die Tür zu. »Wenn deine Frau schon zu Hause ist, kommt meine sicher auch bald. Und dann kriege ich wieder Ärger, wenn ich nicht daheim bin.«

»Kannst du noch fahren?«, rief Dutchy, aber Charlie Lewis war bereits weg.

»Wahrscheinlich ist er ganz wild darauf, ein paar von den Spielzeugen auszuprobieren«, sagte Muzz. Er beobachtete durchs Fenster, wie Charlie den Traktor wendete und in die Nacht hinausratterte.

Auf der Asphaltstraße beschleunigte Charlie auf Höchstgeschwindigkeit. Fasziniert spürte er, wie das Lenkrad sich von selbst bewegte, als die automatische Steuerungsfunktion einsetzte. Es kam ihm vor, als führe er mit einem gigantischen Monstertruck über die Autobahn. Seinen zusätzlichen Dieselgutschein hatte er zwar verbraucht, als er zur Kneipe gefahren war, aber das Lachen der Jungs war es wert gewesen. Und jetzt hatte er auch noch die Chance zu einem kurzen Zwischenstopp bei Janine, bevor er nach Hause fuhr. Wenn Bec das herausbekam, würde sie ihm die Hölle heiß machen, aber das war ihm im Augenblick egal. Er hatte einen unersättlichen Appetit auf Aufregung in seinem Leben. Etwas nagte an ihm, und es war dasselbe Gefühl, das er früher gehabt hatte, als er unter der Fuchtel seines Vaters auf der Farm seiner Familie saß und ständig Druck von seiner Mutter bekam. Er brauchte einfach etwas Aufregung, um heil durch dieses langweilige Leben zu kommen, in dem er schon wieder steckte.

Etwas wie Janine. Da stand sie im Licht der Scheinwerfer neben der Kirche. Der Wind wehte durch ihre langen dunklen Haare, und unter ihrem offenen Mantel konnte Charlie das knappe, violette Negligé erkennen. Ihm war egal, dass sie Morris Turners Frau und Mutter von zwei Söhnen im Teenageralter war. Er wollte nur Sex mit ihr. Und er wollte vergessen. Charlie öffnete die Traktorkabine und zog sie hinein.

6

Rebecca fiel beinahe aus Gabs' Landy heraus. Es war für die Jahreszeit ungewöhnlich kühl. Tau schimmerte auf den Blättern der dunklen Eukalyptusbäume über ihr, und der Kies am Straßenrand fühlte sich feucht und kalt an.

»Bist du sicher, dass du noch fahren kannst?«, fragte Gabs.

Bec nickte. Sie zog ihr Schlauchoberteil hoch und schlang die Arme um den Körper. »Das alte Mädchen bringt mich schon nach Hause«, sagte sie und klopfte auf den zerbeulten Hilux. Früher einmal war er leuchtend rot gewesen, aber jetzt war die Farbe verblasst und zerkratzt. Da sie wusste, dass sie noch dreißig Kilometer fahren musste, hatte sie seit zehn Uhr nur noch Wasser getrunken, jetzt fühlte sie sich schrecklich nüchtern und war unglaublich müde. Viele Leute hatten es ja für eine gute Idee gehalten, die Straße zu asphaltieren, aber Rebecca wusste, dass manche Kurven in feuchten Nächten wie dieser mit einer rutschigen Mischung aus Öl und Wasser benetzt waren. Sie beschloss, langsam zu fahren.

»Na gut. Bis dann. Viel Spaß beim Zahnpflegetag!« Gabs lächelte sie strahlend an und fuhr davon.

Im Wagen drehte Bec den Schlüssel und wartete darauf, dass das Vorglühlämpchen erlosch, bevor sie den Dieselmotor startete. Sie schaltete das Gebläse ein, damit es ein wenig warm wurde, dann fuhr sie langsam los. Ihre Scheinwerfer glitten über das Sommergras, das sich unter dem Gewicht der Tautropfen bog. Bei ihrem Anblick musste sie an Andrew Travis denken. Er hatte ihr in den letzten zwölf Monaten mehr über einheimische Gräser beigebracht, als sie jemals auf der Farm gelernt hatte.

Auf der Landwirtschaftsschule hatte man ihnen nichts über den Unterschied zwischen einer C3- und einer C4-Pflanze erzählt, die zu gewissen Zeiten im Jahr ruhte, je nachdem, wie warm es war. Bis Andrew es ihr gesagt hatte, hatte sie nicht gewusst, dass moderne Landwirtschaft einjährige Pflanzen bevorzugte und die mehrjährigen Pflanzen mit Herbiziden und Pflügen dezimierte. Sie hatte auch nicht gewusst, dass Phosphatdünger wichtige Pilze abtötete, die den Pflanzen Zucker und Nährstoffe zuführten. Das alles beschäftigte sie sehr, vor allem, wenn sie darüber nachdachte, wie Charlie und sie die Farm bisher geführt hatten.

Sie merkte langsam, wie er mit seinen Worten nicht nur ihren Kopf, sondern auch ihr Herz erreichte. Er ging sehr respektvoll mit ihr um; er lobte nicht nur ihre Intelligenz, sondern nährte auch eine positive Einstellung und die Hoffnung, dass Landwirtschaft eine glänzende Zukunft hatte.

Bec seufzte. Sie war zwar Nichtraucherin, aber jetzt wünschte sie sich, sie hätte sich eine Zigarette von Gabs mitgenommen. Sie sah Andrew als Visionär, trotz seiner ruhigen Art. Er veränderte mit seiner Arbeit die Welt, und sie bewunderte ihn mehr als jeden anderen Mann, dem sie je begegnet war.

»Er hat doch keine Ahnung«, hatte Charlie gesagt, als sie versucht hatte, ihm Andrews Ideen zu erklären. Jetzt auf der Heimfahrt dachte sie darüber nach, wie sie Charlies Denken in eine andere Richtung lenken konnte. Es wäre schön, wenn er morgen in das Seminar mitkäme, nicht nur, um zuzuhören, sondern vor allem, um zu verstehen.

Was sie in Andrews Seminaren lernte, machte ihr Leben aufregend. Es bedeutete eine Chance, die Farm nachhaltig und profitabel zu führen ... so wie bisher konnten sie nicht weitermachen.

Während sie die kurvige Bergstraße entlangfuhr, leuchteten gelegentlich die Augen von Kängurus und Opossums im Licht der Scheinwerfer. Sie wusste, dass die schwere Stahlstoßstange ihren Wagen schützte, aber sie fuhr trotzdem langsam, weil sie kein Tier überfahren wollte. In ihrer Jugend hatte sie kaum gezuckt, wenn sie ein Opossum überfuhr oder ein Känguru streifte, aber seit sie die Kinder hatte, war sie weicher geworden. Sie konnte kein Lebewesen leiden sehen. Eigentlich eine Ironie des Schicksals, dachte sie. Ich halte Schafe und Rinder zur Fleischerzeugung, aber liebe meine Tiere leidenschaftlich.

Sie bekam ein schlechtes Gewissen, als sie an ihre Jungs dachte, die bei der alten Mrs. Newton waren. Hoffentlich waren sie eingeschlafen. Die Jungs lenkten ihre

Gedanken zu Charlie, und erneut stieg Wut in ihr auf, weil er noch nicht einmal einen Abend bei seinen Kindern zu Hause bleiben konnte. Sie versuchte, den Gedanken zu verdrängen.

Vielleicht bedeutete der heutige Abend einen neuen Anfang für Charlie und sie. Die Sachen, die Yazzie für sie bestellt hatte, brachten vielleicht die Tage wieder zurück, in denen sie glücklich miteinander gewesen waren. Und doch hatte sie ein unbehagliches Gefühl.

Langsam sehnte sie sich nach ihrem warmen Bett. Sie stellte sich vor, wie Charlie sie an sich zog und sie sich bis zum Morgen liebten. Aber dann wurde ihr klar, dass sie früh aufstehen musste, um die Jungs von der Nachbarin abzuholen. Außerdem musste sie Frühstück für die Männer machen, die um neun wegen der Schafe kamen. Enttäuscht verzog sie das Gesicht.

War der Samstagmorgen bei anderen Leuten auch so? Schliefen sie alle nicht aus? Oder guckten die Kinder in anderen Familien Trickfilme im Fernsehen, während ihre Eltern im Bett lagen, Zeitung lasen und Tee und Toast frühstückten.

Sie liebte ihr Leben auf der Farm, sie liebte ihre Jungs, aber manchmal fragte sie sich, wo bei der ganzen Arbeit noch Zeit für Charlie und sie blieb. Andere Familien fuhren zusammen zum Campen. Wasserski im Sommer, Skifahren im Winter, samstagabends Essen mit den Nachbarn. Aber die Lewis' nicht. Charlie reichten die Kneipe, die Besäufnisse nach dem Fußball- und Krickettraining, und den Rest der Zeit verbrachte er zufrieden in seinem Geräteschuppen, in den er Kühlschrank, Bar und Grill eingebaut hatte. Ab und zu fuhr er noch mit Muzz zum Jagen auf die Berghütte.

Laut sagte Rebecca in die Dunkelheit: »Was soll ich bloß machen, Tom?« Wenn doch ihr Bruder noch da gewesen wäre! Am liebsten hätte sie geweint.

Der alte Hilux begann zu tuckern, dann ging auf einmal der Motor aus, und sie blieb stehen. Sie war bestimmt noch mindestens fünfzehn Kilometer von zu Hause entfernt, und auch die nächste Farm, Rivermont, war kilometerweit entfernt.

»Was ist los? Na, komm schon, altes Mädchen«, sagte Bec zu dem Wagen und versuchte, ihn zu starten. Aber sie hatte kein Glück. Niedergeschlagen hockte sie hinter dem Lenkrad. Sie hatte Charlie die ganze Zeit schon gesagt, dass der alte Wagen in die Inspektion musste, weil ständig das Öllämpchen brannte. Als sie die Tasche mit ihrer normalen Kleidung vom Beifahrersitz nehmen wollte, um sich umzuziehen, stieß sie einen Fluch aus. Sie hatte sie in Gabs' Landy vergessen. Auf ihr Handy brauchte sie gar nicht erst zu schauen. Sie wusste genau, dass sie hier im Gebirge keinen Empfang hatte.

Sie drehte sich um und kramte im Durcheinander hinten im Auto nach dem Ölkanister, den sie dort vor Monaten deponiert hatte. Aber sie fand nur eine alte grüne Sicherheitsweste mit einem silbernen Reflektorstreifen und die orangefarbene Taschenlampe der Kinder von einer Halloween-Party bei Ursula letzten Oktober.

Immer noch in ihrem Nuttenkostüm stieg Rebecca aus dem Auto. Als sie an sich herunterblickte, musste sie unwillkürlich lachen. In Stilettos mit der fluoreszierenden

Weste über dem Kostüm nachts auf der Straße zu stehen war eigentlich ziemlich lustig. Sie zitterte vor Kälte, als sie die Haube öffnete. Sie leuchtete mit der Taschenlampe in den Motorraum und verfluchte Charlie: Der Wagen hatte nicht nur kein Öl mehr, sondern auch zu wenig Kühlflüssigkeit. War es ihre Aufgabe, diese Dinge zu überprüfen? Ja, klar, bevor sie Kinder hatten, war es so gewesen, aber jetzt konnte Charlie doch wirklich nicht mehr von ihr erwarten, dass sie sich um jede Kleinigkeit kümmerte. Sie durchsuchte die Ladefläche ihres Wagens in der Hoffnung, einen Wasserbehälter oder vielleicht sogar ein Paar Gummistiefel zu finden, damit sie nach Rivermont laufen konnte. Dabei kam sie an einen der Knöpfe auf der Halloween-Taschenlampe, und plötzlich ertönte eine geisterhafte Stimme in der Dunkelheit, die stöhnend »Helft mir! Helft mir!« in die Nacht schrie.

»Halt den Mund!«, sagte Rebecca und drückte auf sämtliche Knöpfe, was nur bewirkte, dass ein unheimliches, höhnisches Kichern ertönte. Rebecca wusste nicht mehr, ob sie lachen oder weinen sollte.

Schließlich gab sie auf, setzte sich wieder hinters Steuer und deckte sich mit der Weste zu, um wenigstens ein bisschen Schlaf zu bekommen, ehe am Morgen ein Auto vorbeikam oder Charlie merkte, dass sie noch nicht zu Hause war. Sie war gerade eingeschlafen, als ein Motorengeräusch sie wieder weckte. Sie riss die Augen auf und sah im Rückspiegel, dass ein Auto kam. Um diese Uhrzeit? Auf dieser Straße?

Hastig stieg sie aus, zog sich die Weste über und blinkte mit der Taschenlampe in Richtung des Autos.

Ein riesiger, glänzend schwarzer Kluger Allrad hielt neben ihr. Die Scheibe glitt langsam herunter und gab den Blick auf einen klassisch gutaussehenden Mann mit Dreitagebart frei. Er musterte sie mit einem leicht amüsierten Gesichtsausdruck. Er trug einen dunklen Wollmantel mit hochgeschlagenem Kragen, und Bec fand, er sah aus wie ein mysteriöser Reisender, den man in den 1930er Jahren auf einem Bahnsteig in Europa hätte antreffen können, auf keinen Fall jedoch auf einer Nebenstraße nach Bendoorin. Aus seinen dunklen Augen blickte er sie spöttisch an.

»Liegen geblieben?«, fragte er mit einer ziemlich arroganten Stimme. »Das hoffe ich jedenfalls«, fügte er mit einem Blick auf ihre Stilettos und ihre Netzstrümpfe hinzu.

»Nun, ich bin nicht auf ein Geschäft aus, wenn Sie das meinen«, entgegnete Rebecca spitz. »Ich war gerade auf einer Kostümparty und muss nach Waters Meeting zurück.«

»Das erleichtert mich. Steigen Sie ein.«

»Und Sie sind?«, fragte Rebecca in dem Versuch, Würde zu bewahren.

»Sol. Sol Stanton. Wir sind gerade nach Rivermont gezogen. Ich kann Sie nach Hause fahren, aber ich muss vorher kurz bei Yazzie vorbeifahren, damit sie weiß, dass ich angekommen bin. Mein Handy funktioniert hier in den Bergen nicht. Sie wird sich schreckliche Sorgen machen.«

»Gut. Das wäre wunderbar, vielen Dank. Ich bin Rebecca Lewis.« Sie kam aus Versehen an einen Knopf der

Taschenlampe, die prompt ein Werwolf-Heulen ausstieß.
»Entschuldigung. Eine Kindertaschenlampe«, sagte sie
verlegen. »Etwas anderes hatte ich nicht dabei.«

Sol Stanton warf ihr einen amüsierten Blick zu. »Steigen Sie einfach ein.« Leise murmelte er »Mierda«. Das
war wahrscheinlich Spanisch, aber Rebecca war klar, dass
es nichts Freundliches heißen konnte. Am liebsten hätte
sie irgendeine freche Antwort gegeben wie »Nur weil mir
nichts anderes übrigbleibt«, aber stattdessen stapfte sie
schweigend um das Auto herum zum Beifahrersitz. So
elegant, wie ihr das in Gabs' schlecht genähtem Pailletten-Minirock möglich war, stieg sie ein. Ihre Oberschenkel in den Netzstrümpfen gaben ein hässliches Geräusch
von sich, als sie auf das Leder des Sitzes trafen, und sie
hörte, wie die Rocknaht an ihrem Hinterteil riss.

Als sie von der Straße abbogen und über die erst kürzlich frisch asphaltierte Zufahrt nach Rivermont fuhren,
schaute Rebecca sich staunend um. Es hatte sich viel verändert, die Stantons mussten vor allem eine gewaltige
Stromrechnung haben. Kein Wunder, dass sie ihr eigenes
Windrad im Westen der Farm gebaut hatten. Elegante
französische Lampen säumten die Einfahrt und warfen
ihr Licht auf mindestens zehn Meter hohe Eichen und
Ulmen, die neu angepflanzt worden waren. Zwei Dutzend davon standen neben der Einfahrt wie ein Willkommenskomitee für die königliche Familie. Darunter lag Rollrasen, der sich wie ein Teppich ausbreitete
und von niedrigen Solarlampen angestrahlt wurde. Am
unglaublichsten jedoch war die Verwandlung des klas-

sischen alten Herrenhauses. So hätte auch Waters Meeting aussehen können, wenn sie mehr Geld gehabt hätten. Wenn Charlie doch nur leichter zu motivieren wäre, dachte sie bitter. Oder wenn ich nicht immer so niedergeschlagen wäre, gestand sie sich ein. Wenn, wenn ... Warum nur welkten ihre Träume immer schon, bevor sie auch nur knospen konnten?

Sie stieß einen leisen Laut der Bewunderung aus, als sie das hell erleuchtete Haus sah. Ein gläserner Wintergarten und ein ganz neuer Flügel mit einer weiteren Veranda waren angebaut worden.

»Sie haben hier aber einiges investiert«, sagte sie in dem Versuch, Konversation zu machen. Sol Stantons hochnäsiges Schweigen schüchterte sie ein. Er antwortete nicht und hielt den Blick fest auf die Straße gerichtet. Bec kam sich plötzlich dumm vor. Das ist doch offensichtlich, schalt sie sich verärgert. Fällt dir nichts Besseres ein?

Sie fuhren an Buchshecken und einem beleuchteten Brunnen mit einer eleganten Rennpferd-Statue aus Bronze vorbei, dann fiel ihr Blick auf die alte Scheune, die zu einem hochmodernen Stall umgebaut und erweitert worden war. Daneben war ein Schuppen errichtet worden, der anscheinend über eine Klimaanlage verfügte. Damit er den Anblick des Gesamtensembles nicht störte, rankten sich bereits frisch gepflanzte Kletterrosen an ihm empor. Rebecca fragte sich, wozu der Schuppen wohl diente, aber sie traute sich nicht, Sol Stanton zu fragen. Er machte ein zu strenges Gesicht. Wenn er sich weiter so benahm, dachte Rebecca, dann würde sie bestimmt etwas Unhöfliches sagen. Es war doch abscheulich, seinen Reichtum so zur Schau zu stellen. Manche Leute würden es wahrscheinlich sogar als Beleidigung empfinden, was er aus dem alten Anwesen der McDowells gemacht hatte. Marty McDowell würde sich im Grab umdrehen, dachte sie. Er war nur ein einfacher Farmer gewesen, nachdem seine Frau gestorben war und die Söhne sich geweigert hatten, die Farm zu übernehmen, hatte er die meiste Zeit ganz zurückgezogen gelebt. In Wahrheit war er zwar ein knauseriger alter Schotte gewesen, dessen Rinder verwurmt waren, aber angesichts dieses finsteren, stinkreichen Fremden, der jetzt sein brandneues Fahrzeug in eine riesige Garage fuhr, in der neben einem Prado auch noch ein blauer Colorado-Farm-Nutzwagen stand, schlug sie sich doch lieber auf Martys Seite.

»Folgen Sie mir«, forderte er sie streng auf. Sie kam sich langsam vor, als habe Antonio Banderas sie gefangen genommen.

»Ich würde lieber hier warten.«

»Und mir wäre es lieber, Sie würden mitkommen«, sagte er ungeduldig, als sei sie ein ungezogenes Kind.

Rebecca zog eine Augenbraue hoch und murmelte »Okay«. Sie stieg aus dem Auto und stöckelte hinter Sol zur Hintertür. Sie führte in einen frisch gefliesten Windfang, in den offenbar noch kein Stäubchen seinen Weg gefunden hatte.

Als Sol die Küchentür öffnete, blickte Yazzie überrascht auf. Sie stand in einem pfauenblauen seidenen Morgenmantel in einer prächtig renovierten Küche, hielt einen Becher in der Hand und blätterte eine Zeitschrift durch. Irgendwo im Haus bellten aufgeregt Hunde, die anscheinend außer sich vor Freude waren, dass ihr Herrchen endlich wieder da war. Einen Moment lang herrschte Verwirrung, als Yazzie Rebecca sah, aber dann wandte sie sich freudig an Sol.

»Rebecca? Sol! Gott sei Dank, dass du endlich da bist«, strahlte sie. Sie lief zu ihm und umarmte ihn. Dann musterte sie ihn prüfend. »Ich hatte schon Angst, dein Flugzeug wäre abgestürzt! Wo bist du gewesen? Ich habe extra das Licht für dich angelassen!« Dann warf sie Rebecca einen verwirrten Blick zu. Besorgt verzog sie das Gesicht. »Und was ist mit dir passiert?«

»Ich habe vom Flugzeug aus gesehen, dass du den ganzen Distrikt beleuchtest. Der Flug war verspätet«, sagte Sol. »Die hier habe ich am Straßenrand gefunden.« Er blickte Rebecca an, als sei sie ein überfahrenes Tier.

»Ach, du Arme, du musstest also seine schlechte Laune aushalten. Er ist schrecklich, wenn er müde ist«, sagte Yazzie zu Rebecca.

»Ich bin sehr dankbar, dass er vorbeigekommen ist. Sonst hätte ich wirklich sehr in der Klemme gesteckt.«

»Wie kann man denn *sehr* in der Klemme stecken? Entweder steckt man in der Klemme oder nicht«, warf Sol von oben herab ein.

»Na ja, jetzt bist du auf jeden Fall hier.« Yazzie ergriff Bec am Arm. »Ich lasse dich nicht gehen, bevor du nicht eine heiße Schokolade getrunken hast«, fügte sie hinzu. »Mit Schuss, damit du dich ein bisschen aufwärmst, du Ärmste.« Sie zwinkerte ihr lächelnd zu, sie war offensichtlich erfreut darüber, Gesellschaft zu haben.

Bec schüttelte den Kopf. »Nein, danke, wirklich nicht. Ich möchte lieber nach Hause.«

»Nun, ich hätte gerne etwas zu trinken. Es war eine lange Fahrt«, warf Sol ein.

Rebecca blickte ihn überrascht an. Ob alle Superreichen so unhöflich waren? Sie zuckte mit den Schultern. »Na ja, dann trinke ich eben auch etwas«, sagte sie.

»Wunderbar.« Yazzie klatschte in die Hände »Sei nicht so mürrisch«, forderte sie Sol auf.

Während Yazzie der riesigen Designer-Kaffeemaschine alle möglichen Geräusche entlockte, um die Milch für den Kakao warm zu machen, überlegte Rebecca, dass sie wenigstens mit diesem grimmigen, aber unglaublich attraktiven Mann Konversation machen sollte. Bevor sie jedoch den Mund aufmachen konnte, murmelte er, er müsse sein Gepäck aus dem Wagen holen und die Hunde begrüßen. Und weg war er.

»Ich entschuldige mich für ihn«, sagte Yazzie und goss großzügig irischen Whiskey in zwei Becher. »Er hat Jetlag. Und er leckt seine Wunden, weil er einen großen Auftritt verpasst hat.«

»Auftritt?«

»Mit dem Orchester in Paris. Er spielt Pikkoloflöte.«

Rebecca musste unwillkürlich lachen. »Pikkoloflöte? Du meinst, so eine winzig kleine Flöte?« Sie erinnerte sich, wie seine großen Hände das Lenkrad umklammert hatten. Seine langen, starken Finger sahen eher so aus, als ob sie einen Rugbyball halten könnten. Sie kicherte innerlich bei dem Gedanken, dass er auf einem so kleinen Instrument spielte.

73

»Hier«, sagte Yazzie und reichte Rebecca den Kakaobecher. »Komm mit. Ich muss dir mein neues Spielzeug zeigen!«

Rebecca war sich nicht sicher, ob Yazzie von dem teuren Champagner betrunken war, den sie auf Doreens Party mitgebracht hatte, oder ob sie immer so aufgekratzt war, aber als sie ihr durch den Flur folgte, der mit hochwertigem cremefarbenen Teppichboden ausgelegt war, war es ihr plötzlich völlig egal. Yazzie schien nett zu sein. Wie ein frischer Windhauch.

Sie durchquerten einen Raum, der offensichtlich das Schlafzimmer von Sol und Yazzie war. Auf einem gigantischen Vierpfostenbett lag ein golden-schwarzer Quilt. Dann stand Rebecca in einem großen Badezimmer, in dem Heizstrahler angenehme Wärme verbreiteten.

»Ta-da!«, sagte Yazzie und hielt ihr eine Art Spritzpistole, wie sie von Sprayern benutzt wurde, unter die Nase. »Meine neue Sprühbräune-Maschine.«

Rebecca blickte sie verständnislos an. Sollte sie jetzt auch in Begeisterungsrufe ausbrechen?

»Komm, zieh dich aus«, sagte Yazzie.

»Ich?«

»Ja. Ich zeige dir, wie sie funktioniert. Danach kannst du sie an mir ausprobieren. Ich habe sie in diversen Schönheitssalons schon getestet. Ich weiß also in etwa, wie es funktioniert.«

»Ich bin nicht …«

»Ach, komm!«

»Aber …«

»Komm! Das macht bestimmt Spaß!«

»Bist du jetzt völlig durchgeknallt?«

»Nein, ich habe nur gerne ein bisschen Spaß. Ach, komm, Rebecca! Glaub bloß nicht, dass ich es nicht sehe.« Yazzie kniff sie plötzlich in den Arm.

»Aua! Was siehst du?«

»Dass du eigentlich ganz unternehmungslustig bist. Du hast bloß vergessen, wie es geht, oder? Du steckst viel zu sehr im Alltagstrott, Schwester.«

Rebeccas Augen weiteten sich. Sie starrte Yazzie an.

»Ich kann das sehen, weil ich solche Zeiten selber auch schon erlebt habe.«

»Du bist viel zu jung, um …«, begann Rebecca.

»Zu jung! Was soll das denn heißen? Wir sind praktisch gleich alt!«

Rebecca betrachtete ihr Spiegelbild. Sie sahen beide ein bisschen angeschlagen aus, weil sie gefeiert hatten, aber im hellen Licht der Lampen wirkte Rebecca wie ein zerbeulter Ute neben dem Porsche Yazzie.

»Es heißt doch, man soll nie ein Buch nach dem Einband beurteilen«, sagte Yazzie, die ihrem Blick gefolgt war. »Aber unbewusst tun wir das alle. Eine gute Freundin von mir – Evie, du würdest sie übrigens mögen – hat einmal gesagt: ›Wenn du jeden Tag das Gleiche machst, bekommst du auch immer die gleichen Resultate. Aber wenn du dein Denken und Handeln jeden Tag veränderst, dann verändert sich auch dein Leben!‹ Also, komm schon, Rebecca, leb ein bisschen drauflos!«

Ein bisschen drauflosleben, dachte Rebecca. Indem sie sich mit Bräune aus der Dose einsprühte? War dieses reiche kleine Mädchen verrückt? Sie stellte sich Char-

75

lie vor, der sich im Bett zu Hause die Seele aus dem Leib schnarchte. Sich die Eier kratzte. Rülpste und furzte. Vielleicht lag es ja an ihr. Vielleicht sah sie ihn nur falsch. Wenn sie ihre Meinung über ihn und über sich änderte, dann wurde ihr gemeinsames Leben vielleicht besser, oder?

»Okay. Ich bin bereit. Ich lebe ein bisschen drauflos«, sagte Rebecca und begann, sich aus ihren Sachen zu schälen. Sie blickte auf ihre unmoderne schwarze Unterwäsche und die Haare, die sich unter den Bündchen hervorkringelten. Trocken sagte sie: »Mannomann, mein Busch müsste auch mal wieder gestutzt werden. Da unten sieht es ja aus wie im Nationalpark!« Sie blickte Yazzie an. »Na gut, dann leg mal los!«

Es war halb vier Uhr morgens, als Charlie die breite Holztreppe in Waters Meeting hinaufschlich. Rebecca schlief schon fest. Sie hatte mit Yazzie noch eine ganze Flasche Baileys geleert. Auf Socken tapste er über den verschossenen Teppich, aber sosehr er sich auch bemühte, leise zu sein, er konnte es nicht verhindern, dass die Stufen knarrten. Auch die alte Holztür ging nicht geräuschlos auf, sondern stieß ein lautes Stöhnen aus. Rasch zog er sich aus, wobei er seine Kleidung achtlos zu Boden fallen ließ, und huschte ins Badezimmer.

Seit Toms Tod hatte Bec einen leichten Schlaf, deshalb schloss er die Badezimmertür sorgfältig, bevor er das Licht einschaltete. Er putzte sich rasch die Zähne und rieb sich mit einem nassen Waschlappen ab, um den Geruch von Janine zu entfernen. Sein Blick fiel auf sein

Spiegelbild. Der Bierbauch wölbte sich vor, und an den Schläfen lichteten sich seine braunen Haare bereits. Falten hatten sich um seine früher so strahlenden grünen Augen gegraben, und die dunklen Schatten darunter kamen von seiner überstrapazierten Leber. Er sah nicht nur furchtbar aus, er fühlte sich auch so. Als er vorsichtig wieder die Badezimmertür öffnete, fiel ein Lichtstrahl ins dunkle Schlafzimmer.

Seine Frau lag mit gespreizten Beinen und Armen im Bett. Sie trug einen knappen weißen Stringtanga und ein fließendes, durchsichtiges Gewand mit Pelzbesatz am Saum. Am ungewöhnlichsten war jedoch, dass sie braun war wie eine Bratkartoffel. Am ganzen Körper. Er schlich näher und betrachtete ihre Haut. An manchen Stellen sah es so aus, als sei sie mit Wasser aus einem schlammigen Tümpel bespritzt.

Was um alles in der Welt hatte sie bloß gemacht? Irgendetwas stimmte nicht. Andrew Travis kam ihm in den Sinn.

Als er leise neben sie ins Bett glitt, roch er ihre Alkoholfahne.

Puh, dachte er. Sie war betrunken und würde nicht aufwachen.

Aber dann griff Rebecca nach ihm, rieb ihren Körper an seinem und gab schläfrige Laute des Verlangens von sich. Seufzend schloss er die Augen. Er würde wohl nachgeben müssen. Wie lange war es jetzt her, dass sie Verlangen nach ihm zu erkennen gegeben hatte? Langsam, mit einem leeren, hohlen Gefühl begann Charlie, seine Frau zu liebkosen.

7

Nur wenige Stunden später an jenem Morgen zog Rebecca das rostige Tor auf. Sie verfluchte den Schlafmangel und die Tatsache, dass keines der Tore auf Waters Meeting sich leicht bewegen ließ. Dann stolperte sie auch noch über einen Ast, der von dem abgestorbenen Eukalyptusbaum auf den Weg zum Scherschuppen gefallen war. Wie oft hatte sie Charlie schon gesagt, dass sie endlich den Baum fällen sollten? Er war gefährlich. Fluchend stieg sie wieder in ihren Wagen. Auf der Rückbank hingen Ben und Archie jammernd in ihren Kindersitzen. Sie waren noch müde und vor allem sauer, weil sie gestern Abend schon wieder bei Mrs. Newton abgeladen worden waren.

Rebecca fuhr zum Scherschuppen, der auf einer kleinen Anhöhe am Fluss lag. Sie war schon viel zu spät dran. Hastig ergriff sie den Verpflegungskorb vom Beifahrersitz. Als sie sich umdrehte, fiel sie beinahe über Charlies Hütehund Stripes. Der dreifarbige Collie war von dem verlockenden Duft nach warmen Wurstbrötchen und Pastete angelockt worden. Schwanzwedelnd stand er vor ihr und freute sich. Aber Rebecca war nicht in der Stimmung für Stripes' enthusiastische Begrüßung.

»Geh aus dem Weg, Stripes!«, sagte sie. Zu allem

Überfluss trat sie mit ihren guten Cowgirlstiefeln auch noch in frischen Schafskot.

Vor dem Schuppen stand der kaputte Hilux, der noch mit dem Abschleppseil an einem der Mannschaftswagen befestigt war wie ein angepflocktes Pferd. Puh, dachte sie. Anscheinend hatte Charlie den Jungs aufgetragen, den Wagen abzuschleppen. Gut. Eine Aufgabe weniger auf ihrer langen Liste von Pflichten. Der Anblick des Fahrzeugs weckte Erinnerungen an ihre bizarre Nacht. Sol und Yazzie Stanton kamen ihr in den Sinn. Was für ein merkwürdiges Paar.

Sie blickte auf ihre fleckige braune Haut und verzog das Gesicht.

»Mum!«, rief Ben aus dem Auto. »Kann ich aussteigen? Bitte!«

Rebecca schloss die Augen und biss die Zähne zusammen. »Nein.«

»Warum nicht?«

»Weil ich dich dann nie wieder ins Auto zurückbekomme, und wir müssen zum Zahnarzt. Wir kommen sowieso schon zu spät.«

»Och, Mum! Ich will doch die vollautomatische Schurmaschine sehen! Daddy hat es mir erlaubt!«

Bens kleiner Bruder Archie fiel ein. »Mummy! Aussteigen? Biiitte!«

»Nein! Hört auf zu betteln. Mir ist egal, was Daddy versprochen hat. Er muss ja nie irgendwo pünktlich mit euch sein. Außerdem benutzt Daddy gefährliche Chemikalien bei den Schafen. Ihr dürft ihnen nicht zu nahe kommen«, sagte sie. Sie schlug die Tür zu und lief mit dem Korb in der Hand zu den Weiden am Scherschuppen.

Als sie um die Ecke bog, überfiel sie geschäftiger Lärm. Unter dem Bellen der Hunde hoben die Arbeiter die Schafe auf eine mobile Scherstation. Das Tuckern des Dieselmotors machte die Geräuschkulisse noch gewaltiger. Jedes Schaf wurde rücklings auf eine Metallwanne gelegt, damit die Männer es scheren konnten. Kelvin, der Chef der Truppe, und seine Männer standen auf der Trailer-Plattform und lösten die Wolle um die erschreckten Gesichter der Schafe mit ihren Handschergeräten.

Als Rebecca den Stapel schmutziger Wolle in den Tonnen sah, stiegen erneut Frustration und Enttäuschung in ihr auf. Sie hatte Charlie gebeten, den Schafen nicht zu viel Hafer zu geben, weil das ihre Verdauung beeinträchtigte und zu großen Kotflecken um die Hinterteile führte. Mehrmals hatte sie ihm gesagt, dass die Tiere vor allem Trockenfutter brauchten und nur wenig Grünfutter zusätzlich.

In Waters Meeting wurden die Böcke, weil es sehr hoch gelegen war, später als anderswo zu den Schafen gebracht, dennoch schaffte Charlie es nie, den Zeitpunkt einzuhalten. Er brachte die Böcke immer zu spät zum Decken, so dass die Lämmer zu spät zur Welt kamen und das erste frische Grün im Frühjahr verpassten.

»Wenn du sie vor der Paarung nicht säuberst, kommen die Böcke durch die Scheiße nicht durch!«, hatte Rebecca ihn an einem Sonntagnachmittag angeschrien.

Charlie hatte nur kurz aufgeblickt. Er sah Fußball im

Fernsehen, die Füße lagen auf einem Hocker, zahlreiche Bierflaschen standen neben dem Sessel aufgereiht. Er wartete, bis Werbung kam, dann hatte er ganz ruhig zu ihr gesagt: »Wenn du mich schon vor den Kindern so anschreist, solltest du wenigstens ein bisschen auf deine Ausdrucksweise achten.« Er hatte sein Bier ausgetrunken und dann den Ton am Fernseher lauter gestellt. Rebecca war ins Schlafzimmer geflohen und hatte weinend begonnen, Wäsche zu falten.

Sie blickte zu den Weidegründen am Flussufer. Die Böden machten einen ausgelaugten Eindruck, und auf den kahlen Stellen zwischen dem Hafer würde bald Unkraut wuchern. Sie dachte an die üppigen grünen Weiden der Farmen, die sie mit Andrew besucht hatte. Dort hatten die Farmer abgewartet, bis sich die mehrjährigen Grünpflanzen zurückgezogen hatten, wie sie es zu bestimmten Zeiten des Jahres taten. Wenn das restliche Grün dann abgegrast war, hatten sie den Hafer direkt in die Erde gesät, ohne Chemiedünger oder Pflüge einzusetzen. Die Farmen wirkten mit den langen trockenen Gräsern und der großen Vielfalt an Pflanzenarten verwildert, doch Andrew hatte ihr erklärt, dass die vielen Pflanzen den Tieren gesunde, abwechslungsreiche Nahrung lieferten. Sie hatte auf diesen Farmen mit eigenen Augen gesehen, wie gut es den Tieren ging. Als sie Charlie vorgeschlagen hatte, das Gleiche zu versuchen, damit die Tiere durch die Ernährung gesund und kräftig blieben, hatte er sie angeschaut, als ob sie nicht bei Trost sei.

Merkte er denn nicht, wie furchtbar ihre Schafe aussahen, weil sie viel zu viel von dem üppigen Hafer gefressen hatten?

Rebecca fielen die Streifen mattgrüner Wolle auf, die viele geschorene Schafe auf dem Rücken hatten. Ihre Haut war vom Fliegen- und Larvenbefall entzündet, und anscheinend hatte Charlie die meisten viel zu spät behandelt.

Trotzdem wirkte er fröhlich und guter Dinge, während er überwachte, wie die geschorenen Schafe durch den Desinfektionsstrahl getrieben wurden. Auf dem Trailer drängten sich die Schafe. Es war alles viel zu eng, und die schwächeren Tiere gingen im Gewirr der Leiber fast unter.

Die geschorenen Schafe standen auf der Ausgangsweide, grasten oder schüttelten sich, um das bitter riechende Desinfektionsmittel loszuwerden.

»Pause!«, rief Charlie, als er sah, dass Bec den Korb abstellte. Die Männer beendeten die Arbeit, die Hunde wurden abgelegt, und bald schon standen alle am Wassertank, um sich die Hände zu waschen.

»Besser spät als nie«, sagte Charlie. Er nahm sich ein Wurstbrötchen und warf Rebecca einen spöttischen Blick zu. Ein einfaches »Danke, Liebling« wäre schön, dachte Rebecca bitter, sie sagte jedoch nichts. Sie war immer noch wütend auf ihn, weil er nicht zu Hause gewesen war, als sie von Yazzie gekommen war. Mittlerweile verbrachte er mehr Zeit in der Kneipe als zu Hause. Als sie dann heute früh einen Vorstoß gemacht hatte, um mit ihm zu schlafen, war er dazu nicht in der Lage gewesen. Sie war sich mit ihrem albernen geborgten Negligé, dem teuren Parfüm, mit dem Yazzie sie eingesprüht hatte, und der falschen Bräune auf den Beinen gedemütigt und zurückgestoßen vorgekommen, als Charlies Penis in ihrer Hand schlaff geworden war. Leise weinend hatte sie neben ihm gelegen.

»Und wie geht es Mrs. Lewis heute früh?«, fragte Kelvin.

Rebecca verzog innerlich das Gesicht. Es gefiel ihr nicht, dass er wieder auf Waters Meeting war. Charlie hatte ihm bestimmt erzählt, wie sehr sie sich gestritten hatten, als er letzten Winter das erste Mal bei ihnen war. Wenn es darum ging, Rebecca schlecht aussehen zu lassen, hatte Charlie keine Hemmungen. Er hatte Kelvin bestimmt erzählt, dass sie lieber einen anderen Schertrupp, den von George Pickles, engagiert hätte.

George verstand viel von Herdendynamik, und mit seinen Kelpies trieb er die Schafe mit minimalem Stress durch den Schervorgang. Außerdem besaß er Humor.

Bevor sie die Kinder bekommen hatte, hatte Bec gerne mit Georges Mannschaft aus jungen, immer zu einem Flirt aufgelegten Männern gearbeitet. Für sie war ein Schäfer wie George ein Geschenk des Himmels, nachdem sie sich jahrelang mit ihrem Vater, seinen schlecht trainierten Hunden und seinem rauen Umgangston hatte herumschlagen müssen.

Aber seit die Kinder da waren, hatte sie die Entscheidungen mehr und mehr Charlie überlassen. George war pro Schaf zehn Cent teurer als Kelvin, und deshalb hatte Charlie letztes Jahr beschlossen, dass George nicht mehr nach Waters Meeting kommen sollte.

Letzten Winter war dann Kelvin zur Hufpflege gekommen. Sie machten gerade eine unglaublich schwierige Zeit durch, weil es nach Jahren der Dürre seit einigen Tagen zum ersten Mal wieder heftig regnete. Die Tiere waren schwach, die Weiden schlammig, und die Männer waren unangemessen grob und rabiat. Die ganze Erfahrung war ein einziges Desaster für Rebecca gewesen.

Überall auf dem Besitz liefen lahme Schafe mit allen möglichen schlimmen Hufkrankheiten herum. Bec war wütend auf Charlie, weil er die Weiden nicht oft genug gewechselt hatte. Er hatte die Herden auf viel zu nasse Marschwiesen oder Weiden, die sich erholen mussten, geschickt. Und er achtete auch nicht darauf, ob die behandelten Tiere von kontaminierten Böden ferngehalten wurden.

Auch das Wohnhaus musste dringend repariert werden. Durch das Dach regnete es durch, die Kinder mussten versorgt werden, und Bec hatte das Gefühl, alles lastete auf ihren Schultern. Sie fühlte sich für alles verantwortlich. Ihre Stimmung fiel auf den Nullpunkt.

An einem sehr dunklen Nachmittag hatte sie sich hingesetzt und einen Rotationsplan für die Weiden nach Andrews Vorgaben für Charlie erstellt. Sie müssten nur ein paar Paddocks anders unterteilen, dann konnten sie die einzelnen Weiden länger nutzen. Aber Charlie hatte überhaupt keine Notiz davon genommen. Sie wusste, dass es nicht nur seine Schuld war. Nach Archies Geburt hatte sie eine postnatale Depression überfallen, die nicht von alleine wegging. Aber statt Hilfe zu suchen, hatte Rebecca einfach begonnen, die ganze Farmarbeit ihrem Mann zu überlassen. Dadurch war ihr auch Charlie entglitten.

Letztendlich hatte sie wütend alle Pläne, die sie so sorgfältig ausgearbeitet hatte, in der untersten Schublade des Schreibtischs im Büro verstaut und sie seitdem nicht mehr angeschaut. Es war ihr alles zu viel geworden, und sie hatte einfach nicht mehr die Kraft, sich mit ihrem Mann auseinanderzusetzen. Es fehlte ihr ja sogar die Energie, sich um sich selbst zu kümmern.

Seit jenem nassen Winter hatte es nicht mehr geregnet, und jetzt, in der trockenen Jahreszeit, stand Rebecca erneut Kelvin gegenüber. Schmuddelig, grob und zahnlos stand er vor ihr. Sie blickte auf den Kadaver eines Schafs, den die Männer über den Zaun geworfen hatten. Es war voller Panik gegen das Geländer gerannt und hatte sich den Hals gebrochen, weil die Hunde nicht gut genug ausgebildet waren, um es richtig zu dirigieren. Bec presste die Zähne zusammen. Am Ende des Tages würden noch mehr tote Schafe hinzukommen.

Geschäftig arrangierte sie die Pasteten, Kuchen und Brötchen auf den Platten und versuchte, den Tonfall zu ignorieren, in dem er sie mit »Mrs. Lewis« angeredet hatte. Seine Stimme triefte geradezu vor Respektlosigkeit.

Vergeblich versuchte sie, etwas von der Haltung der jungen Frau zurückzugewinnen, die mit den Männern im Scherschuppen und bei den Auktionen zusammengearbeitet hatte. Aber es gelang ihr nicht. Sie schenkte Kelvin ein schwaches Lächeln. Wie immer trug er eine schmutzige Jeans und auf dem Kopf eine noch schmutzigere Schirmmütze, unter der sich seine schmierigen Dreadlocks hervorringelten.

»Mir geht es gut, danke, Kelvin« sagte sie.

»Lange Nacht gehabt?« Kelvin kniff die blauen Augen zusammen und musterte sie von oben bis unten.

»Ja, es war eine lange Nacht. So richtig fit bin ich noch nicht«, erwiderte sie. »Nicht so fit wie Charlie.« Es sollte ein Seitenhieb sein, aber Charlie schien nichts zu bemerken. Er tätschelte stolz seinen Bauch.

»Ich habe schwer für dieses Baby gearbeitet.«

»Charlie hat mir erzählt, dass du ein paar nette Tupperware-Dosen bestellt hast«, sagte Kelvin mit verschlagener Miene.

»Ach, ihr Kerle!«, stöhnte Bec. »Da heißt es immer, Frauen würden tratschen! *Wirklich!*« Sie wandte sich an Charlie. »Ich muss los. Ich werde erst nach dem Mittagessen wieder da sein. Ich habe dir Brote geschmiert, könntest du bitte schon mal den Schongarer anstellen? Ich dachte, wir könnten besser zu Hause essen als in der Kneipe. Du sagst doch immer, das spart Geld. Du kommst heute Abend mit zum Info-Abend von Andrew, oder?«

Charlie verzog das Gesicht. »Wenn der Boss das vorschlägt, muss ich ja wohl«, erwiderte er und blickte die Männer an.

»Es besteht kein Zweifel daran, wer hier die Hosen anhat«, sagte Kelvin. Er steckte die Zunge in die Wange und warf ihr einen frechen Blick zu.

In Rebecca stieg Frustration auf. Sie wollte gerade etwas erwidern, als sie die Jungs am Tor stehen sah. Sie blickten sie schuldbewusst an. Ihre guten Schuhe waren bereits voller Schafskot, und ihre sauberen T-Shirts hatte ein begeisterter Stripes mit seinen Pfotenabdrücken versehen.

»Geht sofort wieder ins Auto!«, stieß Rebecca hervor.

Als sie die beiden Jungen zum Auto zurückscheuchte, hörte sie, wie Kelvin hinter ihr herrief: »Übrigens hübsch, die falsche Bräune. Du solltest nur beim nächsten Mal etwas anderes als Melasse nehmen.«

Sie schnallte die Kinder an und wusste nicht, ob sie lachen oder weinen sollte. Sie blickte in das süße Gesicht von Ben, der, als er sechs wurde, auf einmal allen Babyspeck verloren hatte. Daneben saß der stille kleine Archie, der ihr mit seinen blonden Locken so ähnlich sah. Beide waren sie so lieb. Ihre besten Gefährten.

Mit der Zeit würde bestimmt alles besser werden. Für die beiden Jungs lohnte es sich doch, zu Hause zu bleiben und Charlie alleine auf der Farm arbeiten zu lassen. Rebecca atmete tief durch.

Als sie sich aufrichtete und umdrehte, kam Charlie auf sie zu. Die Ärmel seines Khakihemds waren aufgerollt, und ein breitkrempiger Hut verdeckte sein Gesicht, so dass schwer zu erkennen war, was er dachte.

Rebecca fürchtete, er wolle ihr Vorhaltungen machen, und wappnete sich innerlich dagegen.

»Wegen letzter Nacht«, sagte er. »Tut mir leid. Ich stehe zurzeit so unter Druck.«

Rebecca war sich nicht sicher, ob er auf den missglückten Sex anspielte, auf die Tatsache, dass er schon wieder die halbe Nacht weg gewesen war, oder auf sein schlechtes Gewissen wegen des Pflügens, aber sie war erleichtert, dass er überhaupt etwas sagte. Schweigend wartete sie auf weitere Erklärungen.

»Lass es uns … lass es uns noch mal versuchen. Wir stellen einfach alles auf Anfang«, schlug er vor.

Sie blickte ihn forschend an, aber seine Miene ließ nichts erkennen. »Du kennst mich doch. Ich bin für jeden Versuch zu haben«, sagte sie. Unvermutet zog er sie an sich und drückte sie an seine Brust. Er roch stark nach Lanolin, schmutzigem Schaf und Desinfektionsmittel, aber sie lehnte trotzdem die Wange an ihn und genoss den Augenblick. Sie sehnte sich so nach seiner Zuneigung.

»Ja, lass es uns noch einmal versuchen«, sagte sie. »Vor allem wegen der Kinder.«

Als er sich von ihr löste, murmelte er: »Du weißt doch, dass ich dich liebe, Baby.«

Mehr brauchte Rebecca gar nicht zu hören.

8

Rebeccas Gedanken überschlugen sich, als sie mit den Kindern in die Stadt fuhr. Wenn Charlie tatsächlich so empfand, dann konnten sie ihre Eheprobleme bestimmt in den Griff bekommen. Sie zog Trost aus seiner Umarmung und den wenigen kostbaren Worten, als ob sie ein Rettungsseil wären, an das sie sich klammern konnte. Ihr Herz floss über, als sie an der leer stehenden, einsam gelegenen Holzhütte ihres Vaters vorbeifuhr. Sie wollte nicht so enden wie ihre Eltern. Getrennt und böse aufeinander hatten sie ihr Leben verbracht. Dieses Schicksal durften Charlie und sie nicht auch erleiden.

Als Becs Mutter, Frankie, gegangen war und ihre gesamte Tierarztpraxis mitgenommen hatte, war das Leben auf Waters Meeting außer Kontrolle geraten. Frankie hatte geglaubt, das Richtige zu tun, schließlich hatte sie jahrelang darauf gewartet, dass ihre Kinder »alt genug« waren. Bec, die Jüngste, war sechzehn, als ihre Mutter ging, aber die Auswirkungen auf sie alle waren gewaltig gewesen. Auch ihre Brüder, Mick und Tom, die damals schon erwachsen waren, hatten unter der Trennung gelitten. Die Kinder, die mit ihrem Vater Harry auf Waters Meeting zurückgeblieben waren, mussten nicht nur mit seinen Launen und seinem Trinken zurechtkommen, sondern auch seine negative Grundeinstellung ertragen, mit der er sie täglich konfrontierte.

Nach Harrys Tod hatte Rebecca ein schlechtes Gewissen, weil es Tage gab, an denen sie erleichtert war, dass ihr Vater nicht mehr lebte. Der früher einmal grüne Rasen lag jetzt gelb und vertrocknet da. Der Gemüsegarten war voller Gras und Unkraut, an manchen Tagen ertrug Bec den Anblick kaum, geschweige denn, dass sie in die Hütte gehen konnte.

Harry war in den letzten Jahren vor seinem Tod ein wenig milder geworden, und das Verhältnis zwischen Rebecca und ihm war, wenn auch nur oberflächlich, besser geworden. Obwohl der Vater ihr nie zu verstehen gegeben hatte, dass er sie liebte, versuchte Rebecca immer, daran zu glauben. Sie stellte sich seine Liebe vor wie den Fluss, der manchmal da und manchmal nicht da war. Tief im Inneren wusste sie jedoch, dass sie sich etwas vormachte. Ihr Vater hatte sie gar nicht gemocht, er hatte sie wegen ihrer Hartnäckigkeit sogar gehasst. Sie war immer dageblieben, obwohl er sie gar nicht auf der Farm haben wollte. Er wollte seine Söhne.

Bec blickte auf die Veranda und stellte sich vor, wie ihr Vater dort saß. Einen Arm auf der Armlehne des Deckchairs, den Stumpen mit dem zugenähten Ärmel fest an die Brust gedrückt. Sein Winken, wenn sie und Charlie am Haus vorbeifuhren. Zuerst hatte er sie und die Pläne, die sie mit ihrer Beraterin Sally in die Tat umgesetzt hatte, begrüßt und unterstützt, aber als in den schlechten Jahren der Boden aufgrund ihrer überholten Farmpraktiken nichts mehr hergab, hatten Harrys Bitterkeit und sein mangelndes Zutrauen in ihre Fähigkeiten wieder die Oberhand gewonnen.

Bec wünschte sich plötzlich, einen Pächter für die Hütte zu finden, damit dort neue Erinnerungen entstehen konnten. Charlie hatte Vorbehalte gegen fremde Leute auf ihrem Grund und Boden, aber sie war mittlerweile bereit, die Erinnerungen an ihren Vater zu vergessen.

Diesen Sommer war es vier Jahre her, dass Harry gestorben war. An einem schwülen Tag im Februar, in der gleichen Buschklinik, in die sie jetzt mit den Kindern fuhr. Sein Magenkrebs war schlimmer geworden. Als Bec ihn dort hingefahren hatte, war Harry bei jedem Schlagloch zusammengezuckt. Das Morphium wirkte nicht mehr, und sein Gesicht war aschgrau gewesen. Trotzdem hatte sie damals nicht gedacht, dass er die frische Luft von Waters Meeting zum letzten Mal einatmen würde. Er musste beatmet werden, bis er starb.

Als Harrys Sarg in das Grab neben Tom heruntergelassen wurde, hatte Rebecca das Gefühl, ihre Wunden würden erneut aufgerissen. Sie wollte nicht, dass er so dicht neben ihrem Bruder beerdigt wurde. Noch heute, vier Jahre nach Harrys Tod und über zehn Jahre nach Toms Tod, schmerzte es unerträglich. Bec hatte keine Ahnung, wie sie jemals darüber hinwegkommen sollte.

Der Pfarrer hatte in seiner Predigt gesagt, es sei doch ein schöner Gedanke, dass ein Vater im Himmel mit seinem Sohn wiedervereinigt würde, aber Bec dachte nur bitter, dass Harry bestimmt der letzte Mensch auf dem gesamten Planeten war, den Tom sehen wollte.

Sie hatte zwar ihren Frieden mit dem Vater gemacht, aber Toms Schatten stand immer zwischen ihnen. Noch heute überlief es sie eiskalt, wenn sie an der Stelle vorbeiging, an der der alte Holzschuppen gestanden hatte. Die Balken, von denen das Seil heruntergehangen hatte, waren lange zu Asche verbrannt und in alle Winde verstreut, seit der Nacht, in der sie in wilder Trauer den Schuppen mit Hilfe eines Traktors und einer Kette eingerissen und danach mit Benzin übergossen und angezündet hatte.

Sie erzählte Ben und Archie oft von Tom und versuchte, die Erinnerung an ihn durch ihre Worte lebendig zu halten. Von ihrem Vater redete sie nur selten. Es fiel ihr schwer, etwas Positives über ihn zu sagen. Ben hatte nur eine schwache Erinnerung an seinen Großvater, und Archie war noch ein Baby gewesen, als Harry starb. Toms Energie jedoch wollte sie in ihren Söhnen bewahren.

»Er war ganz anders als euer Onkel Mick«, sagte sie zu ihnen. »Er war kleiner als Mick, aber sehr, sehr attraktiv. Und er war ein großartiger Künstler. Ihr kennt doch das Gemälde im Esszimmer? Das von seinem Pferd Hank und der Hütte? Das hat er gemalt, bevor er gestorben ist.«

Wenn Ben manchmal fragte, woran denn Onkel Tom gestorben sei, schwieg Bec. Wie hätte sie einem Kind erklären sollen, dass er sich selbst das Leben genommen hatte?

»Die Engel haben ihn zu sich gerufen, weil sie ihn im Himmel brauchten«, sagte sie schließlich, und dann wechselte sie das Thema. Aber der Schatten von Tom lag auf Waters Meeting, sogar die Sonne erinnerte sie an ihn. Wenn an manchen Tagen die Berge golden im Sonnenlicht schimmerten, war sie sich sicher, dass er immer noch da war, hoch oben in seiner Berghütte, wohin er sich vor den Stürmen in seinem Kopf immer geflüchtet hatte. Zu anderen, dunkleren Zeiten, wenn sie selbst von Verzweiflung überfallen wurde, dann quälte sie sein Leid.

Als sie an dem großen, zweistöckigen Haupthaus von Waters Meeting auf dem Hügel vorbeifuhr, fragte sie sich unwillkürlich, warum es ihr trotz aller Mühen nicht gelang, etwas anderes aus dem Gebäude zu machen als ein müdes, altes Haus, das genauso ums Überleben kämpfte wie die Farm und die Familie. Der Besuch auf Rivermont gestern Abend hatte dieses Gefühl sogar noch stärker werden lassen. Bec scheiterte in allem. In ihrem eigenen Leben, bei ihren Söhnen, bei ihrem Mann. Ihre Träume starben vor ihren Augen, doch den Grund dafür kannte sie nicht. Tat sie denn nicht ihr Bestes? Legte sie nicht genug Enthusiasmus an den Tag?

Sie blickte auf die Plastiktüte auf dem Beifahrersitz. Sie enthielt Yazzies frisch gewaschenes Baby Doll. Sie musste wirklich sturzbetrunken gewesen sein, als sie es sich geliehen und für Charlie angezogen hatte! Und dann noch die Bräune aus der Sprühflasche! Sie kam sich vor wie ein Idiot. Aber es würde schon alles wieder gut werden, dachte sie dann, während sie nach Bendoorin fuhr. Wenn erst einmal das Paket von der Sexspielzeug-Party da war, würden sie und Charlie wieder besser miteinander auskommen, und sie würde sich endlich wieder lebendig fühlen.

Als sie in die Stadt fuhr, besserte sich ihre schlechte Laune schlagartig. Irgendein Witzbold hatte mit schwarzer Farbe das Schild beschmiert, auf dem die Bundespolizei ihre aktuellen Kampagnen verkündete. Der Anfang des Satzes lautete: DIE POLIZEI JAGT JETZT ... und dahinter stand: VERRÜCKTE HÜHNER.

Rebecca musste unwillkürlich lachen. So etwas hätten sie und ihre College-Freunde früher auch fertiggebracht.

»Die Polizei jagt jetzt verrückte Hühner«, wiederholte sie kichernd. »Das ist echt lustig.«

»Was ist lustig, Mummy?«, fragte Ben. »Worüber lachst du?«

»Ach, nichts, Süßer. Nur ein albernes Schild. Politisch nicht sehr korrekt.«

»Was ist das?«

Sie blickte Ben, der sie aus seinen dunklen Augen neugierig anblickte, im Rückspiegel lächelnd an.

»Politisch korrekt ist, wenn blöde Leute Witze nicht verstehen und sich viel zu ernst nehmen.«

Ob sie wohl mittlerweile auch als »verrücktes Huhn« galt? Plötzlich wurde ihr klar, dass sie selbst alles viel zu ernst nahm. Seit wann war das so? Sie war doch nicht immer so ernst gewesen. Warum tat sie nichts Verrücktes mehr wie früher auf der Landwirtschaftsschule? Stand es im Regelbuch des Lebens, dass man erwachsen und vernünftig werden musste? Selbst auf der Sexspielzeug-

Party hatte sie sich kaum gehen lassen. Sie sollte wirklich mehr Spaß haben, wie Yazzie gesagt hatte. Sie steckte in einem tiefen Graben – wahrscheinlich müsste sie mit Charlies blödem neuen Traktor herausgezogen werden, so tief war er. Sie musste sich ändern, um ihrer selbst willen, für die Jungs und natürlich auch für Charlie. Mit diesem Entschluss im Kopf fuhr sie auf den Parkplatz des Krankenhauses.

Eine Stunde später, nachdem der Zahnarzttermin hinter ihnen lag, schob Bec die beiden Jungs in einem Einkaufswagen durch die Gänge von Candys Supermarkt und gab dabei Geräusche wie ein Rennwagen von sich. Auf der Landwirtschaftsschule hatte sie sich einen Spaß daraus gemacht, mit den Einkaufswagen alles Mögliche anzustellen. Warum sollte sie das mit ihren Söhnen nicht auch machen? Aber trotz ihrer Ausgelassenheit blieb ein Rest Anspannung zurück. Ihr war klar, dass viele in Bendoorin darauf brannten, Einzelheiten von der skandalösen Party bei Doreen zu hören. Zum Glück jedoch kam sie bis an die Kasse, ohne allzu vielen Leuten zu begegnen.

Auch Candy wirkte nach der Party ein wenig angeschlagen. Ihr hell orangefarbener Poncho mit den blauen Häkelblumen warf einen ungesunden, grünlichen Schimmer auf ihr Gesicht.

»Was für eine Nacht! Ich bin völlig fertig!«

»Da bist du nicht die Einzige«, erwiderte Bec und lud ihre Einkäufe aufs Band.

»Hübsches Braun übrigens«, sagte Candy und begann,

die Waren über den Scanner zu ziehen. »Ich würde sagen, das kommt von Yazzie. Sie hat mich letzte Woche erwischt. Wir sind damit in meine Dusche gegangen, und sie hat mich in eine belgische Waffel verwandelt.«

»Ha! Ja, der beste Look ist es nicht«, sagte Bec und hob die Hände, um die Flecken des Bräunungssprays auf ihren Handflächen zu zeigen.

»Mit der Zeit wäscht es sich heraus. Du solltest unbedingt in der Stadt noch einen Kaffee trinken und den Jungs etwas zu essen geben. Larissa hat ihr Café eröffnet. Ich weiß, ich bin nur die ungeheuer stolze Mutter, aber sie macht echt den besten Kaffee. Er wird dich aufmuntern. Und nebenan gibt es den neuen Hoodoo-Guru-Laden. Da solltest du auch einmal reingehen.«

»Hoodoo-Guru?«

»Ja«, erwiderte Candy und packte die Lebensmittel ein. »Irgendeine Frau hat ihn diese Woche eröffnet. Sie verkauft Kristalle und Buddhas. Ich meine, wenn du auf so etwas stehst. Den Kindern gefällt es bestimmt. Alles so schön bunt da, voller Brunnen und so.«

Bec lächelte. »Ja, das schaue ich mir einmal an.«

»Sie hat auch Kleidung. Allerdings sehe ich dich nicht so ganz in einem Kaftan. Es ist ziemlich schwierig, damit über Zäune zu klettern, und die Batikfarben erschrecken vielleicht die Schafe. Ich allerdings habe mir gleich fünf davon gekauft.«

»Vor der Party gestern konnte ich mir auch nicht vorstellen, jemals einen Bondageanzug zu tragen, aber anscheinend hat Yazzie ein Catwoman-Outfit für mich bestellt. Sag niemals nie!«

»Da kann Charlie sich aber warm anziehen, wenn das Paket kommt!« Candy lachte. »Da fährt er nicht mehr mit seinem neuen Traktor zur Kneipe! Dann bleibt er bei dir zu Hause.«

Verwirrt runzelte Bec die Stirn. »Er ist mit dem neuen Traktor zur Kneipe gefahren?«

»Wusstest du das nicht?«

Bec schüttelte den Kopf. Sie spürte, wie sich ihre Wangen vor Demütigung und Wut rot färbten. Sie reichte Candy das Geld und nahm die Einkaufstüten entgegen. »Ich habe schon geschlafen, als er nach Hause kam. Und heute früh sind die Schafscherer gekommen, deshalb haben wir uns kaum gesehen.«

»Tut mir leid«, sagte Candy und blickte sie besorgt an, als sie ihr das Wechselgeld reichte. »Ich dachte, du wüsstest es. Er ist ein ganz Wilder, dein Charlie. Das war er immer schon, und das wird sich auch nicht mehr ändern.«

»Oh, es gibt sicher einiges, was ich nicht weiß. Aber das ist ja keine große Sache, mit dem Traktor zur Kneipe zu fahren. Eigentlich ist es ja lustig«, erwiderte Bec. Sie rang sich ein Lächeln ab.

Als sie mit den beiden Jungs im Schlepptau durch die brandneuen automatischen Glastüren nach draußen trat, fröstelte sie trotz der Sommerhitze.

Sie betrachtete ihr strenges Spiegelbild im Schaufenster. »Ich wünschte, sie würden da drinnen auch Sinn für Humor verkaufen«, meinte sie versonnen. »Ich glaube, ich brauche einen neuen.«

»Was, Mummy?«, fragte Ben.

Kurz wurde sie vom attraktiven Gesicht von Andrew Travis abgelenkt, der ihr vom Plakat, das hinter der Scheibe hing, zulächelte. Sein Foto befand sich auf einem Werbeplakat, das seinen Vortrag heute Abend in der Kneipe ankündigte. »Und ich wünschte, der Laden würde auch solche Männer verkaufen.«

»Was, Mummy?«, fragte Ben erneut.

»Nichts, Liebling. Kommt, wir gehen etwas essen.«

Nachdem sie Larissas selbstgemachte Hamburger mit Pommes frites vertilgt hatten und Rebecca ihre Lebensgeister mit einem köstlichen Cappuccino wieder geweckt hatte, bummelten sie weiter über die Hauptstraße von Bendoorin. Erstaunt sah Bec auf ihrem neuen iPhone, dass es schon fast zwei Uhr war. Sie hatte sich mit Larissa über die Sexspielzeug-Party unterhalten und wer was bestellt hatte und darüber ganz die Zeit vergessen. Die Jungs hatten sich in einer Ecke des Cafés mit dem angebotenen Spielzeug und den anderen Kindern, die auch zur halbjährlichen Zahnuntersuchung in die Stadt gekommen waren, vergnügt.

Bec, die es sonst immer eilig hatte, zur Farm zurückzukommen, weil es so viel zu tun gab, ergab sich ihrem Kater und der Hitze. Ab und zu konnte sie sich an einem Samstag doch schließlich auch einmal ein oder zwei Stunden freinehmen und Charlie die Arbeit auf den Weiden überlassen, oder?

Sie stand vor dem neuen »Guru«-Laden und bewunderte die eingetopften Kräuter, die trotz der Hitze frisch und grün aussahen. *Der Himmel auf Erden* verhieß das

Schild auf der Markise. Bunte Gebetsfahnen kündeten von Frieden, und am Eingang klimperten Windspiele.

Charlie hätte die Sachen im Schaufenster sicher als »Hippie-Scheiß« bezeichnet, aber Rebecca und ihre Söhne zog es in den Laden.

Es roch nach Sandelholz, und das Licht von zahlreichen Kerzen sorgte für eine gedämpfte Beleuchtung. Im Hintergrund ertönte leise Klaviermusik. Lächelnde Buddhastatuen, dicke und dünne, saßen oder standen überall im Raum. In kleinen Brunnen, in denen silbernes Wasser plätscherte, trieben seidene Lotusblüten. Kristalle in allen Formen und Größen glitzerten in Vitrinen.

»Wow!«, staunte Ben. Archie ließ die Hand seiner Mutter los und blickte sich staunend aus großen blauen Augen um.

»Das ist aber schöööön hier!«, sagte er ehrfürchtig.

»Ja, das ist es«, erwiderte Bec. »Fasst nichts an!«, warnte sie die Jungs. In diesem Moment wurde die friedliche Stimmung von lautem Kläffen gestört.

»Jesus Christus!«, rief eine Frauenstimme. »Du liebe Güte, *Jesus Christus!* Halt die Schnauze!«

Ein kleiner Jack Russell kam auf die beiden Jungen zugeschossen. Vor Freude wackelte er mit dem ganzen Körper.

Hinter einem Vorhang trat eine Frau mit schneeweißen Haaren hervor, die sie zu einem Zopf geflochten hatte.

»Jesus! Das ist sein Name«, fügte sie als Erklärung hinzu. »Entschuldigen Sie!«

Trotz der weißen Haare wirkte ihr gebräuntes Gesicht jugendlich, wobei die Hände ihr Alter verrieten. Die Augen waren leuchtend grün und schienen direkt in Bec hineinzusehen. Am schönsten jedoch war das heitere Lächeln. Die Frau sah so lebendig und frisch aus, und abgesehen von ihrem verrückten Hund, schien sie keine Probleme zu haben.

»Kann ich Ihnen helfen?«, fragte die Frau und nahm den Hund auf den Arm.

»Du lieber Himmel, ich wüsste gar nicht, wo Sie anfangen sollten!« Bec lachte leise. »Nein, es ist alles in Ordnung. Danke. Candy aus dem Supermarkt meinte, ich sollte mich hier einmal umschauen.«

»Ah, die Gute. Was ist mit Ihren Kindern? Kann ich euch etwas anbieten?« Die Frau trat zu den Jungen. »Hallo, ich bin Evie«, sagte sie zu Ben und Archie. »Und der kleine Hund hier heißt Jesus Christus. Blöder kleiner Kläffer!«

Archie legte den Kopf schief und schaute sie sichtlich fasziniert an.

»Hier, sucht euch einen Edelstein aus, den ihr gerne in die Tasche stecken würdet«, sagte sie zu den Jungen.

»Wirklich?«, fragte Bec. »Sind Sie sicher …?«

Die Jungen zögerten.

»Na los«, ermunterte Evie sie.

Archie streckte die Hand nach den Schachteln mit Halbedelsteinen aus, die auf der Theke standen. Zielsicher schlossen sich seine kleinen Finger um einen rötlich braunen Stein mit geheimnisvollen Linien im Innern.

»Ah, eine gute Wahl, mein Sohn«, sagte Evie. »Ein Karneol. Dieser kleine Kristall wird dir helfen, mit deinem inneren Selbst in Verbindung zu bleiben, und dir Mut verleihen.« Sie blickte Rebecca mit ihren grünen Augen an. »Er besitzt auch die Kraft, die Intimität in einer Ehe wiederherzustellen«, sagte sie zu ihr.

Rebecca wandte den Blick ab. Ihre Wangen färbten sich rot.

Ben, der normalerweise der entschlossenere der beiden Jungs war, griff zögernd nach einem schwarz gesprenkelten Kristall mit bläulichem Schimmer und einem Hauch von Weiß, als ob er die Milchstraße in sich hielte.

»Und du, junger Mann, hast den Sodalith gewählt. Die längste Entfernung, die du jemals zurücklegen wirst, ist die Reise von deinem Kopf zu deinem Herzen. Dieser Stein klärt Verwirrung und schenkt inneren Frieden. Er kann dir dabei helfen, Streitigkeiten und Auseinandersetzungen zu lösen. Ich weiß zwar, dass du dich nicht mit deinem Bruder streitest, aber dieser Stein hat dich gerufen. Vielleicht sollst du anderen helfen, ihren Streit beizulegen?« Dieses Mal schauten sowohl die Jungen als auch Evie Rebecca an.

Ben blickte auf den runden, polierten Stein. »Aber wie funktioniert das?«, fragte er ein wenig eingeschüchtert von den Steinen und der seltsamen Frau.

»Steine enthalten Energie. Du kommst doch von einer Farm, oder?«

Ben nickte mit großen Augen.

»Nun, das Land und die Berge um dich herum, alles enthält Energie. Universelle Intelligenz und Energie.

Und zwar genau die gleiche, wie sie in deinem Körper, in meinem Körper und in dem von deiner Mummy ist. Verstehst du mich?«

Ben nickte. »Das ist Leben«, sagte er.

»Und Tod und alles dazwischen«, fuhr Evie fort. »Die Wissenschaft hat bewiesen, dass alles im Universum sich in einem ständigen Zustand der Vibration befindet. Weißt du, was Vibration ist?«

»Ja«, sagte Ben. »Wenn Mum über die Straße mit Schlaglöchern fährt und die Sachen auf dem Armaturenbrett so lange vibrieren, bis sie runterfallen.«

»Genau! Kluger Junge. Nun, selbst du hast Vibration in dir. Und bei Kristallen ist es das Gleiche. Wenn du sie unter einem Elektronenmikroskop betrachtest, dann kannst du sie sogar vibrieren sehen. Im Gegensatz zu uns Menschen, die zwischen guter und schlechter Laune, Glück und Trauer hin und her schwanken, sind diese Kristalle stabil, und ihre Vibration ist stetig. Deswegen können sie uns helfen, unsere ungleichmäßige Vibration zu heilen.«

Ben schloss die Finger um seinen Kristall.

»Was ist mit Ihnen, Mum? Ein Eröffnungsgeschenk für Sie?«, fragte Evie.

»Nein, vielen Dank, aber … Sie müssen doch von dem Laden leben.«

Die Frau lächelte sanft. »Sie müssen zulassen, dass Ihnen jemand Geschenke macht«, sagte sie.

Bec wollte sich gerade einen Kristall aussuchen, als ihr Handy summte.

»Entschuldigung«, sagte sie. Sie zog das Gerät aus der

abgetragenen alten Lederhandtasche, die ihre Mutter ihr vor Jahren zum Examen auf der Landwirtschaftsschule geschenkt hatte. Charlie hatte ihr eine SMS geschrieben: *Zu heiß zum Arbeiten. Die Männer haben früher aufgehört. Sie sind in die Kneipe gefahren. Ich repariere den Ute.*

Unwillkürlich verdrehte Bec die Augen. Ja, klar, er reparierte den Wagen. Er würde auch in die Kneipe fahren. Er fuhr immer in die Kneipe. Wenn sie das Fur Trapper Hotel hätte abreißen können, dann hätte sie es getan. Wie oft hatte sich ihr Mann da stundenlang aufgehalten, während sie zu Hause mit den Babys gesessen hatte? Schuldbewusst warf sie einen Blick auf Ben und Archie. Sie waren beide so lieb. Wenn sie doch nur Zeit hätte, die Kinder wirklich zu genießen. Aber ständig war irgendwas zu tun. Und Charlie hing nur apathisch herum. Heute war der erste Tag, an dem Bec es sich seit Langem einmal wieder so richtig gut gehen ließ.

Da Evie Becs Stimmung spürte, scheuchte sie die Jungs zu einem der Brunnen und drückte jedem von ihnen zwanzig Cent in die Hand, damit sie sich etwas wünschen sollten. Durch ihre Freundlichkeit fühlte sich Bec verpflichtet, etwas zu kaufen, und das ärgerte sie. Charlie zählte jeden Penny, den sie hier ausgab.

Sie blickte auf die Kleiderständer mit den bunten Gewändern, die für Candy perfekt waren, aber nicht für sie. Im Winter würden die Baumwollkleider durch Beanies und Pullover aus Alpaka ersetzt werden. Im Geiste wiederholte sie, was Charlie bestimmt sagen würde: »Hippie-Scheiß«. Aber sie hatte ein schlechtes Gewissen dabei. Was war, wenn die Frau ihre Gedanken lesen konnte?

Sie trat zu den Büchern. Normalerweise las sie nur Romane oder landwirtschaftliche Publikationen. Jetzt blieb ihr Blick an ungewohnten Titeln hängen: *Die Anatomie des Friedens, Praktische Spiritualität, Eine neue Erde, Die Kinder des Jetzt, Der Abgrund.*

»Sehen Sie irgendetwas, was Sie anspricht?«, fragte die Frau.

»Ich habe wirklich keine Zeit zum Lesen.«

»Sie haben doch ein iPhone. Vielleicht eine CD zum Runterladen, die Sie dann auf dem Handy hören können. Ich verkaufe auch Kopfhörer. Oder Sie hören sie sich während der Fahrt an. Sie müssen doch bestimmt viel fahren.«

Bec begann zu bedauern, dass sie den Laden überhaupt betreten hatte. Die scheinbar so freundliche Ladenbesitzerin war in Wirklichkeit eine clevere Geschäftsfrau. Sie musste hier heraus und wieder auf die Farm. Sie würde an der Kneipe vorbeifahren und Charlie am Kragen dort herausschleppen. Er konnte ja wohl kaum von ihr erwarten, dass sie vor dem Seminar noch die Hunde fütterte, Abendbrot zubereitete und den Abwasch machte. Vor allem nicht, nachdem er letzte Nacht schon mit seinem neuen Deere in der Kneipe gewesen war. Wenn er sich heute Nachmittag wieder betrank, dann war er heute Abend zu nichts mehr zu gebrauchen. Er würde kein Wort von dem, was Andrew sagte, begreifen, geschweige denn, dass er am Montag seine Arbeit auf der Farm machen konnte.

Um wegzukommen, ergriff sie eine CD mit dem Titel *Das Gesetz der Anziehung* von zwei ganz normal aussehenden Amerikanern, Esther und Jerry Hicks. »Ich nehme die hier.«

»Gute Wahl. Wenn Sie dafür offen und bereit sind, kann dieses Buch für Sie der Beginn eines Lebens sein, in dem Ihre wildesten Träume wahr werden. Zu der CD gehört ein Buch. Es ist hinten. Ich hole es Ihnen.«

Bevor Bec sagen konnte: »Machen Sie sich keine Mühe«, war sie auch schon verschwunden.

Frustriert blickte sie aus dem Fenster auf die Hauptstraße von Bendoorin. An die Tankstelle auf der anderen Straßenseite wurde ein Takeaway angebaut, und das Motel daneben wurde gerade renoviert. Endlich kam die Frau zurück.

»Das Buch wird Ihnen zeigen, wie sich Ihnen ganz neue Wege eröffnen, wenn Sie ihren Geist beherrschen und alles in einem positiven Licht sehen können. Geld, Gesundheit und Beziehungen. Es lehrt Sie, sich Ihre eigene Realität durch die Kraft der Gedanken zu schaffen«, sagte Evie.

»Das ist schön. Okay, vielen Dank«, sagte Rebecca und scheuchte die Jungen zur Eingangstür.

»Genießen Sie Ihre Reise, und denken Sie daran, folgen Sie Ihrem eigenen Glück!«, rief Evie ihr nach

»Sie war nett«, sagte Archie, als Bec ihn in seinem Kindersitz anschnallte.

»Eher clever«, erwiderte Bec.

»Nein, das stimmt nicht, Mum«, sagte Ben. »Du solltest mehr gute Gedanken denken, wie die Dame gesagt hat.«

Rebecca schloss die Wagentür und blieb eine Weile in der Hitze stehen. Ihr Sohn hatte nicht unrecht. Als sie jünger war, hatte sie geglaubt, alles erreichen zu können, aber je älter sie wurde, desto mehr wurde sie von anderen gesteuert, und ihre Begeisterung für das Leben erlosch. Wie sollte sie das Feuer, das in ihr gebrannt hatte, wieder entzünden? Sie blickte auf das Buch und die CD, die sie gerade gekauft hatte. Es hieß doch, Bücher kämen nicht ohne Grund zu einem. Sie schlug eine Seite auf und las, es würde ihr am Anfang vielleicht schwerfallen, sich daran zu gewöhnen, dass sie ihr Leben durch ihre Gedanken und nicht durch ihre Handlungen bestimmte.

»Hä?«, sagte sie laut. Sie öffnete die Fahrertür und warf das Buch auf den Beifahrersitz. Die CD glitt heraus und fiel zu Boden.

»Egal«, sagte Bec und ließ den Motor an.

Am Ortsausgang schliefen beide Jungs bereits. Die Einkäufe sind bestimmt schon halb gebraten, dachte sie. Sie hätte zum Schluss einkaufen sollen, außerdem hätte sie nicht dreißig Dollar für ein Buch mit einer CD ausgeben sollen, das sie gar nicht haben wollte.

»Reiß dich zusammen, Rebecca«, murmelte sie ärgerlich. »Denk gute Gedanken. Keine schlechten.«

Vielleicht sollte sie Buch und CD ihrer Schwägerin Trudy in der Stadt schicken, dann hatte sie das Geld wenigstens nicht zum Fenster hinausgeworfen. Aber sie hatte keine Ahnung, ob Trudy so etwas mochte. Vielleicht hatte ihre Mutter Frankie ja Sinn dafür. Als Tierärztin brachte es ihr vielleicht etwas. Hatte dieser ganze Esoterik-Kram nicht eine wissenschaftliche Grundlage? Erneut summte ihr Telefon.

Sie hatte bereits zwei Anrufe verpasst und eine Nachricht auf der Mobilbox. Gerade kam ein Video von Charlie.

Ein Video, wunderte sie sich. Sie runzelte die Stirn. So etwas hatte er ja noch nie für sie gemacht. Wieder verdrehte sie die Augen. Wahrscheinlich probierte er alles Mögliche auf dem Handy aus, das er beim Traktorkauf gratis dazubekommen hatte. Manchmal hatte sie das Gefühl, nicht zwei Jungen bemuttern zu müssen, sondern drei!

Sie fuhr an den Straßenrand und nahm den Anruf an. »Hallo«, sagte sie.

Sie hörte ein raschelndes Geräusch und Charlies Atem und sah dann ein verschwommenes, dunkles Bild.

»Hallo? Charlie!«, schrie sie ins Telefon. »Ich glaube, du hast zufällig meine Nummer gewählt. Charlie! Char…lie! *Charlie?*« Die Jungs regten sich auf der Rückbank, wachten aber nicht auf. Sie lächelte ihnen zu. Scherschuppen-Babys, dachte sie. Sie würden auch bei einem Hurrikan durchschlafen. Erneut blickte sie aufs Handy und rief Charlies Namen.

Es klang so, als marschierte er auf einen Hügel. Sein Atem ging schnell und stoßweise. Wahrscheinlich pflügt er schon wieder, dachte sie gereizt. Er war bestimmt gerade vom Traktor geklettert, um die Erdschollen zu überprüfen.

Sie drückte auf »Beenden«. Sie wollte nicht an die Erde

von Waters Meeting denken. Sie machten gutes Land mit ihren Praktiken kaputt. Außerdem wollte sie kein Geld verschwenden. Er hatte sich erst kürzlich darüber aufgeregt, dass die Telefonrechnung so hoch war. Dabei gab er selbst Unmengen von Geld für Dünger und Treibstoff für seinen Maschinenpark aus. Sie seufzte. Zum Glück war heute Abend der Vortrag, und sie konnte sich eine gute Dosis von Andrews positiver Einstellung zur Landwirtschaft abholen. Es wäre so schön, wenn Charlie endlich auf Andrew hören würde, damit sich die Dinge auf Waters Meeting änderten.

Sie wollte gerade wieder losfahren, als erneut ein Video-Anruf kam.

»Hallo!«, sagte sie verärgert.

Der Bildschirm des iPhone leuchtete auf, und sie sah trockenes Gras und den Rand von Charlies Jeanstasche. Jetzt hörte sie nicht nur Charlies Atem, sondern auch seine Stimme.

»Oh ja«, flüsterte er. »Oh ja, Baby.«

Rebecca lächelte schwach. Wollte er ihr etwa nach ihrem verunglückten Sexversuch am Morgen und der Liebeserklärung am Scherschuppen eine schmutzige Nachricht schicken? Wieder drehte sie sich nach ihren Söhnen um, um sich zu vergewissern, dass sie schliefen. Einen Moment lang stieg Freude in ihr auf. Die Möglichkeit, ihre Ehe neu zu beleben, erfüllte sie mit Hoffnung. Dieses iPhone konnte ihnen vielleicht Spaß bringen ...

Plötzlich jedoch musste Charlies Telefon zu Boden gefallen sein, und auf einmal sah sie auf dem kleinen Bildschirm den gebräunten Schenkel einer Frau und einen Teil von Charlies Hinterteil, das sich auf- und abbewegte. Die Frau stöhnte, und Bec wurde es übel. Alles in ihr krampfte sich zusammen.

Tränen traten ihr in die Augen. Wie durch einen Schleier blickte sie wieder zu ihren wunderbaren kleinen Jungen, die in ihren Kindersitzen schliefen. Im Schlaf sahen sie mit den unschuldigen Gesichtern wie kleine Engel aus. Dabei hörte sie die ganze Zeit das Stöhnen der Frau. Sie blickte wieder auf den Bildschirm, auf dem die beiden Körper sich nackt und hässlich im grellen Sonnenlicht bewegten. Der Atem ihres Mannes kam stoßweise. Sie beendete den Anruf und rang keuchend nach Luft. Dann wählte sie die Nummer der Mailbox. Die erste Nachricht brach fast sofort ab, aber auf der zweiten hörte sie erneut Kleiderrascheln und dann das Stöhnen der Frau und den schweren Atem ihres Mannes. Rebecca schloss die Augen und spürte, wie ihr ganzes Leben zwischen den Fingern zerrann. Mit zitternden Händen schaltete sie das Handy aus.

9

Rebecca stand vor dem Eingang von Rivermont und drückte auf die Klingel.

Sie achtete kaum auf die beiden Hunde, einen blonden Corgi und einen eleganten braunen Kurzhaarpointer, die an ihren müden, gerade erwachten Jungs schnüffelten, die neben ihr standen. Sie hielt die Tüte mit dem Baby Doll umklammert und fragte sich, wie sie bloß auf die Idee gekommen war, in Rivermont vorbeizufahren.

Die Stantons waren doch Fremde für sie. Sie hatte Yazzie erst gestern Abend kennengelernt, warum fuhr sie in ihrem Kummer denn nicht zu Gabs? Wäre es nicht besser, dort weinend zusammenzubrechen und ihr zu erzählen, was sie gerade gesehen und gehört hatte? Aber ein Gefühl der Scham hielt sie davon ab, Gabs da hineinzuziehen. Gabs kannte sie viel zu gut, während Yazzie ihr im Grunde fremd war.

Vielleicht hatte auch etwas anderes sie hierhergeführt? Yazzie selbst? Eine Hoffnung tief in ihrem Innern, dass Yazzies strahlende, enthusiastische Art auf sie abfärben würde? Die Hoffnung, wieder so zu werden, wie sie früher einmal gewesen war. Aber das war albern, mahnte Rebecca sich. Sie sollte besser ihren Mund halten und so tun, als wäre nichts geschehen. Tausende von Männern hatten das Tausenden von Frauen zu allen Zeiten angetan. Und umgekehrt. Vielleicht reagierte sie ja viel zu heftig. Sie konnte doch sicher auch alleine damit fertigwerden, oder?

Gerade wollte sie sich zum Gehen wenden, als die Tür aufgerissen wurde. Yazzie stand in einem wunderschönen kurzen Kleid mit Rosenmuster vor ihr. Dazu trug sie Arbeitsstiefel von Ariat. Ihre offenen Haare fielen wie ein seidiger blonder Vorhang über die gebräunten Schultern.

»Himmel! Du hast mich zu Tode erschreckt! Ich habe die Türglocke gar nicht gehört. Ich dachte, die Hunde hätten den Geist von Rivermont aufgestöbert. Oh, hallo«, fügte Yazzie hinzu, als sie die beiden Jungs hinter Rebecca bemerkte. »Sagt Ruby und Wesley, sie sollen weggehen, wenn sie euch ärgern, Jungs. Aber es sind eigentlich freundliche Hunde. Sie *lieben* Kinder.«

Sie wandte sich wieder an Rebecca und fuhr fröhlich mit ihrem Monolog fort: »Hast du auch so einen Kater wie ich? Ich habe versucht, mein Pferd zu bewegen, aber es ging gar nicht. Und diese Bräune aus der Dose! Bei mir ist es ganz furchtbar … ich sehe aus wie eine Karamellschnitte. Wie sind wir bloß auf die Idee gekommen?« Sie hob den Saum ihres sowieso schon kurzen Rocks an. »Ah, du hast mein Nachthemd zurückgebracht.« Sie nahm Rebecca die Tüte aus der Hand. »Danke. Ich nehme doch an, du hast es gewaschen«, kicherte sie. »Hat es denn mit deinem Charlie funktioniert? Gibt es vielleicht in neun Monaten noch einen kleinen Farmer für Waters Meeting?«

»Ja, ich habe es gewaschen«, antwortete Rebecca. »Und … nein, es gibt nicht noch ein Baby. Charlie kann nicht. Ich meine … es hat sich …«, stammelte Rebecca.

Yazzie verzog besorgt das Gesicht, als sie merkte, wie gepresst Rebeccas Stimme klang. Erst jetzt fielen ihr die rotgeränderten Augen und die hängenden Schultern auf. »Oh, Rebecca. Gott, es tut mir leid, ich rede dummes Zeug. Was ist los? Erzähl es mir. Was ist passiert?«

»Es ist … Charlie. Er ist …« Rebecca blickte die Jungen an. Sie spürten den Kummer ihrer Mutter und drängten sich an sie. Archie schlang die Arme um ihre Oberschenkel und drückte sein Gesicht daran. Sie nahm ihn auf den Arm.

»Kommt herein«, sagte Yazzie freundlich. »Jungs, wollt ihr einen Milchshake haben? Yazzie macht die allerbesten Milchshakes! Mit Blaubeeren. Ich bin übrigens Yazzie Stanton. Ich bin neu hier. Wie heißt ihr?«, fragte sie. Fürsorglich legte sie Bec eine Hand auf die Schulter und führte sie ins Haus.

Während Yazzie die Milchshakes zubereitete, schauten sich Ben und Archie mit großen Augen in dem prächtigen Haus um. Immer wieder glitten ihre Blicke zu der schönen, freundlichen Dame. Eine große schwarzweiße Uhr hing an der Steinwand in der Küche und tickte leise. In einer Glasvase standen langstielige weiße Lilien, und an einer weiß getünchten Wand hing das Gemälde eines galoppierenden Pferdes. An dem langen Holztisch hätte man das gesamte australische Kricketteam bewirten können. Die Hunde wichen den Kindern nicht von der Seite.

Rebecca setzte sich auf einen Hocker an der Küchentheke. Yazzie hatte ihr eine Schachtel Kleenex hingestellt, und Bec wischte sich die Tränen ab, die ihr unkontrolliert übers Gesicht liefen. Verzweifelt rang sie sich ein Lächeln ab, damit Ben und Archie nicht merkten, wie schlecht es ihr ging.

Yazzie mischte Eiscreme, Milch und Blaubeeren im Mixer. Dann schickte sie die Jungs nach draußen auf die schattige Terrasse neben dem eingezäunten Swimmingpool. Die Hunde legten sich hechelnd neben sie und warteten darauf, dass sie mit ihnen spielten. Traurig betrachtete Bec sie durch die doppelflügelige Glastür, die aus der Küche auf die Terrasse führte.

Hastig erzählte sie Yazzie die Story, und die beiden Frauen musterten misstrauisch ihr iPhone, das sie auf den Tisch gelegt hatte, als könne es plötzlich lebendig werden.

»Bist du sicher, dass die Video-Nachricht von ihm war?«, fragte Yazzie. »Vielleicht hat er ja sein Handy heute verliehen.«

»Nein, ich bin sicher, dass er es war. Er hat mich zufällig gleichzeitig angerufen, und der Anruf ist auf der Mobilbox gelandet. Hör doch.«

Yazzies warf ihr einen Blick zu. »Nein, spiel es nicht ab!« Aber es war zu spät. Unterdrückte Stöhnlaute erfüllten die Küche. Plötzlich hörte man Charlies Stimme: »Ach, du willst Tennis spielen? Ja?« Dann kam ein schlurfendes Geräusch. Eine Frau begann zu stöhnen. »Oh ja, oh, Charlie.«

»Iiih! Stell es ab!« Yazzie machte eine abwehrende

Handbewegung. »Vielleicht hat er ja bloß masturbiert. Das machen Männer ja schon mal. Sie sind eben Affen. Blöde Wichser im wahrsten Sinne des Wortes.«

»Nein, du hast doch gehört, dass eine Frau dabei war.«

»Vielleicht haben sie tatsächlich Tennis gespielt, und es war ein echt anstrengendes Spiel?«

Bec warf Yazzie einen Blick zu.

»Entschuldigung.« Yazzie reichte Bec ein frisches Taschentuch. »Konntest du erkennen, wer sie ist?«

Bec zuckte mit den Schultern und putzte sich die Nase. »Keine Ahnung. Spielt es eine Rolle?«

»Was willst du jetzt tun?«

Rebecca ließ den Kopf sinken. Verzweiflung überfiel sie. Das Leben, das sie gekannt hatte, war gerade für immer vorbeigegangen. »Ich weiß nicht. Ich weiß es nicht.«

Sol Stanton fuhr in die Garage und nahm eine große Kiste mit Lebensmitteln aus dem Kofferraum. Er stieß einen Pfiff aus, damit die Hunde wussten, dass er zu Hause war, aber er hörte sie am anderen Ende des Hauses bellen. In der Einfahrt stand ein fremdes Auto, und er fragte sich, welcher Einheimische wohl unter einem fadenscheinigen Vorwand aufgetaucht war, um sich neugierig umzuschauen. Yazzie hatte sich in ihren E-Mails oft über das heikle Gleichgewicht zwischen dem Haus ihrer Träume und der Wirkung auf »die Einheimischen« beklagt.

Als er zur Hintertür ging, ließ Sol fast die schwere Kiste fallen. Er stieß einen spanischen Fluch aus. Er hatte Probleme mit der Anpassung an die andere Zeitzone. Er war viel zu früh aufgewacht, weil seine innere Uhr immer noch auf die nördliche Halbkugel eingestellt war, und jetzt zog sich der Tag dahin. Heute Abend musste er auch noch das Seminar überstehen. Zunächst einmal brauchte er jetzt dringend einen Kaffee.

Kurz dachte er an den Ärger, den er in Paris zurückgelassen hatte. Die zarte erste Geigerin mit ihrem schrecklichen Englisch und dem sexy Akzent hatte ihn angeschrien und einen Strauß Blumen nach ihm geworfen. Ihr extremes Verhalten kam ihm vor wie eine Parodie, aber obwohl er innerlich über ihren klischeehaften mediterranen Wutausbruch lachte, spürte er doch auch, dass echter Schmerz dahintersteckte. Und zwar nicht deshalb, weil er nach Australien zurückflog, sondern weil er ihr gegenüber so gleichgültig war.

Er hatte mit vielen Frauen wie ihr geschlafen. Und er war ihnen allen gegenüber gleichgültig gewesen. Keine hatte sein Herz erreicht. In der europäischen Orchesterszene wimmelte es von schönen Frauen, die keinen bleibenden Eindruck bei ihm hinterließen. Vielleicht sollte er langsam zur Ruhe kommen? Auf der Stelle beschloss er, es für eine Zeitlang einmal mit Treue zu versuchen.

Er würde sich in sein Heim zurückziehen. Nur er und Yazzie. Er freute sich darauf, sich in den nächsten sechs Monaten nur auf der Farm aufzuhalten und sich um die Rennställe zu kümmern. Das war es, was er jetzt brauchte.

Keine Frauengeschichten mehr, gelobte er sich.

Sol öffnete die Küchentür und trug die Einkäufe hinein. Abrupt blieb er stehen, als er eine hübsche, blonde Frau am Tisch sitzen sah. Unwillkürlich glitten seine Blicke über ihre enge Jeans und die blaukarierte Bluse, die sich über ihren Rundungen spannte. Ihr Dekolleté war tief gebräunt. Ganz anders als die dünne blasse Italienerin, mit der er vor Kurzem noch geschlafen hatte. Sie hatte etwas ... er zuckte zusammen, als ihm klar wurde, dass er diese Frau heute Nacht bereits kennengelernt hatte.

Im Tageslicht in der Küche sah sie trotz der Flecken, die Yazzies grässliches Bräunungsspray verursacht hatte, hübscher aus, als er in Erinnerung hatte. Sie wirkte natürlich und erdverbunden, dachte er. Und diese blauen Augen. Offensichtlich hatte sie geweint. Ohne jede Eitelkeit blickte sie ihn an. Ganz anders als diese zurechtgemachten Pariser Orchester-Püppchen, die toll aussahen, aber innerlich eiskalt waren. Sie versuchten sogar noch attraktiv auszusehen, wenn sie weinten. Und sie waren berechnend, wollten von seinem Reichtum und seinen Verbindungen profitieren.

Sol stellte fest, dass ... Rebecca, so hatte sie geheißen ... dass Rebecca immer noch so traurig und unsicher wirkte wie in der Nacht, aber heute schien die Traurigkeit noch tiefer zu gehen. Vielleicht sollte er sie mit einer kleinen Neckerei ein wenig aufheitern?

»Na, heute haben Sie ja ein bisschen mehr an als beim letzten Mal, als wir uns gesehen haben«, sagte er und stellte den Karton auf die Theke. »Was macht der Kater? So übel wie die Bräune?«

»Lass sie in Ruhe, Sol«, zischte Yazzie

Er zuckte mit den Schultern und begann, den Inhalt des Kartons auszupacken.

»Was tust du da?«, fragte Yazzie gereizt. »Muss das jetzt sein, Liebling? Wir haben etwas Wichtiges zu besprechen. Unter Frauen.«

Er warf ihr einen finsteren Blick zu. »Ich bin sicher, dass es unendlich wichtig ist. Welterschütternd wichtig wahrscheinlich.« Er packte Mehl, Eier, Vanilleextrakt und zahlreiche Kochbücher aus.

»Sol«, grollte Yazzie.

»Still!«, sagte er so laut, dass Rebecca nervös zusammenzuckte. »Ich will einen ›Männerkuchen‹ für die Abteilung Selbstgemachtes bei der Ausstellung in Bendoorin machen. Ich habe im Supermarkt ein Plakat gesehen.«

»Du machst wohl Witze«, erwiderte Yazzie. »Verschon mich damit.« Sie ließ den Kopf in die Hände sinken.

»Das Motto der Ausstellung ist *Köstliches Lamm*«, sagte Sol. »Irgendein Komiker muss in der Jury für den Kuchen-Wettbewerb sitzen. Es ist der erste Wettbewerb dieser Art.« Er schwenkte die Arme, als ob er ein Orchester dirigierte.

Bec runzelte die Stirn. Sie musterte den arroganten Mann, der einfach in die Küche hereingeplatzt war, leicht verärgert. Er mochte ja gut aussehen, und auch sein spanischer Akzent war hübsch, aber er fertigte seine Frau viel zu sehr von oben herab ab. Meinte er das mit dem Kuchen ernst? Wie unsensibel und unhöflich! Er sah doch, dass es ihr nicht gut ging! Dachte er denn nur an sich und sein Vorhaben, einen Kuchen zu backen? Offensichtlich war Yazzie mit einem Scheißkerl verheiratet.

»Die Ausstellung ist doch erst im Oktober«, warf sie kühl ein.

»Ja, natürlich, das weiß ich, aber ich möchte den Kuchen so perfekt wie möglich hinkriegen«, erwiderte Sol und machte eine theatralische Geste.

Yazzie stieß einen frustrierten Schrei aus. Was für ein Weichei, dachte Bec. Ein Weichei, das Pikkoloflöte spielt.

»So ist er immer, Rebecca! So ein Pedant!« Yazzie wandte sich zu ihm. »Nur weil du gerade keinen Auftritt hast, brauchst du nicht zu glauben, dass du dir hier einen schönen Tag machen kannst! Draußen wartet jede Menge Arbeit auf dich! Dad würde toben! Und jetzt raus aus meiner Küche!«

»Deine Küche? Halt bloß den Mund! Ich habe heute früh das Personal eingewiesen, bevor ich in die Stadt gefahren bin. Du scheinst zu vergessen, dass ich unter Jetlag leide. Du bist diejenige mit dem Kater.« Erneut warf er ihr einen finsteren Blick zu, und Yazzie streckte ihm wie ein Kind die Zunge heraus.

Rebecca schloss die Augen. Sie wollte nichts von den Streitigkeiten anderer Leute wissen. Yazzie merkte, wie unangenehm Bec die Situation war. In freundlicherem Tonfall sagte sie zu ihrem Mann: »Sei bitte nett, Sol. Rebecca hatte keinen guten Tag.«

»Wie man sich bettet, so liegt man«, erwiderte er.

Rebecca wusste, dass Sol damit auf ihren Kater anspielte, aber trotzdem überfiel sie erneut Verzweiflung. Sie hatte sich so sehr bemüht, sich mit Charlie ihr Leben auf der Farm einzurichten. Aber nichts schien zu funktionieren. Sie hatte versucht, alles richtig zu machen. Ihrem Vater eine gute Tochter zu sein, als er immer kränker wurde. Ihrer Mutter eine gute Tochter zu sein, obwohl sie die meiste Zeit gar nicht da war. Ihren Jungs eine gute Mutter und Charlie eine gute Ehefrau zu sein.

Als die Jungs noch Babys waren, hatte sie all ihre mentale und körperliche Kraft aufgewandt, um auf der Farm zu arbeiten und trotzdem den Haushalt zu führen. Es war eine ungeheure Belastung gewesen, neben Charlie draußen auf den Weiden zu arbeiten, während sie noch stillte. Sie hatte gemischte Erinnerungen an diese Zeit. Manchmal war sie sich stark und fähig vorgekommen, zu anderen Zeiten jedoch hatte sie sich ungeliebt und ausgelaugt gefühlt.

An manchen Tagen hätte sie am liebsten vor Erschöpfung geweint. Um alle und alles hatte sie sich gekümmert, nur nicht um sich. Und es hatte nichts gebracht. Ihr blieb nur noch der kurze Videofilm, auf dem Charlie es mit einer anderen Frau trieb. Rebecca fühlte sich bloßgestellt. Der Lauscher an der Wand …

In diesem Moment hörten sie, wie die Jungen sich auf der Terrasse stritten. Rebecca stöhnte und stand auf.

»Überlass das mir«, sagte Yazzie. »Ich kümmere mich um sie. Und du gehst bitte aus der Küche, Sol. Ich bin es nicht gewöhnt, dass du hier herumhängst und übers Kuchenbacken redest. Es ist einfach nicht richtig. Zeig Rebecca lieber das Haus. Und bring sie zum Lachen.«

»Aber gleich ist schon der Informationsabend mit Andrew«, protestierte Sol. »Und ich bin gerade erst nach Hause gekommen.«

Bec warf Sol einen Blick zu. Er kannte Andrew Travis? Die Tatsache verblüffte sie. Sie passten so gar nicht zueinander. Sie lebten doch in völlig unterschiedlichen Welten …

»Es ist noch genug Zeit«, sagte Yazzie und blickte auf die Uhr. »Rebecca kann mit uns kommen. Du wolltest doch sowieso dahin, Bec, oder?«

Bec schüttelte den Kopf. »Ich weiß gar nicht, ob ich jetzt noch dahin sollte. Nicht nachdem …«

»Quatsch«, unterbrach Yazzie sie. »Ich habe einen Plan. Ich brauche nur eine halbe Stunde Zeit, wenn du das Haus besichtigt hast, dann verwandle ich dich in eine Diva. Charlie wird der Schlag treffen, wenn er in die Kneipe kommt. Wenn er dich betrügt, dann musst du ihm eben zeigen, was er so leichtfertig wegwirft.«

Rebecca blickte zu Sol, der immer noch seine Backutensilien auspackte. War es richtig, dass er nun auch über ihre Angelegenheiten Bescheid wusste? »Ich breche jetzt besser auf«, sagte sie abwehrend. Sie bedauerte, überhaupt hergekommen zu sein. »Der Informationsabend beginnt um achtzehn Uhr dreißig, und ich habe den Jungs noch nicht einmal Abendbrot gemacht. Es ist schon fast fünf.«

»Bleib doch«, bat Yazzie sie. »Ich bestehe darauf.«

Bec blickte der Frau in die bittenden blauen Augen,

in denen nicht nur Mitgefühl, sondern auch Einsamkeit stand. Es war zu spät. Sie hatte eine neue Freundin, und Yazzie steckte schon zu tief in den schmutzigen Geheimnissen ihres Lebens. Und Sol Stanton auch, ob es ihr nun gefiel oder nicht.

»Warum willst du jetzt gleich wieder zu ihm zurückgehen? Lass dir doch ein bisschen Zeit zum Nachdenken. Ich mache den Kindern was zu essen. Und wenn Sol dich herumgeführt hat, kannst du ein Bad nehmen, danach mache ich dir die Haare und schminke dich. Und ich suche dir ein Kleid aus, was du anziehen kannst.«

»Ein Kleid? In die Kneipe? In den Dingo Trapper?«

»Ja, ein Kleid! Das ist eine gute Strategie!«, sagte Yazzie. »Wir werden es ihm zeigen. Schönheit ist Macht, wenn sie richtig eingesetzt wird. Sol, steh nicht so dumm herum. Zeig ihr das Haus. Und muntere sie ein bisschen auf.«

Sol legte das Päckchen Mehl, das er gerade in der Hand hielt, auf die Theke und blickte die beiden Frauen an. Er wirkte nicht sonderlich beeindruckt, und gerade als Bec dachte, er würde ablehnen, sagte er abrupt: »Okay. Kommen Sie mit.«

»Frauen aufzumuntern liegt dir, Sol, nicht wahr?«, rief Yazzie ihnen nach. Für Rebeccas Gefühl klang ihre Stimme ein wenig zu sarkastisch. Sie wollte zwar eigentlich keine Führung über die Farm, aber sie folgte ihm trotzdem.

10

Sol durchquerte mit langen Schritten den verglasten Gang. Er trug klassische dunkelblaue Shorts, und die Haut seiner wohlgeformten Beine schimmerte milchschokoladenbraun. Rebecca musste laufen, um mit ihm Schritt zu halten. Am Ende des Flügels öffnete er eine Tür, die er für sie aufhielt. Kaum war sie hinausgetreten, rannte er schon wieder voraus über einen gepflasterten Hof, der zu beiden Seiten von Ställen aus tiefrotem Holz flankiert wurde. Durch die schimmernden Messingbeschläge und -riegel wirkten sie noch prächtiger.

Große Weinfässer waren mit roten und weißen Geranien bepflanzt, was der Fahne nach zu schließen, die im Wind flatterte, die Rennfarben von Rivermont waren.

Mitten auf dem Hof stand ein steinerner Wassertrog mit einem kleinen Bronzebrunnen in der Mitte. Das Plätschern des Wassers verlieh dem Ort eine Atmosphäre der Ruhe und Opulenz. Am anderen Ende der langen Stallreihe lud ein Mann Futtersäcke ab, ein anderer fuhr eine Schubkarre voller Mist zu einem Seitentor, und ein weiterer Mann spritzte ein Pferd ab.

Ein dünnes Mädchen, offensichtlich eine Bereiterin, die einen Sattel über dem Arm trug, winkte und verschwand in einem Stall.

Zu Rebeccas Überraschung pfiff Sol leise und rief mit tiefer Stimme: »Hallo, meine Schönen! Redet mit mir!«

Aus den Boxen tauchten die Köpfe von Vollblütern auf, die sie aus ihren großen braunen Augen neugierig musterten. Einige wieherten leise zur Begrüßung. Sie warfen die Köpfe, und ihre Ohren zuckten in Sols Richtung.

Rebecca war erstaunt. Dieser reiche Mann, der sich gerade ihr und Yazzie gegenüber wie ein verwöhnter Schnösel benommen hatte, schien alle Pferde unter seinem Bann zu halten. Sie sah den Tieren an, dass sie sich zu seiner tiefen, beruhigenden Stimme hingezogen fühlten. Zärtlich lehnte er die Stirn an den Kopf eines schwarzen Rennpferds und streichelte mit beiden Händen über den Hals des Tieres. Genau in diesem Augenblick ging die Sonne unter und warf einen goldenen Schimmer über die schwarzen Haare des Mannes und das glänzende schwarze Fell des Pferdes. Rebecca hielt den Atem an. Ein Schauer überlief sie. Es überraschte sie selbst, dass sie von diesem Moment der Zärtlichkeit so gerührt war.

Die Worte der Frau in dem Laden in Bendoorin fielen ihr ein. Ihr Leben würde sich verändern, wenn sie positiv denken und im Augenblick leben würde. Plötzlich war sie dankbar dafür, hierhergefahren zu sein. Allein dieser Augenblick erfüllte sie mit Hoffnung. Und sie empfand Dankbarkeit für Yazzies Freundlichkeit.

Zum ersten Mal verstand Bec wirklich, was für ein Geschenk es war, das Leben so zu sehen, wie es sein konnte.

Schönheit und Freude waren *überall*, man musste sie nur sehen.

Sie betrachtete Sol und das Pferd, und auf einmal ging ihr durch den Kopf, was für ein wundervoller Liebhaber dieser Mann wohl war. Schockiert verdrängte sie den Gedanken sofort wieder. Wie kam sie nur darauf? Unwillkürlich wurde sie rot, sie schluckte nervös.

Sol ging schon weiter, an den anderen Boxentüren vorbei. »Wir haben dreißig Pferde hier stehen«, sagte er über die Schulter zu Rebecca, die hinter ihm herlief, »allerdings sind zurzeit nur fünf Rennpferde darunter. Die anderen sind noch zu jung. Wir haben sie auf unseren Reisen gekauft. Vollblüter aus Amerika, Irland und Japan. Ob was dabei herauskommt, wissen wir noch nicht.«

Er trat zu einem dunkelbraunen Pferd und legte ihm die Hand auf die Stirn. Das Pferd lehnte sich vertrauensvoll dagegen, schloss halb die Augen und schnaubte zufrieden. Unwillkürlich fragte Bec sich, ob seine Hände auf ihrem Körper bei ihr wohl die gleiche Reaktion auslösen würden.

»Das hier ist unsere Hoffnung für den Melbourne Cup in ein paar Jahren. Wir werden sehen, wie es läuft, nicht wahr, Arthur, mein Junge?«

Die Sanftheit, die Sol gegenüber den Pferden ausstrahlte, hielt jedoch nicht lange an. Ohne Vorwarnung war er wieder schlecht gelaunt, rannte Rebecca davon und zeigte im Vorbeigehen beiläufig auf den Reitplatz, das geheizte Innenschwimmbecken für die Pferde und die Sattelkammer, wo alles ordentlich und sauber glänzend an seinem Platz hing.

Noch bevor sie alles aufnehmen konnte, schob er Rebecca bereits durch die Tür in den Pausenraum der Angestellten.

Um einen großen Tisch herum saßen einige junge Mädchen, ein älterer Mann und ein äußerst gutaussehender junger Mann, die Bier oder Softdrinks tranken.

»Ich sehe, ihr seid schwer bei der Arbeit, ihr faules Pack!«, sagte Sol mit seiner tiefen Stimme und seinem spanischen Akzent, aber das Lächeln in seinen Augen zeigte Rebecca, dass er nur scherzte. Offensichtlich freute er sich genauso, die Leute zu sehen, wie sie sich freuten, ihn zu sehen.

»Die Abendfütterung ist gerade beendet, Boss«, sagte der junge Mann, der unverblümt Rebeccas Brüste musterte.

»Das ist unsere Nachbarin von Waters Meeting, Rebecca Lewis.«

»Saunders«, korrigierte Rebecca ihn. Der Klang des Namens überraschte sie selbst. Rebecca Saunders – so hatte sie als Mädchen geheißen. Als sie noch frei und ungebunden war. Als sie noch nicht mit Charlie verheiratet war. Ein Name, den sie nach der heutigen Erfahrung wieder annehmen wollte.

»Rebbeca *Saunders*«, wiederholte Sol leicht irritiert. »Ich führe sie herum.« Er trat einen Schritt zurück und musterte sie. Sie konnte nicht sagen, ob sein Blick kalt oder spöttisch war.

»Rebecca, das sind einige der Leute, die mit uns von Scone hierhergekommen sind. Wir sind sie einfach nicht losgeworden«, sagte er, wobei sein Tonfall wieder herzlich wurde. »Das ist Daisy Peters, unsere Chefbereiterin; Kealy Smith, unser Stallknecht; Bill Hill, der Mann für alles; einfach Steph, weil niemand ihren Nachnamen aussprechen kann; und …«

»Stell sie bloß nicht Joey vor, Boss«, wandte der ältere Mann rasch ein. »Er zeigt ihr sofort die Sattelkammer, wenn keiner hinguckt.« Die Mädchen kicherten.

Sol Stanton warf ihnen einen amüsierten Blick zu. »Ja, nun … und das ist einer unserer Bereiter, Joey«, sagte er.

»Bereiter stimmt«, murmelte die winzige Daisy frech.

»Einer unserer Bereiter?«, erwiderte Joey. »Der *beste*.« Er hatte pechschwarze lockige Haare und violettblaue Augen. Stuhlbeine kratzten über den Fußboden, als er aufstand. Er verbeugte sich vor Bec und gab ihr die Hand. Dann beugte er sich darüber und drückte ihr einen Handkuss darauf. Bec konnte die Stoppeln an seinem Kinn spüren. Er zwinkerte ihr frech zu. Eigentlich sah er eher wie ein Schauspieler aus.

Die Mädchen kicherten, und Steph stöhnte spöttisch: »Männer!«

Rebecca lächelte. Sie war diese Art von Aufmerksamkeit nicht mehr gewöhnt. Sie hatte sich all die Jahre kaum noch als sexuelles Wesen wahrgenommen, bis zu der Nacht nach der Sexspielzeug-Party. Sie war Frau und Mutter, die Sklavin des Alltags auf der Farm. Natürlich dachte sie oft über den Mangel an Sex in ihrem Leben nach, aber dann immer nur in dem Kontext, Charlie »nicht genug zu geben«. Er hatte ihr oft Schuldgefühle vermittelt.

Seit dem heutigen Schock jedoch war ihr klar geworden, dass sie sich immer nach Sex gesehnt hatte, aber nicht nur, um Sex zu haben. Sie wollte angebetet werden. Wie eine Göttin. Leidenschaft fühlen. Wertgeschätzt werden. Sie beschloss, sich die Gesellschaft anderer Männer als ihres Ehemanns ab sofort einfach zu gestatten und sie zu genießen.

Lange Jahre hatte sie auf Partys, Rodeos und Barbecues die Aufmerksamkeiten anderer Männer nicht mehr beachtet, um Charlie nicht eifersüchtig zu machen. Das machte sie schon so lange, dass sie gar nicht mehr wusste, wer sie war. War sie noch begehrenswert? Wem schadete es dann, wenn sie mit jemandem wie Joey flirtete oder die erotische Ausstrahlung von Sol genoss? Der natürlich verheiratet war, das hatte sie nicht vergessen. War sie damit ihrem Mann schon untreu? Das hatte doch mit ehelicher Treue gar nichts zu tun – einer Treue, die Charly sowieso unwiederbringlich verletzt hatte.

»Achten Sie nicht auf sie«, sagte Joey. »Ich bin entzückt, Sie kennenzulernen, Miss Rebecca.« Er zwinkerte ihr aus seinen dunkelblauen Augen zu, die sich mit dem Licht zu verändern schienen, und behielt ihre Hand in seiner.

»Wenn sie die Schlafräume des Personals sehen möchte, unterstütze ich Sie gerne bei der Führung, Boss«, sagte er grinsend, ohne den Blick von Rebecca zu wenden.

»Danke, Joey, nicht nötig«, sagte Sol. »Es sei denn, Miss Rebecca würde die Schlafräume gerne sehen?«

Er wandte sich zu ihr und schaute sie spöttisch an.

Rebecca fühlte, wie ihr die Röte in die Wangen stieg. Sie machten sich über sie lustig. »Nein«, sagte sie ärgerlich. Sie entzog Joey ihre Hand und versuchte, ihre abrupte Reaktion mit einem »Danke schön« abzumildern.

Steph kicherte hinter vorgehaltener Hand.

Als sich das Gespräch beruflichen Dingen zuwandte, hatte Rebecca Gelegenheit, die gerahmten Fotos zu betrachten, die an den Wänden des Pausenraums hingen.

Sie erkannte Sol in Polokleidung mit einem riesigen Silberpokal in der Hand neben einem kastanienbraunen Pferd mit gezackter Blesse. Er hatte kräftige Oberschenkel, und Rebecca versuchte, nicht zu genau hinzustarren, als ihr die nette Ausbuchtung vorne in seiner cremefarbenen Reithose auffiel. Auf dem Text unter dem Foto stand, dass es in Argentinien aufgenommen worden war. Auch ein Foto von Yazzie mit einem Pokal in der Hand gab es. Außerdem hing dort neben zahlreichen Aufnahmen von Rennpferden ein Foto von Yazzie neben einem Zwillingskinderwagen. Mit einer Hand hielt sie den Kinderwagen fest, mit der anderen streichelte sie die Stirn eines großen Warmblutwallachs, der brav neben ihr stand. Rebecca fragte sich, wessen Kinder das wohl sein mochten.

Sie wurde aus ihren Tagträumen gerissen, als Sol zur Tür ging. Offensichtlich erwartete er, dass Rebecca ihm sofort folgte.

»Letzter Stopp im Futterhaus«, sagte er, als sie sich hastig von den Angestellten verabschiedet hatte und hinter ihm hergelaufen war.

»Wo?«

Aber Sol war bereits durch den breiten Stallgang auf einen Parkplatz gegangen, der von gestutzten Buchsbaumhecken umgeben war. Auf der anderen Seite des Parkplatzes stand der Schuppen, der Rebecca schon in der Nacht zuvor aufgefallen war. In ein paar Jahren wäre er von Kletterrosen überwuchert. Auf dem Dach lagen Solarpaneele, und ein Windrad drehte sich träge in der Hitze. Sol stand in der Tür und wartete bereits auf Rebecca.

»Danke«, sagte sie, als sie dicht an ihm vorbei in den Schuppen huschte. Er roch so teuer – wahrscheinlich nach einem Männerduft, der in Zeitschriften wie der *Vogue* beworben wurde. Er sah so betörend wie ein Filmstar aus, dass sie sich energisch zur Ordnung rief. Für solche Männer hatte sie doch nur als junges Mädchen geschwärmt! Ihre Gedanken von Sol als Sexgott lösten sich allerdings schnell in Wohlgefallen auf, als sie den temperierten Innenraum des Schuppens betraten. Die Kühle war eine Wohltat nach der Hitze des Spätsommertags.

»Wow!«, staunte sie, als sie sich umschaute. Auf unzähligen Gestellen mit langen weißen Kunststofftabletts lag Getreide, das sich in grüne Sprossen verwandelte, die teilweise meterlang waren. Einige der Gestelle waren schon zur Ernte bereit.

»Ich habe im Fernsehen etwas über dieses System gesehen«, sagte Rebecca. »Es ist faszinierend.« Sol schien sich über ihre Reaktion zu freuen. Zum ersten Mal blickte er sie offen an und lächelte aufrichtig. Er hat sich wahrscheinlich die Zähne bleichen lassen, dachte Rebecca beim Anblick seiner strahlend weißen Zähne.

»Das Getreide zieht sich zusammen«, erklärte er, »Nährstoffe und Wasser werden innerhalb kürzester Zeit zu Gras. Aus einem Kilo Getreide wachsen acht Kilo gut verdauliches, basisches Gras.«

»Erstaunlich.«

»Unsere Pferde haben keine Verdauungsprobleme mehr«, fuhr Sol fort. »Und unsere Weiden brauchen nicht mehr für die Getreidesaat gepflügt zu werden. Wir brauchen den trockenen Boden nicht mehr mit Unmengen von Flusswasser zu bewässern, weil hier drin alles produziert wird. Täglich. Zwei Tonnen Gras pro Tag für unsere Tiere, so dass der ausgelaugte Boden sich erholen kann.«

Rebecca verspürte einen Stich. Er redete wie Andrew Travis! Ihr war nicht klar gewesen, wie intensiv sich Sol um Rivermont kümmerte, und dann wandte er auch noch genau die Methoden an, die sie so aufregend fand. Bis jetzt hatte sie geglaubt, der Mann sei Musiker und spiele ein so lächerliches Instrument wie die Pikkoloflöte.

Sol fuhr fort: »Außerdem hoffen wir, durch Solarenergie, Windkraft und organische Nahrungsmittel dem System zurückzugeben, was wir herausholen.«

»Aber warum lassen Sie das Korn sprießen und füttern es nicht direkt?«, fragte Rebecca, die an ihre beiden Pferde dachte, die eimerweise Hafer fraßen, nur um ihn hinten in ganzen Körnern wieder auszuscheiden.

»Den meisten australischen Farmern ist nicht klar, dass im Tierreich nur Vögel dafür geschaffen sind, Körner zu verdauen«, erklärte Sol. »Pferde, Schafe und Rinder sind dazu nicht in der Lage. Korn liegt ihnen schwer im Magen und ist zu sauer für sie. Vögel lassen die Körner im Kropf keimen, bevor sie sie in ihren Magen weiterleiten.« Sol wies auf den entsprechenden Bereich an seiner Kehle. Rebecca stellte sich vor, wie sie ihn dort küsste, direkt unter seinem frisch rasierten Kinn. Sie schluckte nervös. Was hatte sie nur für wilde Gedanken. Es musste am Schock über Charlie liegen.

»Dieses Baby hier hat uns ein Vermögen an Tierarztrechnungen erspart und uns einen Vorteil auf dem Rennplatz verschafft. Die Pferde sind noch nie so gut gelaufen. Und wie ich eben schon sagte, unsere Weiden können sich in der Zwischenzeit erholen. Die Böden auf diesem Anwesen sind ausgelaugt. Deshalb wenden wir auf Rivermont das System von Andrew Travis an.«

»Fantastisch«, sagte Rebecca lächelnd. Für den Moment hatte sie die Probleme mit Charlie vergessen.

Ihr Lächeln fiel Sol sofort auf. Er kniff die Augen zusammen und sah sie fragend an. »Das Potenzial, was darin liegt, sehen Sie offensichtlich selber. Das gefällt mir an Ihnen.«

»Gute Methoden in der Landwirtschaft finde ich erregend«, sagte Rebecca.

Sol war beeindruckt. Er lächelte sie herzlich an. Man traf selten jemanden, der die Vorzüge des neuen Systems so schnell verstand. Sie ist wirklich unglaublich hübsch, auf eine sehr australische, erdverbundene Art, dachte er, trotz ihrer roten Nase und den vom Weinen geröteten Augen. Trotz allem, was sich in ihrer Ehe abspielte.

Sol wurde auf einmal klar, dass er sie mochte. Sie stand viel mehr mit beiden Beinen auf der Erde als die europäischen Frauen, mit denen er bisher seine Zeit vergeudet hatte. Sie ist wie ein australisches Zuchtpferd, dachte er, amüsiert über seinen Vergleich. Hübsch, aber pragmatisch. Kräftig und vernünftig, aber mit Durchhaltevermögen und vermutlich auch mit Temperament, wenn sie einem erst einmal vertraute.

Rebecca war zu sehr in die Betrachtung des computergesteuerten Bewässerungssystems vertieft, um Sols anerkennende Blicke zu bemerken. Soviel sie sehen konnte, bot dieses System Lösungen für viele Probleme der Landwirtschaft in diesem trockenen Land.

Das würde ich Charlie gerne zeigen, dachte sie aufgeregt, aber sofort setzte Ernüchterung ein. Gab es Charlie für sie überhaupt noch? Wollte sie ihn noch in ihrem Leben? Selbst wenn sie nichts von seinem Seitensprung gewusst hätte, dann stünde sie immer noch seiner Weigerung gegenüber, etwas Neues auszuprobieren. Wenn er diesen Futterschuppen hier besichtigen würde, würde er bestimmt tausend Gründe finden, warum er gar nicht funktionieren konnte, und das nur, weil er nicht selbst auf die Idee gekommen war. Er würde auch gegenüber Sol seine Skepsis äußern, und das wäre peinlich für sie und arrogant und ungezogen von ihm. Ignorant noch dazu.

»Aber was ist mit den Arbeitskräften, die Sie dazu brauchen«, wandte Rebecca ein. Das war eines der Themen, die Charlie anführen würde.

Sol zuckte mit den Schultern. »Sie haben ja unsere Leute gesehen. Natürlich müssen wir mehr investieren, um die Ernte einzubringen, aber letztendlich zahlt es sich aus, für die Pferde verträgliches Futter zu produzieren. Es ist günstiger, als wenn wir mit schweren Maschinen durch die Gegend fahren und Getreide aussäen, das je nach Wetterlage gedeiht oder auch nicht und das den Tieren nicht bekommt. Wenn sie durch falsche Fütterung an Hufrehe erkranken, können sie nicht einmal mehr laufen, geschweige denn rennen. Unterm Strich ist das hier einträglicher.«

Rebecca strahlte ihn an. »Es ist absolut wundervoll.«

»Ich habe alles durchgerechnet und mich mit den gesundheitlichen Auswirkungen beschäftigt. Rivermont steht viel besser da als Farmen mit konventionellen Futtermethoden. An heißen Tagen reißen sich alle darum, hier drin zu arbeiten. Und im Winter erst. Alle wollen hier rein. Es ist einfach ein friedlicher Ort.«

Sol trat auf sie zu und blieb dicht vor ihr stehen. Leise sagte er zu ihr: »Ihnen würde es auch gefallen. Probieren Sie es doch einmal aus. Kommen Sie einfach vorbei, und machen Sie eine Schicht mit. Es hilft beim Nachdenken. Ich möchte Ihnen gerne persönlich zeigen, wie man das Getreide auslegt.«

Macht er mir Avancen, fragte sich Rebecca. Sie blickte ihn an. Auf einmal war sie verlegen. Aus seinen dunklen Augen blickte er sie eindringlich an. Was wollte er von ihr? Er zog eine seiner perfekt geformten dunklen Augenbrauen hoch. Das ist definitiv eine Einladung, dachte sie, und zwar eine mit Hintergedanken.

»In schweren Zeiten braucht man manchmal Trost«, sagte er mit seidenweicher Stimme, »und ich weiß ja, dass Sie schwere Zeiten durchmachen. Männer können manchmal richtige Scheißkerle sein … ich weiß das, ich war selber einer … aber ich werde mich jetzt ändern.« Forschend blickte er sie an. »Vielleicht könnten wir uns ja gegenseitig bei unserer Suche helfen?«

Verwirrt verzog sie das Gesicht und drängte sich an ihm vorbei. »Suche?« Sie schüttelte den Kopf. »Nein, danke, ich habe auf meiner eigenen Farm genug zu tun.« Kühl fuhr sie fort: »Sie gehen jetzt wohl besser wieder zu Yazzie in die Küche und backen Ihren ›Männerkuchen‹.«

»Machen Sie sich über meinen Kuchen lustig?«, fragte er.

»Spielen Sie mit mir?«, feuerte sie zurück.

»Und wenn?« Er zuckte mit den Schultern.

»Das wäre ungezogen. Und falsch«, sagte sie.

»Sind Sie immer so frostig? Selbst in dieser schrecklichen Hitze?« Seine dunklen Augen funkelten amüsiert.

Er spielt tatsächlich mit mir, dachte sie. Waren denn alle Männer gleich? Schon wieder dachte ein Mann daran, seine Frau zu betrügen, genau wie Charlie.

»Ich? Frostig? Machen Sie Ihre Nachbarinnen immer so ungeniert an, obwohl Yazzie ganz in der Nähe ist?«

Er verzog nur das Gesicht.

»Mit Tieren können Sie anscheinend wesentlich besser umgehen als mit Menschen«, fuhr sie ihn an.

»Und Sie sind sehr unhöflich und eine der unglücklichsten Frauen, die ich je kennengelernt habe.«

Bec traten Tränen in die Augen. Offensichtlich spürte Sol ihren Schmerz.

Er atmete tief durch. »Es tut mir leid. Und es stimmt, ich ziehe Tiere den Menschen vor. Verzeihen Sie mir. Ich muss jetzt gehen. Andrew Travis erwartet mich. Sie finden sicher alleine zum Haus zurück.« Damit war er weg.

Sie stand im Futterhaus, schluckte die Tränen hinunter und ballte die Fäuste. Wie konnte er das Yazzie nur antun? Eine Welle von Schuldgefühlen überwältigte Rebecca, weil seine Nähe sie erregt hatte. Sein Aussehen. Sein Geruch. Seine Ausstrahlung. Aber sie verdrängte die Gedanken daran. Es stimmte wirklich. Männer wollten alle nur das Eine.

Sie biss die Zähne zusammen und trat aus dem klimatisierten Schuppen in die Hitze des Tages hinaus.

Als sie an den Ställen vorbeiging, pfiff jemand. Joey stand da und schaufelte Sägemehl in eine Schubkarre. Seine verblichene Jeans schmiegte sich eng um seine Schenkel. Er grinste sie an. Offensichtlich hatte er mitbekommen, wie verwirrt und aufgelöst sie aus dem Schuppen gekommen war.

»Und, haben Ihnen Sols Errungenschaften gefallen?«, rief er ihr spöttisch zu.

Rebecca ging einfach weiter.

»Sie haben selber ganz schöne Errungenschaften«, fuhr er fort und schaufelte weiter. »Ich gucke Sie mir jedenfalls gerne an. Treffen wir uns später vielleicht, Baby?«

Stumm marschierte Rebecca zum Haus.

11

Charlie stand an den Hundehütten unter den Pfefferbäumen, den Eimer mit dem Trockenfutter für die Hunde hatte er auf dem Boden neben sich stehen. Stripes, der nervös an der Kette aus seiner Hütte heraus- und wieder hineinlief, beobachtete seinen Herrn sabbernd. Becs alte Hündin Stubby saß ganz still da und wedelte leicht mit dem Schwanz, während sie ihn aus trüben Augen ansah. Sie war blind und taub, konnte aber wundersamerweise immer noch die Schafe dirigieren, wenn sie nicht allzu schnell liefen. Und sie wusste genau, wann es etwas zu fressen gab. Charlie befahl Stripes, sich hinzusetzen, dann zog er sein Handy aus der Tasche. Es wurde langsam spät. Er schüttete Trockenfutter in Stubbys Fressnapf und sah zu, wie die alte Hündin aufstand und sich darüber hermachte.

Jeden Abend überlegte Charlie, ob er Stubby nicht besser erschießen sollte. Aber sie gehörte Bec. Und sie war die Verbindung zur Vergangenheit und ihrer schönen Jugendzeit auf Waters Meeting mit Tom. An manchen Tagen war die alte Hündin zu desorientiert, um aus ihrer Hütte zu kommen, und Charlie merkte ihr an, dass der Tumor, den zu behandeln sich nicht lohnte, ihr Schmerzen bereitete. Charlie kam es sinnlos vor, Stub-

136

by am Leben zu erhalten, aber das hatte Bec zu bestimmen. Und sie wollte die alte Hündin noch nicht gehen lassen.

Allerdings hatte Charlie sich auch geweigert, ihr einen Welpen zu kaufen. Wann sollte sie ihn denn trainieren? Am Ende blieb es ja doch alles wieder nur an ihm hängen, und mit seinen Methoden war sie ja auch nicht einverstanden. Außerdem musste er die nutzlosen Kreaturen immer füttern. Sie nie. Sie versteckte sich lieber im Haus.

Er begann, Rebecca eine SMS zu schreiben. *Wo zum Teufel bleibst du?* Er drückte auf senden.

Normalerweise hätte Rebecca schon mehrmals hinter ihm her telefoniert, um zu hören, ob das Abendessen vorbereitet war; um sich zu vergewissern, dass er auch ja heute Abend mit zu diesem Andrew Travis kam; um ihn anzubrüllen, er solle das tote Schaf wegschaffen, das Kelvins raue Arbeitertruppe auf dem Gewissen hatte. Doch heute hatte sie den ganzen Tag über nichts von sich hören lassen.

Vielleicht konnte sie ja mit dem neuen iPhone nicht umgehen, oder vielmehr, sie wollte es nicht, aus Protest gegen den neuen Traktor. In diesem Augenblick piepste sein Handy. Rebecca hatte eine Nachricht geschickt.

Wir treffen uns beim Vortrag, antwortete sie nur.

Charlie runzelte die Stirn. Irgendetwas stimmte nicht. Ob es wohl etwas mit diesem blöden Grasfarmer Andrew zu tun hatte? Charlie wurde klar, dass der Mann heute auf seinem Weg zum Informationsabend im Dingo Trapper Hotel durch Bendoorin gekommen sein musste. Und in Bendoorin war auch Bec gewesen. Hatten sie sich da etwa getroffen?

Und wenn er sich nun irrte?

Charlie dachte an ihr kurzes Gespräch über ihre Ehe am Morgen. Plötzlich hatte er Schuldgefühle wegen Janine. Erneut nahm er sein iPhone zur Hand und tippte eine Reihe von Symbolen an seine Frau. Die Kusssymbole würden ihm bestimmt einige Pluspunkte verschaffen. Bec würde sicher nicht auf die Idee kommen, dass er wegen Andrew hinter ihr hertelefonierte. Wieder dachte Charlie an Janine und verzog unwillkürlich das Gesicht. Heute hatte sie ihm tatsächlich vorgeschlagen, sie sollten miteinander durchbrennen. Zuerst hatte er gedacht, sie würde einen Witz machen, aber als er lachte, war sie ganz still geworden. Charlie seufzte. Langsam wurde es kompliziert. Er hatte geglaubt, Janine würde verstehen, dass es sich nur um ein bisschen Spaß handelte, eine kleine Affäre, um aus dem Alltagstrott auszubrechen. Sie klammerte sich viel zu sehr an ihn.

Erneut hob er das iPhone und schickte auch Janine eine Reihe von digitalen Küssen. Mit Frauen musste man vorsichtig umgehen. Sie konnten wegen jeder Kleinigkeit hysterisch werden. Auch bei Janine würden ihm die Küsse Pluspunkte einbringen.

Zufrieden mit sich selbst schüttete Charlie Stripes' Hundefutter in den Napf. Er verzichtete darauf, den Hunden frisches Wasser zu geben, und lief durch das alte Holztor neben dem Gebäude ins Haus, um unter die Dusche zu gehen. Er musste Janines Geruch abwaschen und sich umziehen.

Als er in dem Windfang aus seinen Stiefeln schlüpfte und auf Socken zur Treppe lief, berührte er aus Versehen die frischen hellroten Kratzspuren an seinem Nacken, die Janine mit ihren langen falschen Fingernägeln gezogen hatte. Er zuckte zusammen, musste aber trotzdem lächeln. Alles in allem war es ein guter Tag gewesen.

Am frühen Nachmittag war Janine am Maschinenschuppen von Waters Meeting aufgetaucht. Sie hatte ihrem Mann Morris erzählt, sie sei mit Ursula zum Tennisspielen verabredet. Als ob Ursula jemals auf die Idee käme, Tennis zu spielen, dachte Charlie. Besonders einfallsreich waren Janines Alibis nicht gerade. Allerdings hatte er den Verdacht, dass es Morris ziemlich egal war, wo sich seine Frau herumtrieb. Solange es seinen Zuchtböcken gut ging, er die Landwirtschaftszeitschrift lesen konnte und abends etwas Anständiges auf dem Tisch stehen hatte, fehlte ihm nichts. Wahrscheinlich genoss er sogar eher die friedliche Atmosphäre, wenn seine Frau nicht da war. Die weiche Wolle seiner Merryville-Schafe fand er vermutlich erregender als Janines dunkles, ein wenig störrisches Haar.

Charlie hatte gerade die Scheiben am Pflug eingestellt, als Janine in ihrem kleinen Sportjeep angefahren kam. Sie sprang heraus und stand mit kurzem Tennisröckchen und Schläger in der Hand vor ihm.

»Möchtest du Tennis spielen?«, fragte sie verführerisch. Dann lachte sie.

Zuerst war Charlie nervös gewesen. Insgeheim befürchtete er, dass Bec früher aus der Stadt zurückkommen würde, aber eigentlich war er sicher, dass sie noch eine Weile wegbleiben würde. Und dem Duft von Janines Parfüm und ihrem festen Griff, als sie direkt nach seinem Hinterteil grabschte, konnte er nicht widerstehen.

»Ich bin süchtig«, hatte sie gesagt und ihn ins Ohrläppchen gebissen. Sie schob die Hände in seine Jeanstaschen.

»Ist das ein iPhone, oder freust du dich so, mich zu sehen?«

»Beides«, sagte er. Es fühlte sich gut an, von einer Frau begehrt zu werden, nicht so wie bei Bec, die ihn nur wollte, wenn sie angeheitert war. Er drückte Janine gegen den Jeep und ließ seine Hände unter das Röckchen gleiten. Entzückt stellte er fest, dass sie keine Unterwäsche trug.

»Willst du Tennis spielen? Ja? Wirklich?«, hatte er gesagt und seine Finger grob in sie hineingeschoben.

Er hatte sie hier draußen am Schuppen und dann noch einmal auf der Weide am Haus genommen. Es war toll gewesen, bis zu dem Moment, als Janine ihm gestanden hatte, sie habe sich in ihn verliebt. Er hatte sie mit einem spielerischen Schlag mit dem Tennisschläger auf ihr Hinterteil zum Schweigen gebracht und ihr geraten zu verschwinden, bevor Bec nach Hause kam. Er hatte einfach gelogen, sie sei schon unterwegs und könne jeden Moment eintreffen.

Im Badezimmer zog er sich aus und begutachtete seinen Rücken im Spiegel. Seine weißen Arschbacken waren sogar ein wenig von der Sonne verbrannt, stellte er fest. Er hatte also nicht nur alles geträumt.

Wenn Bec ihn nach den Kratzern fragte, würde er einfach behaupten, er habe ein Schaf aus dem Dornengestrüpp holen müssen. Allerdings war er sich ziemlich sicher, dass sie sie wahrscheinlich gar nicht bemerken würde. Sie schaute ihn ja in der letzten Zeit kaum noch an, weil sie sich ständig nur um Archie und Ben kümmerte. All ihre Zärtlichkeit, ihre Umarmungen und Küsse, ihr Lächeln, waren für die Jungs reserviert. Für ihn nicht mehr. Sie ist eiskalt, dachte Charlie bitter. Kein Wunder, dass ich fremdgehe. Wütend trat er seine ölverschmierten Jeans auf den immer größer werdenden Stapel mit Schmutzwäsche und stellte sich unter die Dusche. Welcher Mann würde bei so einer Frau nicht fremdgehen?

Als Charlie eine Stunde später das Dingo Trapper Hotel betrat, wirkte das Lokal ganz anders als am Abend zuvor. An der Theke war nichts los, und der Teppichboden, der dank Amandas Dampfreiniger immer makellos sauber war, roch nach schalem Grog. Die Gäste, die am Nachmittag da gewesen waren, hatten Bierpfützen und Krümel hinterlassen. Dass noch nicht aufgeräumt war, lag daran, dass Amanda sich mit ihrem Kater nach der Sexspielzeug-Party nach oben zu einem Schläfchen verzogen hatte, so dass Dutchy sich neben der Küche auch noch um die Theke kümmern musste, wo er nur von seiner unerfahrenen jungen Aushilfe Lucy, die leider nicht die Geschickteste war, unterstützt wurde.

Charlie hielt Ausschau nach Kelvin und seinen Männern, aber anscheinend waren sie gegangen, um in Bendoorin Abwechslung zu suchen. An der Theke standen nur ein paar Farmer, die sich an ihrem Bier festhielten und sich wortkarg unterhielten.

»Was für ein Getreide baut ihr denn an?«, fragte einer.

»Hafer.«

Eine Pause entstand.

»Trocken, was?«

»Ja.«

Pause.

»Wer gewinnt denn dieses Jahr die Kricketmeisterschaften?«

»Keine Ahnung.«

Pause.

»Meint ihr, dieser Andrew Travis weiß, wovon er redet?«

Die Männer zuckten mit den Schultern.

Alle wirkten erleichtert, als sie Charlie sahen. Ihre Mienen hellten sich auf, und sie wurden ein bisschen lockerer.

»Ich habe gehört, dein neuer John Deere kennt schon den Weg zur Kneipe«, witzelte Dennis Groggan.

»Ja!«, strahlte Charlie. »So ist es.«

Während er den anderen von den Erlebnissen des Vorabends berichtete, sah er sich nach Rebecca um.

An einem Tisch in der Ecke saßen wissenschaftliche Beauftragte der Regierung, die ihr Abendessen verzehrten. Sie trugen alle hellblaue Polohemden und dunkelblaue Hosen.

Ihre Aufgabe war es, Andrew Travis in so viele Regionen wie möglich zu schicken und zu begleiten, damit er viele Farmer erreichte. Keine leichte Aufgabe. Trotz ihrer angeregten Unterhaltung wirkten die Männer nervös angesichts der kräftigen Farmer, die ihnen mit Vorurteilen und Skepsis gegenübertraten. Für die Farmer waren die Regierungsangestellten »Bürohengste«, die überbezahlt und faul herumsaßen. Leute, die ihre Zeit mit überflüssigem Papierkram vergeudeten. Hinzu kam, dass auch in hohen politischen Kreisen Andrew Travis' Thesen nicht gern gehört wurden, da sie den großen Konzernen die Macht nahmen. Man konnte viel Geld verdienen, indem man Mutter Natur ausbeutete, und Andrews Methoden verhinderten gerade das.

Einen leichten Vorteil gegenüber den männlichen Regierungsangestellten hatten die weiblichen Mitglieder, für die die Farmer mehr übrig hatten. Mit ihren zurückgebundenen Haaren sahen sie in den Uniformen kompetent, aber auch hübsch aus. Mary, die Koordinatorin für den Distrikt, war ein absoluter Hingucker. Sie hatte strahlende blaue Augen, langes, welliges Haar und einen hübschen runden Hintern, den die Männer bewunderten. Charlie war fast enttäuscht, als sein Blick auf sie fiel und er feststellte, dass sie sich gerade hingesetzt und in ein Gespräch vertieft hatte.

Charlie bestellte sich ein Bier. In der Lounge sah er Andrew, der gerade einen Projektor und einen Laptop aufbaute. Er trug ein kobaltblaues Hemd, und Charlie blickte neidisch auf seinen flachen Bauch. Er ist ziemlich fit, der Bastard, dachte er. Aber der Jüngste war er auch nicht mehr. Seine früher einmal schwarzen Haare waren voller grauer Strähnen, und das Leben in der Son-

143

ne als Farmer in Queensland hatte die Lachfältchen um seine Augen vertieft. Charlie schniefte und trank einen Schluck Bier, ohne Andrew aus den Augen zu lassen. Seine eigenen Haare waren zwar schütter geworden, aber bisher hatte er noch keine einzige graue Strähne auf seinem Kopf entdeckt.

Wo blieb Rebecca bloß? Charlie blickte auf sein Handy. Keine Nachrichten. Wo war sie?

Andrew Travis hatte alles im Raum vorbereitet und schlenderte zufrieden zur Theke. Sein aufrichtiges Lächeln nahm das Publikum auf der Stelle für ihn ein. Lässig setzte er sich neben den Farmern auf einen Barhocker und unterhielt sich mit ihnen, als habe er schon immer dazugehört. Farmer ließen sich nicht täuschen, und Andrew war einer von ihnen. Charlie beobachtete ihn mürrisch.

»Haben Sie Charlie Lewis schon kennengelernt?«, fragte Dennis Groggan. »Er hat eine große Farm nicht weit von hier. Waters Meeting.«

»Ah, nein, wir sind uns noch nicht begegnet«, sagte Andrew. Er stellte sein Bier ab und wandte sich zu Charlie. »Aber ich kenne Rebecca, Ihre Frau. Was für ein Mädchen! Sie sind ein glücklicher Mann. Sie war schon bei einigen meiner Veranstaltungen, und sie möchte einiges ausprobieren. Schön, dass Sie heute Abend auch kommen konnten.«

Charlie hob sein Bierglas an den Mund. »Ich hätte Ihren Vortrag um nichts in der Welt verpassen mögen, Kumpel«, sagte er und trank einen Schluck Bier.

12

Als Rebecca Charlies zerbeulten Hilux sah, der unter einem alten Eukalyptusbaum in der Seitenstraße neben der Kneipe geparkt war, wurde sie einen Moment lang unsicher. Sie saß im Kluger der Stantons und stieß die Luft aus. Wie sollte sie ihm gegenübertreten? War die Frau, mit der er sie betrog, etwa auch in der Kneipe? Sie blinzelte, damit die Tränen, die in ihren Augen aufstiegen, nicht das Augen-Make-up ruinierten, das Yazzie so sorgfältig aufgetragen hatte.

»Daddy ist hier! Ich sehe sein Auto!«, schrie Ben aufgeregt und versuchte, die Tür zu öffnen.

»Warte auf uns, Ben!«, fuhr Rebecca ihn nervös an.

»Mummy hat gesagt, du sollst warten, junger Mann«, warnte Sol ihn freundlich. »Also halt dich im Zaum!«

Der große Mann stieg elegant aus dem Wagen und öffnete Rebecca die Tür. Sanft fasste er sie am Ellbogen, als sie in Yazzies hohen schwarzen Schuhen ausstieg. Einen Moment lang verspürte sie Erregung, als Sols Hand über ihren Arm glitt. Rebecca kam sich vor, als ob sie in Paris aus einer von einem Chauffeur gesteuerten Limousine steigen würde. Sol war wirklich ein sexy Mann. Gabs würde sich in die Hose machen, wenn sie ihn sähe. Verlangen stieg in ihr auf. Aber wie konnte sie nur an so etwas denken? Sie wusste, dass es gefährlich war, aber sie hatte das Verlangen, sich zu rächen.

»Yazzie kann das wirklich gut«, sagte Sol lächelnd. »Sie sehen völlig verändert aus. Es gibt nichts Schöneres als eine frisch zurechtgemachte Frau.« Er beugte sich dicht zu ihr. »Außer einer Frau, mit der man gerade geschlafen hat.«

Verlegen warf Rebecca einen Blick auf Yazzie, aber die schüttelte nur lachend den Kopf.

»Du bist ein solcher Blödmann, Sol«, sagte sie und half Archie aus dem Wagen. Rebecca fragte sich, warum Yazzie nie auch nur die kleinste Spur von Eifersucht zeigte.

»Sol, du gehst am besten schon einmal mit den Jungs hinein und spendierst ihnen eine Limonade«, schlug Yazzie vor. »Rebecca und ich kommen gleich nach.«

In seiner schiefergrauen Jeans und einem engen schwarzen T-Shirt sah Sol aus wie eines seiner schlanken, dunklen Rennpferde. Er nahm die Jungen an die Hand, und ihr Lachen schallte durch die Abendluft, als er sie einarmig hochhob und in die Kneipe trug. Yazzie blickte ihnen gerührt nach.

»Er ist wirklich wundervoll, wenn du erst einmal hinter seine mürrische Fassade geschaut hast«, versicherte sie Rebecca.

»Auf jeden Fall ist er wesentlich toleranter als Charlie. Er beklagt sich nie darüber, dass du ihn herumschubst. Die meisten Männer würden behaupten, du nörgelst ständig an ihnen herum«, erwiderte Rebecca.

»Ha! Ich bin eben der Boss!«

»Du hast wirklich Glück, Yazzie. Ich wünschte, Charlie wäre ein bisschen mehr wie Sol.«

»Ich? Glück? Weil ich so einen Bruder habe? All die Mädchen mit gebrochenem Herzen, die ich trösten musste! Er ist viel zu anstrengend! Ich wünschte, er würde endlich zur Ruhe kommen. Er ist schon seit Jahren so traurig – seit seine erste Frau ihn verlassen hat. Sie haben sehr jung geheiratet.«

Rebecca runzelte die Stirn. »*Bruder?*«, fragte sie. »Wirklich? Ich dachte, er wäre dein *Mann*!«

Yazzie schlug die Hand vor den Mund und prustete vor Lachen. »Sol? Mein *Mann?* Ach, du lieber Himmel! Gott, nein. Iiih! Wie kommst du denn auf den Gedanken? Er ist mein Bruder. Na ja, Halbbruder – der gleiche Vater, verschiedene Mütter. Dads Exfrau ist Spanierin und wieder nach Spanien zurückgegangen. Sie ist die Musikerin in der Familie. Von ihr hat Sol das musische Talent geerbt. Unsere Schwester Estella war Tänzerin und Pianistin. Sie ist auch meine Halbschwester. Jetzt lebt sie in Venedig und studiert Kunst.«

»Wow! Er ist also dein Bruder! Na, dann wundert mich nichts mehr!« Rebecca überlegte. »Dann bist du also die Jüngste?«

»Ja. Mum hat Dad bei einem Grand Prix in Deutschland kennengelernt. Ich glaube, nach Sols Mutter wollte Dad etwas weniger Kompliziertes und weniger Kreatives. Sie hat beim Grand Prix gearbeitet, um Geld für ihr Studium zu verdienen. Sie ist ein bisschen verrückt und klüger als Stephen Hawking und Leonardo da Vinci zusammen. Armer Dad. Er hat sich mittlerweile von ihr getrennt und hat sich eine neue Frau gesucht. Dieses Mal eine Französin. Alles in allem sind wir eine ziemlich verrückte Familie.«

Yazzie verzog das Gesicht, dann lachte sie. »Jetzt, wo du weißt, dass Sol nicht mein Mann ist, kannst du ja ruhig ein bisschen mit ihm flirten. Ich habe mich schon gewundert, warum du nicht über ihn hergefallen bist. Die meisten australischen Frauen stehen auf ihn. Es liegt am Akzent.«

»Ich? Über ihn herfallen? Ich bin eine verheiratete Frau. Seit vierzehn Jahren habe ich keinen anderen Mann mehr angeschaut, nicht seit ich Charlie auf der Landwirtschaftsschule kennengelernt habe. Na ja, einmal habe ich vielleicht doch hingeguckt. Das war bei Tim McGraw. Er hat in Melbourne ein Konzert gegeben und trug ein extrem enges weißes T-Shirt, eine noch engere Jeans und einen breitkrempigen schwarzen Hut.« Bec legte sich die Hand auf die Brust. »Ich kann dir sagen, mein Herz hat höher geschlagen. Aber sonst habe ich nur Charlie angeschaut.«

»Du bist entweder eine Lügnerin oder eine Närrin. Gucken darf man doch!«

»Charlie würde das anders sehen.«

Rebecca blickte auf ihre frisch lackierten Fingernägel, die im Licht der Veranda schimmerten, und dachte daran, wie Charlie sich jedes Mal aufgeregt hatte, wenn ein anderer Mann auch nur in ihre Nähe kam. Da war es leichter gewesen, sich zurückzuhalten.

»Die Dinge ändern sich«, sagte Yazzie und hakte sich bei Rebecca ein. »Na komm, süße Mummy. Es ist Zeit, dass du mal wieder deine innere Göttin herauslässt. Wir Amazonen ziehen in den Krieg, um zu siegen!«

Sie überquerten die Straße, und Rebecca wappnete sich für das, was auf sie zukam.

13

In der Kneipe wurde es still, als Yazzie und Rebecca eintraten. Hinten im Raum stieß jemand einen anerkennenden Pfiff aus.

»Du liebe Güte, Bec, du hast dich aber schick gemacht«, rief Tonka Jones aus. Die Männer lachten und nahmen ihre Gespräche wieder auf, auch wenn einige die Augenbrauen hochzogen. Zuerst die Sexspielzeug-Party, und dann kam Charlies Frau auch noch so aufgebrezelt mit den Stantons in die örtliche Kneipe. Irgendetwas war nicht in Ordnung, mutmaßten einige der einheimischen Männer.

Bec ignorierte die Blicke und lächelte allen freundlich zu.

Charlie war schon völlig aus dem Gleichgewicht geraten, als er gesehen hatte, wie ein unglaublich gutaussehender Fremder seine beiden Kinder in die Kneipe gebracht hatte. Die Jungs waren nur kurz zu ihm gekommen, um Hallo zu sagen, und unterhielten sich gleich darauf wieder angeregt mit dem Fremden.

Dann war Rebecca in einem engen schwarzen Kleid und unglaublich hohen Stöckelschuhen aufgetaucht. Die fleckige Bräune ihrer Haut war auf einmal glatt und gleichmäßig, ihre Arme und Beine hatten die Farbe von

Honig und sahen zum Anbeißen aus. Die normalerweise welligen Haare waren glatt frisiert und lockten sich an den Spitzen. Ihre blonden Strähnchen schimmerten im Licht, und Charlie blieb der Mund offen stehen, als er sah, wie sie geschminkt war. Was hatte sie vor? Seit Jahren lief sie doch nur noch in ausgetretenen Stiefeln und schmutzigen Jeans herum, die Haare zu einem Pferdeschwanz zusammengebunden. Wenn sie sich einmal fein machen musste, griff sie immer nur zum selben Kleid und jammerte darüber, wie fett sie geworden war. Neue Schuhe hatte sie sich schon kaufen wollen, seitdem Ben mit zwei Jahren auf ihr einziges gutes Paar gespuckt hatte.

Und wer war die kleine Blondine neben ihr? Auch sie trug ein enges Kleid in Steingrau, das ihre langen schlanken Beine betonte. Sie war so hübsch wie ein Model für Badeanzüge, nur ohne die großen Brüste; aber die, die sie hatte, hätten Charlie bei Weitem gereicht.

Rebecca blickte zu Charlie und sah, wie er Yazzie in den Ausschnitt schaute. Sie lächelte spöttisch und formte mit den Lippen ein »Hallo«, bevor sie zu dem großen, dunkelhaarigen Mann trat, der ihr ein Glas Champagner reichte. Den Kindern hatte er Limonade und Chips spendiert. Unbehaglich sah Charlie zu, wie herzlich Rebecca den Fremden anlächelte, als sie das Glas von ihm entgegennahm. Was war eigentlich an Champagner so besonders, überlegte Charlie. Seit wann war Bundy denn nicht mehr gut genug? Wer waren diese Leute überhaupt? Doch nicht etwa die Stantons? Sie hatte sich doch wohl nicht mit diesen reichen Typen angefreundet? Nein, das würde sie nicht wagen, nicht nach all dem

Ärger, den sie ihnen auf der Straße und mit ihrem Hubschrauber bereitet hatten.

Charlie wollte sich gerade von dem Barhocker erheben, als Andrew sein Bier abstellte, sich auf seinem Barhocker umdrehte und laut rief: »Rebecca!« Lächelnd trat er zu ihr. »Wie schön, dich zu sehen! Du siehst wundervoll aus. Meine Güte! *Wirklich* wundervoll! Es muss am Wasser hier oben liegen. Und das ist bestimmt Yazzie, oder? Sol und ich haben via Skype über die Veränderungen in Rivermont gesprochen, er hat mir erzählt, dass Sie jetzt hier eingezogen sind.«

Andrew schüttelte Yazzie die Hand, dann legte er seine Hand um Rebeccas Taille und küsste sie auf die Wange. Zwar tat Rebecca von der Anspannung des Tages der ganze Körper weh, aber sie genoss Andrews herzliche Begrüßung doch.

»Innere Göttin«, flüsterte Yazzie. »Bring sie zum Strahlen.« Sie lächelte Yazzie an. Ja, sie würde sich von dem Verrat, von dem sie heute erfahren hatte, nicht unterkriegen lassen.

Schließlich begann der Vortrag, und Andrew ging mit Sol schon einmal voraus in den Saal. Nach und nach folgten auch die anderen Zuhörer.

»Wo warst du?«, fragte Charlie Rebecca flüsternd.

Sie blickte ihn aus ihren blauen Augen an. »Die Frage sollte ich vielleicht besser dir stellen.«

Charlie erstarrte. Forschend blickte er sie an. Sie sah völlig verändert aus. Es lag nicht nur am Make-up. Sie strahlte Wut aus.

Vielleicht wusste sie ja Bescheid? Aber woher sollte sie es wissen?

»Ich weiß nicht, was du meinst«, erwiderte er lässig. »Ich habe gearbeitet. Wie immer.« Er trank einen Schluck Bier und wich ihrem Blick aus.

»Ach ja, gearbeitet?« Rebecca lächelte frostig. »Danke, dass du mir sagst, wie gut ich aussehe, Charlie. Danke.« Sie nickte. »Du gibst dir wirklich viel Mühe, um unsere Ehe wieder auf Vordermann zu bringen, wie du es nennst«, sagte sie sarkastisch. Der Schmerz war ihr anzusehen, als sie fortfuhr: »Ich muss mich jetzt um die Kinder kümmern.« Schützend legte sie Ben und Archie die Hände auf die Rücken und schob sie von ihm fort. Als sie sich herunterbeugte, um mit den kleinen Jungs zu sprechen, sah Charlie einen Moment lang ihre vollen Brüste. Das Kleid war gefährlich tief ausgeschnitten. Viel zu tief für die Mutter von zwei Kindern. Und mir gegenüber verhält sie sich eiskalt, dachte Charlie wütend.

In Dutchys und Amandas privatem Wohnzimmer über der Kneipe setzte Rebecca die beiden Jungen vor den Fernseher und legte ihnen eine DVD ein. Trollop, der Kneipenhund, legte sich vor die Füße der Jungen, in der Hoffnung, dass etwas von den Chips für ihn abfallen würde. Bec umarmte die Kinder und genoss noch einen Moment lang ihre unschuldige Nähe. Die Jungen spürten, dass ihre Mutter sie brauchte.

»Ich liebe dich, Mummy«, sagte Archie. Er legte seine kleine Hand auf ihren Unterarm, und Rebecca traten Tränen in die Augen.

»Ich liebe dich auch, mein Schatz«, sagte sie. Das Wissen, dass die Zukunft der Jungen auf der Farm auf einmal ungewiss geworden war, schlug wie eine dunkle Welle über ihr zusammen. Aber dann furzte Trollop, und sie mussten alle drei lachen. Schließlich ließ sie die Kinder vor dem Fernseher zurück und hoffte, dass sie eingeschlafen wären, bevor Andrews Vortrag vorbei war.

Oben an der Treppe zog sich Rebecca das Kleid über die Oberschenkel herunter. Dadurch wurde allerdings der Ausschnitt tiefer. Leise fluchend stöckelte sie auf Yazzies hohen Schuhen die Treppe herunter. Was hatte Yazzie ihr noch geraten? Irgendwas mit Hacke und Zehen und am besten vergessen, dass man die High Heels trug.

Ja, klar, dachte Rebecca. Sie bedauerte, dass sie sich so hatte zurechtmachen lassen. Sie kam sich vor wie eine Närrin. Zu der Charlie sie gemacht hatte.

Sie dachte daran, wie sie als Schülerin im Internat an einem Pult im Klassenzimmer gesessen und durch ein mit Eselsohren markiertes Stück von Shakespeare geblättert hatte. Welcher Ausdruck war darin noch vorgekommen? *Jemandem Hörner aufsetzen.* Das war es. Charlie hatte ihr Hörner aufgesetzt, und plötzlich wurde ihr klar, dass es ihrer Lehrerin damals genauso ergangen sein musste. Sie hatte der Klasse die Redewendung so eindringlich nahegebracht. Rebecca wiederholte die Wörter leise: *Hörner aufsetzen.* Es fühlte sich verletzend und schmutzig an. Aber tief in ihrem Inneren regte sich der Stolz, und schließlich besaß sie genug Energie, um die Treppe hinunter in den Saal zu gehen, wo auch der Mann saß, der ihr Hörner aufgesetzt hatte.

14

Rebecca betrachtete die Rücken der Männer. Die meisten waren Farmer. Sie saßen auf den Stühlen mit den braunen Plastikpolstern, die an den Ecken schon abgescheuert waren. Viele drängten sich in den hinteren Reihen, für den Fall, dass der Vortrag zu langweilig werden würde und sie an die Theke flüchten müssten. Frauen waren nur wenige da. Sie saßen in den vorderen Reihen und arbeiteten vor allem für die landwirtschaftliche Genossenschaft.

Die Farmer hier wissen nicht, was sie erwartet, dachte Rebecca spöttisch. Sie betrachtete die meisten als Feiglinge, die zu viel Angst hatten, um sich den Problemen, die ihr Land aufwarf, zu stellen, zu viel Angst, um sich mit den eigenen Methoden auseinanderzusetzen. Sie hatte schon oft erlebt, wie sie auf Andrew reagierten, weil sie sich nicht eingestehen wollten, dass er recht hatte.

Auch heute Abend würde es nicht anders ablaufen, dachte Rebecca. Immerhin würde ein kleiner Prozentsatz der Anwesenden sich der wachsenden Gruppe derer anschließen, die auf ihren Farmen etwas veränderten. Andrews Methoden, Gras mit dem Ziel anzubauen, dass das Land sich erholen konnte, lösten zahlreiche Probleme, die durch die globale Erwärmung und den erhöhten CO_2-Ausstoß entstanden waren. Allerdings war er in den letzten zehn Jahren auch ständig unter Beschuss geraten, da seine Methoden gewissen Regierungsprogrammen zuwiderliefen. Trotzdem machte er tapfer weiter.

Bec bestellte sich bei Lucy an der Theke ein Bier. Sie beschloss, heute Abend ebenfalls tapfer zu sein. Als sie das Glas an die Lippen hob, fiel ihr die weißhaarige Frau im Hippie-Laden ein. Was hatte sie noch gesagt? Dass ihre Gedanken die Realität schufen?

Auf einmal wurde ihr klar, dass sie alle Probleme immer nur Charlie anlastete, statt sich daran zu machen, ihre Träume und Bedürfnisse selber zu erfüllen. Nicht er verursachte die Probleme, sondern sie schob ihm in Gedanken die Schuld dafür zu. Plötzlich wurde ihr mit aller Deutlichkeit bewusst, wie negativ sie ständig dachte. Sie sah sich schon als Versager, bevor sie etwas auch nur versucht hatte! Sie versuchte festzuhalten, was sie gerade ganz klar gesehen hatte, weil sie das Gefühl hatte, es könne der Schlüssel zu ihrem Gefängnis sein, aber so schnell, wie die Einsicht gekommen war, war jeder klare Gedanke auch schon wieder verschwommen.

Sie trank ihr Bier und beobachtete Andrew, der gerade mit seiner Diashow von Farmfotos begann. Andrew sprach die gleiche Sprache wie Evie in dem Laden in Bendoorin, dachte sie. Er besaß die gleiche ruhige, ausgewogene und doch leidenschaftliche Energie.

»Du erntest, was du säst«, hatte Andrew einmal zu Rebecca gesagt. »Und die wichtigste Saat ist eine positive Einstellung. Ich war auf so vielen Versammlungen von

Farmern und habe immer wieder festgestellt, dass wir uns nur auf die Probleme und das Negative im Leben konzentrieren. Unsere Gedanken müssen positiv werden. Das Leben ist dann viel einfacher. Die Farmer profitieren davon.«

Rebecca spürte, dass sie sich wegen seiner Klugheit und Weisheit zu ihm hingezogen fühlte. Er scherzte auf seinen Vorträgen häufig darüber, dass er schon als kleiner Junge im Outback gelernt habe, den Mund nicht zu weit aufzureißen, damit keine Fliegen hineinflogen. Alles an Andrew hatte Rebecca überrascht und inspiriert, weil er die Welt so anders sah als sie und Charlie.

»Du bist scharf auf ihn«, hatte Charlie ihr einmal vorgeworfen, als sie das Abendessen nicht rechtzeitig auf den Tisch gebracht hatte, weil sie zu sehr in die Lektüre seines Kursbuchs versunken gewesen war. Sie hatte nur geseufzt. Wie oft hatte sie sich mit Charlie wegen Andrews Methoden gestritten? Manchmal so heftig, dass sie beide außer sich vor Wut gewesen waren.

Wenn die Jungs nicht dabei gewesen wären, hätte sie sicher seinen vollen Teller nach ihm geworfen, damit das nachlässig zubereitete Abendbrot auf seinem Schoß landete. Aber wie immer hatte sie sich zusammengerissen und den Teller wortlos vor ihn hingestellt. Was bin ich doch für eine brave Ehefrau, dachte sie bitter. An manchen Tagen wünschte sie, sie wäre wirklich scharf auf Andrew. Dann könnte sie Charlies Anschuldigungen wenigstens leichter ertragen.

Andrew war mindestens zehn Jahre älter als Rebecca, und er war zwar groß und sah gut aus, aber er faszinierte sie tatsächlich vor allem wegen seiner Visionen und Ansichten über das Führen einer Farm. Heute jedoch sah sie ihn mit anderen Augen, weil sie sich zum ersten Mal nicht durch ihre Ehe gebunden fühlte. Er sah tatsächlich extrem gut aus. Und er war sexy, stellte sie erstaunt fest.

Ihr gefiel das Gefühl, das in ihr aufstieg. Kurz spielte sie mit dem Gedanken, ihre Sehnsüchte auszuleben, wie ein Häftling, der sich vorstellt, aus einem eigentlich ausbruchsicheren Gefängnis zu entkommen. Sie empfand nicht das leiseste Schuldgefühl bei solchen Gedanken, stellte sie erstaunt fest. Aber schließlich hatte ja auch Charlie damit angefangen. Bei dem Gedanken stieg ihr die Röte in die Wangen. Wenn Charlie ihr sowieso vorwarf, in Andrew verliebt zu sein und ihn scharf zu finden, dann konnte sie diesem Gefühl eigentlich auch nachgeben. Sie konnte so oder so nicht gewinnen.

Sofort jedoch rief sie sich zur Ordnung. Sie hatte gerade gedacht, sie könne so oder so nicht gewinnen. Warum sah sie ihre Zukunft so negativ? Ärgerlich stellte sie fest, wie nervös diese Evie sie mit ihren Anstößen gemacht hatte. Sie war ja völlig durcheinander!

Sie durchbohrte Charlies Hinterkopf mit Blicken. Sie versuchte, ihn als den jungen Mann zu sehen, in den sie sich verliebt hatte, aber sie entdeckte bereits eine kahle Stelle auf dem Hinterkopf, und so schlank wie damals war er auch nicht mehr. Plötzlich stieg Trauer um den wunderbaren jungen Mann in ihr auf, den sie damals geliebt hatte. Irgendwo in der Vergangenheit war diese Liebe noch lebendig, aber es gelang Rebecca nicht, sie in die

Gegenwart zu retten. Sie wünschte sich, sie könnte sie wiederfinden. Statt Charlie sah sie auf einmal seinen Vater vor sich, diesen verbitterten, bibeltreuen Menschenhasser, der nur auf der Couch saß und von den Frauen erwartete, dass sie ihn bedienten.

Yazzie winkte ihr zu und riss Rebecca aus ihren Gedanken.

»Setz dich doch zu uns«, formte Yazzie mit den Lippen und klopfte auf den freien Platz neben sich. Bec ergriff ihr Bier.

Sie blickte zu Charlie, als sie auf die Stantons zuging, und bemerkte nicht, wie die anderen sie anstarrten.

Seit Jahren hatte niemand mehr Rebecca Lewis so aufgetakelt gesehen. Was war bloß los? Die Männer witterten eine Veränderung, aber Charlie ließ sich nichts anmerken. Er saß mit verschränkten Armen und übereinandergeschlagenen Beinen da und schwieg. Er hatte ihr noch nicht einmal einen Platz freigehalten, und er schaute sich auch nicht nach ihr um.

Rebecca presste die Zähne aufeinander. Sie sah im Geiste sein weißes Hinterteil wieder vor sich, das auf- und abpumpte. Der Scheißkerl. So anmutig sie konnte, setzte sie sich zwischen Yazzie und Sol.

Jetzt war es an Charlie, sie von hinten anzustarren. Sie spürte seine Blicke, und es kostete sie unsägliche Mühe, nicht zu weinen. Stattdessen konzentrierte sie sich auf Sols schöne Hände, die entspannt in seinem Schoß lagen. Die glatten, starken Hände eines europäischen Musikers und eines sanften Pferdeliebhabers. Sie stellte sich vor, wie Sols Hände über die Innenseiten ihrer Schenkel glitten. Sie schloss die Augen, atmete tief den Duft seines Eau de Toilette von Ralph Lauren ein und rutschte ein wenig dichter an ihn heran. Dann wandte sie ihre Aufmerksamkeit Andrew zu, der begonnen hatte, mit seiner schönen, tiefen Stimme zu sprechen. Der erotische Klang seiner Stimme durchdrang ihren Körper. Ihr Verlangen regte sich, und es erfüllte sie mit rachsüchtiger Befriedigung.

»Vor etwa zwanzig Jahren«, begann Andrew und schaute das Publikum mit seinen klaren Augen an, »brannte unsere Farm bei einem Buschfeuer nieder. Wir hatten keine Zäune mehr, dreitausend Schafe waren tot, die Ernte war hinüber, und wir hatten kein Geld für Dünger und Treibstoff. Ich war pleite. Das Feuer hatte mich nicht nur psychisch verbrannt, sondern auch physisch. Eine Zeitlang lag ich im Krankenhaus. Ich wusste, dass mein Leben sich grundlegend verändert hatte. Was tut man in so einer Krise?«

Andrew machte eine Pause und ließ seinen Blick über das hartgesottene Publikum schweifen.

»Die Antwort liegt auf der Hand. Sie tun sich mit Ihrem Nachbarn zusammen«, sagte er grinsend. »Er war nämlich auch abgebrannt. Wir waren beide am Arsch.«

Die Farmer tauten ein wenig auf. Hier und dort ertönte mitfühlendes Lachen. Alle hatten schon einmal schwere Zeiten durchgemacht.

»Wir tranken Bier, fühlten uns mit dem Rücken an der Wand, und da wir nicht wussten, wie es weitergehen sollte, kamen wir auf eine wirklich blöde Idee. Wir dachten, warum sollen wir die Saat nicht direkt in den Boden einsäen, ohne zu pflügen. Einfach mit der Sämaschine über den Acker fahren, wenn die dauerhaften Pflanzen ruhen, um zu sehen, was passiert. Dazu kam natürlich, dass wir keine andere Wahl hatten.«

Andrew ging durch den kleinen Saal. Als sein Blick auf Rebecca fiel, lächelte er leise. Yazzie stupste sie an.

»Wir waren regelrecht erschrocken, als wir herausfanden, wie gut es funktioniert. Der Ertrag war noch nicht gewaltig im ersten Jahr, aber es funktionierte. Wir sparten nicht nur achtzigtausend Dollar pro Jahr an Dünger, sondern verbrauchten auch nur zehn Prozent der sonstigen Menge an Treibstoff. Außerdem habe ich jetzt doppelt so viele Schafe wie früher. Die oberste Erdschicht, die anfangs nur fünf Zentimeter tief war, reicht jetzt an manchen Stellen über einen Meter in die Erde, und das Kohlenstoffdioxid im Boden hat sich mehr als verdoppelt. Die Farm ist widerstandsfähiger gegenüber Dürre, Krankheiten und Schulden geworden.«

Er zeigte Dias von seinen fruchtbaren Wiesen.

»Inzwischen kommen Australiens führende Boden- und Klimaforscher und fragen mich: ›Was hast du getan, Andrew? Wie hast du das gemacht? Können wir es studieren?‹« Er lächelte die Zuhörer an. »Mittlerweile überlasse ich die Farm meinem Verwalter und reise durchs Land, um mit Menschen wie Ihnen zu reden. Menschen, die ums Überleben kämpfen. Menschen, die sich wundern, warum ihr Land und ihre Farmgeschäfte immer schlechter werden. Die sich fragen, warum sie als Farmer nicht mehr glücklich sind. Stellen Sie sich nur vor, Farmer würden dafür bezahlt, Kohlenstoff abzusondern, wie ich es mit meinen Böden mache. Die Landwirtschaft würde stabiler, und die Umwelt würde sich regenerieren.«

Rebecca drehte sich um, um zu sehen, wie Charlie Andrews Worte aufnahm. Aber er saß da wie die Ablehnung in Person, mit verschränkten Armen und übereinandergeschlagenen Beinen. In den vergangenen fünf Jahren hatte er ein Doppelkinn bekommen. Warum war er neuen Ideen gegenüber so wenig offen? Wahrscheinlich war Charlie gar nicht aufs College gegangen, weil er alles über Landwirtschaft lernen wollte. Er hatte nur seiner Familie entkommen wollen. Er wollte unter Gleichaltrigen sein, trinken und Partys feiern, ohne dass ihm einer Vorschriften machte.

Rebecca fühlte sich betrogen, gar nicht einmal so sehr von Charlie, sondern von sich selbst. Sie hatte ihn anders gesehen. Sie hatte ihn geheiratet, weil sie glaubte, er sei anders. Deshalb hatte sie Forderungen an ihn gestellt, die er einfach nicht erfüllen konnte. Plötzlich tat er ihr leid. Um sie beide tat es ihr leid.

Er merkte, dass sie ihn anschaute, also wandte sie hastig den Blick ab. Stattdessen blickte sie zu Andrew, der gerade sagte: »Sie kleben ja auch kein Pflaster auf einen Arm, der abgeschnitten wurde. Dann würden Sie ja verbluten. Doch genau das versucht die menschliche Rasse, sie klebt Umweltpflaster auf Probleme, die nur mit extremen Heilmitteln behandelt werden können, weil dieser Planet *verblutet* und die Farmer mit ihm.«

Rebecca hatte diese Analogie schon früher von Andrew gehört, und sie liebte und verabscheute sie zugleich.

Sie musste dann immer an ihren Vater denken, der seinen Arm bei einem Unfall auf Waters Meeting verloren hatte. Noch Jahre danach hatte er sich benommen, als sei er verwundet aus dem Krieg nach Hause zurückgekehrt. Er war in sich gekehrt und weicher. Aber wirklich geändert hatte er sich nicht. Er beachtete Rebecca immer noch nicht. Später ignorierten sowohl Charlie als auch ihr Vater sie, wenn es um die Farm ging. Sie bestellten Dünger, ohne sich Gedanken darüber zu machen, was das Land wirklich brauchte. Superphosphat, das den Boden verseuchte. Jahrein, jahraus kippten sie Gift auf ihr geliebtes Waters Meeting. Sie bestimmten es einfach und weigerten sich hinzusehen. Und zuzuhören.

Als die Kinder kamen und sie sich immer weniger um die Farmarbeit kümmerte, konnte sie Harrys und Charlies Erleichterung förmlich spüren. Aber in der letzten Zeit hatte sie sich wieder häufiger zu Wort gemeldet. Jetzt hatte Charlie keinen einarmigen Harry mehr im Rücken. Stattdessen musste er sich damit auseinandersetzen, dass seine Frau wieder mehr Selbstbewusstsein entwickelte und zu der Leidenschaft zurückfand, die sie als junge Frau für die Farm empfunden hatte.

Nachdem er sie betrogen hatte, spürte Rebecca jetzt, wie die Mauern, die sie gefangen hielten, einstürzten. So lange hatte sie sich alt und ausgelaugt gefühlt, heute jedoch konnte sie wieder lebendig, stark und voller Energie sein. Es war an der Zeit aufzubrechen. Nicht nur für sie selbst, sondern für das Land. Und vor allem für ihre Jungs. Die neue Generation von Männern, denen sie eine andere Sichtweise beibringen musste.

Es drehte sich alles um die Myriaden negativer Gedanken, die ihr von früh bis spät durch den Kopf gingen. Ihr war ein wenig schwindlig, und das lag nicht an ihrem Kater oder der Müdigkeit. Nein, es lag an ihrer Erkenntnis, dass ihr gesamtes Leben sich verschoben hatte.

»Überall auf der Welt bricht die Landwirtschaft zusammen, weil Technologie falsch angewendet wird«, fuhr Andrew fort. »Ich sage Ihnen, dass die Kosten für Düngemittel und Treibstoff in schwindelnde Höhen steigen werden. In Zukunft werden diese Ressourcen für Militär und Regierung reserviert sein. Sie als Farmer müssen lernen, mit dem zu arbeiten, was Sie haben. Lassen Sie sich von der Natur in unsere eigene stille Revolution treiben, damit Sie nicht von den Typen abhängen, die Ihnen nur ans Geld wollen. Zuerst einmal müssen Sie sich neuen Ideen öffnen.

Wussten Sie, dass in nur einem Teelöffel gesunder Erde sechs Milliarden lebende Organismen zu finden sind? Das sind ungefähr genauso viele wie die gesamte menschliche Weltbevölkerung. Beim Pflügen vernichten Sie diese Organismen jedes Mal. Wenn Sie sich vorstellen können, dass ein Teelöffel Erde so viel Leben enthält, dann muss es Sie doch fertigmachen, was wir unserer Erde antun.«

Heute Abend gelang es Rebecca nicht, konzentriert zuzuhören. Sie blickte sich suchend nach der Frau um, mit der Charlie zusammen gewesen sein könnte. Die einzigen einheimischen Frauen im Saal waren Lucy hinter der Theke, Amanda, Yazzie und die alte Mrs. Huxley. Keine von ihnen konnte es sein, dachte Rebecca. Es sei denn, Charlie hätte auf einmal seine Vorliebe für Achtzigjährige entdeckt. Gott, dachte sie, wie komme ich denn gerade jetzt auf so alberne Gedanken? Aber es war eine Erleichterung, einmal nicht ernst sein zu müssen. Ob es ihr nun gefiel oder nicht, sie veränderte sich.

»Veränderung!«, sagte Andrew, als habe er ihre Gedanken gelesen. »Wir wissen alle, dass wir unsere Einstellung zu den Tieren, Pflanzen und der Landschaft ändern müssen. Wir müssen erkennen, dass die industrielle Landwirtschaft uns im Stich gelassen hat. Manchmal braucht man eine Krise, um sich zu ändern. Eine Krise ist nicht zwangsläufig etwas Negatives. Sie mag uns zwar manchmal so erscheinen, aber sie ist der beste Katalysator für positiven Wandel. Etwas Besseres als das Feuer konnte mir gar nicht passieren. Ich wusste es damals nicht, aber es ist so.«

Bec fiel auf, wie lebhaft Andrews Augen blitzten. Er hatte keine Angst. Er ging auf und ab, und seine Stimme war selbstbewusst, aber trotzdem beruhigend.

»Wir müssen uns fragen, warum wir uns so verhalten, wie wir es tun. Aber wir stellen uns diese Fragen nie. Farmer, die sehen, wie ihre Weiden immer schlechter werden, kippen einfach noch mehr Superphosphatdünger darauf. Und wenn es im Jahr darauf nur wenig regnet, bestellen sie noch mehr. Obwohl sich nichts bessert, düngen sie immer weiter. Ich nenne es das Idioten-Prinzip.«

Gelächter stieg auf.

Andrew schaute das Publikum an und hob die Hände. »Wenn Sie darüber nachdenken, ist es tatsächlich idio-

tisch! Ich sage Ihnen auch, warum das so ist. Phosphatdünger und Überweidung ruinieren den Boden. Nicht
der Mangel an Regen. Später, bei der wissenschaftlichen
Betrachtung, zeige ich Ihnen, wie die Phosphate essen-
ziellen Zucker binden, so dass die Pflanzen ihn nicht
nutzen können.«

Wie oft hatte Rebecca versucht, Charlie diese Tatsache
zu erklären? Sie hätte am liebsten mit dem Kopf gegen
die Wand geschlagen, weil er sich jedes Mal abwandte
und ihr überhaupt nicht zuhörte. Sie wagte es nicht, ihn
jetzt anzusehen. Sie konnte nicht. Am liebsten hätte sie
losgebrüllt.

»Während Sie sich also beim Pflügen erholen, Ihre
Runden in immer kleiner werdenden Kreisen drehen,
nehmen Sie sich einmal die Zeit, um nachzudenken.
Überlegen Sie: Warum tue ich das jetzt? Funktioniert
es?« Andrews Stimme war sanft wie ein warmer Windhauch. Die Zuhörer spürten seine Aufrichtigkeit. Aber
obwohl er ihr Vertrauen gewann, so wusste Bec doch,
dass sie spätestens zu Hause wieder schwankend würden, weil er Ihnen vor Augen geführt hatte, wie fehlge-
leitet sie die ganze Zeit über handelten.

Seine Stimme wurde wieder lauter und stärker.
Manchmal fuhr sie wie ein kalter Windstoß durchs Publikum.

Die Farmer verschränkten die Arme, um sich und ihre
überholten Methoden zu schützen, obwohl sie Andrew
eigentlich mochten. Er war einer von ihnen. Er zeigte
ihnen Bilder von seiner eigenen Farm. Wie sie zu Zeiten
seines Großvaters ausgesehen hatte. Das stolze Famili-

enporträt mit dem neuen Traktor in den 1930er Jahren.
Dann zeigte er Dias vom Niedergang der Farm in den
siebziger Jahren bis hin zur Ödnis der achtziger Jahre.
Und dann kam die Wende nach dem Feuer mit dem neu-
en Management. Das hohe Gras. Das glänzende Fell der
fetten Rinder. Eines der faszinierendsten Fotos – Rebecca sah den Leuten an, dass es sie überzeugte – war die
Aufnahme vom Zaun, der die konventionelle Farm seines Bruders von Andrews Weiden trennte. Der Weide-
grund seines Bruders sah aus wie eine Wüste, während
Andrews Weide wie eine Oase wirkte.

Als sie zum ersten Mal bei einem von Andrews Vorträgen gewesen war, hatte sie genauso reagiert wie die
Männer im Raum. Zunächst hatte sich alles in ihr gegen
ihn gesträubt. Er war so direkt, fest in seinen Überzeugungen, er verschwendete keine Zeit damit, darauf hin-
zuweisen, wie gedankenlos und dumm viele Farmer mit
ihrem Land umgingen ... er bezog sich selber immer mit
ein. Er erzählte, dass auch er Fehler auf seiner Farm gemacht hatte. Als er erst einmal erkannt hatte, was er alles falsch gemacht hatte, berichtete er, musste er auch
seinem Vater und seinem Großvater verzeihen, dass sie
Fehler gemacht hatten.

Rebecca dachte an ihren Großvater und an seine ruhige Art im Umgang mit den Tieren. Er war irgendwie
mehr mit dem Zyklus der Jahreszeiten verbunden gewesen, und obwohl auch er stolz auf seinen ersten Traktor
gewesen war, benutzte er ihn eher selten. Lieber ritt er
auf seiner alten Stute zu seinen Herden heraus, statt mit
dem lauten Traktor die Erde umzupflügen. Er war auch

kein Anhänger des neuen Düngers geworden, den die anderen Farmer auf ihrem Land verteilten. Er glaubte, dass das Phosphat die Erde vergiftete. Es war ihr Vater gewesen, der Tag und Nacht auf dem Traktor gesessen und sich mit ganzem Herzen der modernen Technologie in der Landwirtschaft verschrieben hatte.

»Wir reden ständig von der Zerstörung der Umwelt durch Kaninchen, Riesenkröten, Wildkatzen, Esel und Kamele, aber das destruktivste Ding, was in diesem Land eingeführt wurde, war der Pflug«, sagte Andrew mit fester Stimme. »Ich wünsche mir, dass es eines Tages gesellschaftlich inakzeptabel ist, nackten Boden zu schaffen – mindestens so inakzeptabel wie Rauchen in Gegenwart eines Säuglings. Ich möchte, dass Sie aufwachen und feststellen, dass es nicht um Regenmengen geht, sondern einzig und allein um Ihr *Management*.«

Rebecca spürte, wie sich die Männer von Andrew zurückzogen, aber genau in diesem Augenblick wurde sein Tonfall wieder weicher.

»Ach, kommt, Jungs. Wir alle wissen, auch ich habe es nicht anders gemacht, dass wir über unsere Herdengröße wie über unsere Männlichkeit reden. Wie sieht deine Herde im Vergleich zu der von deinem Nachbarn aus? Als ob wir weniger Mann wären, wenn wir weniger Schafe oder Rinder haben! Es ist nachgewiesen, dass High-Risk-Farming sich mittelfristig nicht auszahlt. Je kleiner die Herde ist, desto schleppender geht das Geschäft, aber das Risiko ist ebenfalls geringer. Es ist letztendlich das bessere Geschäft, und, das kann ich Ihnen auch sagen, es ist ein besserer Lebensstil. Statt auf einem

Traktor zu sitzen, bin ich zu Hause bei meiner Familie.«

Rebecca hätte beinahe ein zynisches Schnauben von sich gegeben. Charlie würde lieber noch mehr Zeit auf seinem Traktor verbringen, als bei ihr und den Kindern zu Hause zu sein. Er würde sogar Arbeit erfinden, um das zu vermeiden.

Die Energie im Raum ließ spürbar nach, aber Andrew redete tapfer weiter. »Zuerst hatte ich ein schlechtes Gewissen, wenn ich gemütlich auf der Veranda saß und ein Bier trank – ich hatte immer das Gefühl, arbeiten zu müssen. Aber es ist Realität, dass ich zweihundert Prozent mehr Erde auf meinem Land habe. Und ich persönlich habe dafür gesorgt. Ich habe diese Humusschicht aufgebaut. Mein Geschäft wirft wesentlich mehr ab. Das Beste ist jedoch, dass ich mein Geld nicht den multinationalen Agrarunternehmen in den Rachen schmeiße. *Sie* sind nämlich für die schlechten Farmpraktiken verantwortlich.«

Jetzt hatte er die Zuhörer wieder. Rebecca spürte, wie sich die Stimmung im Publikum drehte. Jetzt ging es nicht mehr um ihre mangelnde Achtsamkeit, sondern sie waren sich einig in der Ablehnung der großen Konzerne, die jedes Jahr die Preise erhöhten und wissenschaftliche Ergebnisse vorschoben, um ihre Düngemittel an die Farmer zu verkaufen.

»Die Unternehmen erzählen uns Mist. Es ist an der Zeit, endlich Nein zu sagen!«

Yazzie beugte sich zu Bec. »Er ist wirklich gut! Echt toll! Und echt scharf«, fügte sie hinzu. Sol verdrehte die

169

Augen, aber Rebecca spürte, wie sie rot wurde. Lag es daran, dass sie zum ersten Mal seit Jahren etwas für einen anderen Mann als Charlie empfand, oder war es ein erster Vorgeschmack auf die Freiheit?

15

Charlie applaudierte ebenfalls, als Andrew mit seinem
Vortrag fertig war, allerdings war sein Beifall weniger en-
thusiastisch als der der anderen. Die Farmer um ihn herum wirkten auf einmal belebt und voller Energie. Angeregt plaudernd strebten sie zur Theke.

Auch Charlie stand auf und streckte sich, sein Flanellhemd rutschte aus der Hose und entblößte den Bauch.
Verärgert steckte er es wieder zurück.

»Lass uns noch ein Bier trinken«, sagte er zu Dennis
Groggan, der im Gegensatz zu Charlie ein makellos ge-
bügeltes Hemd trug, das er nicht nur in die Hose, sondern sicherheitshalber auch noch in die Unterhose gesteckt hatte. Der Bund seiner Hose war bis fast zu den
Achselhöhlen hochgezogen. Er war nicht umsonst in der
ganzen Gegend als Harry Highpants bekannt.

»Dieser Andrew Travis ist gar nicht so übel«, meinte
Dennis. »Er hat in einigen Punkten durchaus recht.«

»Ja, aber manches ist auch Quatsch«, erwiderte Charlie, »vor allem, wenn es so viele Felsen gibt wie bei uns.
Auf Waters kannst du wegen der Felsen schon mal gar
nicht direkt einsäen.«

»Ach ja?«, fragte Dennis skeptisch. »Findest du wirklich, dass ihr ein steiniges Gelände habt? Guck dir mal meines an! Ich werde seine Methode ausprobieren. Und ich habe beschlossen, die Hügel nach Norden für das Frühjahr zu schließen. Ich versuche es mal mit dem Gras. Er hat wirklich recht.«

»Na ja.«

Charlie wandte sich ab. Ihm wurde auf einmal klar, dass nach all der Zeit dieses Land immer noch nicht sein Zuhause war. Er dachte an die Farm seiner Eltern im Westen. Die schwarze Erde der Ebenen, Windmühlen und Truthahnnester. Land, das von Bewässerungskanälen durchzogen wurde, mit quadratischen Getreide- und Baumwollfeldern. Morgens, mittags und abends konnte man Traktor fahren. Die Geschäftigkeit der Erntezeit. Die flirrende, schimmernde Backofenhitze. Und über allem der weite klare Himmel. Plötzlich sehnte er sich danach, all das noch einmal zu sehen. Er wollte das Essen seiner Mutter noch einmal schmecken und den Trost ihres ordentlichen Haushalts spüren.

Sein Bruder Garry hatte letztes Jahr abrupt die Farm verlassen, um eine Frau aus Mudgee zu heiraten, die nicht so weit in den Westen ziehen wollte. Seit Garrys Weggang riefen seine Eltern häufiger an. Sie luden Charlie ein, aber er hatte ihnen bisher immer erklärt, er könne nicht von Waters Meeting weg. Er hatte sogar das Schweigen seiner Mutter am Telefon nach seiner Absage ertragen. Es war ein beredtes Schweigen gewesen, das Verletzung, Enttäuschung und Verlassenheit signalisierte, weil ihr ältester Sohn so egoistisch war.

»Wir werden auch nicht jünger«, pflegte sie zu sagen, und Charlie verspürte jedes Mal die Gewissensbisse, die er schon als kleiner Junge hatte. Auch sein Vater hatte eine stereotype Antwort auf die Frage, wie es ihm ging: »Ich bin mittlerweile viel zu alt für die Farm.« Oft kam sich Charlie nach diesen Telefonaten vor wie ein Deserteur. Wenn er morgens aufwachte und die nebelverhangenen Berge und die steilen umzäunten Weiden von Waters Meeting sah, hatte er das Gefühl, vor einem Exekutionskommando zu stehen. Hinzu kam der traurige, leere Blick einer Frau, die er nicht mehr kannte. Rebecca. Früher einmal war sie eine strahlende Göttin in Jeans gewesen, schlagfertig und tüchtig, aber jetzt war sie nur noch traurig und distanziert. Und er konnte nichts dagegen tun.

Er wusste, dass er es wenigstens einmal versuchen sollte. Er sollte Bec und die Jungs ins Auto packen und seine Eltern besuchen. Unterwegs könnten sie an Raststätten halten und in Flüssen schwimmen. Aber er wusste auch, dass er es nicht ertragen konnte, stundenlang mit ihnen allen im Auto zu sitzen. Mit ihr und den Kindern. Er hatte sich selber aus allem herausgezogen. Kindererziehung war Frauensache. Das hatte zumindest sein Vater immer gesagt.

Andererseits war es längst an der Zeit, endlich einmal Familienurlaub zu machen, dachte Charlie und zog einen Fünf-Dollar-Schein aus der Tasche, um sein Bier zu bezahlen. Dennis und Doreen oder Gabs und Frank konnten sich um Waters Meeting kümmern, damit Rebecca und er einmal frei machen konnten. Vielleicht kam dann wieder alles in Ordnung.

Seine hoffnungsvollen Gedanken lösten sich in Nichts

auf, als er Yazzie und Rebecca mit Andrew bei den Genossenschaftsangestellten sah. Der andere Mann, der Sol Stanton war, wie er mittlerweile erfahren hatte, stand auch dabei. Rebecca hatte die ungeteilte Aufmerksamkeit beider Männer, und Charlie wunderte sich, dass seine Frau sich im Laufe eines Nachmittags so verändern konnte, dass ihr die Welt zu Füßen lag. Er wusste nicht, ob er sich geschmeichelt oder beleidigt fühlen sollte, dass andere Männer seiner Frau so viel Aufmerksamkeit schenkten. Verwirrt und misstrauisch wandte er ihr den Rücken zu, als sie zu ihm herüberblickte.

»Was kann ich dir hinstellen, Kumpel?«, fragte Dutchy, der hinter der Theke arbeitete.

»Ich wollte eigentlich noch ein Bier trinken, aber wenn ich so darüber nachdenke, lasse ich es lieber. Ich fahre nach Hause.«

Dutchy nickte und bediente den nächsten Gast.

Charlie schob den Fünf-Dollar-Schein tief in die Tasche seiner Jeans und wandte sich zum Gehen. Das Letzte, was er sah, war seine Frau, die von Andrew und Sol zur Theke geleitet wurde. Sie warf Charlie einen kalten, verächtlichen Blick zu und begann, über etwas zu lachen, das Sol gesagt hatte.

Charlie sah rot.

Als er in seinen Wagen stieg, hatte er zwei neue SMS auf seinem iPhone. Die eine war von Ursula. *Wer war denn da ein ungezogener Junge,* neckte sie ihn. Die andere war von Janine. *Wann kann ich dich wiedersehen?*

Er warf das Handy aufs Armaturenbrett. »Scheiße«, murmelte er und startete den Wagen. Während er die

Bergstraße nach Waters Meeting hinauftuckerte, zog er den Flachmann mit Alkohol aus dem Handschuhfach und nahm einen kräftigen Schluck. An Ferien mit der Familie dachte er nicht mehr.

In der Diele holte er die .22 aus dem Gewehrschrank und steckte sich eine Schachtel mit Munition in die Tasche. Es war windig geworden, und die Kronen der Bäume rauschten. Stripes bellte nervös, als er die dunkle Gestalt näher kommen sah.

Charlie knurrte den Hund an, er solle Ruhe geben. Die alte Stubby hatte ihn nicht kommen hören. Sie wurde erst wach, als Charlie sie an der Kette aus der Hundehütte zerrte. Sie winselte leise, weil sie die Pistole roch. Charlie drückte der alten Hündin den Lauf an den Hinterkopf, schloss die Augen und drückte ab. Der Schuss hallte über die Hügel, und Stubby sank zu Boden.

Stripes wich nach hinten in seine Hundehütte zurück und blieb dort, am ganzen Leib zitternd, liegen. Charlie löste die Kette der alten Hündin und hob sie hoch. Blut lief auf den Boden, und auf einmal merkte Charlie, dass ihm Tränen aus den Augen liefen. Er wischte sich mit dem Handrücken übers Gesicht und trug den leblosen Körper des Hundes zum Ute. In diesem Moment wünschte er sich, dass jemand *ihn* aus seinem Elend erlösen möge.

Bec hätte die Vergangenheit längst loslassen sollen. Charlie legte den toten Hund auf die Ladefläche seines Wagens. Morgen früh würde er ihn in die Jauchegrube werfen.

16

Erschöpft schloss Rebecca die Tür zum Schlafzimmer der Jungen und huschte leise über den Flur in ihr eigenes Schlafzimmer. Vielleicht schlief Charlie ja schon. Er hatte die Kneipe bereits vor Stunden verlassen. Es ärgerte sie, dass er nicht angeboten hatte, die Kinder mit nach Hause zu nehmen. Eigentlich müsste sie jetzt noch die Waschmaschine anstellen und das Feuer schüren, damit es über Nacht nicht ausging. Trotz der Sommerhitze war es um diese Jahreszeit morgens in der Küche immer kühl. Aber Rebecca wollte nur noch ins Bett. Leise öffnete sie die Tür zu ihrem Schlafzimmer.

Charlie schlief jedoch nicht. Er stand in Boxershorts vor dem ungemachten Bett. Die Bettwäsche war voller brauner Flecken von Rebeccas Sprühbräune. Es sah furchtbar aus. Zum ersten Mal sah Rebecca ihren Mann, wie er mittlerweile war: sein weißer dicker Bauch, seine gelichteten Haare, die eingewachsenen Haare auf seiner bleichen Haut, die hässliche rote Entzündungen verursacht hatten. Wortlos ging sie an ihm vorbei ins Bad.

»Was ist los mit dir?«, fuhr er sie an. Rebecca fühlte sich seinen Blicken schutzlos ausgeliefert. Stumm schlüpfte sie aus dem schwarzen Kleid und hängte es über die Rückenlehne eines Stuhls.

Er sah ihr zu und verzog angewidert das Gesicht. Unter dem Kleid trug sie ihre normale Alltagsunterwäsche. Sie war jetzt nur noch eine gedemütigte Frau.

»Na? Spuck es aus!« Seine scharfe Stimme zerrte an ihren Nerven. Sie stellte auf einmal fest, dass sie mit den Jahren Angst vor ihm bekommen hatte.

Er sprang in der letzten Zeit grob mit ihr um. Ein Schub hier, wenn er an ihr vorbeiging. Eine zugeknallte Tür da. Er hämmerte bei den Mahlzeiten mit der Faust auf den Tisch und erschreckte die Jungs. Seine Wutausbrüche bauten sich auf wie ein Sturm. Heute Abend in der Kneipe war es nur ein leises Grollen gewesen, aber Rebecca wusste, dass das Schlimmste erst noch kommen würde.

Rebecca schlug ihm die Badezimmertür vor der Nase zu und bückte sich, um ihren alten Flanellpyjama aus dem Kleiderhaufen auf dem Boden zu ziehen. Dann blickte sie in den Spiegel. Die Frau, die Yazzie mit ihren Schminkkünsten verwandelt hatte, war wieder die alte. Sie knöpfte das Pyjamaoberteil bis zum Hals zu und streckte den Bauch heraus. Wo war das junge Mädchen mit dem schlanken, fitten Körper geblieben? Das lächelnde Mädchen mit dem großen Hunger nach Leben? Kurz hatte sie heute Abend das Gefühl gehabt, es sei zurückgekehrt. Sie hatte es in den Blicken von Andrew und Sol gesehen. Aber selbst dieser kleine Sieg fühlte sich jetzt nur noch hohl an. Das Gespräch mit Charlie stand noch aus.

Als sie sich die Zähne putzte, blickte sie sich in die Augen und befahl sich: »Reiß dich zusammen!«

Rebecca zog sich eine Fleecejacke über den Pyjama, damit sie nicht fror. Sie hatte begonnen, dieses Haus zu hassen. Die kaputte Holzheizung, das undichte Dach. Seit ihrer Hochzeit vor zehn Jahren redeten sie von Renovierung. Einen neuen Brenner und eine Wärmepumpe, Solarpaneele und Dachfenster, aber nichts davon war passiert. Nur für Traktoren, Dünger und neue Geräte war immer Geld da. Bec war auf der Farm aufgewachsen, sie wusste, dass die Farm immer an erster Stelle kommen musste. Nicht sie, nicht die Kinder. Hatte sie sich nicht immer Mühe gegeben? Hatte sie nicht immer nur das Beste für ihren Vater und für Charlie gewollt? Doch jetzt, nach Charlies Affäre, hatte sie das Gefühl, völlig versagt zu haben.

Sie ging wieder ins Schlafzimmer und ergriff ihr Kissen. »Ich schlafe bei Arch«, sagte sie leise.

»Warum?«, fragte er. »Warum benimmst du dich so mir gegenüber?«

Sie antwortete nicht.

»Sag es mir«, drängte er sie.

Sie schluckte und presste die Lippen zusammen.

»Du liebe Güte, Rebecca! Rede mit mir!« Er packte sie so fest am Arm, dass sie zusammenzuckte. Sie versuchte, sich loszureißen, aber er war zu stark. Die Wut darüber, dass sie sich mit den beiden Männern so gut unterhalten hatte, schwelte in ihm. Sie wehrte sich und versuchte mit aller Kraft, sich loszureißen, aber es gelang ihr nicht.

»Lass mich los, du Bastard!«

Schließlich gab Charlie nach, und sie taumelte aufs

Bett. Einen Moment lang lag sie keuchend da. Tränen liefen ihr übers Gesicht. Die Handgelenke pochten vor Schmerz. Sie drehte sich zur Seite und zog ihre Tasche zu sich heran.

»Ich brauche nicht mit dir zu reden … hier ist alles drin … ich habe deine entzückende Nachricht auf der Mailbox aufgehoben … und ich habe ein Video von dir gesehen …«

Sie hatte das Gefühl, alles noch einmal zu erleben. Sich selbst dabei zu beobachten, wie sie in der Handtasche nach dem iPhone gekramt hatte, wie sie fassungslos auf den Bildschirm geschaut hatte. Sie durchlebte das ganze lächerliche Drama noch einmal, als sie das Handy aufs Bett warf. Dann hörte sie erneut Charlies Worte, das Stöhnen der Frau. Rebecca stand auf und stellte sich vor ihn, das Gesicht schmerzverzerrt, Tränen in den Augen. Schließlich ging sie einfach, ließ ihn in seinen karierten Boxershorts, über deren Bund sein behaarter Bierbauch hing, stehen, stumm und mit offenem Mund, als er die widerwärtige Szene selbst hörte.

ZWEITER TEIL

17

Rebecca lag auf der Couch am Erkerfenster im Wohnzimmer. Oben in Charlies Schlafzimmer klingelte der
Wecker. Sie wusste, dass er nicht da war, um ihn auszu-
schalten. Er war bestimmt schon im Maschinenschuppen, weil er ihr aus dem Weg gehen wollte. Schläfrig
überlegte sie, ob sie überhaupt in der Lage war, aufzuste-
hen und sich dem Tag zu stellen. Aber bald würden die
Jungs wach, dann hatte sie sowieso keine andere Wahl.

Seit zwei Monaten herrschte Krieg auf Waters Meeting. Ein stummer, kalter Krieg. Seit sie die Sache mit
Charlies Affäre herausbekommen hatte. Nächtliche Gespräche und Tränen. Rebecca hatte vorgeschlagen, zu einer Eheberatung zu gehen, Charlie hatte zugestimmt,
aber bis jetzt hatten sie noch keinen Termin gemacht.
Gestern Nacht schließlich war Rebecca zu ihm hinauf-
gegangen, weil sie ihren Mann zurückhaben wollte, aber
als er sie dann in die Arme genommen hatte, fühlte sie
Ekel und Widerwillen. Das Wissen, dass er mit einer anderen Frau zusammen gewesen war, schien alles andere auszulöschen. Reglos hatte Rebecca unter ihm gelegen und blicklos in die Dunkelheit gestarrt. Sie hatte die
Augen zugekniffen und die ganze Zeit nur daran denken
können, dass er das Gleiche mit Janine Turner gemacht

hatte. Die Information hatte sie aus ihm herausgepresst, aber es zu wissen hatte alles nur noch schlimmer gemacht. Janine Turner. Bei jedem Stoß, mit dem Charlie in sie eindrang, war sie bei ihnen im Zimmer. Als Charlie dann schließlich in ihr gekommen war und sie umarmen wollte, hatte Rebecca sich wortlos abgewandt und zu weinen begonnen.

»Verdammt noch mal«, hatte Charlie bloß gesagt, und Rebecca war wortlos aufgestanden und hatte sich auf die Couch im Wohnzimmer zurückgezogen, die in den letzten Wochen ihr regulärer Schlafplatz geworden war.

Sein Geständnis, dass es Janine gewesen war, hatte endlose nächtliche Auseinandersetzungen im Flüsterton zur Folge gehabt, die letztendlich immer damit geendet hatten, dass einer von ihnen nicht mehr an die schlafenden Kinder gedacht und losgebrüllt hatte.

Das Paket mit den Sexspielzeugen, die Yazzie bestellt hatte, lag unberührt im Schrank. Rebeccas Leben war zerstört.

Natürlich war die Arbeit auf der Farm in den letzten beiden Monaten weiter zu bewältigen gewesen. Rebecca fuhr sich mit den Fingern durch ihre wirren langen Haare und drehte sich zum Fenster. Sie strich mit den Fingerspitzen über die kühle Scheibe. Oben schrillte immer noch der Wecker. In ihrer Seele war es dunkel. Sie und Charlie waren an einem toten Punkt angelangt.

Im Nebel draußen sah Bec zwei dunkle Gestalten. Hank und Ink Jet, die alten Pferde von Tom und ihr, standen auf der Weide. Charlie sagte immer, so alt und knochig, wie sie waren, würden sie mittlerweile nicht einmal mehr als Hundefutter taugen. Ihre Zähne waren völlig abgenutzt, und sie waren zu schwach, um das Gras abzurupfen. Bec fütterte sie täglich mit Grünfutter, Hafer und Futterpellets, und Charlie drohte täglich, sie beide zu erschießen, so wie er ihre alte Hündin erschossen hatte.

Sie dachte an die liebe alte Stubby und wünschte sich, sie wäre hier. Charlie hatte ihr erzählt, er habe die Hündin mit Schaum vor dem Maul gefunden.

»Entweder eine Schlange oder ein Krampfanfall«, hatte er gelogen. »Ich musste sie erschießen. Du hättest sie nicht so lange am Leben lassen sollen.«

Rebecca wusste, dass er recht hatte, aber sie war trotzdem schrecklich wütend auf Charlie. Wenn er wenigstens noch so viel Taktgefühl besessen hätte, den Kadaver im Garten zu vergraben, damit sie das Grab besuchen könnte. Aber Charlie hatte sie natürlich in die Jauchegrube geworfen, und Rebecca wagte sich nicht in deren Nähe, seit sie wusste, dass der Hund darin lag.

Jetzt hatte sie nur noch die Pferde. Sie waren die letzte Verbindung zu Tom und den Tagen, als Bec noch mit ihm zusammen durch die Berge geritten war. Wie Geister glitten Hank und Ink Jet im Nebel am Fenster vorbei. Sie hörte sie schnauben und beobachtete die Silhouetten ihrer erhobenen Köpfe.

Oben im leeren Schlafzimmer schwieg der Wecker endlich. Heute war Anzac-Tag. Sie dachte an die gefallenen australischen Soldaten. Die Toten blieben ewig jung. Sie dachte auch an die, die am Leben geblieben waren, aber Schaden an Leib und Seele genommen hatten.

Tom war wie ein gefallener Soldat. Aber was wäre aus ihm geworden, wenn er das Leben mit all seiner Härte und grotesken Wendungen hätte erdulden müssen? Was für ein Mann wäre er heute? Wäre er wie sie auf Wege gezwungen worden, die er nie hatte einschlagen wollen? Trauerte sie um den Verlust von Tom oder um den Verlust ihrer eigenen Jugend? Warum weinte sie um ihre Ehe? Weil sie beide alt geworden waren? Weil die Romantik von früher fehlte?

Je älter Charlie wurde, desto härter wurde sein Gesicht. Die heruntergezogenen Mundwinkel drückten seine Verachtung für ihre Ideen aus. Sie dachte daran, wie er als junger Mann gewesen war, und auf einmal trauerte sie um ihn. Zugleich war sie aber auch wütend auf sich, weil sie zugelassen hatte, dass er sie so tief verletzt hatte.

Widerwillig stand sie auf, zog die Kleider von gestern an – Arbeitsjeans, alter grauer Büstenhalter, ein rotes T-Shirt mit einem Riss an der Schulter und ein verblichenes Flanellhemd – und ging langsam in die Küche.

An der Spüle wusch sie sich die Hände unter kochend heißem Wasser, so dass sie ganz rot waren und brannten. Ihr Kopf pochte, weil sie im Schlaf offensichtlich mit den Zähnen geknirscht hatte. Viel zu viel ging ihr durch den Kopf. Die meisten Gedanken waren negativ. Und sie schmerzten.

Sie beobachtete, wie der Dampf zum Fenster aufstieg. Im Haus war es so still, dass sie hörte, wie die Blasen im Spülmittel zerplatzten. Rebecca wischte sich mit dem Handrücken die Nase ab.

Sie dachte an ihre Söhne.

In manchen Nächten schlief sie bei einem von ihnen, um sich weniger einsam zu fühlen, zugleich jedoch hatte sie ein schlechtes Gewissen, weil sie bei den kleinen Kindern Trost suchte. Aber es half ihr, sich an die warmen kleinen Körper zu kuscheln und ihren Duft einzuatmen. In solchen Nächten überdachte sie ihr ganzes Leben.

Sollte sie Charlie auffordern zu gehen? Würde sie alleine mit den beiden Jungen klarkommen? Früher hatte sie die Farm schon einmal selbständig geführt. Das konnte sie doch sicher wieder, oder? Aber mittlerweile fühlte sie sich alt und ausgelaugt. Wen sollte sie um Hilfe bitten? Sie überlegte, ob sie sich noch einmal an ihre Freundin Sally, die Finanzberaterin, wenden sollte. Das hatte sie vor Jahren schon einmal getan, und obwohl Sally damals Zwillinge gehabt hatte, hatte sie ihr nach dem Unfall ihres Vaters geholfen. Aber konnten sie es jetzt wieder schaffen, wo sie und Sally Kinder hatten?

Verstört realisierte Rebecca, dass sich die Geschichte wiederholte.

Sie fragte sich, wie sie Archie und Ben schützen sollte. Vielleicht sollte sie sich nicht so anstellen. In anderen Ehen gab es auch Untreue und doch wurden sie weitergeführt. Aber Rebecca wusste, dass mehr hinter ihren Problemen steckte als ein Seitensprung. Als Freund und Geliebter hatte Charlie sie schon lange vor Janine verlassen. Erneut schmerzte die Verletzung, und sie hielt sich das Bild ihrer beiden Kinder vor Augen, weil sie tief im Inneren wusste, dass sie mit ein Grund für das Scheitern ihrer Ehe waren.

Wie lange konnte sie diese Situation noch ertragen? Er verspürte überhaupt keine Reue. Er gab ihr die Schuld am Scheitern ihrer Beziehung. Gab ihr die Schuld für all sein Elend. Und sie hatte ihm alle ihre gescheiterten Träume angelastet. Heute würde sie etwas ändern, nahm sie sich vor. Heute würde sie ihn auffordern auszuziehen. Es war ihre Farm. Waters Meeting gehörte ihr.

Sie hörte, wie die beiden Jungs verschlafen die Treppe herunterkamen. Morgens wollte Archie immer kuscheln, und Ben hatte Hunger. Sie zog beide in die Arme und küsste sie auf die Köpfe. Hastig butterte sie Toastscheiben und bestrich sie mit Vegemite. Im Wohnzimmer durchwühlte sie einen kleinen Berg frisch gewaschener Wäsche, um Bens Schuluniform herauszuziehen. Sie hängte die dunkelblauen Shorts und das hellblaue Polohemd mit dem Emblem der Grundschule von Bendoorin, einem Bergadler, vor den Ofen. Erst da fiel ihr ein, dass ja Feiertag war. Heute war keine Schule.

Tränen trübten ihren Blick, und sie legte die Hand vor die Augen. Die Emotion schnürte ihr die Kehle zu. Wurde sie allmählich verrückt?

In diesem Moment kam Charlie hereingeschlendert. Er warf ein ölverschmiertes Maschinenteil auf den Küchentisch, mitten zwischen Teller und Spielzeug, Filzstifte und ungeöffnete Post. Bec drehte sich nicht zu ihm um, sie spürte nur, dass er hinter ihr stand. Wie ein Heckenschütze.

»Das Kugellager ist im Eimer. Der verdammte neue Pflug! Fährst du in die Stadt?«

»Heute ist Feiertag«, erwiderte sie und biss sich gerade noch auf die Zunge, bevor sie ein »Blödmann« dahintersetzte.

Archie stieß einen markerschütternden Schrei aus, als Ben aus Versehen die Finger seines kleinen Bruders in der Spielzeugkiste einklemmte. Im Hintergrund lief der Fernseher. Charlie machte keine Anstalten zu helfen. Er setzte sich hin und griff zur Zeitung. Seelenruhig saß er da, trank seinen Kaffee und löffelte gedankenlos Porridge in sich hinein. Rebecca hatte schon lange aufgegeben, ihn um Hilfe zu bitten. Diese Zeiten waren endgültig vorbei.

Sie nahm Archie auf den Arm und untersuchte seine geröteten Finger. Sie drückte einen Kuss darauf. Ben klammerte sich an ihr Bein und sagte immer wieder: »Das war nicht mit Absicht, Mummy.« Rebecca warf Charlie einen finsteren Blick zu.

»Um Gottes willen, Charlie, geh bitte einen Moment mit ihnen hinaus. Bitte, ich brauche mal ein bisschen Ruhe.«

»Ruhe? Wovon denn?«, fragte Charlie. Aber er hatte wohl gesehen, dass sie gleich in Tränen ausbrechen würde. Ärgerlich warf er die Zeitung auf den Tisch und stand auf. »Holt eure Jacken«, sagte er zu den Kindern.

»Sie sind noch gar nicht angezogen.«

»Und?«

Fassungslos beobachtete sie, wie Charlie ihnen die Jacken über die Pyjamas zog, Mützen auf den Kopf setzte und mit ihnen auf die Veranda ging. Dort zog er den Kindern Stiefel an.

Als sie weg waren, schaltete Rebecca den Fernseher

aus und trat wieder an die Spüle. Plötzlich wurde ihr schrecklich übel. Sie rannte zur Toilette und erbrach sich in die Schüssel. Das war ihr seit Toms Tod nicht mehr passiert. Sie wusste, dass ihr Körper auf Stress über ihren Magen reagierte. Na, wenigstens nehme ich dann ein bisschen ab, dachte sie spöttisch. Sie zuckte zusammen, als sie sah, dass Charlie nach seiner morgendlichen Sitzung die Toilette nicht gereinigt hatte. Warum hat seine Mutter ihm nicht beigebracht, eine Klobürste zu benutzen, dachte sie ärgerlich. Sie konnte ihn gerne wieder zurückhaben. Sie dachte an Mrs. Lewis in ihrem Kittel und ihren Altfrauenschuhen. Sie hatte den Männern jeden Wunsch von den Augen abgelesen. Sie hatte ihnen die Unterhosen gebügelt, Cremetörtchen zum Frühstück gemacht und die Betten frisch bezogen. Aber was brachte das alles, fragte sich Rebecca, wenn Männer, auf sich gestellt, plötzlich wie Tiere in ihrem eigenen Schmutz lebten und sich nur noch von Fleisch, Bier, Weißbrot und Baked Beans aus der Dose ernährten.

Sie schloss die Augen. Erneut stieg Übelkeit in ihr auf.

In der Waschküche spritzte sie sich kaltes Wasser ins Gesicht. Die Weide, die dahinter lag, war im Morgennebel nicht zu erkennen. Langsam erst drang die Sonne durch die Wolken. Im Westen blinkte noch schwach der Morgenstern, bevor er hinter den Bergen verschwand. Rebecca wischte die Fensterscheibe der Waschküche mit einem alten Handtuch ab. Aus dem Maschinenschuppen drang das Rumpeln von Charlies Traktor.

Er war finster entschlossen, wieder zu pflügen. Rebecca ging zurück in die Küche und begann mit dem Abwasch.

Sie hatte gespürt, wie ihre Ehe immer schlechter wurde. Wie die Liebe nachließ. Lag es daran, dass sie Mutter war, oder hatte sie nur zu viel zu tun? Hatte sie sich selbst etwas vorgemacht? Waren die Männer ihrer Generation noch nicht weit genug, um Entscheidungen auf der Farm einer Frau zu überlassen? Zu viele Fragen. Zu viel Zeit allein. Sie hatte sich von Yazzie und sogar von Gabs zurückgezogen, und jetzt bereute sie es. Sie fühlte sich einsam.

Sie wischte auch das Küchenfenster mit einem Handtuch ab, damit sie hinausschauen konnte. Die Landschaft sah öde aus, und das lag nicht daran, dass es nicht geregnet hatte, sondern vielmehr daran, dass Charlie sich nicht dazu überwinden konnte, Travis' Ratschläge zum Grasanbau zu beherzigen. Sonst hätten die Grashalme alle glitzernden Tropfen des Morgentaus eingefangen, und sie wären nicht in dem unfruchtbaren, nackten Boden versickert.

Der Gedanke daran, was auf der Farm alles schieflief, versetzte ihren ganzen Körper in Anspannung. Sie war müde, aber sie schien nie genügend Schlaf zu bekommen. Das Leben auf Waters Meeting war eine einzige Anstrengung. Ständig kamen irgendwelche Rechnungen, und das Geld war immer knapp. Immer noch dachte sie oft an die Nachrichten auf ihrem Handy. Es lag jetzt auf der Kommode auf einem Bild, das Archie in der Spielgruppe gemalt hatte. Rebecca hatte zwar die Nachricht gelöscht, aber die Erinnerung quälte sie nach wie vor.

Sie wusch gerade Archies Winnie-the-Pooh-Teller ab, als sie bemerkte, wie die Pferde die Köpfe hoben. Sie wieherten, trabten im Kreis und schnaubten. Dunst stieg aus ihren Nüstern auf wie bei Drachen. Bec runzelte die Stirn. Die Tiere waren so alt, dass sie sich eigentlich durch nichts mehr aus der Ruhe bringen ließen, noch nicht einmal, wenn Wäsche auf der Leine flatterte.

Sie ging hinaus und bog um die Ecke des Hauses. Die schwarzen Kälber sprangen herum, einige galoppierten mit gesenkten Köpfen und hoch erhobenen Schwänzen über die Weide. Blinzelnd versuchte Bec die Ursache für die Aufregung auszumachen. Sie blickte zurück zum Maschinenschuppen. Charlie saß auf dem Traktor, und Ben spielte am Wassertrog neben der Pferdeweide mit einem Stöckchen. Aber wo war Archie?

»Charlie? Wo ist Archie?«, rief sie, aber sie wusste, dass er sie nicht hören konnte. Er hörte AC/DC. Die jungen Rinder rasten aufgeregt herum. Warum denn nur?

Bec lief vor das zweistöckige Wohnhaus und blickte zum Flussufer hinunter. Und da sah sie es. Das Tor stand auf. Die älteren Anguskühe und ihr tonnenschwerer männlicher Gefährte waren entkommen und galoppierten wie ein rasender Güterzug auf die Kälberherde zu. Zwischen den beiden Herden stand ihr kleiner Archie wie ein winziger Kieselstein, der gleich von einer riesigen Flutwelle weggespült wurde.

»Archie!«, schrie sie und sprang über den Zaun. Sie riss sich das Handgelenk am Stacheldraht auf, und sofort schoss Blut heraus. »Bleib stehen!« Verzweifelt versuchte sie, die Panik in ihrer Stimme zu unterdrücken.

Der kleine Junge blickte auf und sah die Rinder auf sich zugaloppieren. Mit donnernden Hufen rannten sie um ihn herum. Mit angstvoll aufgerissenen Augen blickte er zu seiner Mutter.

Rebecca rannte auf ihn zu. Sie merkte nicht, wie sich spitze Steine in ihre nackten Fußsohlen bohrten. Archie war so winzig, und die Rinder so riesig, nirgendwo gab es einen Graben, in dem er Schutz suchen, oder einen Baum, auf den er sich vor der wild gewordenen Herde flüchten konnte.

Dann begann Archie, auf sie zuzulaufen.

»Bleib stehen, Archie!«, schrie sie wieder. Blankes Entsetzen stand in seinem Gesicht, als er sich mit seinen kleinen Beinen über die aufgewühlten Erdschollen vorwärtskämpfte.

Sie hatte ihn fast erreicht, als ein Jungbulle Archie auf die Hörner nahm. Er kam mit gesenktem Kopf angerast, und dann gab es einen dumpfen Schlag, als er auf den Körper des kleinen Jungen traf. Wie eine Lumpenpuppe warf er ihn hoch, und vor Rebeccas entsetzten Augen wurde ihr Sohn in die Luft geschleudert. Sie sah, wie sich der erschreckte Ausdruck in seinem Gesicht in Leblosigkeit verwandelte, als Leben und Atem aus dem kleinen Körper wichen.

18

Das Kinderkrankenhaus in der Stadt barg Alpträume. Kein noch so fröhliches Dekor konnte das Entsetzen lindern, das Eltern hier erlebten. Mit bleichem Gesicht beobachtete Rebecca den ständigen Strom kranker und verletzter Kinder, die von ihren Eltern angemeldet und in die Obhut des Krankenhauses übergeben wurden.

Verzweifelt versuchte Rebecca, ihre eigene Angst in Schach zu halten. Noch konnte ihr niemand sagen, wie groß der Schaden war, den der Bulle in Archies kleinem Körper angerichtet hatte. Sie versuchte sich an die Hoffnung zu klammern, dass schon alles wieder gut würde. Aber die Angst und die Sorge in den Gesichtern der anderen Eltern reflektierten ihre eigenen Befürchtungen. Rebecca merkte plötzlich, wie erschöpft sie war.

Der lange Tag war an ihr vorbeigerauscht. Der Notruf. Die Busch-Ambulanz. Der Flug mit den Flying Doctors nach Bendoorin. Archies stiller kleiner Körper und sein weißes Gesicht, als er auf der Trage lag und die Ärzte über Funk mit den Chirurgen sprachen, die im Krankenhaus in der großen Stadt auf sie warteten.

Sie sagten etwas von Milzruptur und Pneumothorax. Rebecca musste wegschauen, als die Krankenschwester ihr sagte, sie müssten jetzt einen Beatmungsschlauch einführen. Dann fragte die Schwester, welche Blutgruppe er habe. Rebecca war sich vorgekommen wie die schlechteste Mutter der Welt. Sie wusste es nicht. Sie wusste nur, dass er ihr Kind war. Die Angst, dass ihr kleiner Junge, ihr kleiner Engel, sterben könnte, schnürte ihr die Kehle zu. Sie hielt seine schlaffe kleine Hand, und durch ihre Benommenheit drang die Stimme von Dr. Patkin im Krankenhaus von Bendoorin, der den Ärzten Details aus Archies Krankenakte mitteilte.

Im Wartezimmer klammerte Rebecca sich an die Worte, die ihr der mürrische Chirurg hingeworfen hatte.

»Er müsste es schaffen«, hatte er gesagt.

»Müsste?«

Sie zog Ben an sich. Wenn doch nur ihre Mutter, die hier ganz in der Nähe lebte, zurückrufen und ihn abholen würde. Aber das war typisch für sie. Sie lebte nur in ihrer Veterinärmedizin-Welt. Selbst ihr zweiter Mann Peter, der arme, gutmütige Kerl, musste am Empfang ihrer Praxis Nachrichten für sie hinterlassen. Auch für ihn hatte sie kaum Zeit.

Zwischen den Stuhlreihen im Wartezimmer ging Charlie auf und ab. Auch er trug noch seine Arbeitskleidung. Rebecca hätte ihn am liebsten erwürgt. Er war daran schuld, dass sie hier waren. Wegen ihm würde sie vielleicht ihren kleinen Archie verlieren. Sie hatte nie gewollt, dass er diese lebhafte, unruhige Rinderrasse kaufte. Sie hatte sich mit ihm gestritten und ihm gesagt, er solle bei einer Rasse bleiben, die sie kannten. Aber diese Rinder waren so preiswert, hatte Charlie widersprochen. Erneut überwältigten Bec Schuldgefühle. Sie hatte doch nur einen Moment lang Ruhe vor den Jungs haben wollen. Aber sie hätte sie niemals mit ihrem Vater nach draußen schicken dürfen.

Rebecca zog Ben noch fester an sich. Schließlich setzte Charlie sich auf den Stuhl neben sie, die Finger verschränkt, nervös mit den Beinen wippend. Von Zeit zu Zeit blickte er auf sein Handy, um zu sehen, wie spät es war. Eine Minute in diesem Krankenhaus fühlte sich an wie eine Woche.

»Hör auf damit!«, fuhr Rebecca ihn an.

»Was ist?« Charlie sah sie an. Sie schloss die Augen.

»*Was ist?*«, wiederholte er.

Bec schüttelte nur den Kopf. Sie war alles unendlich leid, und sie hatte Angst.

Er blickte sich im Wartezimmer um, um abschätzen zu können, wie viele Personen sie hören konnten. »Du gibst mir die Schuld daran, nicht wahr?«, zischte er. »Du denkst, *ich* bin schuld.«

Rebecca sah ihn an. Sie hätte ihn am liebsten angeschrien. Zu ihm gesagt, er solle abhauen. Ihm gesagt, *ja,* er sei schuld. Sie hätte besser endlich gehandelt, schließlich wusste sie, dass es vorbei war. Stattdessen griff sie nach seiner Hand und drückte sie. Sie dachte an die Zeit, als sie geglaubt hatte, er würde sie lieben, als er sie nach Toms Selbstmord so liebevoll getröstet hatte. Mit Tränen in den Augen blickte sie ihn an.

»Bitte, er soll nur nicht sterben, Charlie«, sagte sie. »Alles andere ist mir egal. Bitte.«

Auch Charlie begann zu weinen. Er schlang seine

Arme um sie und Ben und flüsterte immer wieder: »Es tut mir leid, Bec. Es tut mir leid. Es tut mir leid. Ich liebe dich.«

Rebecca erwiderte seine Umarmung und gelobte sich, dass sie alles wieder in Ordnung bringen würde, wenn Archie nur überlebte.

19

Rebeccas Mutter rauschte ins Wartezimmer und brachte den Duft der Großstadt nach Benzin und Umweltverschmutzung mit sich. Ihre braunen Augen leuchteten vor Sorge, und sie fuhr sich mit der Hand durch ihre mahagonibraunen, welligen Haare. Rebecca stellte fest, dass sie in der letzten Zeit grauer geworden war. Anscheinend hatte sie wegen ihrer beruflichen Verpflichtungen nicht mehr genügend Zeit, zum Friseur zu gehen.

»Es tut mir so leid, ich war im OP. Das Telefon war abgestellt.«

Sie küsste Rebecca auf die Wange. Charlie erhob sich, um seine Schwiegermutter zu küssen.

Rebecca versuchte vergeblich, Trost zu verspüren, nachdem Frankie gekommen war, aber sie empfand nur die vertrauten Ressentiments. Als Frankie ihren Mantel auszog und Bec das graue T-Shirt mit dem Logo der Tierklinik sah, stiegen Erinnerungen in ihr auf. Wie oft hatte sie als Kind Trost wegen ihres Vaters gesucht, und ihre Mutter war zu einem Notfall gerufen worden.

Nichts hatte sich geändert. Es war nicht ungewöhnlich für Rebecca, manchmal wochenlang nichts von ihrer Mutter zu hören. Trotz ihrer Enkelkinder kam sie nur selten auf die Farm. Auch heute war Rebecca nicht überrascht gewesen, dass sie ihre Mutter trotz des Notfalls nicht erreichen konnte.

»Haben die Ärzte schon etwas gesagt?«, fragte Frankie.

Rebecca schüttelte den Kopf.

Ben, der in Rebeccas Arme gekuschelt schlief, wachte auf und erkannte blinzelnd seine Großmutter. Er glitt von Rebeccas Knien und umarmte sie.

»Hallo, kleiner Kürbis«, sagte Frankie zu Ben und nahm ihn in den Arm.

Erneut versetzte es Rebecca einen Stich. Kleiner Kürbis war der Kosename, den Frankie Tom immer gegeben hatte, als sie Kinder waren.

»Ich habe Mick und Trudy angerufen«, sagte ihre Mutter. »Sie kommen gleich.«

Rebecca warf ihr einen Blick zu. »Warum?«

»Sie können doch helfen. Trudy ist gut in Krisen.‹

Ärger stieg in Rebecca auf. »Mein Sohn könnte *sterben*, und das nennst du eine Krise und machst ein Familientreffen daraus?«, ihre Stimme wurde laut und war angespannt. »Was ist das hier für dich? Ich habe dich doch nur gebeten, Ben abzuholen«, fügte sie mit zusammengebissenen Zähnen hinzu. »Mehr wollte ich nicht von dir, Mum. Vor allem wollte ich nicht, dass die heilige Trudy hierherkommt und heiße Luft aus ihrem wichtigtuerischen Arsch bläst!«

»Bec.« Charlie legte ihr beruhigend die Hand auf die Schulter.

Aggressiv schüttelte sie seine Hand ab. Frankie blickte sie verletzt an. Sofort hatte Bec ein schlechtes Gewissen. Obwohl ihre Mutter sie bei der letzten Familienkrise alle allein gelassen hatte. Sie hatte Mick, Tom und Bec bei ihrem Vater zurückgelassen, um ihrer Karriere nachzugehen.

Erneut dachte sie an die Verletzungen der Vergangenheit. Sie begann am ganzen Körper zu zittern.

»Komm her«, sagte Frankie und nahm sie in die Arme. »Ich bin sicher, dass alles gut wird.« Bec ließ sich zwar umarmen, aber ihr Körper war immer noch angespannt.

»Mum, ich habe solche Angst. Wenn nun …«

»Schscht …«

In diesem Moment betrat ein junger, ernst aussehender Arzt das Wartezimmer und kam auf Rebecca zu. Sie blickte ihn erwartungsvoll an und versuchte, aus seiner Miene etwas herauszulesen.

»Mrs. Lewis?« Rebecca nickte. »Ich bin Paul Cartwright, der Unfallchirurg. Dr. Thompson, der Internist, lässt Ihnen ausrichten, dass wir operiert haben. Ihr Sohn hat einen Milzriss, außerdem sechs gebrochene Rippen. Die Röntgenaufnahmen haben keine größeren Kopfverletzungen gezeigt. Da waren die Götter auf seiner Seite. Wir haben getan, was wir konnten«, sagte er, wobei er mehr auf sein Clipboard schaute, als dass er Rebecca in die Augen sah.

»Wird er wieder gesund?«

Der Arzt antwortete ihr ausweichend. »Wir lassen ihn noch eine Weile in Narkose, bis er stabil ist. Wir können nur warten.«

Erneut stieg Wut in ihr auf. Verstand er denn nicht, dass ihr kleiner Junge die Welt für sie bedeutete? »Sagen Sie es mir! Wird er überleben?« Ihre Stimme klang beinahe hysterisch.

»Wir müssen abwarten«, antwortete der Arzt mit müder Stimme.

»Wo ist er? Ich muss ihn sehen.«

Paul Cartwright legte ihr die Hand auf die Schulter, und sie sah die Erschöpfung in seinen Augen. »Er ist noch nicht auf Station. Wenn alles gut geht, können Sie ihn in etwa einer Stunde sehen.«

Mit einer Mischung aus Dankbarkeit und schlechtem Gewissen nickte sie. Tränen liefen ihr über die Wangen, und das Zimmer drehte sich um sie, als der Arzt ging.

Ben trat zu ihr und schob seine Hand in ihre. »Du darfst nicht weinen, Mummy. Er wird wieder gesund«, sagte er.

Rebecca blickte auf ihren großen Sohn und beugte sich zu ihm herunter. »Glaubst du?«, fragte sie.

Ben nickte und öffnete seine kleine Faust. »Sieh mal«, sagte er. In seiner Handfläche lagen die beiden Kristalle, die Evie ihm und Archie geschenkt hatte. »Die Zaubersteine werden ihn beschützen.«

Rebecca zog Ben in die Arme und blickte in seine aufrichtigen braunen Augen.

»Mummy, er wird wieder gesund«, sagte er voller Überzeugung. Bec wischte sich mit dem Ärmel ihrer Bluse über die Augen. Ihre Mutter trat zu ihr und legte Ben die Hand auf die Schulter.

»Das ist schön, Liebling«, sagte Frankie nüchtern.

»Was hältst du denn davon, wenn wir dir ein Eis holen, sobald Tante Trudy und Onkel Mick hier sind?«

Ben schüttelte den Kopf. »Ich will hierbleiben.«

Rebeccas Herz machte einen Satz. Er durfte nicht bleiben. Frankie sollte mit ihm nach Hause fahren. Aber ein Teil von ihr wollte, dass er bei ihr blieb.

»Ich gehe nicht weg«, sagte Ben.

Bevor sie mit ihm streiten konnten, kamen Trudy und Mick. Trudy verbreitete eine teure Duftwolke um sich und trug auffälligen Silberschmuck. Die Haare hatte sie zu einem Knoten geschlungen, und ihr geschmackvoller brauner Pashmina-Schal passte farblich zu den Stiefeln. Die dünnen Beine steckten in schwarzen Leggings. Hinter ihr trudelte Mick ein.

Rebecca hätte beinahe gekeucht, als sie sah, wie dick er geworden war. Noch nicht einmal seine äußerst teure Kleidung konnte vertuschen, dass er sehr gut im Futter stand. Wie immer tippte er Nachrichten in sein Handy.

»Oh, meine Süße!«, säuselte Trudy und legte ihre perfekt manikürten Hände auf Rebeccas Schulter. Sie zog sie in eine Umarmung und drückte eine kühle Wange an Rebeccas. »Es tut mir so schrecklich leid!« Sie zog eine braune Papiertüte aus ihrer Handtasche. »Ich habe ein paar Trauben mitgebracht.«

Benommen nahm Rebecca sie entgegen. Sie musterte die Menschen, die vor ihr standen. Sie gehörten zu ihrer Familie, aber genauso gut hätten sie Fremde sein können.

Charlie trat mit einem Lächeln auf dem Gesicht vor. Er ergriff Micks Hand und schüttelte sie herzlich. »Danke, dass du gekommen bist, Kumpel«, sagte er. »Wie geht es dir?«

Mick zuckte die Schultern und steckte sein Handy ein. »Bauvorhaben! Wer braucht das schon!«

Erneut schlug eine Welle der Wut über Rebecca zusammen. Zugleich stieg so heftige Übelkeit in ihr auf, dass sie einen Moment lang glaubte, sich in die Tüte übergeben zu müssen, in der sich Trudys Trauben befanden. »Oh, um Himmels willen!«, schrie sie. »Das ist hier kein Familienfest! Mein Sohn liegt da drin und ist von einem rasenden Bullen angefallen worden, weil dieser blöde Scheißkerl immer nur an sich denkt!« Sie wies anklagend auf Charlie.

»Wir versuchen doch nur zu helfen«, sagte Trudy. Sie rang sich ein Lächeln ab, das strahlend weiße Zähne enthüllte.

»Mummy, du hast ein Schimpfwort gesagt«, stellte Ben fest.

Erneut wurde Rebecca von einer Welle der Übelkeit überflutet. Sie hielt sich die Hand vor den Mund und rannte den Korridor entlang zur Toilette. In einer Nische stand eine Marienstatue, die still über alles Leid zu wachen schien.

»Was guckst du so? Ein bisschen Hilfe wäre jetzt angebracht«, murmelte Rebecca, als sie daran vorbeilief.

In der Toilette erbrach sie sich. Sie hatte das Gefühl, Tausende von Fingern krallten sich in ihren Magen. Sie hatte den ganzen Tag noch nichts gegessen. Schließlich richtete sie sich auf und trat, keuchend vor Anstrengung, aus der Kabine, um sich kaltes Wasser ins Gesicht zu spritzen. Erschreckt schrie sie auf. Hinter ihr stand Evie.

»Du lieber Himmel!«, sagte Bec. »Sie haben mich zu Tode erschreckt!«

Evie lächelte. »Na, zum Glück haben Sie es überlebt.« Sie breitete die Arme aus, und Bec schmiegte sich in die Umarmung der alten Frau.

»Was machen Sie hier?«

»Ich will dich hier herausholen.«

20

Es war Hauptverkehrszeit in der Stadt, als Rebecca und Evie nach draußen traten. Bec fühlte sich ein wenig schwindlig in dem hellen Abendlicht. Ich muss zu Archie zurück, dachte sie panisch. Was mache ich hier draußen? Als ob sie ihre Gedanken lesen könnte, wandte Evie sich zu ihr und legte ihr die Hand auf den Unterarm.

»Es geht ihm gut. Ben auch. Du musst nur fest daran glauben. Bevor du wieder zu ihm gehst, brauchst du erst etwas zu essen und zu trinken. Du musst stark und ausgeglichen sein. Wir bleiben nicht lange weg.«

Unter Evies Berührung begann Rebecca, sich zu entspannen.

Evie führte sie über die Straße in ein ruhiges Café und setzte sich mit ihr an einen Tisch am Fenster.

Benommen blickte Rebecca aus dem Fenster, während Evie die Bestellung aufgab. Die schrecklichen Szenen des Tages wirbelten ihr durch den Kopf. Wie konnte sich das Leben plötzlich so drastisch verändern? Aber es war geschehen, und jetzt saß sie hier und hatte das Gefühl, sich aufzulösen. Völlig zusammenzubrechen.

»Ist das nicht bizarr?«, fragte Evie und nickte zur Straße.

»Was?«

»Das da … all diese Menschen.«

Rebecca riss sich von ihren Gedanken los und betrachtete die Leute, die wie eine endlose Schafherde über den Bürgersteig zogen.

»Sie sind ohne Bewusstsein«, sagte Evie.

»Was?«

»Sieh sie dir an. Sieh sie genau an. Sie sind ohne Bewusstsein.«

»Nein. Archie ist nicht bei Bewusstsein«, erwiderte Rebecca mit tränenerstickter Stimme.

»Archie geht es gut«, sagte Evie tröstend. »Seine Bewusstlosigkeit ist notwendig, damit er wieder gesund werden kann. Wer weiß schon, was er und sein Geist gerade da draußen im Äther treiben? Mach dir keine Sorgen, Rebecca, er kommt wieder zurück. Er hat, genau wie du, ganz viel Gutes in dieser Welt zu tun. Ich weiß, dass die Engel ihn hier behalten wollen.«

Rebecca blickte in die freundlichen grünen Augen der alten Frau und entspannte sich ein wenig.

Evie ergriff ihre Hand. »Mein Mädchen«, sagte sie liebevoll, »eines Tages wirst du auf diesen dunklen, schrecklichen Tag zurückblicken und ihn als das Beste empfinden, was dir je passiert ist. Du wirst daran wachsen, genau wie Archie, und es wird euch als Familie näher zusammenbringen. Jeder von euch wird sich seiner inneren Stärke bewusst werden.

Rebecca drückte Evies Hand. Sie klammerte sich an das Versprechen, dass Archie wieder gesund werden würde. Dass das Leben weitergehen würde.

»Sieh genau hin«, sagte Evie und wies erneut auf die Passanten draußen. »Es ist programmiertes Verhalten. Wirklich bizarr. Sie sind sich ihrer Existenz als Individuen nicht bewusst. Statt energetisch mit dem Strom des Lebens mitzufließen, zappeln sie wie Fische in einem versiegenden Gewässer. Diese Dinge leiten sie.« Evie zeigte auf den Fernseher im Lokal, in dem gerade Nachrichten liefen.

»Sie werden von ihren eigenen Gedanken gequält, Gedanken, die sie mit dieser schwarzen Kiste in der Ecke da nähren. Mittlerweile sind Fernsehbildschirme ja so groß geworden, dass sie ganze Wände in den Häusern einnehmen.«

Beide Frauen blickten auf den Fernseher im Café. Die Werbung für ein Bestattungsunternehmen wurde gerade ersetzt durch das Bild einer Frau, die ihr Auto so stolz anlächelte, als habe sie es selbst zur Welt gebracht.

»Dieses Ding nährt ihre Gedanken«, sagte Evie. »Sie haben Angst, nicht genug Geld zu haben, Angst, Krebs zu bekommen, Angst vor Liebeskummer, Angst davor, nicht prominent zu sein. Dabei könnten sie sich stattdessen den ganzen Tag über die Dinge freuen, die sie haben. Aber dazu sind die meisten erst in der Lage, wenn sie durch eine große Tragödie alles verlieren. Dann erst können sie die immense Schönheit des Universums sehen. Wenn du aber um die Ewigkeit des Lebens weißt, machen dir die Welt und andere Menschen keine Angst mehr. Also sieh nicht dorthin, wo alle hinsehen. Sorge lieber dafür, dass es Archie gut geht. Und dass du, meine Liebe, glücklich und sicher mit deinen Kindern leben kannst.«

Bec betrachtete die Passanten, die eilig am Café vorbeihasteten. Viele hatten Kopfhörer in den Ohren, die in iPods und iPhones eingestöpselt waren. Die meisten trugen Businesskleidung, aber manche sahen auch abgerissen und ausgemergelt aus. Alle Gesichter waren angespannt. Als ob sie von Angst geleitet würden.

Bec verstand Evies Worte als Lektion. Sie wusste, dass die Frau ihr zu sagen versuchte, sie müsse endlich wach und aktiv werden. Sie müsse den Weg einschlagen, der ihr wirklich entsprach.

Die Tür zum Café ging auf, und eine Frau kam herein. Bec hörte die Geräusche der Stadt, das geschäftige Treiben der Menschen auf der Straße. Das plötzliche Zischen und Brummen der Kaffeemaschine zerrte an ihren Nerven.

»Ich muss jetzt wirklich wieder ins Krankenhaus«, sagte sie.

»Vertrau mir. Archie geht es gut.«

Erneut spürte Rebecca, wie Evies Anwesenheit sie beruhigte. »Warum bist du gekommen? Warum hilfst du mir in dieser Situation? Was ist mit deinem Laden?«, fragte sie stirnrunzelnd.

»Du weißt doch, wie es in Kleinstädten ist«, erwiderte Evie achselzuckend. »Ich habe gehört, dass dein kleiner Junge verletzt wurde. Larissa hat mir angeboten, auf den Laden aufzupassen. Sie ist ja direkt nebenan, und es gibt eine Verbindungstür zwischen den beiden Geschäften, deshalb ist es kein Problem für sie. Außerdem hat Gabs darauf bestanden, dass ich zu dir gehe. Yazzie und Doreen auch, ebenso wie Sol und Candy, eigentlich alle im Ort. Ich wollte sowieso in die Stadt fahren. Und du brauchst jetzt jemanden. Ich habe in einem vergangenen Leben als Krankenschwester im Outback gearbeitet. Ich weiß, was ein Trauma ist. Ich bin hierhergekommen, um dir all die Liebe der Menschen in Bendoorin zu bringen. Ich glaube, du weißt gar nicht, Rebecca, wie sehr man dich und die Jungs liebt.«

Als sie gegessen hatten, verließen Rebecca und Evie das Café wieder. Zwischen den Hochhäusern war ein Streifen blauer Himmel zu sehen. Die untergehende Sonne tauchte die Spitzen der Wolkenkratzer in goldenes Licht.

»Noch zehn Minuten, dann kannst du wieder ins Krankenhaus gehen«, sagte Evie. Bevor Rebecca widersprechen konnte, überquerte sie mit ihr schon die Straße zu einem bewässerten Rasenquadrat vor einem riesigen Bürogebäude.

»Zieh deine Stiefel aus«, sagte Evie. Sie schlüpfte ebenfalls aus den Schuhen und stellte sich mit bloßen Füßen auf den Rasen. »Lass dich erden.«

Rebecca schaute Evie an, als sei sie nicht ganz richtig im Kopf.

»Versuch es einmal.«

Achselzuckend zog Rebecca ihre Stiefel und ihre Socken aus. Das Gras fühlte sich kühl an ihren Fußsohlen an, die von den vielen Steinen auf der Weide am Fluss noch wund waren. Sie setzten sich auf den Rasen und beobachteten die Leute, die an ihnen vorbei auf einen großen Bahnhof zuströmten.

»Spürst du die Vibrationen unter dir?«

Bec schüttelte den Kopf. »Alles vibriert. Das ist Quantenphysik. Das Leben im Boden. Du. Und es ist wundervoll, einfach draußen zu sitzen und das Leben um dich herum zu beobachten. Reine Energie fließt um dich herum. Es macht Spaß, das zu spüren.«

Bevor sie Evie kennengelernt hatte, kannte Rebecca nur Gespräche über Schafe und Rinderzucht. Aber jetzt eröffnete sich ihr eine völlig neue Sichtweise der Welt. Sie genoss Evies liebevolle Art.

»Wenn du weißt, dass alles aus vibrierender Energie besteht, kannst du aufhören, dich mit Menschen zu befassen, die nicht zu dir passen.«

Rebecca dachte daran, wie sie morgens aufwachte. In diesem halbbewussten Zustand, wenn sie noch nicht ganz wach war, lag sie einfach nur da und ließ sich treiben.

Dann jedoch hörte sie Charlie im Badezimmer. Er murmelte vor sich hin und sagte ihr, sie solle endlich aufstehen. Er hustete, weil er zu viel rauchte und trank. Seine Energie zog sie bleischwer herunter. Sie verfing sich darin, und die ersten glücklichen Momente des Aufwachens waren verschwunden.

»Bin ich deshalb die ganze Zeit so wütend auf Charlie? Ich weiß, ich müsste mehr an meiner Ehe arbeiten …«

»Wenn du etwas erzwingen willst, kommt es nie zu dir«, unterbrach Evie sie. »Wenn du dich gut dabei fühlst, tu es einfach.«

»Hatte er deshalb eine Affäre? Weil es sich gut anfühlte?« Verlegen stellte Rebecca fest, dass sie ihrer Wut über Charlies Untreue einfach freien Lauf gelassen hatte, aber sie spürte deutlich, dass etwas in ihr Klarheit schaffen wollte. Am liebsten wäre sie sofort ins Krankenhaus marschiert, hätte ihre Kinder genommen und wäre mit ihnen weggegangen, weg von dieser grauenhaften Familie und Charlie. Sie hoffte auf einen Rat von Evie. Sie war es leid, so viel Wut zu empfinden.

»Jeder von uns ist auf seiner Reise allein«, sagte Evie. Wir kommen allein auf die Welt, wir gehen alleine wieder fort. Wenn du dich öffnest, aufwachst und mehr Bewusstsein entwickelst, können Menschen, mit denen du lange zusammengelebt hast, von deinem Weg verschwinden. Es ist einfach so. Es gibt kein richtig oder falsch, verheiratet oder nicht. Wir reisen alleine, und manchmal beschließen wir, mit anderen zusammen zu sein. Die Menschheit macht mit ihren Regeln und Normen alles so kompliziert.«

»Willst du damit sagen, dass Charlie und ich uns trennen werden?«

»Ihr wart die ganze Zeit über getrennt. Du musst dich entscheiden, ob du weiter mit ihm reisen willst oder nicht. Ihr habt Kinder, deshalb hängt es von deinen Überzeugungen und deiner Einstellung ab, wohin die Reise geht. Denk daran, wir schaffen uns unsere eigene Realität mit unseren Gedanken.«

Rebecca stand auf. »Ich habe nicht entschieden, dass Archie von einem Bullen angegriffen wird! Es tut mir leid, ich muss jetzt zurück.« Sie zog sich Socken und Stiefel wieder an.

»Hab keine Angst«, sagte Evie und legte ihre kühle

Hand auf Rebeccas Unterarm. Die alte Frau erhob sich mühsam vom Boden, und Rebecca beobachtete sie mit schlechtem Gewissen. Ihr Nervenkostüm war so angeschlagen, dass sie unfreundlich gegenüber den Menschen war, die ihr nur Freundlichkeit erwiesen hatten.

Sanft half sie Evie hoch und blickte ihr in die grünen Augen. »Entschuldigung«, sagte sie leise.

»Ich weiß, wie groß deine Angst ist, deinen Jungen zu verlieren. Aber du wirst ihn nie verlieren, ganz gleich, was geschieht. Liebe währt ewig, und die Energie in uns währt ewig. Dass der Tod das Ende bedeutet, ist ein Irrglaube. Es gibt kein Ende. Wir alle sind zu diesem Planeten geschickt worden, und wir sollten das Beste daraus machen, ganz gleich, welche Prüfungen uns das Leben auferlegt. Der wahre Archie ist nicht sein Körper, sondern seine Energie. Er währt ewig. Auch deine Liebe zu ihm wird nicht vergehen.«

Rebecca beugte sich zu der alten Frau hinunter, um sie zu umarmen. Obwohl Evie so klein und zart war, spürte sie die Macht ihrer friedlichen Lebenskraft. Sie wurde ganz ruhig.

Als Rebecca ins Wartezimmer des Krankenhauses zurückkehrte, stellte sie fest, dass ihre Familie gegangen war. Frankie hatte Ben mit in ihre Wohnung genommen, und auch Mick und Trudy waren fort.

Charlie brüllte sie wütend an. »Wo warst du? Wenn nun etwas passiert wäre?«

»Du hast doch ein Handy. Du weißt doch, wie du damit umgehen kannst«, sagte sie sarkastisch.

»Nun, jetzt bin ich an der Reihe zu gehen. Ich brauche ein Bier«, sagte er.

»Musst du jetzt unbedingt Alkohol trinken?«, fragte sie entsetzt.

Er blickte sie finster an. »Ich muss hier heraus. Du warst eine Ewigkeit weg.«

Rebecca sah zu, wie er seinen Pullover herunterzog und ging. Sie fühlte sich seltsam distanziert von ihm.

Sie war ein wenig eingedöst, als der Chirurg kam und sie sanft weckte. Noch bevor er etwas gesagt hatte, erkannte sie den Ausdruck auf seinem Gesicht. Erleichterung stieg in ihr auf. Er hatte einen großen Umschlag mit Archies Röntgenaufnahmen dabei.

»Er ist ein starker kleiner Mann. Es sieht alles ganz gut aus. Sehr gut. Er schafft es bestimmt. Wir lassen ihn jetzt langsam aufwachen. Möchten Sie gerne an seinem Bett sitzen?«

Dankbarkeit und Liebe überwältigten Rebecca. »Danke«, sagte sie zu dem Arzt und stieß dann hervor: »Danke, Gott, danke dir, dem Universum, wer auch immer du sein magst«. Sie musste sich bei der unsichtbaren Macht bedanken, die alles in der Hand hatte. Mit Tränen in den Augen folgte sie dem Arzt, um am Bett ihres Sohnes zu sitzen, wenn er wieder aufwachte.

21

Gabs schlug die Autotür ein wenig zu fest zu. Sie grinste Rebecca an. Sie legte den Sicherheitsgurt an und begann dann, in einer Einkaufstasche zu kramen.

»Jetzt sag nicht, du hast mir ein schickes Kleid für die Heimfahrt gekauft«, scherzte Bec.

»Oh, das wäre eine gute Idee gewesen! Wir hätten uns ja noch einmal verkleiden können.«

»Gabrielle, hör auf! Aber im Ernst, danke, dass du mich begleitest«, sagte Bec.

»Bist du irre? Das tue ich doch nicht für dich! Mir geht es nur um meine eigene kinderfreie Zeit. Gott, habe ich einen Kater! Ich habe die ganze Fahrt von Bendoorin bis hierher getrunken, und dann hat mich Frank gestern Abend noch zum Italiener eingeladen. Viel zu viel Vino!« Sie grinste Bec an. »Mein Gott, geht es mir schlecht!« Sie rülpste laut.

»Oh Mann, das stinkt!«, sagte Bec und wedelte mit den Händen vor ihr herum.

»Ich weiß, Knoblauchbrot und Linguine mit Knoblauchsahnesauce.«

»Iiih!«

Bec schüttelte den Kopf. Sie blickte in den Rückspiegel zu Ben, der grinsend die lustige Freundin seiner Mut-

214

ter beobachtete. »Gott, vier Stunden im Auto mit Gabs und ihrem ganzen Knoblauch, das wird ein Spaß, was?«, fragte sie.

»Lass uns loslegen«, sagte Gabs. Sie drehte sich zu Ben um. »Alles klar?«

Ben wackelte aufgeregt mit Armen und Beinen. »Alles klar, Stinkbombe«, sagte er.

»He«, warnte Rebecca ihren Sohn, »lass dich von ihr nicht beeinflussen. Denk an deine Manieren, Ben!«

Mit gemischten Gefühlen fuhr Rebecca los. Sechs Wochen hatte sie in der Großstadt verbracht. Es war die Hölle, aber was sie durchmachte, war nichts im Vergleich zu dem, was der kleine Archie erdulden musste. Er hatte fast die ganze Zeit über Schmerzen gehabt und obendrein war ihm übel von den ganzen Medikamenten gewesen. Er hing noch an zahlreichen Schläuchen, als er im Krankenhaus seinen fünften Geburtstag gefeiert hatte. Wenigstens hatte das Krankenhaus einen Clown und einen Labrador organisiert.

Jetzt endlich waren sie auf dem Weg nach Hause.

Bec bog in eine Seitenstraße ein und hielt neben einem Krankenwagen. Der Fahrer des Patiententransports hatte schon auf sie gewartet, damit sie ihm folgen konnten. Durch die Scheibe sah sie Charlie, der hinten auf der Rückbank saß, um mit Archie nach Bendoorin zurückzufahren.

Rebecca wusste, dass ihr kleiner Junge mit einem freundlichen Pfleger an der Seite sicher auf der Liege hinten im Wagen lag. Es würde noch eine Weile dauern, bis er wieder gesund war, deshalb hatten sie beschlossen, ihn im Krankentransport nach Bendoorin bringen zu lassen, damit er näher an seinem Zuhause war.

Die Entscheidung war auch für Bec eine Erleichterung gewesen. Archie müsste höchstens noch zwei Wochen im Krankenhaus in Bendoorin bleiben, bis er wieder nach Hause kam. Daran, was sie dort mit Charlie erwartete, wollte Bec jetzt erst einmal gar nicht denken.

Obwohl es Archie wieder einigermaßen gut ging, hatte Rebecca den Schock immer noch nicht ganz überwunden. Jeden Morgen war sie in der Wohnung ihrer Mutter mit einer bleiernen Müdigkeit aufgewacht. Ständig war ihr leicht übel, und sie hätte am liebsten die ganze Zeit geschlafen.

Evie war Rebeccas Fels in der Brandung gewesen. Ihre Kraft und ihr innerer Friede hatten sie durch die schwere Zeit geführt. Rebecca und die Jungs hatten sich an ihre manchmal seltsame Ausdrucksweise gewöhnt. Die Cremes und Wässerchen, die Kristalle und Affirmationen, die sie ins Krankenhaus mitgebracht hatte, hatten jedenfalls alle geholfen. In den ersten, langen Nächten war sie bei ihnen geblieben und schien sie alle auf einen Weg der inneren und äußeren Heilung zu schicken. Alle außer Charlie, der sie als »neugierige Hippie-Zicke« bezeichnete.

Rebecca konnte Charlies Anwesenheit mittlerweile kaum noch ertragen. In den Nächten nach dem Unfall hatten sie alle in Frankies Stadtwohnung übernachtet. Ben und sie hatten auf der Gästecouch geschlafen, Charlie auf einem Klappbett. Die Spannung zwischen ihnen war beinahe mit Händen zu greifen. Aus den Tagen wurden Wochen. Rebeccas Mutter kam und ging, und Peter tischte unermüdlich wundervolle Mahlzeiten auf, die durch die gereizte Stimmung zwischen Rebecca und Charlie verdorben wurden.

Trotz Charlies Entschuldigung und seiner Liebeserklärung an sie spürte Rebecca mit jedem Tag, wie er sich weiter von ihr entfernte. Kaum war Archie außer Lebensgefahr, kehrte die vertraute Feindseligkeit zurück.

Je länger sie sich in der Stadt aufhielten, desto weniger glaubte sie daran, ihre Ehe wieder neu beleben zu können. Sie wollte es auch gar nicht mehr.

Dann hatte Charlie plötzlich ohne jede Vorwarnung erklärt, er wolle seine Eltern besuchen. Er war mit dem Familienauto weggefahren und hatte Bec einfach ohne Auto in der Stadt zurückgelassen. Wann er zurückkommen wollte, hatte er ihr nicht mitgeteilt.

Um die Herden auf Waters Meeting kümmerten sich in der Zwischenzeit Frank, Gabs, Dennis und Doreen, die von der Mannschaft von Rivermont unterstützt wurden.

Ohne Auto musste Rebecca jeden Tag mit öffentlichen Verkehrsmitteln ins Krankenhaus fahren. Benommen und gequält saß sie im Bus. Sie betrachtete die Gesichter der anderen Fahrgäste: Sie waren leer und traurig. Energetisch tot. Die Schlagzeilen in den Zeitungen, Anzeigentafeln, iPods, riesige Werbeplakate an den Häuserwänden – alles bedrängte sie, und sie sehnte sich nach der Ruhe und Stille auf Waters Meeting.

Aber sie ahnte, dass ihre Gedanken sich auch in der vertrauten Umgebung in Aufruhr befinden würden.

217

Seit dem ersten Tag, als Evie zu ihr ins Krankenhaus gekommen war, hatte sie wirklich begonnen, auf die Stimme in ihrem Kopf zu lauschen. Es war kein Wunder, dass das Leben ihr so schrecklich vorkam. Es stimmte ja, was Evie sagte, dass Gedanken und Worte die Welt schufen. Und ihre Gedanken waren schlecht. Es war nichts Gutes daran!

In dem vollen Bus wurde ihr plötzlich klar, dass sie nur das Schlechte sah! Die Tatsache, dass die Stadt ein hässlicher Betondschungel war, in dem niemand auf den anderen achtete. Niemand bot einer Frau mit kleinen Kindern oder einer älteren Frau einen Platz an.

Aber damit kam auch die Erkenntnis, dass sie den Blick von all dem Negativen abwenden und sich an das Gute und Schöne halten müsste, das sie umgab, wenn sie etwas verändern wollte.

So begann Rebecca auf den Busfahrten nach Gutem Ausschau zu halten, mochte es auch noch so klein sein. Sie zog Ben an sich und atmete den Duft seiner Haare ein. Sie betrachtete die süßen kleinen Grübchen auf seinem Handrücken, als er sich an einem Griff festhielt. Sie begann sich vorzustellen, dass es Archie wieder gut ging und er wieder bei ihnen war. Sie ermahnte sich, dass sie loslassen und vertrauen musste. Vertrauen brauchte sie am allermeisten. Und sie musste endlich wieder lachen lernen.

Als sie jetzt im Auto neben Gabs saß, fiel ihr das Lachen überhaupt nicht schwer. Sie brauchte bloß einen Blick auf Gabs zu werfen, die mit einer überdimensionierten Sonnenbrille in ihrer besten dunkelblauen Shorts und einem knallrosa Polohemd neben ihr saß und die Füße in weißen Socken auf das Armaturenbrett streckte. Ihre kurzen Haare standen in alle Richtungen ab.

»Du bist wirklich ganz besonders schick«, sagte Rebecca zu ihrer Freundin.

Gabs drehte den Kopf zu ihr, zog die Sonnenbrille herunter und warf Rebecca einen fragenden Blick zu. Es zischte, als sie eine neue Bierdose öffnete. »Ja, das weiß ich. Ich bin eine Sex-Göttin!«, sagte sie leise. »Frank kriegt nicht genug von mir. Er hat mich in der Hoteldusche genommen, und ich habe ihn von Kopf bis Fuß rasiert. Er ist jetzt so glatt und schnell wie Usain Bolt.«

»Nett. Wirklich nett.«

Gabs grinste und öffnete das Handschuhfach. »Keiner kann uns verdenken, dass wir das Beste aus diesem kleinen Ausflug herausgeholt haben! Gibt es auch Musik in diesem Mummymobil?«

»Die meisten meiner CDs liegen unter Bergen von Joghurtbechern begraben, dank einer gewissen Person auf dem Rücksitz.« Bec blickte zu Ben und lächelte ihn an. »Vielleicht findest du eine unter dem Sitz.«

Gabs beendete ihre Suche und hielt stolz die CD von Esther und Jerry hoch, als hätte sie eine große Forelle gefangen.

»Ta-da! Oh?«, sagte sie, als sie auf das Cover blickte. »*Ziehen Sie das Leben an, das Sie sich wünschen*«, las sie vor. »Das ist zwar nicht gerade die Unterhaltung, die ich mir so vorgestellt hatte, aber es klingt gut. Mmm, was für ein Leben wünsche *ich* mir denn? Hast du jemals darüber nachgedacht, was du dir wünschst?«

»Keine Ahnung. Was ich mir wünsche? Gesundheit. Alles Gute für meine Kinder. Und dass wir glücklich sind.«

»Das ist nicht spezifisch genug«, sagte Gabs.

»Vergiss es. Was ist denn mit dir, Gabs? Was wünschst du dir?«

»Ich habe mir immer schon eine Million Dollar gewünscht. Aber wenn ich sie hätte, wüsste ich wahrscheinlich nicht, was ich damit anfangen sollte«, sagte Gabs.

»Nun, ich weiß schon, was ich damit machen würde«, sagte Rebecca. »Es würde genauso sein wie mein Leben. Ich würde alles in die Farm stecken. Wenn du und Frank eure Farm verkaufen würdet, würdet ihr ein paar Millionen bekommen. Dann könntet ihr euch zur Ruhe setzen und nur noch euren Hobbys nachgehen.«

»Ach, Quatsch«, sagte Gabs. »Ich würde mich in einem Haus in der Stadt nicht wohlfühlen.« Sie rülpste.

Rebecca blickte auf die Straße.

»Was willst du denn wirklich?«, fragte Gabs.

Rebecca blickte sich um. Ben war eingeschlafen. Sie schaute ihre Freundin an. »Ich glaube, ich möchte, dass diese ganze Geschichte mit Janine und Charlie einfach weg ist. Das möchte ich.«

»Aber sie geht nicht einfach so weg«, erwiderte Gabs. »Ich verstehe wirklich nicht, warum du ihn bleiben lässt, als wenn nichts geschehen wäre. Wenn Frank mir und den Kindern so etwas angetan hätte, wäre ich schon längst weg. Hältst du es nicht schon lange genug mit ihm aus? Siehst du denn nicht, dass es nicht besser wird? *Er* wird nicht besser.«

Bec schluckte.

Gabs trank einen Schluck Bier. »Und was Janine Turner angeht: Phh! Sie hat doch schon unzählige Affären gehabt. Es ist ja schließlich nicht so, als ob Charlie sich in sie verlieben und mit ihr durchbrennen würde. Er wollte ja nur ein bisschen Sex.«

»Aber warum? Warum hat er das den Kindern und mir angetan? Warum riskiert er, die Farm zu verlieren?«, fragte Bec leise und warf erneut einen Blick auf ihren schlafenden Sohn.

Gabs zuckte mit den Schultern. »Du musst an dich selbst denken. Was möchtest du jetzt, in diesem Moment?«

»Ich weiß es doch nicht! Ich weiß es nicht! Vielleicht nicht mehr so wütend sein?«

Sie trank einen Schluck Bier aus Gabs' Dose, und nur Augenblicke später trat sie auch schon auf die Bremse, stürzte aus dem Wagen und übergab sich am Straßenrand. Als sie fertig war, reichte Gabs ihr eine Serviette, die so nach gebratenem Hühnchen roch, dass sie sich am liebsten gleich wieder übergeben hätte.

»Bec, du kannst nicht so weitermachen. Der Stress bringt dich um.«

Rebecca schloss die Augen und biss die Zähne zusammen. »Es reicht wirklich«, sagte sie leise. »Diese Woche sage ich es Charlie. Er muss gehen.«

Im Busch-Krankenhaus in Bendoorin stellte Rebecca die Tasche mit Spielzeug neben Archies Bett. Gabs räumte seine Kleidungsstücke in den Schrank. Rebecca betrachtete ihren schlafenden Sohn liebevoll lächelnd. Jeder Atemzug erfüllte sie mit überwältigender Dankbarkeit dafür, dass er hier war, fast schon zu Hause. Aus der Stadt heraus.

Ihr Junge lebte. Der Bluterguss auf seinem schmalen Brustkorb war nicht mehr so groß und so hässlich, und langsam kehrte die Farbe wieder in die bleichen Wangen zurück. Auch die Narbe vom Notfalltubus war nur noch eine erhabene rote Linie. Die Operationsnarben waren ebenfalls verblasst, sahen allerdings immer noch schrecklich aus. Und er war so dünn. Der Arzt hatte jedoch gesagt, dass er in zwei Wochen wieder völlig hergestellt wäre. Dann konnten sie zur Normalität zurückkehren. Sie wussten noch nicht genau, ob irgendwelche Spätschäden vom Unfall zurückbleiben würden, aber Rebecca sah, dass es ihrem Sohn mit jedem Tag besser ging.

Vom Fenster des Krankenzimmers aus beobachteten die beiden Frauen, wie Frank und Charlie auf dem Rasen vor dem Krankenhaus miteinander rangelten. Ben stand daneben und sah ihnen lachend zu.

»Jetzt sieh dir mal die großen dummen Kinder an«, sagte Gabs. »Ich fahre jetzt besser mit ihnen nach Hause.« Sie legte Bec den Arm um die Schulter und rieb ihr mit den Knöcheln über die Haare. »Pass gut auf dich auf.«

»Bist du sicher, dass es dir nichts ausmacht, den streunenden Hengst nach Hause zu bringen?«

Sie blickten zu Charlie, der jetzt angestrengt keuchend dastand. Er kratzte sich den Bauch und grinste idiotisch.

»Ein Hengst? Sieh ihn dir doch an. Es ist langsam an der Zeit, ihn einzutauschen«, sagte Gabs und ergriff ihre Handtasche. »Zumindest ist das meine Meinung. Er ist über den Zaun gesprungen, nicht du. Aber es ist deine Entscheidung. Du bist eine gute Frau. Zu gut, um dein Leben mit jemandem zu vergeuden, der dich nicht zu schätzen weiß.«

Rebecca traten die Tränen in die Augen. Sie blinzelte. »Fahr endlich los«, sagte sie zu Gabs. »Du bringst mich zum Weinen. Sag Charlie und Ben, ich komme bald nach. Sobald Archie sein Abendessen bekommen hat.«

»Bist du sicher, dass ich dir nicht ein paar Sachen ins Motel bringen soll?«

»Nein. Ich fahre lieber nach Hause und schaue nach der Farm. Weiß der Himmel, was er in den Wochen, in denen ich weg war, angerichtet hat. Dann hole ich mir was zum Anziehen.«

Als es im Zimmer bis auf Archies Atemzüge still geworden war, sah Bec vom Fenster aus zu, wie Gabs, Ben und Charlie zu Frank ins Auto stiegen und die Hauptstraße von Bendoorin entlangfuhren.

Bec wandte sich ab und begann, Archies Spielsachen neben dem Bett aufzubauen. Es sollte alles da sein, wenn er aufwachte. Sie wollte heute Abend bei ihm bleiben, und wenn er eingeschlafen war, würde sie die Nacht im Motel verbringen. Sie dachte an das Gespräch, das sie mit Archie in der Stadt gehabt hatte, kurz nachdem er das Bewusstsein wiedererlangt hatte. Als sie ihm einen Gutenachtkuss gab, hatte sie gefragt: »Bist du sicher, dass Mummy jetzt gehen kann? Du fühlst dich doch nicht einsam, oder? Du kennst doch die Krankenschwestern alle.«

»Und Onkel Tom.«

Rebecca erstarrte. »Wie bitte?«

»Onkel Tom. Er ist hier«, hatte Archie gesagt. Sein kleines Gesicht war ganz ernst. Die blonden Locken waren noch nass vom Waschlappen, mit dem Rebecca ihn abgewaschen hatte. »Er ist hier, seit der Bulle mich angegriffen hat. Er sagt mir immer, ich soll tapfer sein.«

Rebecca traten die Tränen in die Augen. Sie strich ihrem Sohn über die Stirn. »Ehrlich?«

»Kannst du ihn nicht hören, Mummy?«

»Doch, ich höre ihn«, hatte sie gelogen.

Jetzt, im Krankenhaus von Bendoorin, klammerte sie sich an die Vorstellung, dass Tom auch in diesem Zimmer war. Plötzlich wurde ihr wieder übel. Sie ergriff die Nierenschale aus Metall und erbrach sich. Es kam nur Galle. Ihr Gesicht spiegelte sich undeutlich im Boden der Schale. Eine blonde Verrückte mit einem Magengeschwür, dachte sie. Gerade, als sich ihr Magen wieder zusammenzog, kam Dr. Patkin an der offenen Tür vorbei. Er blieb stehen und musterte sie, als sie sich immer wieder erbrach.

»Meine Liebe, Sie kommen jetzt einmal mit mir«, sagte er und zeigte auf sie.

Kurz darauf saß Rebecca in Dr. Patkins Büro und starrte ihn aus weit aufgerissenen blauen Augen ungläubig an.

»Sechste Woche würde ich sagen«, stellte er fest.

»Wie soll das gehen? Ich übergebe mich doch ständig.

Das ist mir bei Stress immer so gegangen. Im Examen. Beim Tod meines Bruders. Der Stress in der Scherzeit … Und mit Charlie …« Sie brach ab.

Dr. Patkin warf den Schwangerschaftsteststreifen und die Urinprobe in den Abfalleimer und setzte sich.

»Es kann nicht sein. Er hat eine Vasektomie vornehmen lassen«, sagte Rebecca.

Dr. Patkin stützte die Ellbogen auf den Tisch, verschränkte die Finger und erwiderte: »Es ist trotzdem möglich. Es gibt immer wieder Fälle von Schwangerschaften bei Frauen, deren Männer eine Vasektomie hatten.«

»Aber es ist unmöglich.«

»Meine Liebe, ich versuche Ihnen gerade das Gegenteil begreiflich zu machen. Es ist durchaus möglich.«

»Ich kann nicht schwanger sein.«

»Aber Sie sind es.«

»Mein Mann und ich schlafen doch gar nicht miteinander.«

»Ich verstehe«, sagte der Arzt vorsichtig. »Vielleicht gab es da ja einen anderen Partner?«

Becs Augen weiteten sich schockiert. Sie schüttelte heftig den Kopf. »Nein! Da war nur eine Nacht mit Charlie … am Abend vor Anzac Day … Ich …«

Dr. Patkin hob beide Hände. »Ich verstehe. Wenn Charlie Ihnen nicht glaubt, schicken Sie ihn zu mir.«

»Oh, er glaubt mir bestimmt nicht«, sagte Bec leise. »Er wird mich umbringen.« Sie blickte in ihren Schoß. »Wie konnte mir das nur entgehen? Ich habe die Übelkeit und dass ich meine Periode nicht bekommen habe, auf den Stress geschoben.«

Plötzlich fragte sie sich, ob sie Dr. Patkin von Charlies Affäre erzählen sollte.

»Jetzt, wo Sie schwanger sind, müssen Sie darauf achten, dass der Stress nicht zu groß wird. Gehen Sie ins Café, und trinken Sie eine gute Tasse Tee.«

»Aber Archie ...«

Erneut hob Dr. Patkin die Hände. »Die Schwester und ich passen schon auf ihn auf. Nehmen Sie sich einfach eine halbe Stunde frei. Denken Sie in Ruhe über die Neuigkeiten nach.«

»Danke«, sagte Rebecca. Sie stand auf und ergriff ihre Handtasche. Dass ihre Hände zitterten, konnte sie nicht verhindern.

22

Larissas Café war geschlossen, deshalb ging Rebecca benommen in den Hippie-Laden nebenan. Immer wieder ging ihr das Wort »schwanger« durch den Kopf. Einerseits war sie außer sich vor Freude über die Aussicht, noch ein Kind zu bekommen, andererseits aber war sie angesichts ihrer Situation niedergeschlagen. Vor allem machte sie sich Gedanken darüber, was Charlie wohl dazu sagen würde.

Die friedliche Stimmung im Laden und der Duft nach Sandelholz beruhigten Bec sofort.

Sie blickte sich um. Von der Decke hingen reich verzierte Seidenschirme in Rosa und Grün. Sie erinnerten Rebecca an indische Bräute, die auf Elefanten zu ihrer Hochzeitszeremonie ritten. Die Regale waren voll mit Halbedelsteinen und Ornamenten aus buntem Glas, auf Tischen waren Kerzen und Herzen angeordnet. Leise Flötenmusik erfüllte den Raum.

»Hallo?«, rief Bec und schaute hinter ein Regal.

»Du liebe Güte!« Evie, die hinter dem Ladentisch saß, zuckte zusammen. »Du hast mich zu Tode erschreckt.« Sie erhob sich. »Ha! Du hast es mir heimgezahlt, dass ich dich im Krankenhaus so erschreckt habe. Komisch, ich sollte doch auf Kunden eingerichtet sein, was?«

Bec lachte, weil Evies Jack Russell plötzlich aus dem Schlaf aufschreckte und anfing zu bellen.

»Jesus! Jesus Christus! Sitz!«

Der Hund wackelte vor Freude über Rebecca mit dem gesamten Körper, aber als sie ihm ihre Hand hinhielt, damit er daran riechen konnte, knurrte er.

»Ach, du lieber Himmel, Jesus!« Evie musterte Bec. »Wie schön, dass du wieder in der Stadt bist. Wie geht es Archie? Ich wollte ihm schon Jesus als Therapiehund vorbeibringen, aber fünf Minuten in seiner Gesellschaft, und du brauchst selber Therapie. Eine Tasse Tee?« Evie hob eine blauweiße Porzellanteekanne an.

Bec nickte. »Ja, schrecklich gerne. Archie geht es gut. Warum hast du deinen Hund eigentlich Jesus genannt?«

»Ich habe das früher ständig gesagt, weil er als Welpe alles angeknabbert hat. Außerdem ist er ein lustiges Hündchen, und Jesus war ein lustiger Typ. Die Kirche will uns zwar weismachen, dass er ständig nur gelitten hat, aber ich denke, er hat viel lieber gelacht und das Leben genossen.«

»Ich bin nicht besonders religiös«, erwiderte Bec. »Ich habe schon in der Schule nicht an all die Geschichten über Gott geglaubt.«

»Das kann ich gut verstehen. Gott ist eigentlich nur ein Wort für die Lebensenergie, die alles erfüllt.« Evie verschwand in einem Hinterzimmer, und Bec hörte Wasser rauschen. Schließlich tauchte sie wieder auf und stellte zwei henkellose Becher neben die Teekanne. »Wenn ich zu einer anderen Zeit geboren worden wäre, wäre ich als Hexe verbrannt worden.«

»Ich auch, glaube ich«, sagte Bec. »Vor allem für die Methoden, mit denen ich Waters Meeting bewirtschaften will.«

»Ich habe ein gutes Buch hier, wenn du willst«, sagte Evie.

»Äh, ich habe noch nicht einmal das letzte gelesen, das du mir gegeben hast«, erwiderte Bec verlegen. »Die CD habe ich auch noch nicht gehört.«

»Du bist vielleicht noch nicht so weit. Aber ich kann dir sagen, da klopft jemand laut an deine Tür. Du musst ihn hereinlassen, damit du gesund und stark bleibst.«

»Wie meinst du das?«

»Ich sehe eine Energie um dich herum. Eine fremde Aura. So bunt wie ein Gemälde.«

Rebecca spürte, wie sie Gänsehaut bekam, als Evie »Gemälde« sagte.

Die alte Frau ging wieder aus dem Zimmer und kam mit dem dampfenden Wasserkessel wieder.

»Er versucht, dir etwas zu sagen. Du hältst an irgendetwas fest, und er will, dass du loslässt. Du sollst deine Welt so bunt malen, wie *du* sie gerne hättest, und dich von deinen Gefühlen leiten lassen.«

Rebecca dachte daran, wie Archie im Krankenhaus von Tom gesprochen hatte. »Mein Bruder hat gemalt.«

»Nun, die Energie fühlt sich auch männlich an. Hast du nichts davon gemerkt?«

»Was gemerkt?«

»Dass du zwei Auren mit dir herumträgst. Eine ist deine eigene, und da ist noch diese bunte. Wie war sein Name?«

»Tom.«

»Und was sollst du seiner Meinung nach hören?«

»Ich weiß nicht.«

»Glaubst du, er hat dir dieses Buch und die CD in die Hände gelegt?«

Rebecca zuckte mit den Schultern.

»Glaubst du, er hat Archie beschützt? Archie konnte ihn im Krankenhaus spüren. Würde er sich mit dir freuen, weil du wieder schwanger bist?«

Rebecca blieb der Mund offen stehen, und Evie lachte.

»Woher weißt du das?« Bec kniff die Augen zusammen. »Hast du bei Dr. Patkin durchs Schlüsselloch geguckt?«

»Nein. Ich kann auch eine dritte Energie bei dir sehen«, erklärte Evie. »Eine, die sich erst noch manifestieren muss. Außerdem sind deine Brüste voller geworden, seit wir uns das letzte Mal gesehen haben.«

Rebecca blickte an sich herunter. Es stimmte, die Bluse spannte über der Brust.

»Du sagst manchmal ziemlich komische Sachen, Evie«, schnaubte sie. »Weißt du das?«

»Ja, dir und den anderen da draußen kommen sie vielleicht seltsam vor, aber die Welt ändert sich. Was in euren Ohren komisch klingt, wird bald normal sein. Es hat nur Bendoorin noch nicht ganz erreicht.«

»Woher weißt du das überhaupt alles?«

»Weil ich das erste Drittel meines Lebens so verbracht habe wie du: Ich habe getan, was andere von mir *erwartet* haben. Im nächsten Drittel habe ich alles mögliche Schlechte in mein Leben eingeladen, weil ich unachtsam mit meinen Worten und Gedanken umgegangen bin. Dann wurde ich krank. Richtig krank. Danach habe ich zu mir selber gefunden. Schritt für Schritt habe ich gelernt, meinen Geist geöffnet und meine eigene Zukunft geschaffen.«

Bec hörte ihr interessiert zu. In der Zeit, die sie an Archies Krankenbett zusammen verbracht hatten, hatte Evie ihre Vergangenheit kaum erwähnt. Sie hatte weder von einem Ehemann noch von ihrer Familie erzählt. Bec hätte gerne noch mehr gehört, aber ihre Freundin stellte die Teetasse ab und fragte unvermittelt: »Was möchtest du aus deiner Zukunft machen?«

»Nun, offensichtlich bekomme ich noch ein Kind. Das ist meine Zukunft.« Rebecca stiegen Tränen in die Augen. Sie wollte immer ein kleines Mädchen haben, aber der Gedanke an eine Schwangerschaft in einer kaputten Ehe erfüllte sie mit Verzweiflung. »Ach, ich weiß nicht. Es ist alles so schwer.«

»Wenn du dir selber sagst, dass das Leben so schwer ist, dann schaffst du dir dieses Leben auch«, sagte Evie und lehnte sich auf ihrem Stuhl zurück. »Wenn wir uns hingegen darauf einrichten, dass das Leben fröhlich und leicht ist, dann können wir allem, was das Leben uns bringt, mit innerem Frieden entgegentreten. Du musst glauben, dass alles gut ist, auch wenn es meistens nicht so ist. Du musst Ausschau nach dem Guten halten.«

»Ich weiß, Yoda«, sagte Bec und wischte sich mit dem Ärmel über die Augen. »Ich habe geübt.«

»Das weiß ich, Liebes«, sagte Evie. »Du bist bemerkenswert. Und jetzt lächle!«

Rebecca runzelte die Stirn.

»Lächle! Oder ich hetze Jesus auf dich!«

Rebecca musste unwillkürlich lächeln. Evie nahm sie in die Arme. Beide Frauen zuckten zusammen, als Jesus plötzlich wieder laut anfing zu bellen.

»*Jesus!* Wozu brauche ich eigentlich eine Ladenglocke, wenn ich diesen Hund habe? Kann ich Ihnen helfen?«, fragte Evie. Sie blinzelte in dem hellen Licht, das von draußen hereinfiel. Sol Stanton kam auf sie zu.

»Hola, Evie«, sagte er mit seiner tiefen Stimme und beugte sich herunter, um die alte Dame auf die Wange zu küssen. »Rebecca. Wie schön, dich zu sehen. Du siehst gut aus.«

Rebecca blickte ihn an und fragte sich, warum es sie so durcheinanderbrachte, ihn plötzlich vor sich zu sehen. Wie immer sah er eher aus wie ein Model oder Schauspieler. Der Duft nach teurem Eau de Cologne umgab ihn. »Wieder aus Europa zurück?«, fragte sie.

»Ja. Die Ausstellung in Bendoorin findet zwar noch lange nicht statt, aber ich habe mein Rezept und mein Design für den Männerkuchen-Wettbewerb perfektioniert. Der Flug nach Australien dauert so lange, dass ich reichlich Zeit hatte, daran zu arbeiten.«

»Dein Vater gibt dir nicht genug Arbeit, Sol«, warf Evie ein.

»Vielleicht. Außerdem habe ich zurzeit keine Freundin.« Er zuckte mit den Schultern. »Ich bin traurig und einsam. Beklagenswert.« Mit geschürzten Lippen sah er Rebecca an. Dann wandte er sich an Evie. »Ich wollte nachfragen, ob meine CDs gekommen sind. Ich könnte ein bisschen Abwechslung gebrauchen. Papa ist auch aus Europa zurück und nimmt mich ziemlich hart ran.«

»Ja, sie sind da. Warte einen Moment, ich hole sie.«

Evie verschwand im Hinterzimmer. Sol hockte sich neben Rebecca, so dass sie auf Augenhöhe miteinander waren. »Yazzie hat mir von deinem Sohn erzählt.« Er tätschelte ihr die Hand. »Ich bin sehr froh, dass es ihm wieder besser geht. Buena noticia.«

»Danke, Sol.«

»Können wir mal wieder ein bisschen plaudern? Vielleicht könnten wir ja irgendwann einen Kaffee bei Larissa trinken? Ich habe viel an dich gedacht.«

»Kaffee?«, fragte sie überrascht. »Ja. Sicher. Irgendwann einmal. Das wäre nett.« Ihr Herz schlug auf einmal schneller. Dann sprang sie auf und rannte beinahe zum Krankenhaus zurück.

Eine halbe Stunde später saß sie im Auto, um nach Hause zu fahren. Panik erfüllte sie. Noch ein Kind. Und verliebt in Sol Stanton. Sie schaltete die Stereoanlage im Wagen ein. Eine Männerstimme ertönte. »Hallo, ich bin Jerry H ...«, sagte sie.

»Halt den Mund«, schnitt Rebecca ihm das Wort ab und schaltete die Anlage wieder aus. Diese blöde CD! Sie verfolgte sie. »Nein, anscheinend verfolgst du mich, Tom, oder?«, fragte sie laut. Sie blickte zum leeren Beifahrersitz. »Na los, zeig dich, Bruderherz!«

Kopfschüttelnd startete sie den Motor. Während der Fahrt versuchte sie, Ordnung in ihre Gedanken zu bekommen. Ihr Gespräch mit Evie hatte sie beruhigt, zugleich aber auch durcheinandergebracht. Sie hatte Tom immer schon in ihrer Nähe gespürt, aber es war nur eine Vorstellung für sie gewesen, keine Realität. Die Tatsache, dass sowohl Archie als auch Evie von »einer Energie« um sie herum gesprochen hatten, wühlte sie auf.

Es dämmerte bereits, als sie am Tal ankam. Von der Straße aus hatte sie einen atemberaubenden Blick auf Waters Meeting. Die Farm lag zwischen den beiden kleinen Flüssen, die sich zum majestätischen Rebecca River vereinigten, der sich wie ein silbernes Band durch fruchtbare Erde wand.

Von hier oben sah sie deutlich, wie die kultivierten Weiden unter Charlies Methoden litten. Die Farm ähnelte einer alten Patchworkdecke, die an manchen Stellen schon ausgeblichen und zerrissen war.

Am Briefkasten hielt Rebecca an und stieg aus. Charlie schaute nur selten nach der Post, deshalb war es keine Überraschung für sie, dass sie einen ganzen Stapel Rechnungen und Kataloge vorfand.

Normalerweise hätte Rebecca die gesamte Post Charlie auf den Schreibtisch gelegt, aber auf einmal hatte sie das Gefühl, dass dies eine gute Gelegenheit war, um die Zügel auf der Farm wieder in die Hand zu nehmen. Sie schaute die Umschläge durch. Eine Rechnung für Saatgut und Dünger, eine Rechnung für Salzsteine für die Tiere, eine Dieselrechnung, eine Lebensmittelrechnung von Candy. Und ein Brief von der Bank.

Rebecca riss den Umschlag auf und überflog das Schreiben. Hitze stieg ihr in die Wangen. Offensichtlich war dieser Brief nicht der erste, sondern der *dritte*.

Der Tonfall war nicht besonders freundlich. Sie hatten anscheinend schon seit drei Monaten die Raten für die Kredite nicht mehr bezahlt, und in Kürze würde sich jemand von der Bank mit ihnen in Verbindung setzen. Rebecca blickte auf die riesige Summe, die sich angehäuft hatte, und ballte die Fäuste, so dass ihre Knöchel weiß hervortraten.

Charlie hatte ihr nichts davon gesagt! Er hatte nicht nur eine Affäre, er hatte sie auch nicht über ihre Finanzlage informiert! Es war *ihre* Farm! Die Bank wollte sie zwangsversteigern!

Eine Welle der Übelkeit überfiel sie. Sie beugte sich vor und würgte an ihren Sorgen und ihrem Elend. Weinend kletterte sie durch den Zaun.

Normalerweise war sie mit ihrer alten Hündin immer zum Fluss gegangen, wenn sie etwas bedrückte. Aber diesen Trost hatte Charlie ihr ja genommen. Sie begann, den Hügel hinaufzulaufen, bis sie keuchend und außer Atem an einem Steinwall ankam, den sie und Tom vor langer Zeit gebaut hatten. Dahinter hatten sie versucht, Bäume anzupflanzen, die inzwischen alle eingegangen waren. Aber der Zaun, den sie gezogen hatten, um die Bäume zu schützen, hatte die Schafe wenigstens daran gehindert, die Vegetation auf dem nach Norden gelegenen Hügel abzufressen.

»Schlechter Zaun, Tom«, sagte sie und stieg durch den schlaffen Draht in das umzäunte Gelände. »Aber du warst ja damals auch erst sechzehn, und ich habe dir die Hölle heißgemacht.«

Sie sah sich auf der Wiese um. Es wimmelte von Grashüpfern, Spinnen, Käfern, Ameisen und Motten. Sie ließ die Hand über die hohen Gräser gleiten und erkannte aufgeregt, dass es sich um die einheimischen Grassorten handelte, von denen Andrew gesprochen hatte. Kängurugras, Wallabygras, überhängendes Liebesgras.

Sie setzte sich auf einen Felsen und fuhr mit der Hand über die Flechten. Eine Eidechse, die die letzten Sonnenstrahlen des Tages ausnutzte, glitt in eine Felsspalte. Sie blickte über den Zaun. Das Land dahinter sah öde aus. Ein kalter Wind wehte das ferne Brüllen von Kühen zu ihr. Die Abendsonne machte die kühle Luft ein wenig erträglicher.

Zum ersten Mal in ihrem Leben sah sie das Land mit klarem Blick. Dieser Kontinent war heiß und trocken. Uralte Grassorten wuchsen in der fruchtbaren Erde. Die Gräser, die sie hier umgaben, wuchsen schon seit ewigen Zeiten auf diesem felsigen Land. Sie spürte, wie es in der Erde von Leben nur so wimmelte. Milliarden von Mikroben. Ein ganzes Universum unter ihren Füßen.

Vor ihrem geistigen Auge sah sie, wie zu Zeiten ihres Großvaters der Traktor die Pferde aus den Ställen vertrieben hatte. Mit der Zeit hatten die Traktoren auch den Boden ausgelaugt. Mit Chemikalien war er immer weiter zerstört worden. Sie waren Ausdruck davon, dass der Mensch mit der Natur Krieg führte. Charlie führte Krieg.

Sie betrachtete die zarten, schönen Gräser um sich herum. Sie waren so filigran wie alte Spitze, aber trotzdem widerstandsfähig. Rebecca wusste, wenn sie erreichte, dass die gesamte Farm so aussehen würde wie diese Grasfläche, konnte sie nicht nur verhindern, dass das Land durch Dürre zerstört wurde, sondern sie konnte auch das Geld verdienen, das die Bank verlangte, denn die Farmkosten würden sich um Tausende von Dollars verringern. Voller Energie und neu belebt stand sie auf und blickte über das Tal.

Sie dachte an die Worte, die Evie ihr bei ihrer ersten Begegnung über gute Gedanken gesagt hatte. »Ich folge meiner größten Freude«, sagte sie laut. Sie fragte sich selbst, was denn ihre größte Freude wäre, und die Antworten sprudelten aus ihr heraus.

»Meine größte Freude wäre ein kleines Mädchen«, sagte sie zum Wind. »Meine größte Freude wäre es, keinen Superphosphatdünger mehr zu verwenden. Meine größte Freude wäre phasenweise Beweidung, damit die ganze Landschaft so aussieht wie hier. Meine größte Freude wäre es, Grasland zu haben statt Ackerbau. Meine größte Freude wäre es, die Herden diese Vielfalt an Gräsern weiden zu lassen. Meine größte Freude wäre es, meinen Söhnen und meinem ungeborenen Kind diese landwirtschaftlichen Methoden beizubringen. Meine größte Freude wäre, wenn sie nie wieder in ihrem Leben eine umgepflügte Scholle sehen müssten.« Ihre Stimme wurde lauter und kräftiger, und ihr Herz schlug schneller. »Meine größte Freude wäre, Land zu haben, das zu hundert Prozent ständig von Pflanzen bedeckt ist. Meine größte Freude wäre, die Jahreszeiten mit meiner Familie zu feiern, nicht gegen sie zu kämpfen. Meine größte Freude wäre, trotz des Kindes, das ich erwarte, mein Leben *nicht* mit dir verbringen zu müssen, Charlie Lewis.

Nicht mit einem Mann leben zu müssen, der dem Land nicht zuhört!«

Tränen strömten über Rebeccas Gesicht. Sie setzte sich hin und schlang die Arme um die Knie. Schluchzend rief sie: »Tom, du fehlst mir so!«

Im Rauschen des Windes ertönte auf einmal die Stimme ihres toten Bruders: »Du hast etwas vergessen, Bec. Deine größte Freude wären ein neuer Hund und ein neues Pferd. Es ist Zeit, dass du endlich wieder in den Sattel steigst. *Das Leben braucht dich!*«

23

Als Rebecca über den Weiderost auf das Wohnhaus zu-
fuhr, sah sie, dass Charlie den Bagger herausgeholt hatte. Die große Metallschaufel ruhte auf dem Boden. Auch
der alte gelbe Bulldozer, der an den Kanten schon roste-
te, stand neben dem Maschinenschuppen.

Rebecca kniff die Augen zusammen. Seit Jahren hatte
Charlie davon geredet, Silage machen zu wollen, um die
Rinder im Winter füttern zu können. Sie hatte dem Thema immer skeptisch gegenübergestanden. Als sie jetzt
die beiden großen Maschinen im Hof stehen sah, wusste
sie genau, was er vorhatte.

Während Rebecca mit Archie in der Stadt gewesen
war, war Charlie sich selbst überlassen gewesen. Zuerst
hatte er seine Familie besucht, und dann war er alleine
nach Waters Meeting zurückgekehrt. Offensichtlich hatte er die Zeit genutzt. Rebecca fragte sich bitter, ob er sie
wohl auch mit Janine genutzt hatte. Aber dann schob sie
den Gedanken beiseite. Er regte sie nur auf.

»Oh, verdammt!«, fluchte sie, als sie um die Scheune herumfuhr und die aufgetürmten Berge schwarzer
Erde sah. Charlie hatte die Silagegrube genau da angelegt, wo sie sie auf keinen Fall haben wollte. Was aussah
wie der Aushub für einen großen Swimmingpool, be-

fand sich genau neben dem Zaun ihres Gemüsegartens. Ihrer Oase.

Die schweren Reifen des Traktors würden den Hof aufwühlen, der Gestank des gärenden Sommergrases würde ihr die Freude an ihrem Garten nehmen. Der stechende Geruch von Hefe, Schimmel und Zucker würde über die Wäscheleine bis in die Küche dringen, wenn Charlie die Silage zur Fütterung holte.

Was dachte sich dieser Mann bloß? Rebecca blickte wütend auf den Brief von der Bank, den sie auf das Armaturenbrett gelegt hatte. Silage zu machen war kostenaufwändig. Andrew sagte immer: »Warum schneidet ihr das Gras auf dem Paddock, lagert es im Schuppen oder in der Silagegrube, nur um es im Winter wieder hinauszuschaffen? Das ist ein englisches Farmkonzept, das hier nicht funktioniert. Lasst doch einfach das Gras auf den Weiden stehen, damit die Tiere es die ganze Saison über fressen können.«

Andrew stellte immer wieder die Frage, warum die australischen Farmer englische Methoden kopierten, die hier offensichtlich nicht funktionierten. Nachdem Rebecca gerade auf der Wiese gesessen hatte, die sie damals mit Tom angelegt hatte, war sie sicher, dass Andrews Methode auf Waters Meeting funktionierte. Die einheimischen Gräser hatten mindestens genauso viele Nährstoffe für die Tiere wie die Silage, wenn nicht sogar mehr, und sie verursachten vor allem nicht die Magenprobleme, die das Vieh durch die einseitige eiweißhaltige Silage bekam.

Rebecca fuhr den Wagen in einen alten Schuppen, dessen Dach unter dem Gewicht einer alten Kletterrose beinahe durchhing. Einen Moment lang blieb sie im Wagen sitzen. Sie war noch nicht bereit, sich der unvermeidlichen Auseinandersetzung zu stellen.

»Was soll ich hören, Tom?«, fragte sie. Sie schaltete die CD ein, und die Stimme des spirituellen Lehrers erfüllte den Wagen. Sie zappte durch die einzelnen Tracks und hörte schließlich der Stimme einer Frau zu, die wie Sol einen spanischen Akzent hatte. Sie sagte, das Leben sei voller Freude.

»Ach, tatsächlich?«, fragte Rebecca. Sie dachte an die tiefe Verzweiflung, die Tom erfüllt haben musste, als er sich nicht weit von der Stelle, wo Rebecca jetzt saß, das Leben genommen hatte.

Die Frau, Esther Hicks, sagte, es gebe keinen Tod, alles sei ewig. Das hatte Evie auch gesagt. Die Frau fuhr fort, die meisten Menschen hätten diese Tatsache vergessen. Rebecca stellte die Zündung ab. Sie wollte sich so einen Unsinn nicht mehr anhören. Wenn es keinen Tod gab, warum war Tom dann nicht mehr hier? Trotzdem musste sie erneut an Evies Worte denken. Ein Schauer überlief sie, und plötzlich schossen ihr Tränen in die Augen. Wider Erwarten huschte ein Lächeln über ihr Gesicht. Tom war tatsächlich noch da.

»Okay, Tom, ich will jetzt zuhören. Tut mir leid, dass es so lange gedauert hat.« Ein warmes Gefühl umhüllte sie wie eine Umarmung, und plötzlich fühlte sie sich stark genug, ins Haus zu gehen.

Schon am Gartentor hörte sie laute Musik aus der Küche. Stirnrunzelnd blickte sie auf die Uhr. Es war schon spät, und Ben müsste eigentlich längst im Bett liegen. Auf dem Rasen stand Murrays Lieferwagen. Seine Scherkiste stand auf dem Rücksitz neben seiner riesigen blauen Kühlbox. Der Deckel war weit geöffnet. Bei der Wäscheleine lag ein Kricketspiel, und die leeren Bierdosen daneben sahen aus wie ein moderner Misthaufen. Daneben lag schlafend ein winziger schwarzbrauner Kelpie-Welpe. Er öffnete die Augen, als sie näher kam, und erhob sich schläfrig. Sie redete leise mit ihm, als sie seine Leine löste. Er hatte winzige braune Pfoten und wirkte ängstlich und unsicher. Es war eine Hündin, stellte sie fest, als sie ihn aufnahm. Der kleine Welpe kuschelte sich in ihre Arme.

Als Bec das Haus betrat, hörte sie Charlie und Murray lachen. Dann ertönte auch Bens hohes Lachen. Rebecca blickte wütend auf die Standuhr in der Diele. Der Junge musste morgen früh aufstehen. Er würde das erste Mal nach langer Abwesenheit wieder zur Schule gehen.

In der Küche stand Ben mit einer Fernsteuerung in der Hand vor den beiden Männern. Seine Augen leuchteten. Immer wieder drückte er auf eine Taste und lachte hysterisch, wenn Charlie sich wand und zuckte und nach seiner Kehle griff.

»Schalt es runter, du kleiner Bastard«, schrie Charlie, lachte aber dabei. »Hör auf, Ben!«

»Versuch es auf drei! Stell es auf drei!«, schrie Murray. »Stell es höher!«

Auf der Küchenbank lag die geöffnete Schachtel eines Elektrohundehalsbands. Bec schaltete als Erstes das Radio aus.

»Was zum *Teufel!*«, stieß Charlie hervor, schwieg aber, als er die Wut auf dem Gesicht seiner Frau sah.

In der Stille, die folgte, drückte Ben erneut auf den Schalter. Charlie zuckte zusammen. »Aah! Schalt es sofort ab, Ben! Mum ist zu Hause.« Dieses Mal klang seine Stimme ernst.

Rebecca blickte auf die Schachtel und wieder zu Charlie. Er wusste, dass sie absolut gegen Halsbänder mit Stromschlag war. Ihrer Meinung nach wurden Hunde damit nur gequält, nicht erzogen. Schließlich waren nicht die Hunde schuld daran, dass Charlie nicht besser mit ihnen umgehen konnte. Wollte er das Halsband seinem armen, alten Stripes umlegen? Und vielleicht auch diesem neuen Welpen?

Plötzlich hatte sie genug von Charlies Grausamkeit und seiner Dominanz. Er trampelte auf all ihren Überzeugungen nur herum, ganz zu schweigen davon, dass er Ben ermutigte, ihm auf diesem Weg zu folgen. Wo war seine Empathie? Wo war seine Freundlichkeit? Er war nicht bereit, die Verantwortung für sein Verhalten und seine Handlungen zu übernehmen. Weder den Tieren und ihr gegenüber, noch gegenüber dem Land. Sie spürte eine Kraft in sich aufsteigen, als ob ein Engel hinter ihr stünde.

Sie nahm Ben die Fernbedienung weg, öffnete den Ofen und warf sie ins Feuer. Mit dem Welpen auf dem Arm gelang es ihr nicht, die Tür wieder zu schließen.

»Gott, ich wünschte, du würdest das verdammte Ding endlich reparieren«, sagte sie. Sie versetzte der Tür einen wütenden Stoß, so dass sie krachend zufiel.

243

»Dieses Halsband hat mich hundertfünfzig Dollar gekostet!«, schimpfte Charlie. »Ich brauche es für den Welpen!«

»Das ist mir scheißegal«, fauchte Rebecca ihn an. »Du verdienst es nicht, einen Hund zu haben, so wie du Tiere behandelst. Du hast meinen Hund erschossen, ohne auch nur vorher mit mir darüber zu reden.«

»Ich glaube, du gehst besser, Muzz«, grollte Charlie und nahm sich das Hundehalsband ab. »Sie hält mir jetzt eine Standpauke.«

Rebecca kniff die Augen zusammen.

»Ja, dann«, sagte Murray und rieb sich die Hände. »Bis dann.« Wie der Blitz war er verschwunden.

»Ben, es ist Schlafenszeit«, sagte Rebecca ruhig. »Geh nach oben. Ich komme gleich und sage dir gute Nacht. Hier hast du einen Schlafanzug.« Sie nahm einen Flanellpyjama vom Wäscheständer, der immer noch an der gleichen Stelle stand wie an dem Tag von Archies Unfall.

»Och! Aber, Mu …«, begann er und trat zu ihr, um den Welpen zu streicheln.

Sie hob den Zeigefinger und blickte ihn an. »Stopp! Kein Aber. Tu es einfach, danke.«

Schmollend verzog Ben das Gesicht, aber sie wusste, er würde jetzt tatsächlich die Treppe hinauf in sein Zimmer gehen. Er wollte nicht wirklich aufbleiben, um mitzubekommen, wie sich seine Eltern stritten.

Rebecca setzte sich mit dem Welpen auf dem Schoß an den Küchentisch und stützte den Kopf in die Hände. Hinter ihr tropfte Wasser aus dem Hahn in das Spülbecken, das von schmutzigem Geschirr überquoll.

»Wir hatten doch nur ein bisschen Spaß, Rebecca! Hast du denn ganz vergessen, was Spaß ist?«

»Du liebe Güte, Charlie. Du bist betrunken. Ben so einen Mist beizubringen geht einfach nicht. Ein Stromhalsband. Siehst du denn nicht, dass es mir reicht?«

»Wie meinst du das?«

»Ich habe die Nase voll. Von dir. Von mir. Von uns.«

»Es ist doch nur ein Hundehalsband, Bec.«

»Es ist nicht nur ein Hundehalsband. Es ist alles. *Alles.* Sieh dich doch draußen mal um! Die Silagegrube. Die umgepflügten Weiden. Du hörst mir nie zu. Und weißt du was? Du hast keine Achtung vor mir!«

»Ich glaube eher, du hast keine Achtung vor mir! Warum glaubst du denn, geht es uns so schlecht? Es liegt nur an dir! An allem hast du etwas herumzunörgeln!«

Rebecca atmete tief durch, dann sprach sie die Worte aus, die sie so lange in ihrem Herzen bewegt hatte. »Es ist an der Zeit, dass du gehst, Charlie. Geh zurück zu deiner Familie. Verschwinde von Waters Meeting. Geh!«

Er zuckte zusammen. Dann richtete er sich auf und sagte mit lauter Stimme: »Ich werde nicht gehen. Ich habe zu viel in diese Farm investiert.«

»Investiert? Bin ich für dich eine *Investition*? Hau bloß ab, Charlie.«

Er stand mit geballten Fäusten vor ihr, die grünen Augen hatte er finster zusammengekniffen. Er schwankte leicht von den unzähligen Bierdosen, die Murray und er geleert haben mussten.

»Du liebe Güte, Charlie, du musst herausfinden, warum so eine Leere in dir herrscht. Hör auf, mich für den ganzen Mist in deinem Leben verantwortlich zu machen. Du hast mich jahrelang ignoriert. Kaum waren die Jungs auf der Welt, hast du mich hier im Haus alleingelassen. Du hast Tausende und Abertausende von Dollar für deine Spielzeuge ausgegeben und dich aufgeregt, wenn Ben etwas für die Schule gebraucht hat. Du beschmutzt dein eigenes Nest, mit dieser Janine. Bau doch auf der Farm deines Vaters eine Silagegrube!«

Charlie wusste offenbar nicht, was er sagen sollte, er hatte sich daran gewöhnt, dass Rebecca schwieg. Jahrelang hatte sie allenfalls schwach protestiert, aber jetzt gebärdete sie sich wie eine Wildkatze und versuchte, ihn zu verdrängen.

»Ich werde nicht gehen. Du willst Veränderungen auf der Farm? Ich werde etwas verändern! Ich habe schon ein Grab für deine alten Gäule gegraben, die uns ein Vermögen gekostet haben.«

Es durchzuckte sie wie ein Stromstoß.

»*Du hast meine Pferde erschossen?*«, fragte sie leise. Sie setzte den Welpen zu Boden und sprang auf, um ans Fenster zu laufen. Die Sonne war hinter den Bergen untergegangen, und sie sah nur Dunkelheit.

Trotzig und betrunken stand Charlie hinter ihr. »Das Fleisch war nicht mal mehr als Hundefutter zu gebrauchen. Ich hätte sie schon vor Jahren an den Abdecker verkaufen sollen.«

Bec stieß einen unterdrückten Schrei aus.

»Wenn ich schon dabei bin, soll ich nicht auch gleich ein Grab für die Vergangenheit ausheben? Du klammerst dich doch nur an deine Tage mit Tom. Gegen einen Toten komme ich nicht an! Ich habe es versucht, aber ich bin nicht so wie er. Ich bin weder sensibel noch ein Künstler. Und ich bleibe auch nicht ewig jung, so wie er.«

»Lass Tom aus dem Spiel!«

»Es stimmt doch. Ich bin nur dein Prügelknabe. Nörgel, nörgel, nörgel. Nie mache ich irgendetwas gut genug. Du willst mich nur kontrollieren. Ich könnte ebenso gut das verdammte Halsband anlassen, dann könntest du mich nach Belieben für alles, was ich getan oder nicht getan habe, bestrafen.«

»Nun, ich weiß, was du getan *hast*. Du hattest nicht nur eine Affäre, du hast nicht nur alle meine Tiere getötet, du hast mich auch noch geschwängert!«

Charlie fiel der Unterkiefer herunter. Er schaute sie fassungslos an.

»*Was?*«, sagte er und hob beide Hände. »*Was* soll ich getan haben?«

Rebecca holte tief Luft. Sie setzte sich wieder und legte die Hände auf die Tischplatte. »Ich bin schwanger, Charlie«, sagte sie müde.

Charlie runzelte die Stirn. »Wie das denn?«

»Was glaubst du?«, fragte sie sarkastisch.

»Ich habe doch den Schnitt machen lassen, und außerdem schlafen wir nie miteinander.«

Rebecca wäre beinahe in frustriertes Lachen ausgebrochen. »Eine Nacht hat gereicht. Die Nacht vor Archies Unfall. Wahrscheinlich kannst du dich gar nicht mehr erinnern. Du hattest so viel Bier getrunken, und der Sex war ziemlich schlecht. Für mich hat es sich angefühlt, als ob *sie* mit uns im Bett läge. Aber schwanger bin ich trotzdem, Charlie, ob es mir nun gefällt oder nicht.«

»Blödsinn. Sag mir die Wahrheit. Von wem bist du schwanger?«

»Sei nicht so begriffsstutzig. Von *dir*.«

»Aber ich kann dich doch gar nicht schwängern. Du wolltest doch, dass ich die Vasektomie machen lasse.«

»Der Arzt hat gesagt, so etwas käme vor.«

»Blödsinn!«

»Nein, ist es nicht.«

»Du lügst!«

Rebecca sah Wut in seinen Augen aufblitzen. Seine Wangen waren flammend rot. Wütend warf er einen Stuhl um. Der Welpe winselte und kroch unter die Kommode.

»Mit wem hast du es sonst noch getrieben?«, schrie er.

»Ach, das musst du gerade sagen! Mit niemandem!«

»Du lügst!«

»Dr. Patkin hat gesagt, du sollst zu ihm kommen, wenn du mir nicht glaubst. Damit er es dir erklärt«, sagte Rebecca, wobei sie versuchte, ruhig zu bleiben.

»Erklärt? Dann war er es also? Dr. Patkin! Du hast es mit ihm hinter meinem Rücken getrieben!«

»Charlie! Spinnst du jetzt?«

»Es ist dieser Andrew, was? Oder vielleicht auch Stanton? Wie konntest du nur, Rebecca? Wie *konntest* du nur?«

»Ich? Es ist *dein* Kind, Charlie.« Sie blickte ihm in die Augen, aber er glaubte ihr nicht. Sie gab es auf. »Was ist mit dir?«, fragte sie heftig. »Was ist mit dir und deiner Schlampe? Es reicht mir, Charlie! Genug ist genug! Ich war dir immer eine treue Frau. Verschwinde endlich!«

Charlie baute sich vor ihr auf.

»Du lügst! Du willst mich nur fertigmachen. Oder?« Er zerrte sie hoch und begann sie zu schütteln. »Oder?«, stieß er zwischen zusammengebissenen Zähnen hervor. Rebeccas Kopf wackelte hin und her. »Wer war es? Wer hat dich gefickt? Sag es mir!«

»Lass mich los!« Sie versuchte, sich aus seinem Griff zu winden, aber er war zu stark für sie. Seine Eifersucht nährte eine Wut, die tief in seinem Inneren saß.

Er packte sie an den Oberarmen und schleuderte sie gegen den Schrank. »Verdammtes Luder!«

Die Türknöpfe bohrten sich schmerzhaft in ihren Rücken, und einen Moment lang bekam sie keine Luft. Sie konnte den Alkohol in seinem Atem riechen. Und sie sah den Wahnsinn in seinen Augen. Den Wahnsinn eines Betrunkenen. Er zog sie nach vorne und wirbelte sie herum.

»Ich musste den Schnitt machen lassen, damit wir öfter miteinander schlafen konnten. Aber du willst ja nie. Willst du jetzt? Ja? Hä?« Charlie drückte sie über den Küchentisch. Ihre geschwollenen Brüste drückten sich schmerzhaft gegen die Tischplatte. Sie hörte, wie er seinen Gürtel öffnete.

Weinend spürte sie sein Gewicht auf sich, er riss ihr die Jeans herunter. Er war so stark, dass sie sich nicht rühren konnte, und die Wut verlieh ihm noch größere Kraft. Rebecca wandte den Kopf, als er begann, in sie hineinzustoßen. Sie sah seine entblößten Unterarme unter den aufgekrempelten Hemdsärmeln. Dann biss sie zu.

Wie ein Terrier hing sie heulend an ihm.

Charlie schlug sie mit aller Kraft ins Gesicht. Der Schlag war erleichternd und vernichtend zugleich. Eine Erleichterung, weil er das Ende ihrer Auseinandersetzung bedeutete, aber auch eine Vernichtung, weil dieser Mann der Vater ihrer Kinder war, ihr Ehemann, der sie eigentlich beschützen und für sie sorgen müsste. Seine Faust traf sie mitten ins Gesicht, Rebecca stürzte und schlug hart mit dem Kopf gegen die Schranktür.

Mit blutendem Mund lag sie da. Vor ihr stand ein Mann, den sie nicht mehr kannte. »Raus!«, presste sie durch Lippen, die bereits zuschwollen. »Verschwinde!«

Er murmelte keine Entschuldigung und machte auch keine Anstalten, ihr aufzuhelfen. Er blickte lediglich auf sie herunter, dann wandte er sich keuchend vor Anstrengung ab, und lief die Treppe hinauf. Rebecca wusste, dass er im Schlafzimmer eine Reisetasche packte. Kurz darauf schlug die Haustür zu, und Charlies Wagen wurde gestartet. Die anschließende Stille im Haus sagte Rebecca, dass er weg war.

Der Welpe kroch unter der Kommode hervor und schnüffelte vorsichtig. Dann legte er sich neben Rebecca und drückte seinen warmen kleinen Körper an ihren Bauch. Weinend begann sie, den kleinen Hund zu streicheln. Schließlich rappelte sie sich auf und tastete sich an der Wand entlang zur Veranda. Sie stellte sich vor, wie Charlies Rücklichter rot in der Nacht leuchteten, während er die gewundene Bergstraße von Waters Meeting wegfuhr.

Rebecca hielt sich am Geländer fest und schleppte sich die Treppe hinauf. Ihr ganzer Körper schmerzte. In ihrem freien Arm hielt sie den Welpen. Seine Anwesenheit tröstete sie. Sie blickte in ihr Schlafzimmer. Charlie hatte sämtliche Schubladen und Schranktüren aufgerissen, das Chaos im Zimmer spiegelte seine negative Energie.

Sie ging den Flur entlang zu Bens Zimmer. Bens Nachtlicht brannte, und in seinem Schein sah sie, dass ihr armer kleiner Junge bereits eingeschlafen war. Er hatte sich das Kissen über den Kopf gezogen, um die lauten streitenden Stimmen seiner Eltern nicht hören zu müssen. Rebecca legte den Welpen auf Bens Bett und setzte sich eine Weile daneben. Weinend strich sie ihrem Sohn über die dunklen Haare. Sie dachte an Archie, der in Bendoorin in seinem Krankenhausbett lag, und legte die Hand auf ihren Bauch, in dem das ungeborene Kind wuchs. Sie schloss die Augen und zwang sich, ruhig zu atmen.

»Ich bringe alles in Ordnung«, flüsterte sie. »Ich bringe alles in Ordnung.«

Benommen erhob sie sich, ging wieder nach unten, zog Stiefel und ihre Jacke an und ging in die schwarze Nacht hinaus. Nur wenige Sterne standen am Himmel, und kühle Luft strich über ihr Gesicht. Sie versuchte, tief durchzuatmen, aber ihre Muskeln und Rippen schmerzten zu sehr. Instinktiv wandte sie sich zu den Hundehütten, wo sie früher von ihren drei Kelpies immer freudig empfangen worden war. Als sie näher kam, sah sie im Schatten einen Klumpen auf dem Boden liegen.

»Stripes?«, rief sie. Aber dann sah sie, dass es nur die Kette war. Charlie hatte den Hund mitgenommen. Aber was war das für ein Haufen auf dem Boden? Als sie näher trat, schlug sie entsetzt die Hand vor den Mund und schrie erstickt auf.

Auf dem Boden lag das abgehackte Bein eines Pferdes. Der Huf stand in einem merkwürdigen Winkel ab. An dem braunen Fell erkannte sie Hank, das braune Pferd ihres Bruders Tom. Charlie hatte das Bein absichtlich dorthin gelegt. Rebecca sank auf die Knie und übergab sich. Schluchzend schlug sie die Hände vors Gesicht. Sie spürte das Leiden der Tiere, die Charlie erschossen hatte. Mit dem Traktor hatte er sie über den Hof gezerrt und in die Grube geworfen, die er vorher mit dem Bagger ausgehoben hatte. Er hatte sicher das Messer, mit dem er sonst die Schafe tötete, benutzt, um den Pferden die Gliedmaßen abzuhacken.

Schließlich ließ ihr Schluchzen nach, und sie atmete wieder normal. Ihr fiel die Nacht ein, in der sie vor Jahren die riesigen alten Fichten mit dem Bulldozer umgerissen, mit der Kettensäge zersägt und anschließend verbrannt hatte, die das ganze Haus beschattet hatten. Das war nach dem Tod ihres Bruders gewesen, damals war sie voller Wut auf ihre Eltern, vor allem auf ihren Vater, gewesen.

Eine Zeitlang war sie erleichtert, weil die hohen Nadelbäume, die im Wind so unheimlich rauschten und wisperten, nicht mehr da waren, aber bald schon kamen die Schatten zurück, obwohl sie die Bäume und den Schuppen, in dem Tom sich erhängt hatte, niedergebrannt hatte. Selbst an strahlenden Sommertagen hatte über Haus und Garten immer eine schwermütige Stimmung gehangen. Diese Finsternis empfand sie immer noch, heute ganz besonders, weil Charlie nicht nur ihren Hund erschossen, sondern auch die Pferde abgeschlachtet hatte. Rebecca sah, dass sie selbst diese Dunkelheit eingelassen hatte. Es war ihre Angst. Angst vor ihrer eigenen Kraft und Freiheit. Eine Angst, die seit Generationen von Frau zu Frau weitergegeben wurde.

Sie ließ sich immer noch von der Vergangenheit beherrschen. Von der Kälte und Negativität ihres Vaters, die über der ganzen Landschaft lag. Sie dachte an den hochmütigen, verächtlichen Ausdruck in den Augen ihres Vaters, den sie als Kind und als junge Frau ertragen hatte, und stellte auf einmal fest, dass sie sich mit Charlie eine Kopie dieses Vaters ausgesucht hatte. Sie hatte ihren Vater geheiratet.

Wut stieg in ihr auf. Sie wiederholte ein Muster aus der Vergangenheit, aber sie wusste auch, dass sie es durchbrechen konnte. Sie musste nur loslassen und einen neuen freudigen, positiven Weg einschlagen. Nur für sich selbst. Sie musste anfangen, sich um sich selbst zu kümmern.

Niemand würde sie mehr zu Boden schlagen oder sie anbrüllen und in die Ecke drängen. Sie wollte keine Farmersfrau mehr sein, sondern der *Farmer* selbst. Sie wollte eine Frau sein, die ihre Träume lebte. Für sich, für ihre

Kinder, für ihr Land – und für alle geprügelten und unterdrückten Frauen. Sie würde es für die Frauen tun, die über die Jahrhunderte verbrannt, geschändet, gesteinigt worden waren. Sie hörte ihre Schreie und spürte ihre Schmerzen. Warum waren diese Frauen – Heilerinnen, Hebammen und Weise – verfolgt worden? Weil sie die Macht besaßen, Leben zu schenken. Weil sie sich von Liebe leiten ließen. Weil sie mit der Natur heilten. Weil sie Mutter Erde verehrten. Weil sie die Zyklen des Lebens und der Jahreszeiten intuitiv erfassten.

In diesem Moment begriff Rebecca, dass sie erwachsen geworden war. Sie würde die uralte Angst ablegen. Sie schob ihre körperlichen Schmerzen beiseite, bat Evie im Stillen, ihr Energie zu schicken und ihr zu helfen. Sie erhob sich, schleppte sich zum Bagger, kletterte ins Führerhäuschen und ließ den Motor an. Sie fuhr den Bagger zur Silagegrube und ließ ihn mit laufendem Motor am Rand stehen.

Dann lief sie in den Maschinenschuppen und suchte in der Werkzeugkiste nach der Startkurbel für den Bulldozer. Es war schon einige Jahre her, seit sie die alte Planierraupe gefahren war. Als sie die kalte Stahlkurbel ergriff, durchzuckte es sie. Das war ein Metallstab, den schon ihr Großvater, ihr Vater und dann Charlie in der Hand gehalten hatten. Sie umklammerte die Kurbel und schwor sich, dass sie sich nie mehr von ihrem Stahl und ihrer Härte beeindrucken lassen wollte. Auch ihr Land brauchte Schutz.

Sie fand den Tankdeckel und schüttete Öl in die Leitung, dann ließ sie mit der Kurbel den Motor an. Die

Kurbel drehte sich heftig zurück und traf sie am Handgelenk. Sie schrie vor Schmerzen auf, biss aber die Zähne zusammen und versuchte es gleich noch einmal. Rumpelnd startete der Motor. Sie zog den Choke und schwang sich auf den Sitz. Die Kälte des Sitzes drang durch ihre Jeans, und auch das Schaltgestänge lag eiskalt in ihrer Hand.

»Na komm schon«, sagte sie auffordernd, während sie wartete, dass sich das Öl verteilte. Schließlich drückte sie auf den Startknopf, das alte Ungetüm hustete, spuckte und ratterte dann los. Sie setzte Ohrschützer auf und hoffte, dass sie es nicht verlernt hatte, das Gerät zu fahren. Entschlossen legte sie einen Gang ein und tuckerte auf den glänzenden, gelben Pflug zu, den Charlie sich gerade zugelegt hatte, sein ganzer Stolz und seine Freude.

Der Aufprall ging ihr durch Mark und Bein. Laut kreischend traf Metall auf Metall. Dann ergaben sich die Pflugscheiben der Kraft der Planierraupe. Der Pflug sackte zur Seite, Rebecca schaltete einen Gang höher und schob den Pflug über die trockene Erde zur Silagegrube.

In diesem Moment war es ihr egal, dass sie der Bank Tausende von Dollar für den neuen Pflug schuldeten. In diesem Moment repräsentierte die Maschine alles, was sie und ihr Land verletzt hatte. Sie hasste den Anblick dieser Maschine, und als der Pflug über den Rand der Silagegrube in sein dunkles Grab stürzte, stieß sie einen lauten Schrei der Freude und Freiheit aus.

»Scheiß auf euch, ihr Arschlöcher!«, schrie sie, als sie den Pflug in der Grube liegen sah, die Pflugscharen waren in die Luft gereckt wie die Gliedmaßen der getöteten Pferde.

Sie sprang von der Planierraupe, stieg in den Bagger und begann, die schwarzen Erdhaufen um die Grube herum hineinzuschieben. Lächelnd blickte sie zum Himmel und zu Tom hinauf. Es fühlte sich so gut an, den grässlichen Pflug und damit ihr altes Leben zu begraben.

24

Rebecca erwachte mit neuer Energie. Sie verdrängte die
Schmerzen in ihrem Körper und warf nur einen flüch-
tigen Blick auf ihr Spiegelbild. Sie wusste, dass die Frau
mit der geschwollenen Lippe, die sie dort sah, der Vergangenheit angehörte. Heute war ein neuer Tag. Die Erleichterung darüber, dass sie Charlies Energie nicht mehr
länger ertragen musste, beruhigte sie. Sie empfand auf
jeden Fall keine Panik darüber, dass sie jetzt allein auf
der Farm war.

Tief im Inneren wusste sie, dass sie einen steinigen
Weg vor sich hatte, aber es war auch die Chance zu
einem Neubeginn.

Energisch schrubbte sie in der Dusche alle schmutzigen Gefühle weg, die sie wegen der hässlichen Szenen am Vorabend empfand. Sie rieb ihre Haare mit dem
Handtuch trocken und nahm sich die Zeit, sie zu zwei
hübschen Zöpfen zu flechten. Lächelnd betrachtete sie
sich im Spiegel und versicherte sich, dass sie sich nie wieder mit diesem Mann einlassen wollte.

Sie zog saubere Arbeitsklamotten an und knotete
ihre Bluse wie ein Cowgirl über ihrer Jeans. Ben tapste
schläfrig in ihr Schlafzimmer, der Welpe folgte ihm auf
den Fersen. Sie wusste, dass er nicht nach seinem Va-

ter fragen würde, weil die Jungen daran gewöhnt waren, dass ihr Vater nicht zu Hause war.

»Was machen wir heute, Mummy?«, fragte er und legte sich noch einmal in ihr Eisenbett.

»Hmm.« Rebecca dachte einen Moment lang nach. Dann sagte sie: »Heute gehst du noch nicht zur Schule. Wir denken uns einen Namen für unseren neuen Kelpie aus und gehen mit ihm nach draußen, damit er sein Geschäft erledigen kann. Wir versorgen die Schafe, und danach fahren wir zu Archie. Was der Rest des Tages bringt, sehen wir dann.«

Sie drehte sich zu ihm um. Er hatte ihr fasziniert zugehört, aber jetzt runzelte er besorgt die Stirn.

»Mummy! Was ist passiert? Bist du vom Traktor gefallen?«

Sie fuhr sich mit den Fingerspitzen übers Gesicht und verdrehte dann lächelnd die Augen. »Nein, Mummy hatte einen Unfall in der Küche. Ich habe Wasser aus dem Spülbecken verschüttet, und dann bin ich auf dem nassen Fußboden ausgerutscht. Blöd von mir. Jetzt komm, lass uns loslegen.« Sie spürte, wie ihr Tränen in die Augen traten, aber sie unterdrückte sie. Stattdessen nahm sie Ben an der Hand, hob den Welpen auf den Arm und ging mit den beiden auf die Veranda, um den neuen Tag zu begrüßen.

Im böigen Winterwind tuckerte Rebecca mit dem alten LandCruiser über die Weiden. Jedes Schlagloch ließ sie vor Schmerzen zusammenzucken, aber zugleich fühlte sie auch Erleichterung über die Situation. Auch der Gedanke an das Kind in ihrem Bauch tröstete und verunsicherte sie zugleich. Sie dachte an die Worte der Frau auf der CD: Wähle deine Gedanken, wähle dein Leben. Sie zwang sich, jeden Moment bewusst zu erleben. Schmerz und Unsicherheit würden vergehen, sie würde neue Klarheit erlangen. Bewusst atmete sie tief durch.

Wie schön die Blätter der Eukalyptusbäume in der Morgensonne glänzten! Jeder Zaunpfosten war ein kleines Kunstwerk mit all den Flechten und Moosen, mit denen er bewachsen war, und die Baumstämme schimmerten in zarten Gold- und Silbertönen. Seit Jahren war sie nicht mehr sie selbst gewesen, dachte Rebecca. Sie hatte sich mit Pflichten überhäuft und war nicht mehr in der Lage gewesen, ihre Umgebung wahrzunehmen. Geschweige denn, sich selbst zu sehen.

Ben saß mit dem Welpen auf dem Schoß neben ihr. Sie lächelte ihn an und war glücklich darüber, dass er bei ihr war und dass sein Bruder sicher im Krankenhaus lag. Dort saß Evie an seinem Bett und wartete darauf, dass er aufwachte. Dank Evie hatte sie mehr Zeit, sich um die Farm zu kümmern. Nur sie, Ben, der neue Welpe und die ungeborene Energie in ihr.

Bei jedem neuen Schlagloch gaben sie und Ben ulkige Laute von sich und kicherten und lachten. Sie strich Ben über die dunklen Haare.

Er blickte sie aus seinen großen braunen Augen an. »Ich habe dich so lieb, Mummy.«

»Ich liebe dich auch, mein Herz. Meinst du, du könntest das Tor für mich öffnen?«

Er nickte und reichte ihr den Welpen.

Sie streichelte dem kleinen Kelpie über den Kopf. »Na, du bist auch geradewegs in meinem Schoß gelandet, was?«, sagte sie zu dem kleinen Hund. »Du musst nur um Gutes bitten, es zulassen, und dann bekommst du es auch. Tom hat mir dabei geholfen, dass du so schnell aufgetaucht bist. Was mag er sonst noch alles für uns in petto haben?« Tief atmete sie den warmen Geruch des Welpen ein. Ben lief auf seinen kräftigen Beinen zum Tor. Lächelnd beobachtete sie, wie er konzentriert die Zungenspitze aus dem Mund streckte, als er die Kette hochschob und aufhakte. Dann drückte er das Tor zur Seite, damit seine Mutter durchfahren konnte. Bec setzte sich im Geiste das Ziel, alle Tore noch vor dem Winter so zu überholen, dass sie leicht aufgingen. Sie fuhr durch das Tor auf die nächste Weide und wartete dann, bis Ben wieder ins Auto geklettert war.

»Wie sollen wir sie nennen?«, fragte sie Ben.

Er nahm den Welpen auf den Schoß. Er kicherte, als der Kleine ihm übers Gesicht leckte. »Wir nennen sie Funny, weil sie so lustig ist.«

»Ja, das ist eine gute Idee«, pflichtete Rebecca ihm bei. Sie mussten beide lachen. Obwohl Rebecca im Stillen noch um ihre verlorenen Hunde trauerte, wusste sie, dass die kleine Funny einen Neubeginn für sie und die Jungs verkörperte. Ihr Name würde Bec immer daran erinnern, dass sie auch die lustige Seite des Lebens sehen musste.

»Sie ist noch zu klein, um zu arbeiten, deshalb müssen wir ziemlich weit laufen und fahren, um die Schafe zu dirigieren, aber das geht schon. Oder?«

Ben nickte. Dann blickte er seine Mutter an. »Warum haben wir denn Stripes nicht mitgenommen?«

Einen Moment lang fühlte Rebecca sich unsicher, aber dann antwortete sie: »Daddy ist zu Grandpa und Grandma auf die Farm gefahren und hat Stripes mitgenommen, damit er dort hilft.« Hoffentlich stimmte das. Ben jedenfalls schien mit der Antwort zufrieden zu sein. Er sagte nur »Oh« und guckte weiter aus dem Fenster.

Bec folgte seinem Blick zu den Bäumen, wo die Schafe ihnen bereits die weißen Gesichter zugewandt hatten. Sie öffnete das Tor zur nächsten Weide und fuhr dann im Uhrzeigersinn um die Herde herum, in der Hoffnung, dass sich die Schafe schließlich in die andere Richtung zum obersten Tor hin bewegen würden. Ohne Hund war das Ganze eine Herausforderung, aber es dauerte gar nicht lange, und die Herde lief friedlich mit ihr mit.

Langsam fuhren sie über die mit Steinen übersäte Weide, wobei Bec gelegentlich hupte oder an die Seite der Fahrertür schlug. Allerdings achtete sie sorgfältig darauf, nicht zu viel Druck auf die Tiere auszuüben. Zufrieden beobachtete sie am Tor, wie die Leittiere die Ohren spitzten und bereitwillig durch das Tor auf eine große Hammelherde zugingen.

»Was machst du da, Mummy?«, fragte Ben stirnrunzelnd. Er wusste, dass es unüblich war, Herden so zusammenzuführen.

»Ich versuche einmal etwas anderes. Kannst du dich noch an die Fernsehsendung über die Zebras und die Gazellen in Afrika erinnern? Wie sie alle zusammen durch die Steppe zogen? So etwas könnten wir auch machen, dann sind die Herden größer, bleiben länger an einem Fleck, und das Gras und der Boden auf den anderen Weiden können sich länger erholen, bis die Tiere dorthin kommen. So machen das Antilopen, Büffel, Zebras und anderes Wild in den großen Steppen auch. Die Flüsse und Hügel haben so ebenfalls längere Ruhephasen. Verstehst du?«

Ben nickte. »Ich glaube schon. Und die Böcke können die Mädchen doch von den Jungs unterscheiden, auch wenn sie alle zusammen sind, oder?«

Rebecca lachte. »Ja, das können sie. Wir werden ab sofort aufhören, Unkrautvernichter auf den Weiden zu versprühen. Wenn du den Tieren nicht sagst, dass manche Pflanzen Unkraut sind, dann wissen sie es auch nicht. Sie fressen das Unkraut wie ein medizinisches Kraut. Es ist alles gut, Bennie. Dem Land und den Tieren gefällt es so viel besser.«

Sie führte drei Herden zusammen und brachte am Ende auch noch die Rinder zu den Schafen. Zufrieden beobachtete sie, wie die Tiere einträchtig grasten. »Siehst du, Ben, sie benehmen sich schon ganz anders, jetzt wo sie hier alle zusammen in einer großen Herde sind. Sie düngen jetzt die ganze Weide, nicht nur die kleine Stelle, an der sie sich aufhalten. Mist ist der beste Dünger für den Boden. Dann brauchen wir nicht mehr so viel Kunstdünger zu kaufen, unseren Weiden wird das gefallen. Und mir auch.«

Ben riss aufgeregt die dunklen Augen auf. »Dann haben wir eine Farm wie in Afrika.«

»Ja«, erwiderte Bec, »so ungefähr. Gesundes Land, ge-

sunder Boden und glückliche gesunde Tiere. Der Regen
kann im Boden bleiben, weil genügend Pflanzen wachsen und ihn halten. Er wird nicht einfach mit dem Wind
von der Erde geweht und verdunstet.«

»Kann ich irgendwie helfen?«, fragte Ben.

»Ja, natürlich.«

Rebecca freute sich, sie brachte ihrem Sohn eine neue
Art der Landwirtschaft bei. Es fühlte sich alles so richtig an. Kurz fragte sie sich, wo Charlie wohl war, aber
dann schob sie den Gedanken beiseite. Er hatte sie und
Waters Meeting schon vor langer Zeit verlassen – in jeder Hinsicht. Seine ständigen Kneipenbesuche und natürlich auch Janine waren der Beleg dafür. Sie fragte sich,
was er wohl von ihr verlangen mochte, aber auch diesen
Gedanken schob sie von sich. Alles würde gut werden.

Funny kuschelte sich an ihren Oberschenkel, rollte
sich zusammen und seufzte. Rebecca lächelte. Wenn am
Ende des Winters das Frühlingswachstum einsetzte und
sie die Herde von dieser Weide heruntertreiben musste, hätte sie schon ziemlich gute Wiesen für die Tiere.
Sie würde sich dann die Pläne wieder vornehmen, die
sie früher gezeichnet hatte, um größere Weiden zeitwei-
se mit Elektrozäunen abzutrennen. Dadurch könnte sie
die empfindlicheren Bereiche länger ruhen lassen. Eine
Wärme stieg in ihr auf, die ihr sagte, dass die Heilung
einsetzte, für Waters Meeting und für sie selbst. Mit diesem Gedanken fuhr sie zum Haus zurück. Es war an der
Zeit, den kleinen Archie im Krankenhaus zu besuchen.

Als sie mit Ben die Bergstraße hinauffuhr, piepste ihr
Handy. Sie hatte eine Nachricht bekommen.

»Hallo. Ich bin Cory Mendleton von der Agribiz Bank. Ihr Mann hat mich wegen der ausstehenden Verbindlichkeiten auf ihrem Konto an Sie verwiesen. Wir müssen miteinander reden, Mrs. Lewis. Bitte rufen Sie mich unverzüglich an. Danke.«

Die Stimme des Mannes klang reserviert. Rebeccas Freude erlosch. Sie hatte erneut die Bank im Nacken, wie damals nach dem Missmanagement ihres Vaters auf Waters Meeting. Jetzt musste sie die Folgen von Charlies falschem Management ausbaden. Oder hatte sie am Ende alles selber verschuldet? Das war doch wieder ein Muster in ihrem Leben, das sie ändern musste.

25

In Rivermont machte niemand auf, deshalb ging Rebecca mit Ben an der Hand den weißen Kiesweg entlang zu den Stallungen. Auch dort war bis auf das Plätschern des Brunnens und das Schnauben der Pferde alles still. Im Aufenthaltsraum war ebenfalls niemand, also gingen sie zum Futterhaus. Als Rebecca die Tür öffnete, umfing sie Wärme, was nach der kühlen Bergluft draußen eine Wohltat war. Das leise Gluckern des Wassers in den Tanks beruhigte sie.

Ihre Aufregung über den Anruf von der Bank hatte sich gelegt, als sie im Krankenzimmer Evie und Archie beim Ballspielen angetroffen hatte. Archie machte so große Fortschritte, dass Bec ihn bestimmt schon bald nach Hause mitnehmen konnte. Sie war sich ganz sicher, dass auch Evie zu seiner Genesung beigetragen hatte. Die Mitarbeiter im Krankenhaus waren jedenfalls sehr erstaunt darüber, wie schnell er sich erholt hatte.

Archie hatte gestrahlt, als er seine Mutter und Ben sah. Bei Evies Besuchen strahlte er genauso, weil sie ihm jedes Mal so tolle Dinge mitbrachte wie Flusssteine, Bücher über Einhörner und große Zeichenblöcke mit Malstiften. Wenn Evie bei Archie war, war ihr kleiner Junge so zufrieden, wie Rebecca ihn selten erlebt hatte. Er war ihrem Bruder Tom sehr ähnlich, manchmal brauchte er einen Rückzugsort von der Welt, die viel zu laut und hektisch für ihn war. Rebecca sah, dass Evie ihm beibrachte, in Frieden mit sich zu leben – dieselbe Lektion, die sie auch ihr erteilte.

Als Rebecca am Bett stand, hatte sie so fröhlich wie möglich »Hallo« gesagt, aber ihr verschwollenes Gesicht konnte sie natürlich nicht verbergen.

Evie war sofort aufgestanden, um sie zu umarmen, und sie hatte ihr zugeflüstert: »Er ist weg. Jetzt ist die Bank hinter mir her.«

»Gut«, hatte Evie nur gesagt. »Das wurde auch Zeit.«

Dankbar hatte Rebecca Evies Angebot angenommen, sie bei ihrem Telefonat mit Cory Mendleton zu unterstützen. Sie setzten sich auf eine Bank vor dem Krankenhaus. Die Jungen spielten auf dem Rasen mit Funny, und Rebecca hatte Evie erzählt, wie es um Waters Meeting, Charlie und sie stand. Sie hatte ihr auch von ihrer Arbeit mit Andrews Methoden und ihren Plänen für die Farm erzählt. Sie war überzeugt, finanziell über die Runden zu kommen, wenn sie außerhalb der Farm einen Teilzeitjob fand.

Während des Telefonats hatte Evie beruhigend neben ihr gestanden, und zu ihrer Überraschung hatte Cory Mendleton ihr eine Verlängerung der Rückzahlungsfrist gewährt, so dass sie guten Mutes für die Zukunft war, als sie schließlich den Hörer auflegte.

Jetzt stand sie im Futterhaus und schickte im Geiste erneut ein Dankeschön an Evie. Sie hatte zuerst niemanden bemerkt und zuckte zusammen, als sie eine Bewegung wahrnahm. Sol Stanton stand vor einem Computer, der an der Wand befestigt war.

»Hallo«, sagte sie leise. Er fuhr herum.

»Hola, Rebecca«, sagte er mit seiner tiefen Stimme. Er lächelte sie strahlend an.

»Hier ist es aber ruhig.«

»Wir nehmen an einem großen Rennen teil, deshalb sind Dutzende von Pferden mit einer großen Mannschaft unterwegs. Der Rest ist krank. Grippe.«

Ben ließ ihre Hand los und schaute sich um. Er staunte, als er die riesigen Grastabletts sah.

Sol trat auf sie zu, wobei er sich die Hände an einem Handtuch abtrocknete. Sein Gesichtsausdruck veränderte sich, als er die frischen Wunden auf Rebeccas Gesicht sah.

»Brauchst du Hilfe?« Seine Augen blitzten.

»Entschuldige, dass ich dich belästige«, sagte Rebecca. »Aber …« Sie seufzte. »Ich brauche einen Job. Ich wollte dich fragen, ob du mir Arbeit geben kannst.«

Er trat dicht an sie heran, ergriff sie sanft an den Schultern und drehte sie zum Licht. Aufmerksam betrachtete er ihre Verletzungen. Sie wandte den Blick ab. Seine Sanftheit berührte sie.

»Ist alles in Ordnung?«, fragte er schließlich.

Sie schüttelte stumm den Kopf. Er zog sie in die Arme. Mit dem spanischen Akzent klangen seine Worte verführerisch.

»Sag mir, was ist passiert?«

Sie konnte nicht antworten.

Sol ließ sie los und wandte sich zu Ben. »Hey, Ben. Gefällt dir das grüne Gras? Schau es dir mal genauer an.«

Ben zögerte, aber er war sichtlich fasziniert von dem riesigen Schuppen.

»Na los«, ermunterte Sol ihn. Der Junge lief den Mittelgang entlang.

Als er außer Hörweite war, wandte sich Sol wieder zu Rebecca. Er wies auf ihr Gesicht. »Ein Unfall? Ja? Ich hoffe es.«

Beschämt schüttelte Rebecca den Kopf und blickte zu Boden.

»Dein Mann?«

Sie nickte. Er stieß einen wütenden Seufzer aus.

»Dieser Bastard!«

»Er ist weg«, sagte sie. »Das hoffe ich jedenfalls.«

»Und du? Was brauchst du? Was kann ich tun?«

»Es ist wegen der Bank. Da war ein Brief ... ich habe inzwischen mit dem zuständigen Sachbearbeiter gesprochen ...« Sie blickte ihn an, und ihr wurde klar, dass er einen falschen Eindruck bekommen konnte. Rasch fügte sie hinzu: »Versteh mich nicht falsch! Ich will dich nicht um Geld bitten. Um Gottes willen, nein. Ich wollte dich um einen Job bitten. Mehr nicht.«

Sie konnte ihre Panik kaum unterdrücken. Hastig sagte sie: »Weißt du, wenn ich ein bisschen zusätzlich verdienen könnte, dann könnte es funktionieren. Ich habe mir schon alles überlegt. Ich werde das gesamte Management der Farm nach Andrews Theorien umstellen. Ich habe schon damit angefangen, auf diese Art und

Weise kann ich einen Haufen Geld sparen. Außerdem werde ich die ganzen Maschinen verkaufen. Charlie hat Unmengen in seinen modernen Maschinenpark investiert. Aber ich brauche jetzt ein bisschen Geld, um über die Runden zu kommen. Archie ist zwar noch nicht in der Schule, aber ich kann bestimmt einen Babysitter finden. Evie hilft mir auch. Er wird schon bald aus dem Krankenhaus entlassen. Also kann ich hier arbeiten?«

»Schscht, schscht, beruhige dich«, sagte Sol und zog sie erneut an sich. »Beruhige dich. Atme erst einmal tief durch.«

Ihre verspannten Muskeln schmerzten, als er ihr über den Rücken strich. Sie war dankbar dafür, dass es eine rein fürsorgliche Geste war. Bereitwillig ließ sie sich von ihm beruhigen.

»Ganz langsam, Rebecca.« Das war derselbe Tonfall, in dem er auch mit den Pferden redete. Sie schmiegte sich an ihn und genoss sein Mitgefühl und seine sanfte Freundlichkeit. Tief atmete sie seinen Duft ein, diese Mischung aus teurem Eau de Toilette und Männlichkeit. Sol hielt sie fest, bis die Tränen kamen. Er streichelte über ihren Hinterkopf, woraufhin die Tränen noch heftiger flossen.

»Alles wird gut«, flüsterte er. »Alles wird gut. Du musst nur ruhig werden. Lass die Dinge auf dich zukommen. Yazzie und ich helfen dir. Natürlich kannst du hier arbeiten. Du brauchst keinen Babysitter. Es wäre schön, wenn Archie hier herumliefe. Allen würde das gefallen, vor allem Yazzie. Hier sind Kinder willkommen.«

Bei seinen Worten liefen ihre Tränen noch reichlicher, Tränen, die sie seit Jahren nicht geweint hatte. Kein Mann hatte ihr jemals so viel Mitgefühl und Freundlichkeit entgegengebracht.

Sie löste sich von ihm, um sich zu bedanken, aber als sie in seine Augen blickte, sah sie darin noch etwas anderes als Mitgefühl. Sie sah Leidenschaft. Es erschreckte sie, aber zugleich erregte es sie auch. In diesem Moment kam Ben auf sie zugelaufen.

»Mummy!«

Rebecca trat einen Schritt zurück.

»Das ist *toll* hier! Wie wächst das Gras auf diesen Tabletts? Kann ich es essen?«

Der Moment war vorüber. Sie folgte Sol und Ben in den Anzuchtraum und sah zu, wie Ben mit den Fingern über die langen grünen Gräser der Gerste fuhr und dabei winzige Wassertropfen sammelte. Es war nur ein flüchtiger Augenblick gewesen, aber sie war sich sicher, Verlangen in seinen Augen gesehen zu haben. Ihr schwirrte der Kopf.

»Es ist wirklich toll!«, sagte Ben.

»Ja, das ist es«, erwiderte sie geistesabwesend.

Als Sol sie und Ben nach draußen begleitete, war sie sich schon nicht mehr sicher. Sie musste sich geirrt haben. Er war nur nett zu ihr.

»Hör auf, die Stirn zu runzeln«, sagte Sol zu ihr, als sie zum Brunnen gingen, wo Rebecca den Wagen geparkt hatte. »Du musst das alles zulassen.«

»Was zulassen?«, fragte sie.

»Dass die Leute dir helfen. Dass das Leben dich dahin treibt, wo du hinmusst. Hör auf, dich zu wehren«, sagte Sol. Er drückte ihre Hand und schenkte ihr ein leises Lächeln, das nur von Freundschaft zeugte, wie Rebecca fand.

»Du hörst dich an wie Evie«, sagte sie.

»Gut«, erwiderte er.

Die Abendsonne warf einen goldenen Schein über den Garten von Rivermont, in dem schon ein paar frühe Narzissen und Christrosen blühten.

Ben hielt vergnügt seine Fingerspitzen in die Fontäne des Brunnens, in dessen Mitte ein Bronzepferd stand. Bec wandte sich zu Sol.

»Aber warum hilfst du mir? Warum hilfst du uns?«

Sol lächelte sie an. »Diese Frage könntest du auch Evie stellen. Sie hat mir viele Wahrheiten über mich gezeigt und mir geholfen zu erkennen, wie das Vermögen, anderen zu helfen, uns positiv verändern kann.«

»Ich bin also für dich eine Gelegenheit, wohltätig zu sein?« Bec runzelte die Stirn.

Sol warf den Kopf zurück und lachte. »Nein. Du bist stark. Es gibt nur wenige Frauen wie dich. Ich bin schon durch die ganze Welt gereist, und ich weiß, dass es nur wenige wie dich gibt. Genau wie ich bist auch du momentan dabei zu erwachen. Deshalb ist dein Mann weg. Und deshalb sind wir hier zusammengebracht worden.«

»Sol!«, rief Ben. »Willst du meinen neuen Welpen sehen?«

Bec drehte sich der Kopf. Zusammengebracht worden? Was meinte er damit?

»Ben, wir müssen fahren!«, rief sie ihrem Sohn zu. Als sie sich wieder Sol zuwandte, um ihn zu fragen, wie er seine Worte gemeint hatte, war dieser bereits mit Ben zu Rebeccas Wagen gegangen, um sich den Welpen anzuschauen, der zusammengerollt auf einer alten Pferdedecke von Hank auf dem Rücksitz schlief.

»Oh, sie ist wunderschön«, sagte Sol. »Wie heißt sie?«, fragte er. Der Welpe schüttelte sich und gähnte.

»Funny.«

»Funny? Na, das ist ein ulkiger Name.«

»Ja, ich weiß«, erwiderte Ben kichernd.

Auch Sol lachte, und Rebecca musste lächeln.

»Geh rasch mit ihr auf die Wiese, Ben, bevor du sie wieder ins Auto bringst«, sagte sie zu ihrem Sohn.

Als Ben mit dem kleinen Hund zur Wiese gelaufen war, wandte sich Sol wieder zu ihr. »Sollen wir sagen, deine Schicht im Futterhaus beginnt, wenn der Schulbus Ben abgeholt hat? Dann kannst du aufhören, wenn Ben nachmittags mit dem Bus wieder nach Hause kommt. Du sagst, wie viele Tage du arbeiten möchtest.«

Von Dankbarkeit überwältigt, schaute Rebecca ihn an. »Oh, Sol! Das ist perfekt! Danke!«

»Bueno.«

Sie lächelte ihn fragend an. »Wie kommt es, dass du auf einmal so nett bist?«

Sie blickte zu Ben, der kichernd mit dem Welpen auf dem Rasen herumtollte.

»Alles begann an dem Tag, als wir die Zwillinge verloren.«

»Zwillinge?«

»Yazzies Babys.« Sols Gesichtsausdruck verfinsterte sich. »Sie will nicht darüber reden, aber sie sieht ebenso wie ich deine Kraft, und sie braucht dich. Ich weiß, du glaubst, du brauchst eher uns, aber es hat einen Grund, dass Yazzie dich in ihrem Leben willkommen geheißen hat. Du und deine wundervollen kleinen Jungen haben ihr das Licht wiedergebracht. Wir brauchen dich ebenso wie du uns. Sie braucht eine Freundin wie dich. Zwar hat sie Evie, die ihr in der ersten Zeit sehr geholfen hat, aber sie braucht auch jemanden in ihrem Alter. Jemanden wie dich.« Er öffnete die Wagentür und bedeutete ihr, sie solle einsteigen.

Es schockierte Rebecca, dass diese strahlend schöne Frau zwei Kinder verloren hatte. Niemand merkte ihr den Schmerz und die Trauer an. Sie wirkte so glücklich und war so freundlich. Aber ihre Vergangenheit musste entsetzlich schmerzlich gewesen sein. Der Gedanke zerriss Rebecca das Herz. Eine Mutter, die ihre Babys verlor. Es war unvorstellbar. Unerträglich. Sie hätte gerne gefragt, wie das passiert war, aber sie spürte, dass Sol nicht darüber reden wollte, also schwieg sie.

Da sie nicht wusste, wie sie reagieren sollte, schüttelte sie ihm die Hand. Er beugte sich vor und küsste sie nach europäischer Art auf beide Wangen. Sein Gesicht war ernst. Als er die Tür hinter ihr schloss, wusste sie, dass er damit auch das Thema beendet hatte.

26

Blinzelnd machte Rebecca sich mit der Tatsache vertraut, dass sie auf einem Riesenrad durch den Himmel von New South Wales fuhr. Sie waren auf der Deniliquin-Ute-Schau. Neben ihr winkte Gabs mit einer meterlangen Salami den Sternen zu. Sie hatte sie aus einer Laune heraus und betrunken, wie sie war, an einem Stand zwischen dem Zelt mit Country-Music-CDs und einem Stand mit Stickern gekauft.

»Frank! Frank!«, rief sie ihrem Mann zu, der unten mit Yazzie in der Menge stand und auf sie wartete. »Das ist Hans, mein neuer Freund! Ganz schön groß, was?«

Der gutmütige Frank hielt lachend beide Daumen nach oben, und Gabs sank in ihren Sitz zurück. Ihre Augen glänzten, und ihre Haare standen wirr in alle Richtungen. Bec sah ihr an, dass sie schon ziemlich beschwipst war.

Gabs ließ ihre Hände über die Salami gleiten. »Wenn man bedenkt, wie viel Geld wir bei Doreen für all diese Vibratoren und Dildos ausgegeben haben«, lallte sie. »Wir hätten einfach nur ein paar große, dicke Salamis kaufen brauchen. Aber ich muss ehrlich sagen, ein bisschen kleiner ist besser! Größer ist nicht zwangsläufig besser – größer bedeutet, jeden Morgen ein Ausritt mit

John Wayne. Kleiner heißt, steh auf und mach's noch mal!«

»Oh, Gabs! Es ist immer dasselbe mit dir.«

»Was?«

»Wenn du betrunken bist, redest du nur über Schwänze.«

Gabs ließ ihre Zunge um die Plastikhaut der Salami gleiten.

»Oh Mann, nehmt euch doch ein Zimmer!« Bec verzog das Gesicht.

»Sei nicht so langweilig!« Gabs schlug Rebecca mit der Salami auf die Schulter.

»Aua!«

»Du kannst bald wieder lachen!«, erklärte Gabs und imitierte einen deutschen Akzent. »Dafür sorgt Hans schon!«

Rebecca unterdrückte ein Lachen. Sie schaute zum Kreuz des Südens, das am tief dunkelblauen Himmel stand, dann blickte sie auf die Menschenmenge, die im Schein von Flutlichtern unten auf dem Platz wogte. Um Mitternacht würden alle möglichen Sänger und Gruppen auf der Bühne auftreten.

Die Deniliquin-Ute-Schau stand schon lange auf ihrer Wunschliste, aber wegen der Verpflichtungen auf der Farm und mit den Kindern hatte sie es nie geschafft hierherzukommen. Heute Abend war sie entschlossen, es sich gut gehen zu lassen.

Es war Frühling, und sie war jetzt im fünften Monat ihrer Schwangerschaft. Es ging ihr gut, sie war zufrieden mit ihrem Leben.

Auf der Fahrt hierher hatten die Mädels über die Tatsache gejubelt, dass Bec noch ein paar Monate abstinent bleiben musste und immer Auto fahren konnte, wenn sie Events auf dem Land besuchen wollten.

Auf der zweihundert Kilometer langen Fahrt hatte Gabs neben Rebecca auf dem Beifahrersitz gesessen; auf dem Rücksitz saßen Yazzie und Frank, der unter Bergen von Gepäck begraben war. Aber es machte ihm nichts aus, er war ebenfalls froh, für ein Wochenende der Farm und den Kindern entronnen zu sein.

Am Eingang zur Ausstellung reihten sie sich in die lange Schlange von Autos ein.

»Sollen wir bei den jungen Wilden campen, oder gehen wir zu den alten Damen und schwangeren Frauen?«, hatte Bec gefragt.

»Was denkst du denn, Bec?« Yazzie klang beleidigt. »Du magst ja schwanger sein, aber wir sind noch lange keine alten Damen.«

»Ihr seid alle miteinander hart an der Grenze«, warf Frank ein.

»Halt den Mund, Frank«, erwiderten die Frauen unisono.

»Nein, wirklich«, hatte Yazzie trotzig gesagt. »Alte Damen! Ich fasse es nicht! Dass du schwanger bist, ist doch egal. Schließlich ist es keine Krankheit!« Sie erhob sich und wollte Bec ins Steuer greifen.

»Hey!« Bec bremste sicherheitshalber ab.

»Wir fahren ins Camp der jungen Wilden!«, erklärte Yazzie.

Rebecca hatte ihr einen Blick im Rückspiegel zugeworfen. »Du passt hundertprozentig da hin«, stellte sie fest. »Mit deinen goldblonden Haaren und deiner weißen Bluse, Prinzessin Barbie!«

»Die Prinzessin warst du heute früh! Es war ja ein richtiger Kampf, dich hierherzubekommen, du Feigling!«

Rebecca dachte an den Morgen. Sie hatte im Futterhaus gearbeitet und hinter den Gestellen jemanden kichern gehört.

»Was ist denn hier los?«, hatte sie gerufen. Nach einigen Monaten, die sie jetzt auf Rivermont arbeitete, hatte sie sich daran gewöhnt, dass Yazzie und die anderen vom Team ihr ab und zu einen Streich spielten. Manchmal war ihr Radio so laut gedreht, dass es ihr fast die Ohren abriss, wenn sie den Motor anließ, und ein anderes Mal wischten die Scheibenwischer über die trockene Scheibe. Oder sie nahm sich Milch für ihren Morgenkaffee aus dem Kühlschrank und stellte fest, dass Joey die Kuhmilch durch Stutenmilch ersetzt hatte, die leider im Kaffee überhaupt nicht schmeckte.

Heute früh also war sie dem Kichern nachgegangen, und schließlich hatte sie zwei Paar Beine in Cowboystiefeln hinter den Gestellen entdeckt. Das Kichern ging in ein Prusten über, als sie näher kam, und als sie um die Ecke bog, sah sie Yazzie und Gabs, die sich Eimer über den Kopf gezogen hatten.

»Was macht ihr denn hier?«, hatte Rebecca lächelnd gefragt und ihnen die Eimer von den Köpfen gezogen. Die beiden Frauen waren vor unterdrücktem Gelächter knallrot im Gesicht gewesen.

»Wir wollen dich entführen«, hatte Gabs geantwortet.

Die beiden packten sie, schoben ihr einen Eimer über den Kopf und zogen sie nach draußen.

»Hey! Was macht ihr da?«

»Du hast in letzter Zeit viel zu viel gearbeitet. Schluss damit, jetzt wird ein bisschen gefeiert!«, sagte Gabs.

Als sie sie schließlich von dem Eimer befreit hatten, stand Rebecca vor ihrem voll beladenen Auto. Frank sowie Evie mit Archie und Ben standen davor und warteten auf sie.

»Was ist denn hier los?«

»Nun, wir konnten kein Fahrzeug von Rivermont nehmen. Die sind viel zu schick. Deshalb nehmen wir deine Rostlaube«, hatte Yazzie erklärt.

»Und wohin fahren wir?«, hatte Bec gefragt.

»Es ist an der Zeit, dass du Archie mal ein bisschen Raum gibst«, hatte Yazzie gesagt. »Es geht ihm wieder richtig gut, oder, Arch? Deshalb möchte er hier in Rivermont ein Wochenende lang mit Evie, Ben und Funny seine Freiheit genießen. Stimmt's, Kumpel?«

Archie hatte genickt. »Ja, bitte fahr weg, Mummy«, hatte er gesagt, und alle hatten gelacht, außer Rebecca.

»Wohin bringt ihr mich?«, hatte sie mit zusammengekniffenen Augen gefragt.

Gabs und Yazzie hatten sich angeschaut und erst einmal geschwiegen.

»Sagen dir einige Tausend Nutzfahrzeuge und einige Tausend Blauwesten etwas?«, hatte Gabs schließlich gefragt.

Als Rebecca erfuhr, dass sie vorhatten, mit ihr auf die Deniliquin-Ute-Schau zu fahren, war sie zunächst überwältigt gewesen. Aber das Vorhaben schreckte sie auch ab. War den anderen nicht klar, unter welchem Druck sie im Moment stand? Die Farm, die Schulden, die Schwangerschaft. Charlies Schweigen.

»Ausgeschlossen, ich kann nicht mitfahren«, hatte sie gesagt. »Wie soll ich das machen? Wer kümmert sich um meine Tiere?«

Frank öffnete ihr die Tür. »Steig ein. Dennis Groggan kümmert sich um unsere Farmen.«

»Steig endlich ein«, forderte auch Evie sie auf.

»Ich habe deine Koffer schon gepackt«, erklärte Gabs. »Ich war heute früh bei dir zu Hause.«

»Und ich habe deine Garderobe ein bisschen aufgepeppt«, hatte Yazzie gesagt. »Candy und ich haben im Internet für dich eingekauft.«

»Los, steig ein!«, hatte Gabs gesagt.

Am Ende war es Ben gewesen, der sie überzeugt hatte.

»Du bist die beste Mummy«, hatte er gesagt. »Aber du musst dringend da hinfahren. Ich will eine blaue Weste. Außerdem warst du in der letzten Zeit immer schlecht gelaunt. Du musst dich erholen.«

Wieder hatten alle gelacht, und Rebecca hatte sich geschlagen gegeben. Sie hatte ihre Söhne umarmt. Evie hatte sie angelächelt und gesagt: »Yazzie braucht auch ein bisschen Urlaub. Hier wird viel los sein, wenn die Rennsaison beginnt. Also, fahrt endlich!«

Rebecca hatte einen merkwürdigen Unterton in Evies Stimme gespürt. Vielleicht rückte ja der Todestag der Zwillinge näher? Gehorsam hatte sie sich hinters Steuer gesetzt, und dann waren sie losgefahren.

279

Und jetzt, ein paar Stunden später, hatte Bec das Gefühl, sie käme von einem anderen Planeten.

»Oh, Mann, ich mache mir in die Hose, wenn wir jetzt nicht endlich hier herunterkommen«, erklärte Gabs, als das Riesenrad zu einer weiteren Runde ansetzte. Sie schmiegte sich an Rebecca, drückte die Salami an ihre Brust und murmelte: »Du weißt, ich liebe dich.«

Rebecca fragte sich, ob Gabs wohl die Salami oder sie meinte, aber bevor sie fragen konnte, war Gabs eingeschlafen. Sie lehnte sich zurück und betrachtete die Schlafende, während das Riesenrad seine Runden drehte. Zum ersten Mal seit Langem fühlte sie sich ausgeglichen.

Schließlich war die Fahrt vorbei. Gabs wurde unsanft aus dem Schlaf geweckt und taumelte in Franks wartende Arme.

»Tattoos!«, sagte sie und schwenkte die Salami. »Hans soll ein Tattoo bekommen!«

»Du machst Witze«, sagte Frank, aber Gabs lief schon auf das Tattoo-Zelt zu. Yazzie und Bec folgten ihr.

»Sie gehen ja von selbst wieder weg«, erklärte Gabs ernsthaft. »Soll ich ihm einen Schmetterling stechen lassen? Das wird bestimmt alle beeindrucken. Dann wissen die Mädels gleich, dass er der sensible Typ ist.«

Rebecca lächelte. Plötzlich war sie froh, dass sie mitgekommen war.

In diesem Moment summte ihr Handy. Charlie hatte eine SMS geschrieben: *Habe gehört, du bist auf der Ausstellung. Was ist das für eine Mutter, die Alkohol trinkt und ihre Kinder allein lässt, von denen eines gerade erst aus dem Krankenhaus entlassen worden ist?*

Es versetzte Rebecca einen Stich. Es war schon spät, und er schickte ihr so eine SMS. Er war bestimmt in der Kneipe und betrank sich, bevor er zu seinen Eltern nach Hause fuhr, so wie er das früher auch immer getan hatte. Es war die erste Nachricht, die sie seit Wochen von ihm bekam. Muzz oder Janine hatten bestimmt geplaudert. Es gab viel Klatsch im Distrikt. Sie drückte auf Löschen und steckte das Handy wieder in die Tasche.

»Ach, wisst ihr was? Ich lasse mir auch ein Tattoo stechen«, sagte Bec. »Stacheldraht. Weil ich mich so eingesperrt fühle.«

»Oh nein, das kommt nicht in Frage.« Yazzie packte sie am Arm. »Das war er am Telefon, oder? Fall bloß nicht wieder in die alten Muster zurück. Dieses Wochenende lernen wir beide fliegen! Hier«, sagte sie und zeigte auf die Tafel mit den Motiven, »lass dir ein Pferd stechen. Sie sind das Symbol für Freiheit! Und ich nehme mir die beiden Vögel mit dem Herz, unter dem ›Ewigkeit‹ steht. Heute ist ihr Geburtstag. Sie würden heute fünf, genau wie Archie.«

Bec schloss betroffen die Augen. Yazzie hatte so viel erlitten. Warum sollte sie sich über Charlie ärgern? Sie richtete sich auf und lächelte Yazzie an. »Okay. Freiheit für mich. Ewige Liebe für dich.«

»Und du lässt von jetzt an die Finger von negativen Gedanken, hörst du?«

»Abgemacht«, sagte Bec.

»Die Nacht ist noch jung«, erklärte Yazzie und zwinkerte Rebecca zu. »Ich habe so das Gefühl, dein Leben fängt jetzt erst richtig an!«

27

Um Mitternacht versammelte sich die Menge vor der riesigen Bühne. Yazzie, die den ganzen Abend von Männern umlagert worden war, war schon alleine ins Zelt gegangen, hatte jedoch Rebecca gedrängt zu bleiben.

»Feier noch ein bisschen weiter, Bec!«, hatte sie gesagt. »Mach das Beste draus! Ich habe keine Kinder, ich kann jederzeit Party feiern, aber du musst morgen wieder nach Hause, also genieß den heutigen Tag!«

Rebecca hatte ihr nachgeschaut, als sie an der Bundy-Bar und dem mechanischen Bullen vorbei zum Zeltplatz gegangen war, hübsch und zierlich sah sie in ihrem schwarzen Jackett aus. In Rebecca stieg Dankbarkeit und auch leise Trauer auf, weil heute der Geburtstag von Yazzies Zwillingen war. Sie hatte die Kinder heute zum ersten Mal erwähnt, und Bec wusste, dass es Yazzie schwerfiel, jemanden so dicht an sich heranzulassen. Normalerweise verbarg ihre Freundin ihre Narben gut, indem sie andere Menschen in den Mittelpunkt stellte.

Sie hatte den ganzen Abend über immer wieder Becs Make-up aufgefrischt und dafür gesorgt, dass sie gut aussah.

Die Nacht war so warm, dass sie das hübsche braune Top, das Yazzie ihr gekauft hatte, gegen die pinke Weste eintauschte, die sie am Merchandise-Wagen gekauft hatte. Sie kam sich schon lange nicht mehr plump und unattraktiv vor. Die Arbeit in Waters Meeting und im Futterhaus hatte dafür gesorgt, dass ihre Arme wieder gebräunt und muskulös waren. Über der schweren Schnalle ihres Ledergürtels war ihr Babybauch kaum zu sehen. Sie sah lediglich ein wenig rund um die Taille aus. Sie war gut in Form, und ihr Dekolleté war sehenswert, da ihre Brüste seit der Schwangerschaft voller waren. Ihre lebhafte Art und die Energie, die durch die positiven Gedanken und ihren veränderten Lebensstil geweckt wurde, hatten zur Folge, dass sie attraktiv und fit wirkte, deshalb bekam sie jede Menge Aufmerksamkeit.

Ein junger Typ hatte im Vorbeigehen anerkennend gesagt: »Nettes Fahrgestell!« Ein anderer hatte gemeint: »Na, wie wäre es mit uns zweien, Blondie?«

Sie genoss es, sich in der Menge treiben zu lassen. Frank und Gabs, mit denen sie vor der Bühne noch getanzt hatte, hatte sie bald im Gedränge verloren. Aber eigentlich war es ihr egal. Selbstvergessen tanzte sie zu der Musik. Sie fühlte sich wie achtzehn. Frei und schwanger. Mit einem aufgeklebten Tattoo. Wie ulkig sich die Welt drehte, überlegte sie.

Plötzlich spürte sie, wie sie jemand auf die Schulter tippte. Hinter ihr stand Joey, der Bereiter von Rivermont, und lächelte sie an.

»Hi!« Ohne nachzudenken zog sie ihn an sich und umarmte ihn. Joey hob sie hoch, und als er sie wieder auf die Füße stellte, beugte er sich zu ihr herunter.

»Ich halte schon den ganzen Tag nach meiner Schönen

Ausschau«, sagte er. »Hier bist du endlich! Yazzie hat mir gesagt, dass ich dich hier finde.«

Die Band war so laut, dass Rebecca die meisten seiner Worte gar nicht verstand, deshalb lächelte sie nur und nickte. Auch die anderen Angestellten von Rivermont waren da: Daisy, Kealy, Steph und noch ein weiterer Bereiter, Ken. Als ob es das Natürlichste von der Welt sei, ließ sie sich in Joeys Arme ziehen, und sie begannen, miteinander zu tanzen. Sie brauchten keine Worte. Ihnen reichte das Wissen, dass sie vom selben Berg kamen, am selben Ort arbeiteten und beide hier waren.

Sie sah Joey an, dass er sich aufrichtig freute, sie zu sehen. Ihr fiel auf, wie sinnlich seine weichen Lippen waren. Wenn er lächelte, sah man die weißen, ebenmäßigen Zähne. Was spielte es also für eine Rolle, dass er mindestens zehn Jahre jünger als sie und ungeheuer selbstbewusst war? Er tanzte wie ein junger Gott. Bei der Arbeit verstand sie sich großartig mit ihm. Sie hatte schließlich das Recht auf ein bisschen Spaß.

Seine Hände streichelten sie, während er sie herumwirbelte. Er flirtete mit ihr, und sie wusste natürlich, dass er ein Frauenheld war, aber heute Abend war ihr das ziemlich egal.

Zwischen zwei Songs zog er sie näher an sich heran und fragte: »Wo sind Gabs und Frank?«

Bec zuckte mit den Schultern. Genau in diesem Moment johlte die Menge, und eine riesige Salami wurde an dem großen Bildschirm vorbeigeführt, der neben der Bühne aufgebaut war. Bec erkannte Gabs' Kopf im Schatten.

»Ah, ich glaube, ich habe Gabs gerade gefunden. Und Hans.«

»Wer ist denn Hans?«, fragte Joey.

Rebecca lachte nur und verdrehte die Augen. Sie nahm ihn an der Hand und führte ihn durch die Menschenmenge. Als sie die Bühnenkamera erreicht hatten, waren Gabs und Frank längst wieder verschwunden. Wahrscheinlich hatte die Security sie vertrieben.

Joey fischte ein paar Getränkebons aus seiner Tasche.

»Gehen wir zur Bundy-Bar, Mademoiselle?«

Bec nickte grinsend. Ihr war zwar nicht nach Alkohol zumute, aber sie wollte gerne weiter in Joeys Nähe bleiben. Sie hatte ihn schon beim ersten Kennenlernen, bei der Besichtigungstour mit Sol, attraktiv gefunden. Und es war irgendwie süß, ihn mit seiner selbstbewussten Art zu beobachten. Es war schön, dass jemand noch nicht vom Leben gebrochen und aus der Form gebracht worden war. Er erinnerte sie an sich selber, als sie jung war.

»Du bewegst deine Hüften sehr schön«, sagte er und reichte ihr ein Glas Rum.

»Wie alt bist du?«, fragte Rebecca. Sie trank einen winzigen Schluck, weil sie an das Baby dachte.

»Wie alt bist du?«

»Zu alt für dich.«

»Perfekt«, erwiderte Joey und trat so dicht an sie heran, dass sich die Krempen ihrer Hüte berührten. »Ich liebe ältere Frauen. Du weißt schon, dass ich dich heute Nacht vögele.«

»Frech und süß«, sagte sie flirtend. »Aber nein, das tust du nicht.«

»Doch«, beharrte er. Er schwankte leicht und blickte sie blinzelnd an.

Sie schüttelte den Kopf. »Nicht möglich. Ich bin verheiratet. Ich bin Mutter von zwei kleinen Kindern. Und du bist vom Alkohol beseelt.« Die Tatsache, dass sie schwanger war, ließ sie aus. Das wussten nur Yazzie, Gabs, Frank und Evie.

Joey beugte sich so dicht zu ihr herunter, dass sie seinen warmen Atem am Hals spürte. »Wir beide werden die Sonne aufgehen sehen, denk an meine Worte. Ich werde dich unter den Sternen lieben.« Sein Atem roch nach Alkohol und Zigarettenrauch, eine Mischung, die sie seltsam verführerisch fand. Sein harter, junger Körper war ganz nahe, und dann streiften seine Lippen ihre in einem federleichten Kuss.

Rebecca hatte das Gefühl, den Boden unter den Füßen zu verlieren. Sie trat einen Schritt zurück, betrachtete sein attraktives Gesicht und biss sich auf die Lippe, als eine Welle des Verlangens sie überrollte. Sie stand vor einer offenen Tür, und sie würde hindurchgehen!

28

Als sie in Joeys Schlafsack lag und sich der Berührung seiner Hände hingab, kamen alle ihre Gedanken zur Ruhe. Zum ersten Mal seit vielen Monaten verlor sie sich im Augenblick. Die Band hatte aufgehört, Musik zu machen, und einige Autos starteten und fuhren in die kühle Nacht hinaus.

Gelegentlich hörte man noch hier und da Partygeräusche, aber die meisten Camper waren eingeschlafen. Rebecca lauschte dem Verlangen in ihrem eigenen Atem und dem Rascheln des schweren Schlafsacks, den sie über sich gezogen hatten.

Rebecca fühlte sich durch Joeys Jugend wie verwandelt. Sein Körper war glatt und hart, mit gut ausgebildeten Muskeln vom täglichen Reiten. Sie hätte nie geglaubt, noch einmal so leidenschaftliche Küsse und einen so sinnlichen Mund zu erleben. Hier lag ein junger Mann unter dem Sternenhimmel neben ihr, der wunderschön war.

Sie erwiderte seine Küsse und konnte sich nicht sattsehen an seinem Gesicht, das im schwachen Licht eines Generators kaum zu erkennen war. Wiederholt glitt ihr Blick zu seinem Mund, und sie fuhr mit den Fingerspitzen über seine sinnlichen Lippen.

Sein Kuss weckte ein Verlangen in ihr, das sie seit einer Ewigkeit nicht mehr verspürt hatte. Sie war berauscht, nicht von Alkohol, sondern vom Leben, das um sie herum pulsierte. Sie fühlte sich ganz und vollständig als Frau.

Joey war Teil dieser Energie. Jung und lebendig lag er bei ihr in einer alten, schönen Landschaft.

Seine Hände glitten über ihren Körper, und sie presste sich hungrig an ihn. Ihre Hände fanden den Weg unter sein T-Shirt, und ein Schauer überlief ihn.

Plötzlich stieg Panik in ihr auf. Dieser Mann war doch fast noch ein Junge. Sie musste an ihre eigenen Söhne denken. Was würde sie denken, wenn sie sich so jung mit einer so viel älteren Frau einlassen würden? Mit diesen Gedanken kam auch der Gedanke an Sol. Was würde er denken? Die Frau des Farmers von Waters Meeting schlief mit einem seiner Bereiter?

Sie löste sich von Joey und murmelte, sie müssten jetzt aufhören. Aber Joey legte ihr die Hand um den Nacken und zog sie wieder an sich, um sie erneut leidenschaftlich zu küssen. Im Geiste hörte sie Evies Worte: »Es fühlt sich gut an und tut niemandem weh, tu es.« Wenn sie ehrlich war, fühlte es sich nicht nur gut, sondern auch ganz natürlich an.

Aber verletzte sie tatsächlich niemanden? Sie und Charlie waren schließlich für immer getrennt. Er wusste hoffentlich, dass ihre Ehe vorbei war.

Sie blickte Joey in die Augen. Sie waren voller Leidenschaft, aber offensichtlich hatte er doch zu viel getrunken, denn er konnte sie kaum offen halten. Trotzdem zog er sie sanft auf sich, und sie genoss die Wärme seines

Körpers. Langsam öffnete sie den Gürtel seiner Jeans, aber als ihre Hand zu seinem Penis glitt, stellte sie schockiert fest, dass er völlig schlaff war.

»Tut mir leid«, sagte er. Er griff nach ihrer Hand und zog sie weg. »Ich hatte wohl ein paar Bier zu viel.« Er lallte ein wenig. »Wir versuchen es später noch mal.« Sie merkte ihm an, dass es ihm kein bisschen peinlich war, dazu war er viel zu betrunken. Bec lachte leise, küsste ihn auf die Schläfe und rollte von ihm herunter. Sie kuschelte sich neben ihn.

»Mir macht es nichts aus«, log sie.

Sie schmiegte sich in seine Arme und blickte zum Sternenhimmel empor. Plötzlich wurde ihr klar, dass das ganze Leben eine Erfindung der Menschheit war – alles stammte aus den Köpfen der Menschen. Und hier lag sie, als Teil dieser Schöpfung. Sie begriff, dass sie ihr Leben selbst in die Hand nehmen musste, wenn sie es nicht von anderen bestimmen lassen wollte.

Es lag an ihr, ein Leben zu schaffen, in dem sie sich glücklich und frei fühlte. Joey und sie hatten sich zwar nicht geliebt, aber er hatte unbändige Leidenschaft bei ihr ausgelöst. Sie weigerte sich, ein schlechtes Gewissen zu haben, nur weil sie seine Wärme und Nähe genossen hatte. Sie würde neue Kraft aus seiner Jugend und aus dem Wunder des Lebens schöpfen.

Sie drückte ihr Gesicht an seine Brust und war bald fest eingeschlafen.

Nicht lange danach dämmerte es schon wieder, und die ersten Camper erwachten.

Als die Sonne höher stieg, regte auch Joey sich. Rebecca lag mit dem Rücken zu ihm und spürte, wie er seine starken Arme um sie schlang und sie an sich zog.

»Die Sonne geht auf«, murmelte er und drückte sein Gesicht an ihren Nacken. Sie spürte seine Bartstoppeln, und ein Schauer überlief sie.

»Weißt du, was es bedeutet, wenn die Sonne aufgeht?«, fragte er. Er küsste sie leicht auf den Nacken und ließ seine Hände nach vorne zu ihren Brüsten gleiten.

»Nein«, sagte sie. »Was bedeutet es?«

»Es bedeutet, dass mein Hahn gleich kräht.« Er drückte sich an sie, so dass sie seine Morgenerektion spürte.

Rebecca lachte leise. »Blödmann.«

»Du wirst es lieben«, sagte er und rieb sich an ihr. »Hallo, Baby.«

Rebecca kicherte, aber sie hatte auch ein schlechtes Gewissen. Er wusste ja nicht, dass sie ein Baby erwartete. Wenn er es wüsste, würde er sie vielleicht nicht so begehrenswert finden.

»Du bist so sexy«, sagte er und bedeckte ihren Nacken mit Küssen. Nach der Hochzeit mit Charlie hatte sie nie mehr einen anderen Mann an sich herangelassen. Sie war immer davon ausgegangen, dass es dem Vater ihrer Kinder vorbehalten war, ihren Körper zu sehen. Aber daran dachte sie jetzt nicht mehr, als Joeys Hände fordernder und seine Küsse leidenschaftlicher wurden.

Genau in diesem Moment kam ein riesiger Truck angerumpelt und blieb genau neben ihnen stehen.

»Ach, du lieber Himmel!«, sagte Joey. »Was ist denn jetzt los?«

Zwei Männer in orangefarbenen Westen stiegen aus dem Truck. Sie trugen dicke Handschuhe und machten sich daran, die Toilettenhäuschen leer zu pumpen, die ein Stück entfernt aufgestellt waren.

»Du hast dir aber einen romantischen Lagerplatz ausgesucht!«, sagte Bec kichernd.

Die Männer zerrten Schläuche durch das Gras, schlossen sie an und begannen mit ihrer Arbeit. Eine Duftwolke aus den Toiletten wehte zu Joey und Rebecca hinüber.

»Scheiße!«, sagte Bec und schaute den Männern fassungslos zu.

»Genau das richtige Wort!« Joey lachte. »Ein kleiner Stimmungskiller, würde ich sagen.«

Die Pumpen dröhnten, und während der Gestank in jede Ritze drang, dachte Rebecca an den B&S-Ball, auf dem sie und Charlie sich zum ersten Mal geküsst hatten. Charlie hatte damals genauso gut ausgesehen wie Joey jetzt. Sie hatten am Fluss gestanden, und dann war der romantische Moment unterbrochen worden, weil ein Scheißhaufen vorbeigeschwommen war, den irgendein Betrunkener flussaufwärts abgesetzt hatte.

Sie hatten diese Geschichte in den frühen Jahren ihrer Beziehung gerne zum Besten gegeben. Aber als Bec jetzt hier mit Joey lag, erkannte sie auf einmal, dass das Universum ihr ein Muster zeigte. Die Geschichte wiederholte sich – klarer konnte die Botschaft nicht sein. Dieses Mal war der Kuss nicht nur von einem Scheißhaufen, sondern von einem ganzen Truck unterbrochen worden.

»Ich glaube, ich gehe jetzt besser.«

Joey stöhnte. »Ich fürchte, ich muss mich übergeben.«

»Nun, dann verschwinde ich lieber schnell.« Sie gab ihm einen liebevollen Kuss auf die Stirn und fuhr ihm mit einer mütterlichen Geste durch die Haare.

»Okay«, murmelte er. »Wir sehen uns auf der Farm, Babe.«

Als Bec in ihre Stiefel schlüpfte, sah sie den zarten Bartflaum auf seinem Gesicht. Gott, dachte sie, er ist wirklich noch jung! Als sie sich aufrichtete, überfiel sie ein leichter Schwindel. Das lag jedoch nicht an Krankheit oder Müdigkeit – sie realisierte auf einmal, dass sie ihr Leben zurückhatte. Das Leben, das sie führen wollte.

Nach einigem Suchen fand sie das Zelt, das sie und Yazzie hastig neben dem von Frank und Gabs errichtet hatten. Yazzie begrüßte sie verschlafen, als sie hereinkrabbelte. Stöhnend sank Bec auf ihren Schlafsack.

»Und?«, fragte Yazzie nach einer Weile.

»Das willst du nicht wissen.«

Yazzie lächelte sie an. »Du sexy Luder!«

»Nein. Da war nichts mit sexy. Heute Nacht war er zu betrunken, und heute Morgen … du glaubst es nicht! Es verwandelte sich alles in Scheiße!«

»Klatsch mich trotzdem ab«, erwiderte Yazzie und hielt Rebecca ihre erhobene Hand hin. »Du hast es wenigstens versucht. Du bist mutiger als ich.«

»Mutiger oder dümmer? Ich bin verheiratet, und Charlie könnte mir einen Strick daraus drehen, wenn er es herausfindet.«

»Du bist nicht verheiratet. Du lebst getrennt und willst dich scheiden lassen, und das weißt du auch. Du willst es dir nur noch nicht eingestehen. Du kannst nicht zu ihm zurückgehen. Nicht nach allem, was er dir angetan hat. Zähl es doch mal zusammen: Janine, der Unfall mit Archie, dein Hund, deine Pferde. Und dann geht er einfach ohne ein Wort zu dir oder den Jungen. Außerdem hat er dich geschlagen. Es ist wirklich höchste Zeit, dass ihr euch trennt.« In Yazzies Augen stand aufrichtige Sorge.

»Ich weiß«, sagte Bec leise.

»Ich weiß, dass du es weißt. Also, wer war es?«

»Das willst du wirklich nicht wissen!«, sagte Bec. »Aber du hast recht. Seit letzter Nacht hat mein neues Leben begonnen.«

DRITTER TEIL

29

Rebecca liebte die friedliche Stimmung im Futterhaus von Rivermont. Das Geräusch des leise plätschernden Wassers in den Tanks begrüßte sie, als sie die klimatisierte Halle betrat. Heute musste sie sich beeilen. In Bendoorin war eine landwirtschaftliche Messe, und Ben und Archie brannten darauf, endlich in den Genuss von Zuckerwatte und einem Ritt auf dem mechanischen Bullen zu kommen. Sie hatten Funny bereits eine blaue Kinderweste und ein rot-blaues Halstuch für die Hundeschau angezogen. Jetzt saß der Hund im Pausenraum und verzog unglücklich das Gesicht über die demütigende Ausstattung.

Rebecca band eine wasserdichte Schürze im Rücken zu. Sie musste unwillkürlich über ihren Anblick lachen: Der inzwischen dicke Bauch wölbte sich vor wie bei einem beleibten Metzger. Sie war jetzt fast im sechsten Monat, und sie spürte, wie das ungeborene Kind sie erdete und gleichzeitig vorantrieb. Aber auch Evies Lehren und die Bücher und CDs, die sie ihr gab, förderten ihre Vitalität und Veränderung zum Positiven. Rebecca war dankbar für jeden neuen Tag. Es ging ihr gut, und die schwere Arbeit auf der Farm fiel ihr zusehends leichter.

Sie stöhnte und jammerte nicht mehr ständig. Gegen

Schmerzen half es, richtig zu atmen, das hatte Evie ihr gezeigt, und negative Gedanken ersetzte sie schon fast routiniert durch positive.

Das Futterhaus und die exzentrische Arbeitsfamilie der Angestellten auf Rivermont hielten sie bei Laune, auch für die Kinder war die fröhliche Stimmung auf Rivermont ein willkommener Trost für die Tatsache, dass Charlie nur selten anrief. Manchmal rief Charlies Mutter samstagabends an und reichte dann das Telefon an Charlie weiter, damit er mit den Jungen sprechen konnte. Bec achtete darauf, dass Ben und Archie ihrem Vater regelmäßig schrieben und Bilder für ihn malten. Allerdings tat sie das weniger für Charlie als für ihre Kinder, damit sie in Verbindung mit ihrem Dad blieben. Sie hatte ihm oft SMS geschickt, in denen sie um eine finanzielle Unterstützung bat, aber er hatte ihr nie geantwortet. Das Schweigen wertete sie als deutlichen Hinweis auf seinen Geiz und seine mangelnde Fürsorge.

Zum Glück kümmerten sich ihre Freundinnen um sie und die Kinder. Gabs kam jede Woche vorbei und füllte ihr den Kühlschrank, Doreen machte die Wäsche und putzte das Haus, und Evie war immer zur Stelle, um auf die Jungs aufzupassen, wenn Rebecca mit der Herde beschäftigt war. Bei schweren Tätigkeiten konnten sie sich auf die Hilfe von Frank und Dennis verlassen. Selbst Cory, der Sachbearbeiter von der Bank, unterstützte sie durch seine Geduld, weil er wusste, dass er sein Geld bekommen würde, wenn sie erst einmal Charlies Maschinenpark verkauft hatte. Außerdem war auch er neugierig zu erfahren, wie man mit den Methoden von

Andrew Travis eine Farm, die vor dem finanziellen Ruin stand, retten konnte. Die positive Stimmung, die bei ihnen herrschte, schien sich auch auf Rebeccas Söhne zu übertragen. Sie waren fröhlich und lebhaft, vor allem wenn sie mit Funny spielten, die Tag und Nacht nicht von ihrer Seite wich.

Als Rebecca das Graserntemesser ergriff, lächelte sie zufrieden. Sie wusste, dass die Jungs im Pausenraum der Ställe mit Lego spielten. Yazzie war bei ihnen und erledigte den Papierkram für die Rennen. Ihre beiden Hunde Wesley und Ruby würden sicher zu ihren Füßen liegen und schlafen, während Funny darauf lauerte, dass die beiden endlich aufwachten, um mit ihr zu spielen. Nach der Arbeit würde Joey sich eine Weile mit Archie und Ben beschäftigen und schließlich die Tür zum Futterhaus aufreißen und sie an die Frühstückspause erinnern. »Komm Kaffee trinken, du sexy Luder!«, würde er mit seinem verschmitzten Grinsen rufen.

Die Nacht auf der Deniliquin-Ute-Schau behielten sie wie Teenager als Geheimnis für sich, nur sie sah das Funkeln in seinen Augen, wenn er mit ihr sprach. Als er hörte, dass sie schwanger war, war er jubelnd zu ihr gekommen.

»Das ging aber schnell! Ich werde Vater! Wie wollen wir ihn denn nennen?«

Sie hatten beide gelacht, weil sie wussten, dass ihre gemeinsame Nacht immer eine schöne Erinnerung für sie bleiben würde. Joeys Aufmerksamkeiten lösten keine Schuldgefühle bei ihr aus; sie fühlten sich richtig an und belebten sie. Es war einfach nett, dass sie nicht nur als

Ehefrau und Mutter wahrgenommen wurde, dennoch hatten sie niemandem etwas von der Nacht erzählt. Er benahm sich ihr gegenüber so wie immer, worüber Bec erleichtert war. Sie war viel zu durcheinander, um eine Beziehung mit Joey einzugehen, und außerdem war er, ganz abgesehen von ihrem Altersunterschied, auch nicht der Richtige für sie. Ihm schien es nichts auszumachen, dass sie seine scherzhaften Annäherungsversuche lediglich lustig fand. Auf Rivermont zu arbeiten war völlig anders als auf Waters Meeting, wo jahrelang eine ernste, bedrückende Stimmung geherrscht hatte.

Für sie war die tägliche Pflicht, Gras auf die Tabletts zu säen und es nach acht Tagen zu ernten, wie eine Meditation. Zufrieden sah sie, wie die Rennpferde, Zuchtstuten und Fohlen angerannt kamen, wenn sie mit dem Grünfutter an den Zaun kam. Rebecca liebte es, ihnen zuzuschauen, wenn sie zuerst das saftige, nährstoffreiche Grün und dann die feuchten Stücke von weißen Gerstenwurzeln und aufgeplatzten Getreidehülsen kauten. Sie wusste, dass die Pferde alles bis auf den letzten Rest vertilgen würden.

Im Futterhaus stellte sie sich manchmal vor, wie ihre alten Pferde Hank und Ink Jet wohl über diese tägliche Futterration hergefallen wären. Es machte sie traurig, an die Tiere zu denken. Sie sehnte sich nach einem Reitpferd, aber ihre finanzielle Lage erlaubte vorerst nicht, dass sie sich diesen Traum erfüllte. Rebecca schöpfte feuchte Gerstenkörner in eine Plastikkanne und verteilte sie auf den Tabletts. Die letzten Monate gingen ihr durch den Kopf.

Seit Charlie gegangen war, rauschten die Tage nur so an ihr vorbei. Unbelastet von seiner dunklen Energie, wachte sie morgens mit klarem Kopf auf und begrüßte trotz der vielen Arbeit, die auf sie wartete, jeden neuen Tag voller Begeisterung. Alles um sie herum war im Fluss, von dem sie sich mitreißen ließ und dem sie vertraute. Täglich entdeckte sie etwas neues Schönes in der Welt, das ihr bislang nicht aufgefallen war.

Wenn sie abends erschöpft, aber zufrieden ins Bett sank, las sie die Bücher, die Evie ihr gegeben hatte, und lauschte den CDs. Auch bei der Arbeit im Futterhaus hörte sie sich auf dem iPhone Hörbücher an. Sie halfen ihr dabei, die Gedanken zu kontrollieren.

Aber natürlich gab es auch dunkle Zeiten. Manchmal wachte sie mitten in der Nacht auf und fühlte sich in Waters Meeting schrecklich allein. Dann atmete sie tief durch, begann zu lesen oder einer von Evies Meditationen zu lauschen und beruhigte sich so weit, dass sie wieder einschlief und am nächsten Morgen den Tag freudig begrüßen konnte. Sie war nicht allein, sie hatte so viele Menschen um sich herum, die ihr beistanden.

Evie kam oft nach der Schule nach Waters Meeting und brachte aus Larissas Café etwas zu essen mit, damit Bec abends nicht mehr in der Küche stehen musste. Sie half auch im Gemüsegarten und machte mit Ben Hausaufgaben. Abends, wenn die Jungs schliefen, zeigte sie Rebecca Entspannungsübungen, nach diesen Sitzungen fühlte Rebecca sich immer wie neu belebt.

Im Futterhaus dachte Rebecca an das jüngste Buch, das Evie ihr gegeben hatte: *Die vier Versprechen.* Darin ging es darum, dass man ein Abkommen mit sich selbst schließen und Glaubenssätze aufstellen sollte, nach denen man lebte. Ihr wurde auf einmal klar, dass sie nicht nur das Getreide im Futterhaus säte. Mit jedem Gedanken säte sie ihre Zukunft und die der Farm. In ihr wuchs ein Baby, und sie wusste, dass die Schwangerschaft glatter verlaufen würde, wenn sie nur gute Gedanken pflegte. Ihr Leben lief jetzt schon wesentlich harmonischer als früher.

Pflanzen brauchten Luft, Wasser, Sonnenschein und Raum zum Wachsen, und während Rebecca die Getreidesaat auf den Tabletts verteilte, wurde ihr klar, dass sie genau das Gleiche brauchte. Seit der Lektüre von *Die vier Versprechen* achtete sie viel mehr auf ihre Worte. So lernte sie, negative Worte zu vermeiden und sie durch positive zu ersetzen.

Das zweite Versprechen war, nicht alles persönlich zu nehmen. Rebecca nahm sich vor, die Vorurteile und harten Worte anderer Menschen in Zukunft an sich abperlen zu lassen wie Wasser am Gefieder einer Ente.

Die plötzliche Veränderung ihres Lebens hatte unterschiedliche Reaktionen hervorgerufen, nicht alle Leute äußerten sich freundlich. Manche gingen ihr sogar aus dem Weg. Vor allem die Männer, die der Meinung waren, dass sie ihren Mann aus dem Haus gedrängt habe. Selbst Amanda im Pub war ihr gegenüber seltsam kurz angebunden. Sie hatte gemeint, Rebecca müsse sich zum Wohl der Kinder mit Charlie einigen. Anscheinend hatte sie selber jahrelang unter Dutchys Verhalten gelitten, war aber wegen der Kinder bei ihm geblieben. Amandas

Worte hatten wehgetan, aber Rebecca nahm sie ihr nicht übel, denn offenbar resultierten sie aus Amandas eigener Geschichte.

In diesem Moment startete das automatische Bewässerungssystem im Futterhaus, und Rebecca hörte, wie das Wasser durch die Rohre rauschte. Aus den kleinen schwarzen Düsen tröpfelten Wasser und Nährstoffe auf die Tabletts.

Rebecca hörte auf zu säen und schaltete die Bewässerung für das sieben Tage alte Gras ab, das sie heute ernten würde. Es erstaunte sie immer wieder, dass aus den winzigen Samenkörnern so leuchtend grünes Gras wuchs, das lang über die Seiten der Tabletts herunterhing. Länger durfte sie mit der Ernte nicht warten, weil das Gras nach einer Weile gelb wurde, wenn es keine Sonne bekam.

Sie dachte an das dritte Versprechen, keine voreiligen Schlüsse zu ziehen. Sie durfte weder davon ausgehen, dass in ihrem Leben immer die Sonne scheinen würde, noch davon, dass andere so dachten und sich so verhielten wie sie selbst.

Das letzte Versprechen schließlich war, immer sein Bestes zu geben. Sie musste sich keine Vorwürfe wegen des Endes ihrer Ehe machen, denn sie hatte auch in der Beziehung zu Charlie ihr Bestes gegeben. Jetzt hatte sie Raum, um zu wachsen. Immer wenn sie in Evies Büchern las, spürte sie, wie sie innerlich wuchs und sich selbst klarer sah.

Zwar hatte sie manchmal noch Schuldgefühle, weil sie sich nicht mehr bemühte, Charlie in ihrem Leben zu lassen, aber sie wusste, dass der Weg, den sie für sich und die Kinder gewählt hatte, der beste war. Die Jungs sagten nur selten, dass sie ihren Vater vermissten. Rebecca war sowieso immer der Mittelpunkt ihrer Welt gewesen, und Charlie hatte häufig durch Abwesenheit geglänzt. In Archie hatte sie nach seinem Unfall eine Weisheit entdeckt, die so alt wie die Sterne war. Er hatte seinen Krankenhausaufenthalt mit einer Tapferkeit ertragen, die ihr sagte, dass er nicht nur ein Kind war. Er war ein bemerkenswertes menschliches Wesen, genau wie Ben, der sehr philosophisch reagiert hatte, als ihm klar wurde, dass sein Vater wahrscheinlich nicht wiederkommen würde.

»Wenn Daddy hier unglücklich ist, ist das schlimmer, als wenn er weg und glücklich ist. Es ist also gut, dass er gegangen ist«, hatte er eines Morgens mit der unwiderlegbaren Logik eines Kindes festgestellt.

Wenn sie beobachtete, wie reif die beiden Jungen mit den Herausforderungen in ihrem Leben umgingen, dann wurde Rebecca klar, dass Alter nicht nur in Zahlen messbar war. Es war ein Geisteszustand. Sie begriff auf einmal, dass sie sich immer so verhalten hatte, wie es die Gesellschaft von ihr erwartete. Sie hatte so gelebt, wie die Frau eines Farmers in ihrem Alter sich benehmen sollte, statt auf ihr Herz zu hören und zu tun, was sie wollte. Vielleicht war das bei Charlie auch so gewesen. Er hatte unter einer Wolke von Konformität gelebt. Eingeengt durch Angst, Muster und Überzeugungen, die seine Eltern und die Außenwelt in ihm geprägt hatten. Kein Wunder, dass er unglücklich war. Kein Wunder, dass sie beide unglücklich gewesen waren.

Als sie die Saat auf den Tabletts ausgelegt hatte, ging Bec ans andere Ende des Futterhauses und begann, Grasplatten zu schneiden. Sie dachte an Sol. Am Tag vor dem Ute-Treffen war er von seinem Vater aus geschäftlichen Gründen nach Sydney gerufen worden, und sie musste sich eingestehen, dass sie leise Enttäuschung darüber empfand, dass er sich nicht mehr auf Rivermont aufhielt. Am Abend jedoch, als sie von der Schau wiedergekommen war, hatte er sie noch spät auf ihrem Handy angerufen, um zu hören, wie es ihr ging.

Dankbar hatte Rebecca ihn zurückgerufen und festgestellt, dass seine Bereitschaft, mit ihr zu reden, die Isolation linderte, die sie in sich verspürte. Er flirtete zwar nicht mit ihr, aber es war ein lustiges Gespräch. Anderthalb Stunden lang redeten sie über die Bewirtschaftung von Rivermont und darüber, wie Rebecca auf Waters Meeting wirtschaften könnte. Als er ein paar Abende später erneut anrief, freute sich Rebecca. Seither telefonierten sie regelmäßig miteinander, und ihre Gespräche dauerten oft bis nach Mitternacht. Wenn Rebecca auflegte, dann spürte sie dem Gefühl, das sie für ihn empfand, noch lange nach. Es war, als hätte Sol eine schlafende Löwin in ihr geweckt. Zum ersten Mal seit einer Ewigkeit sehnte sie sich nicht nur nach Sex, sondern nach einer Vereinigung mit einem Mann, die mehr war. Sie wollte sich in ihm verlieren, viel weiter gehen als bei der vorhersehbaren, herzlosen und unspirituellen Paarung, die sie in ihrer Ehe mit Charlie erlebt hatte.

In der Nacht, die sie mit Joey verbracht hatte, und an dem Tag, als Sol sie hier im Futterhaus in den Armen gehalten hatte, hatte sie sich wieder als Frau gefühlt. Danach sehnte sie sich jetzt. Sie liebte es zwar, mit Joey zu flirten, aber sie war vor allem froh darüber, dass Sol wieder auf Rivermont war. Sie teilte viel mit Yazzie, aber sie hatte weder ihr noch Gabs von Sols häufigen Anrufen und ihrer zunehmend innigen Freundschaft erzählt. Das war für sie eine private Angelegenheit, die sie mit niemandem teilen wollte.

Als Bec heute früh zur Arbeit gekommen war, hatte Yazzie beiläufig erwähnt, dass Sol wieder zu Hause sei und bald die Küche auf den Kopf stellen würde, weil er seinen Männerkuchen für die Ausstellung backen wollte. Das wusste Rebecca bereits. Sol hatte sie gestern früh vom Haus seines Vaters aus angerufen. Am liebsten wäre Bec in Rivermont die Treppe hinaufgelaufen, um Sol zu begrüßen. Aber sie hielt sich natürlich zurück. Sie hatten sich in langen Telefongesprächen befreundet, doch noch war ihre Beziehung rein platonisch und etwas förmlich. Meistens redeten sie über so ungefährliche Themen wie die Erholung der Böden und Grasanbau. Vielleicht hatte Sol durch die Gespräche mit ihr auch nur sein Heimweh nach Rivermont bekämpft, während er weit weg in der hektischen Stadt war.

Ihre Gedanken wurden unterbrochen, weil Joey sie wie jeden Tag zur Kaffeepause rief.

Er stand da in der offenen Tür, ein Bild körperlicher Vitalität und Jugend. Die Morgensonne ließ die definierten Muskeln seiner nackten Arme schimmern und verlieh ihm eine goldene Aura. Trotz der Kälte am frühen Morgen trug er über seinem kurzärmeligen Hemd lediglich eine Reitweste. Er hatte Schlammspritzer im Gesicht, weil er mit den Rennpferden über den großen Rasenplatz galoppiert war, und der Kinnriemen seines Reithelms baumelte herunter. Er kam herein.

»Wie geht es meiner sexy Wildkatze heute?«, fragte er augenzwinkernd.

»Gut, Joey«, antwortete Bec. Sie legte das letzte Gras auf den Hänger, der im offenen Bereich des Futterhauses stand.

Er versetzte ihr mit der Reitpeitsche einen leichten Hieb aufs Hinterteil. »Was hältst du davon, wenn wir uns ein bisschen ins Gras legen, hm?« Vielsagend zog er die Augenbrauen hoch.

Rebecca lachte. »Dann kriege ich einen nassen Hintern.«

»Nicht nur dein Hintern wird nass, dafür sorge ich schon, Schätzchen.«

Rebecca verdrehte die Augen. Sie schwang sich auf den Traktor und startete ihn. »Wir wissen doch beide, dass du nur redest, Joey«, neckte sie ihn gutmütig.

»Da bin ich ja erleichtert. Ich dachte schon, das ist von mir«, erwiderte er und zeigte auf ihren dicken Bauch. »Aber im Ernst, wie kannst du dem hier widerstehen?« Er öffnete die Klettverschlüsse der Weste und schob sein Hemd hoch, um seinen trainierten Waschbrettbauch zu enthüllen. Sein brauner Ledergürtel mit der großen silbernen Rodeo-Schnalle saß auf seinen schmalen Hüften.

Unwillkürlich ließ Rebecca ihre Blicke über seinen Oberkörper gleiten. Ihr lief das Wasser im Mund zusammen. Er sah wirklich großartig aus.

»Lass deine rasenden Schwangerschaftshormone aus dem Käfig. Na komm, du willst mich doch auch!«

»Später vielleicht. Du hast heute andere Dinge zu tun, Joey. Machst du mir bitte die Schiebetür auf, ja?«

Während Joey gehorsam die schwere Tür aufschob, sagte er: »Du denkst, du bist zu alt für mich, oder? Aber da irrst du dich. Ich will dich noch einmal.«

»Ah!«, erwiderte sie. »Du hast mich ja noch gar nicht gehabt, weißt du nicht mehr?«

Joey grinste. »Ja, das war ganz schön beschissen«, sagte er. »Ich erinnere mich nicht mehr an viel. Nur noch an diesen Truck.«

»Es gibt auch nichts anderes zu erinnern. Wir sind nur zwei Kumpel, die sich einen Schlafsack geteilt haben.« Aber sie erinnerte sich doch an andere Dinge. Die Milchstraße, sein warmer Körper im Schlaf. Er hatte ihr das Gefühl gegeben, dass sie das Leben noch genießen konnte, ganz gleich, in welcher Phase sie gerade steckte oder wie alt sie war. Sie zwinkerte ihm zu. »Ich komme zur Kaffeepause, wenn ich das Futter abgeladen habe. Träum schön weiter, mein Lieber.« Lachend fuhr sie mit dem Futter in den hellen Sonnenschein des friedlichen schönen Frühlingstags.

Als die Pferde den Traktor und das Rumpeln der Türen des Futterhauses hörten, begannen sie zu wiehern. Rebecca wartete, bis Joey neben ihr aufgestiegen war und sich an sie drückte.

»Ich hätte gerne ein Stück von deinem Hintern in den Ställen«, sagte er. Er legte sein Kinn auf ihre Schulter und stieß mit seinem Reithelm leicht gegen ihren Kopf.

»Nun, ich hätte lieber ein Stück Kuchen im Pausenraum, also machen wir voran.«

Obwohl sie wusste, dass Joey sie nur neckte, damit
seine morgendliche Arbeit schneller vorbeiging, genoss
sie zu ihrer Überraschung den festen jungen Körper, der
sich an sie schmiegte. Sie atmete den Duft seines Deodo-
rants ein und spürte, wie ein fast animalisches Verlangen
in ihr aufstieg. Was war nur los mit ihr? Sie wollte gar
keine Männer in ihrer Nähe, doch auf einmal tauchten
sie von überall her auf! Riefen sie nachts an! Drückten
sich an sie! Umarmten sie und flirteten mit ihr. Und das
alles trotz ihrer Schwangerschaft. Fanden sie sie wirklich
attraktiv? Sie hatte immer noch Zweifel.

Bec warf einen Blick auf das Herrenhaus, als sie unter
dem steinernen Torbogen hindurch auf den Hof fuhr.
Sol war jetzt bestimmt in der Küche. Es machte sie verlegen, mit Joey so dicht neben sich auf dem Traktor zu
sitzen, aber sie verwarf den Gedanken gleich wieder. Das
war ja lächerlich. Sol wusste doch, dass sie nur Arbeits-
kollegen waren.

Sie hielt vor dem Pausenraum und ließ Joey zuerst
absteigen, damit er ihr herunterhelfen konnte. Er verbeugte sich und warf ihr aus seinen blauen Augen einen
glühenden Blick zu, als er ihr die Hand küsste. Als sie
ihn wegstieß, lachte er nur.

»Hörst du jetzt mal auf!«, schimpfte Rebecca.

Er zwinkerte ihr zu und ging in den Pausenraum voraus. Unwillkürlich bewunderte Rebecca seinen knacki-
gen kleinen Hintern. Aber sofort wurde sie rot. Sie entwickelte sich langsam zu einer Perversen.

»Na, wie sieht es aus?«, fragte sie, als sie den Pausenraum betrat.

Yazzie blickte von ihren Unterlagen auf und lächelte. »Großartig.«

Auf dem Boden hatten die beiden Jungs eine große Legomauer gebaut. »Hallo, Mum«, riefen sie.

Joey stemmte die Hände in die Hüften und schaute die Jungen gespielt böse an. »He, was ist das denn? Eure Mum begrüßt ihr und mich nicht! Was bin ich denn? Unsichtbar?«

Das war ein ständiges Spiel zwischen ihnen, Archie und Ben gingen auch sofort darauf ein. Als sei er ein besonders langweiliger Lehrer, sagten sie betont: »Hallo, Joey!« Er riss sie übertrieben in die Arme, was sie beide zum Kreischen brachte.

»Wie haben sie sich benommen?«, fragte Bec Yazzie.

»Perfekt. Bis Joey kam. Hast du dich auch benommen? Du warst viel zu lange allein mit ihr im Futterhaus, Joey«, hielt Yazzie ihm grinsend vor.

»Ich bin gescheitert«, sagte Joey. Er stellte Archie wieder auf die Füße und hob bedauernd die Hände. »Sie nimmt mich nicht ernst.«

»Bleib am Ball«, riet Yazzie ihm. »Sie kann ruhig ein bisschen auftauen. Getrennt lebende Frauen brauchen dazu eine Weile.«

»He!«, warf Rebecca an. »Ich kann euch hören.«

Yazzie legte ein Bein auf den Schreibtisch. Sie trug lederne Cowboystiefel zu ihrer Jeans. Mit zusammengekniffenen Augen blickte sie von Joey zu Rebecca und tippte sich dabei nachdenklich mit dem Kugelschreiber

an die strahlend weißen Zähne. »Wahrscheinlich gibt sie
dir einen Korb, Joey. Genau wie es die anderen Mädchen
hier getan haben.«

»Außer dir, Chefin«, sagte Joey. »Du bist bloß eifersüchtig, weil ich dir noch kein Angebot gemacht
habe.«

Yazzie brach in Lachen aus. Rebecca lachte ebenfalls,
aber ihr Blick blieb an dem Foto mit der schönen Frau
und ihren Zwillingen im Kinderwagen hängen. Rebecca
konnte ihren Schmerz förmlich fühlen, und sie bewunderte die Freundin umso mehr.

In diesem Augenblick hörten sie das laute Schnauben
eines Rennpferdes, das frustriert gegen die Stallwand
trat.

»Oh, ich habe verstanden«, rief Rebecca den Pferden
zu. Sie wandte sich an Yazzie. »Ich lege dann mal los,
ja? Ich muss sie noch füttern.« Sie küsste ihre Söhne, die
wieder in ihr Spiel vertieft waren.

»Ich koche in der Zwischenzeit einen Kaffee, Prinzessin«, sagte Joey. »Aber beeil dich. Ich will heute auf der
Ausstellung einen großen Teddybären für dich gewinnen, damit du mich endlich erhörst.«

»Oh, Joey, bitte! Jetzt trägst du aber ein bisschen dick
auf«, sagte Yazzie. »Aber du hast natürlich recht. Wir
müssen uns alle beeilen. Wir dürfen nicht zu spät kommen. Sol ist schon die ganze Zeit in der Küche zugange.
Ich glaube, der Kuchenwettbewerb macht ihn nervöser
als die Aussicht, in Paris für die kommende Orchester-
saison vorspielen zu müssen.«

Rebecca zuckte zusammen. Er würde also wieder nach

Europa gehen? Auf einmal wurde ihr klar, wie unrealistisch es war, an eine Zukunft mit Sol auch nur zu denken. Dann lachte sie. »Er ist ein schräger Vogel.«

Als sie begann, das Futter an die Pferde zu verteilen, sah sie Sols dunklen Kopf am Küchenfenster. Offensichtlich dekorierte er gerade den Kuchen. Rebecca wandte den Blick ab. Was dachte sie sich bloß? Seine europäische Art und sein immenser Reichtum waren ihr völlig fremd. Sie konnte doch nicht wirklich an einem solchen Mann interessiert sein, und er würde sie wahrscheinlich auch eher ungeschliffen finden, wo er doch mit so vielen schönen Frauen zusammenkam.

Sie war bei Männern an eine harte, raue Art gewöhnt. Schon als sie Sol das erste Mal auf der Straße begegnet war, hatte sie sich männlicher gefühlt als er. Er war so kultiviert, während sie das Mädchen vom Land war. Sie fühlte sich plump und unbeholfen in seiner Gegenwart. Und doch wirkte er so nett und offen. Und freundlich. Nicht so grob und verschlossen wie Charlie.

Sie bückte sich, hob Gras vom Wagen und legte es in die Box von Too Many Reds, der von den Angestellten nur Tommy gerufen wurde.

Sie dachte an das Telefonat, das sie mit Charlie geführt hatte, kurz nachdem er von Waters Meeting weggegangen war.

Seine Stimme hatte sich seltsam surreal angehört. Sie hatte nichts als Leere empfunden. Keine Wut. Keine Traurigkeit. Keine Sehnsucht. Nur einen leeren Raum zwischen ihm und sich.

Als Rebecca ihn gefragt hatte, ob er die Jungs sehen

wolle, hatte er geantwortet: »Nur wenn du sie hierher-
bringst.«

»Okay, das mache ich«, hatte sie gesagt.

»Aber wenn du schwanger bist, wie du sagst, dann
will ich dich nicht sehen«, hatte Charlie hinzugefügt.
»Du bist viel zu alt, um schwanger zu sein. Und zu
alt, um in der Gegend herumzuvögeln. Das ist wider-
lich!«

Sie hatte versucht, sich seine Worte nicht zu Herzen
zu nehmen, aber es hatte doch wehgetan. Als sie das Gespräch beendet hatte, hatte sie noch tagelang unter der
Schwermut gelitten, die über ihr hing wie Smog über der
Stadt.

Während sie das Futter auch auf den Tagesweiden verteilte, stellte sie sich vor, wie Charlie am alten Tisch mit
den leicht angerosteten Metallbeinen in der Küche seiner
Mutter saß. Rebecca sah Mrs. Lewis mittlerweile ebenso klar, wie sie sich selbst sah. Sie waren beide Gefan-
gene ihrer selbst. Rebecca wusste mittlerweile, dass sie
sich von den Männern in die Küche hatte jagen lassen.
Sie wollte so sehr die gute Frau eines Farmers sein, wollte anders als ihre Mutter sein, die einfach gegangen war.
Bec sah deutlich, dass sie nicht besser war als Mrs. Lewis. Sie hatte sich selbst jeglicher weiblichen Macht beraubt und die Männer bedient. Nicht aus Liebe, sondern
aus Pflichtgefühl, das sie wie ein kratziges, unbequemes
Kleidungsstück trug. Sie hatte sich angepasst, statt ihren eigenen Weg zu gehen und ihrem wahren Selbst zu
folgen. Aber was war ihr wahres Selbst? Es war unter
den Forderungen und der stummen emotionalen Erpres-

sung ihres Vaters sowie der ständigen Missbilligung ihrer Mutter verborgen.

Jetzt stellte sie sich Mrs. Lewis vor, wie sie Charlies Tasse anhob und den Ring darunter wegwischte, wie sie über die Last der Familie seufzte, die sie allein auf ihren Schultern zu tragen hatte. Auch Charlies Vater sah Rebecca vor sich, der mit einer Brille auf der Nasenspitze Rechnungen und Bestellungen prüfte und vor sich hin murmelte, dass alles viel zu teuer sei und der Weizen nicht genug einbringe. Rebecca wusste, dass sich seit der Zeit, in der sie vor ihrer Ehe dort gelebt hatten, kaum etwas geändert hatte. Auch das Land auf dieser Farm würde langsam veröden.

Charlies Eltern waren älter und dicker geworden, und sie verharrten in ihrer wütenden Einstellung gegenüber dem Leben. Es war einfacher, andere zu kritisieren, als sich selbst zu erforschen. Mr. und Mrs. Lewis hatten bestimmt ein fettes Kalb geschlachtet, als ihr Sohn nach Hause gekommen war, aber sie würden ihm auch sicher vorwerfen, dass er sein Elternhaus überhaupt je für Rebecca und Waters Meeting verlassen hatte und jetzt mit eingezogenem Schwanz zurückkehrte.

Seine Mutter würde ihm Mahlzeiten auftischen, die mit Sätzen wie »Ich habe es dir ja gesagt« und »Ich wusste, dass es so kommt« gepfeffert waren.

Beinahe tat er Rebecca leid. Sie warf das letzte Gras für die Jährlinge auf die Tagesweide und fuhr zu den Ställen zurück. Als sie den Traktor abstellte, sah sie Joey, der mit einer Tasse Kaffee und einem großen Stück Schokoladenkuchen über den Hof auf sie zukam.

»Du hast viel zu lange gebraucht, Prinzessin«, klagte er. »Jetzt müssen wir uns beeilen, um zur Messe zu kommen. Am besten nehmen wir uns für deine nächste Schicht einen Quickie in den Ställen vor.«

Von der anderen Seite des Hofes kam Sol auf sie zu. Er trug seinen Männerkuchen in der Hand. Das Motto der diesjährigen Landwirtschaftsausstellung in Bendoorin war Lamm. Sol hatte einen Kuchen in Form eines großen rosa Schinkens kreiert, wobei weißer Zuckerguss die Fettschicht bildete. In der fleischigen Mitte des Kuchens steckte eine australische Fahne, auf der die Worte standen *Wir lieben unser Lamm.*

Sie sah ihm an, wie stolz er war. Sein Kuchen war witzig und brillant. Als er jedoch Joey bei ihr stehen sah, glitt kurz ein Schatten über sein Gesicht.

Sie hatte sich bestimmt geirrt, dachte Bec. Er musste doch wissen, wie Joey war und dass er nur scherzhaft flirtete. Gerade wollte sie zu ihm eilen, um ihn für seinen Kuchen zu loben, als ihr Handy klingelte.

Es war Charlie.

»Hallo?«, sagte sie zögernd und wandte den beiden Männern im Hof den Rücken zu.

»Ich will die Scheidung«, bellte Charlie.

Die Worte trafen sie wie ein unverhoffter Schlag.

Als sie nicht antwortete, fuhr er fort: »Mein Anwalt wird sich mit dir in Verbindung setzen, um dir mitzuteilen, was mir von der Farm zusteht.«

Rebecca verschlug es die Sprache. Schließlich sagte sie leise: »Einfach so?«

»Einfach so«, erwiderte er kalt. Dann legte er auf.

315

30

Auf der Ausstellung in Bendoorin herrschte reges Treiben. Zahlreiche Farmfahrzeuge standen in einer langen Reihe zum Wettbewerb bereit, manche auf Hochglanz poliert, andere unglaublich schmutzig und schlammbespritzt.

Rebecca, Yazzie und die Jungs gingen an den Autos vorbei, und Bec musste lächeln, als sie an den alten Subaru dachte, den sie als Teenager besessen hatte. Früher hatte es nur selten Wettbewerbe für Autos gegeben, aber mit dem alten Schätzchen hätte sie bestimmt in der Oldtimer-Klasse Preise gewonnen. Sie vermisste den Wagen.

Bis vor Kurzem hätte sie noch geglaubt, dass sie auch ihre Jugend vermisste und jetzt selbst ein »Oldtimer« war. In der letzten Zeit jedoch begann sie, die Energie wieder zu spüren, die sie als junges Mädchen besessen hatte. Aber nach dem Anruf von Charlie war Bec nahe daran, wieder in ihre alten Verhaltensweisen und ihre Angst zurückzufallen. Die Frage, was er und seine Anwälte wohl vorhatten, quälte sie.

Bec warf Yazzie, die aufgeregt neben ihr her hüpfte, einen Blick zu. Es faszinierte sie immer wieder, dass ihre Freundin nur wenige Jahre jünger als sie war. Sie kam ihr vor wie eine ganz junge Frau. Rebecca war klar, dass sie einfach zugelassen hatte, vor der Zeit alt zu werden. Sie lief viel biederer durchs Leben als Yazzie. Für sie schien es keine Grenzen zu geben. Sie war frei, nicht nur wegen ihres Reichtums, der sicherlich auch eine Rolle spielte, sondern auch wegen ihrer Einstellung zum Leben. Wenn es um die Pferde ging, war sie eine arbeitswütige Perfektionistin, aber sie schien mit der Belastung durch die Arbeit gut zurechtzukommen und hatte Freude an den kleinsten Dingen.

Auf dem Weg zur Ausstellung war sie im Auto aufgeregter und ausgelassener als die Kinder gewesen, weil sie sich so freute, nach Bendoorin zu fahren. Rebecca hatte sie verwirrt angeblickt. Sie fuhren doch *nur* nach Bendoorin. Auch jetzt sprühte Yazzie geradezu vor Lebhaftigkeit. Sie zupfte an dem Kostüm herum, das sie Funny für die Hunde-Parade angezogen hatten. Manchmal fragte sich Bec, ob Yazzie mit ihrem übersprudelnden Verhalten nur ihre Trauer verdeckte, aber bei Evie sah sie die gleiche Lebensfreude.

Evie, die im Vergleich zu Rebecca schon uralt war, hatte immer noch eine jugendliche Art. Sie schien mit der ganzen Stadt befreundet zu sein, sogar mit den Teenagern, die normalerweise rauchend, spuckend und fluchend vor dem Kaufhaus herumhingen. Evie war immer heiter und hatte ein verschmitztes Zwinkern in den Augen. Niemals beklagte sie sich über das Alter, das ihr bestimmt in den Knochen stecken musste. Stattdessen bot sie den Halbwüchsigen an, ihnen kostenlos die Engelskarten zu legen, und verteilte »Gras«-Plätzchen an sie.

Die Plätzchen enthielten lediglich getrockneten Thymian, aber die Kinder fanden den Scherz ziemlich cool. Sie hingen an Evie.

Auch Sol strahlte diese Lebensfreude aus. Vielleicht konnten die Stantons ja so unbekümmert leben, weil sie keine Geldsorgen hatten. Aber vielleicht war es auch andersherum? Vielleicht lag es an ihrer positiven Einstellung, dass ihnen das Geld nur so zuflog? An ihrem unerschütterlichen Glauben, alle guten Dinge im Leben haben zu können. Sol und Yazzie arbeiteten beide viel, aber bei ihnen wirkte es mühelos, und sie schienen jede Nuance des Lebens zu lieben, selbst die alltäglichen Pflichten. Bec beschloss, es einmal mit der Einstellung der Stantons zu versuchen. Sie schob ihre Sorgen wegen Charlie und der Scheidung einfach beiseite.

»Hallo!« Yazzie winkte Candy zu, die an einem Stand Salat und Brötchen verkaufte. Sie wandte sich zu Bec. »Ich komme gleich nach. Ich muss kurz mit ihr reden.«

»Kein Problem.«

Rebecca ging mit Archie und Ben an den anderen Ständen und den Karussells vorbei zu einem Platz, der mit Heuballen abgetrennt war. Dort hatten sich schon andere Kinder mit ihren Haustieren versammelt. Auf einem größeren Platz dahinter fand gerade ein Springturnier statt.

Rebecca ließ Archies Hand los und wuschelte ihm durch die blonden Locken. Sie hockte sich hin, um Funny zu streicheln. Funny hatte bereits eine Katze, ein Kaninchen mit Hängeohren und ein Huhn unter den anwesenden Haustieren entdeckt und schnüffelte aufgeregt.

Sie ist so süß, dachte Rebecca. Manchmal fragte sie sich, ob Murray oder Charlie den Welpen nicht irgendwann zurückfordern würden, aber sie wies den Gedanken weit von sich. Weder die Jungs noch sie würden sich jemals wieder von ihr trennen, ganz gleich, was passierte.

Der Preisrichter war ein Moderator des lokalen Rundfunksenders, der sich in einer Stadt etwa hundert Kilometer entfernt befand. Er begrüßte die Teilnehmer am Wettbewerb und begann mit der Show. Es gab ganz unterschiedliche Tiere, eine strahlend weiße Ziege, die bestimmt in Napisan gebadet worden war, ein paar Würmer in einer Eiscreme-Schachtel und sogar eine halbtote Motte in einem Glas mit Deckel.

Rebecca bückte sich, um Funnys Weste und das rotblaue Halstuch zu richten.

»Wie heißt denn dein Welpe, mein Junge?«, fragte der Moderator.

»Funny«, sagte Ben.

»Na, das ist ja ein ulkiger Name.« Der Moderator lachte.

Er kam auf den Platz, um die Kinder zu ihren Haustieren zu befragen. In der Zwischenzeit schaute Rebecca sich um.

Yazzie stand ein wenig abseits an einem Geländer und beobachtete das Treiben. Ihr blonder Pferdeschwanz wippte im Wind. Sie war allein, was für sie ungewöhnlich war. Rebecca fragte sich unwillkürlich, wie sie den schrecklichsten Schicksalsschlag wohl überlebt hatte. Wie konnte es einer Mutter so gut gehen, nachdem sie zwei Kinder verloren hatte? Yazzie war wirklich erstaunlich.

319

Rebecca dachte an die Zeit im Krankenhaus, als sie nicht gewusst hatte, ob sie ihren kleinen Archie jemals wieder im Arm halten würde. Es hatte sie fast umgebracht, und sie schauderte jetzt noch, wenn sie an die Zeit dachte, als sein Leben am seidenen Faden hing. Mittlerweile hatte sie von Sol erfahren, dass die Stantons Evie genau in dieser Zeit der schlimmsten Trauer kurz nach dem Tod der Zwillinge kennengelernt hatten.

Evie hatte damals in Sydney Meditationskurse gegeben und als Heilerin gearbeitet, und Sol hatte sie gebeten, Yazzie zu helfen. Aus den nächtlichen Gesprächen mit Sol hatte Rebecca sich zusammengereimt, dass das tragische Ereignis ein Unfall auf dem Weg zu einem Springturnier gewesen war. Ein Laster hatte seine Ladung verloren, und Yazzie war mit dem Wagen samt Pferdehänger hineingefahren.

Yazzies Ehemann, ein Geschäftsmann aus Sydney, war ihr keine Unterstützung gewesen. Während der Zwilling, der zunächst schwer verletzt überlebt hatte, noch im Krankenhaus mit dem Tode rang, hatte Yazzie entdeckt, dass ihr Mann schon seit Längerem ein Edel-Bordell in Sydney besuchte.

»Ihr ganzes Leben war mit einem Schlag zerbrochen«, hatte Sol Bec erzählt. »Ich wusste nicht, wie ich ihr helfen sollte. Dann habe ich Evie gefunden, und sie hat Yazzie Stück für Stück wieder aufgebaut.« Sie hatte die Trauer in Sols Tonfall gespürt und sich ihm so weit geöffnet, dass sie ihm von Tom erzählen konnte.

Rebecca wusste, dass die Trauer Yazzie nie ganz verlassen würde. Aus Dankbarkeit Evie gegenüber hatten die Stantons ihr in Bendoorin den Laden eingerichtet. Sie war es leid gewesen in der Stadt zu leben und wollte zurück in den Busch, wahrscheinlich auch, um in Yazzies Nähe zu bleiben. Bec war aufgefallen, dass Yazzie ihre Springpferde hart trainierte, aber sie nahm selber nie an einem Turnier teil. Vermutlich waren Springturniere und der Tod ihrer Babys untrennbar miteinander verbunden.

Dennoch strahlte Yazzie so viel Liebe und Energie aus, dass man nicht ahnen konnte, ob sie in ruhigen Zeiten der Verlust ihrer Kinder quälte. Aber es war falsch, Mitleid mit ihr zu haben. Das wurde der Frau, die sie war, nicht gerecht.

Rebecca hockte sich mit Ben und Archie hin und streichelte den aufgeregten Welpen. Es spielte keine Rolle, dass Charlie auf der Farm seiner Eltern bleiben wollte. Und es war auch unwichtig, dass er so plötzlich die Scheidung und einen finanziellen Ausgleich haben wollte. Wichtig war nur, dass sie mit ihren Söhnen und dem ungeborenen Kind im Bauch hier war. Das allein zählte, das Jetzt, der Augenblick. Heute war Bendoorin-Show! Das allein war doch toll! Es war an der Zeit, Spaß zu haben!

Regale voller selbst eingekochter Marmelade und voller köstlicher Kuchen waren bei den Ständen ausgestellt. Die Organisatorinnen, junge Frauen aus dem Landfrauen-Verein, trugen bunte Schürzen mit der Aufschrift »Best in Show« und überwachten das Ganze.

Das Publikum betrachtete die ausgestellten Fotos, bewunderte die Gewinner der Vorjahre und suchte sich seine eigenen Favoriten aus. Andere schauten sich die Abteilungen mit den Blumenarrangements oder den Strick- und Häkelstücken an. Aber die Hauptaufmerksamkeit galt dem Backwettbewerb der Männer. Dort drängten sich die meisten Zuschauer. Die Farmer hatten sich sichtlich Mühe gegeben. Manche hatten die Rezepte ihrer Frauen für die traditionellen Obstkuchen übernommen oder auch einen schwierigeren Schokoladenkuchen gebacken. Andere hatten sich tapfer an eindrucksvolle Biskuitrollen gewagt. Aber nur wenige hatten das Motto der Show, die Werbung für australisches Lamm, als Inspiration für ihren Kuchen genommen.

Sols Kuchen in Schinkenform war mit Abstand eine der witzigsten Kreationen. Daneben stand Franks Kuchen: Ein riesiges Rechteck aus hellgrünem Zuckerguss, das er mit einem Plastikzaun abgegrenzt hatte, in dem

Plastikschafe grasten. Candys Mann, Brian Brown aus dem Kaufhaus, hatte seinen Kuchen im Muster der australischen Fahne mit Zuckerguss überzogen und Grillzangen daraufgesetzt, während Doreens Mann, Dennis Groggan, die Barbiepuppe seiner Enkelin in einen Kuchenrock gestellt hatte. Barbie trug eine gestreifte Metzgerschürze und hielt ein Plastikmesser und eine winzige Gabel in der Hand. Rebecca und die Jungs lachten. Alles in allem gab es sensationelle Beiträge. Sogar ein Filmteam aus Sydney war angereist und hielt die Kreationen für einen Fernsehsender fest.

Die Jury verlieh den ersten Preis an Dennis Groggans Barbie-Kuchen. Rebecca war sich ziemlich sicher, dass Doreen ihn gemacht hatte. Sols Schinken-Kuchen, der lustigste und kreativste Beitrag, landete nicht nur auf dem zweiten Platz, sondern bekam auch noch den Publikumspreis.

Rebecca wusste, dass Sol darüber aufgeregter wäre als über die großen Geschäftsabschlüsse seines Vaters oder den Beifall nach einem Konzert in Paris. Vor ein paar Tagen hatte er noch zu ihr gesagt, er fände den Wettbewerb genial, weil er Bendoorin in den Fokus rückte.

»Es zeigt, wie clever wir hier in Australien auf dem Land sind!«, hatte er gesagt. »Das liebe ich daran, dass ich zwar in Spanien aufgewachsen bin, aber einen australischen Vater habe – ich bin weit genug von allem weg, um zu sehen, wie einzigartig es ist! Und wie verrückt hier alle sind! Es locura!«

Rebecca hatte schläfrig gelächelt. Sie hatte schon im Bett gelegen und seinen Worten gelauscht. Sie fand es hinreißend, wenn er spanische Sätze in die Unterhaltung einbaute. »Ja, wir machen uns gerne über uns selbst lustig«, stimmte sie ihm zu.

»Das liebe ich so an dir und auch an meinen Leuten in Rivermont. Die Städte auf der ganzen Welt sind alle viel zu amerikanisch. Das sehe ich an den Leuten in den Unternehmen, die für meinen Vater arbeiten. Vor allem die Frauen. Sie glauben alle, sie müssten so aussehen wie die amerikanischen Schauspielerinnen im Fernsehen. Aber Frauen wie du, bonita, die erdverbunden sind, die bereichern die Welt.«

Rebecca hatte nicht gewusst, wie sie darauf reagieren sollte. Sie wusste schließlich, dass sie viel zu schlicht und grob für ihn war. In Sydney, in Paris, in Madrid, in den künstlerischen Kreisen seiner Mutter, war er von schlanken Schönheiten umgeben. Sie hatte begonnen, sich ein wenig unsicher und unzulänglich zu fühlen, aber es war ja eigentlich egal. Sol war sowieso nur ein Freund. Und mehr konnte daraus auch nicht werden. Mehr durfte nicht sein. Sol hatte von Becs innerem Aufruhr nichts mitbekommen und unbekümmert weitergeredet.

»Wenn ein Mann in einer Weltstadt einen Kuchen backen würde«, war er fortgefahren, »dann wäre das nichts Besonderes, weil Kochen dort ein Trend ist. Aber in Bendoorin, in dieser konservativen Farmkultur, ist der Männerkuchen einfach ein Riesenspaß. Ich liebe es!«

Rebecca dachte an seine Worte, als sie jetzt auf der Show noch einmal eingehend alle Kuchen betrachtete. Plötzlich berührte jemand sie an der Schulter.

»Ist es nicht magnifico?« Sol blickte sie lächelnd an.

Er wirkte völlig fehl am Platz hier auf dieser ländlichen Ausstellung mit seiner schwarzen Jeans, seinem engen schwarzen Pullover mit dem silbernen Reißverschluss am Hals und den spitzen italienischen Schuhen. Seine schwarzen Haare, die an den Schläfen allmählich grau wurden, fielen ihm ins Gesicht und verdeckten das aufgeregte Blitzen in seinen dunklen Augen. Rebecca strahlte ihn an, und auch die Kinder quietschten vor Entzücken, als sie ihn wiedersahen.

»Publikumspreis!«, sagte er und zeigte auf das Band. »Das ist besser, als Erster zu werden.«

Er strahlte vor Freude. Es ist, als ob er einen wichtigen Musikpreis gewonnen hätte, dachte Bec amüsiert. »Ja, ich habe es schon gesehen. Toll!«

Er umarmte die Kinder, dann wandte er sich zu Bec. »Ich habe dich so sehr vermisst, mi amigo especial.«

Rebecca schlug die Augen nieder. Seine Worte hatten sie unvorbereitet getroffen. Er hatte so leidenschaftlich und intensiv geklungen wie Antonio Banderas bei einer Liebesszene in einem Film.

Er wies auf seine Wange. »Du musst mir mit einem Kuss zu diesem Kuchen gratulieren, sí?«, forderte er sie mit seinem sexy Akzent auf.

Rebecca schaute sich um. Sollte sie ihn wirklich hier vor den Augen der Kinder küssen? So kurz nachdem ihr Mann sie verlassen hatte? Unsicher zögerte sie ein wenig zu lange. Ein verletzter Ausdruck huschte über Sols Gesicht. Er kniff die Augen zusammen. Sanft trat er vor sie und flüsterte ihr zu: »Hast du Angst, dass hier noch andere Dinge als Kuchen beurteilt werden?«

Rebecca spürte, wie ihr die Röte in die Wangen stieg, aber sie konnte trotzdem das Gefühl nicht ablegen, dass die anderen Frauen sie beobachteten. Und beurteilten. Bevor sie antworten konnte, kam die Film-Crew und wollte Sol zu seinem Erfolg interviewen.

»Entschuldige mich«, sagte er. »Meine Kuchen-Verpflichtungen rufen.« Er beugte sich zu ihr herunter und gab ihr einen Kuss, und Rebecca hatte auf einmal das Gefühl, die Welt hätte für einen Moment aufgehört, sich zu drehen.

Später am Nachmittag saß sie mit den Jungen auf der Tribüne und schaute zu, wie Schafböcke vorgeführt wurden, die auf dem grünen Kunstrasen um die Meisterschaft der Merinoböcke wetteiferten. Rebecca erinnerte sich an die Jahre, als das ein angesehenes und wichtiges Ereignis war. Der Pavillon war voller Böcke gewesen, die das Band des Champions gewinnen wollten. Heutzutage, da die Wollindustrie einen Tiefpunkt zu verzeichnen hatte und die meisten Farmer sich auf die Zucht von Fleischschafen verlegt hatten, hatte die Show etwas Nostalgisches.

Die Aussteller waren würdige Vertreter der Branche. Selbst die jüngeren Männer in den Zwanzigern waren gekleidet, als kämen sie aus einer anderen Zeit. Rebecca wusste, dass ihre Leidenschaft für die Wollproduktion manchmal das Einzige war, was sie antrieb. Sie hingen an der Vergangenheit und den Traditionen. Die Tiere, die heute dabei waren, sahen tatsächlich spektakulär aus. Die Böcke standen groß und stolz mit gebogenen Hörnern vor den Preisrichtern, sie waren perfekt gepflegt. Auch für Rebecca gab es nichts Schöneres als Wolle, sie war in ihren Augen die beste Naturfaser. Sie hatte Charlie gebeten, wenigstens noch eine Herde mit Wollschafen zu behalten und nicht komplett auf Fleischschafe umzustellen.

»Der gefällt mir am besten«, sagte Ben und zeigte auf den Bock am Ende der Reihe.

»Den finde ich auch am besten. Pass gut auf, aus welcher Zucht er kommt. Du kannst den Bock für mich kaufen, wenn du willst.«

Ben blickte sie überrascht an. »Ich bin doch noch viel zu klein, um einen Bock zu kaufen!«

»Ach was! Wenn du etwas wirklich willst, spielt es keine Rolle, wie alt du bist. Ich helfe dir beim Kauf, wenn du möchtest.«

»Aber Daddy würde das nie erlauben.«

»Daddy ist nicht hier, er kann uns nicht vorschreiben, was wir zu tun und zu lassen haben. Die Zeiten haben sich geändert, Ben. Ich möchte, dass ihr Jungs euren eigenen Weg auf Waters Meeting geht, wenn ihr dableiben wollt. Von jetzt an wird alles anders. Es macht Spaß. Du wirst sehen. Du und Archie, ihr tragt jetzt mit mir zusammen die Verantwortung für die Farm.«

Ben blickte wieder zu dem großen Bock am Ende der Reihe, und Rebecca konnte spüren, wie sich seine Gedanken überschlugen. Seine Augen blitzten vor Erregung. Er griff nach ihrer Hand und drückte sie.

»Danke, Mummy.«

Landwirtschaft, dachte sie, liegt einem im Blut. Wie

oft wird sie als Fluch gesehen? Es war an der Zeit, das Erbe der Jungen als etwas Positives, nicht als etwas Negatives zu betrachten. Aber dann zog eine dunkle Wolke durch ihre Gedanken. Sie dachte an Charlies Worte am Morgen: »Ein Anwalt wird dir mitteilen, wie viel mir von der Farm zusteht.«

Begriff er denn nicht, dass ihm die Farm gar nicht gehörte? Sie verwalteten sie doch bloß für die nächste Generation. Waters Meeting gehörte nicht einmal Rebecca. Andrew hatte ihr diese Sicht auf die Dinge nahegebracht. Sie standen auf einem Kontinent, der dreißig Millionen Jahre alt war! Wie konnte jemand einen Teil davon »besitzen« wollen? Es war eher umgekehrt. Das Land besaß *sie*. Das musste Charlie begreifen, und er durfte in seiner Gier nicht zerstören, was für seine Söhne die Zukunft war.

»Hallo, meine Schöne«, drang plötzlich Joeys Stimme an ihr Ohr. Er setzte sich viel zu dicht neben sie. Dabei sah er in seiner Jeans, einem langärmeligen weißen T-Shirt und Cowboystiefeln viel zu gut aus. Und er roch auch noch gut.

Er stieß ihr mit dem Ellbogen in die Seite. »Kommst du nachher noch zur Cocktailparty mit? Wenn du willst, können wir abtanzen. Ich zeige dir, wie geschickt ich mich bewegen kann.« Er zog vielsagend die Augenbrauen hoch.

Bec wandte den Blick ab und konzentrierte sich wieder auf die Böcke. Einer von ihnen würde das Meisterschaftsband gewinnen. In der Menge war es still geworden. Langsam stieg die Spannung. Rebecca hoffte, dass die Einheimischen sie nicht beobachteten. Dann dachte sie an Sol und ihre Vorsicht bei einem harmlosen Kuss. Wann würde sie endlich aufhören, sich darüber Sorgen zu machen, was die anderen Leute von ihr dachten? Lächelnd wandte sie sich wieder zu Joey.

»Ich glaube, Yazzie möchte auf jeden Fall zu der Party. Sie hat sogar schon Evie als Babysitter engagiert und mir ein Partykleid besorgt. Also nehme ich an, dass wir hingehen.«

»Dann haben wir beide also ein Date?«

Bec zog die Nase kraus. »Ein Date? Nein, Joey, es ist nur ein Treffen unter Freunden.«

Joey schaute sie ebenfalls fragend an. Einen Moment lang huschte so etwas wie Enttäuschung über sein Gesicht.

»Oh!«, sagte er ein wenig zu laut. »Ich glaube, da steht jemand noch vor mir in der Reihe. Ich glaube, da hat sich jemand in den Boss verliebt.«

»Nein, das stimmt nicht«, protestierte Rebecca.

Joey stach sie mit dem Zeigefinger in die Rippen. »Oh doch«, neckte er sie.

»Sei nicht so blöd. Nein, es stimmt nicht!«

Er stand auf und vollführte einen kleinen, albernen Tanz. »Rebecca ist verliebt! Rebecca ist verliebt!« Er schlug sich die Hand vor die Brust.

»Um Gottes willen, Joey, setz dich und halt den Mund«, sagte Rebecca und zerrte ihn am Arm. Die Leute drehten sich schon nach ihnen um.

Er wackelte mit den Augenbrauen. »Und ich glaube, das Gefühl beruht auf Gegenseitigkeit. Er benimmt sich komisch, seit du das erste Mal auf Rivermont aufgetaucht bist! Na los! Gib ihm eine Chance!«

»Joey! Sei still!« Bec wurde rot.

»Dieser Mann war immer wie ein großer Bruder für mich. Ich bin natürlich schärfer, aber du willst ja unbedingt einen alten Knacker. Ganz toll!« Er hob beide Daumen, küsste sie auf die Wange und klatschte ihre Söhne ab, die kichernd zugehört hatten.

»Ihr habt wirklich eine scharfe Mama, Kinder!«, sagte er. Dann wandte er sich zu Rebecca: »Bis später, Prinzessin!« Er zwinkerte, richtete den Zeigefinger wie eine Pistole auf sein Herz und feuerte einen Schuss ab. »Sie ist wirklich ein Luder!«

Damit war er verschwunden, und Rebecca saß mit rotem Kopf auf der Tribüne.

Der Preisrichter warf ihr einen finsteren Blick zu und verkündete den Sieger der Meisterschaft.

32

Später an jenem Abend liefen im Schaf-Pavillon gertenschlanke Models über den roten Teppich, um die neuesten Kreationen aus Merinowolle zu präsentieren, die australische Modedesigner entworfen hatten. Den Männern vom Land fielen fast die Augen aus dem Kopf. Bec, die neben Joey stand, sah, wie er von seinem Bier aufblickte.

»Denen müsste man mal was Anständiges zu essen geben«, meinte er.

Rebecca war überrascht. Sie hatte gedacht, er würde genau wie die meisten anderen Männer anzügliche Kommentare abgeben. »Aber sie sehen doch toll aus«, widersprach sie. »Nicht wie wir Durchschnittsfrauen mit unseren Speckröllchen!« Sie zupfte an ihrem Kleid.

Joey schüttelte den Kopf. »Das sind doch alles ausgemergelte Freaks. So stelle ich mir eine Frau nicht vor.«

Er fuhr mit der Hand über Rebeccas Rücken. Sie trug ein schulterfreies silbernes Kleid, das Yazzie ihr geliehen hatte. Es war so eng, dass sie sich darin entschieden übergewichtig vorkam.

»Ich liebe Kurven«, sagte Joey. »Und du, meine Prinzessin, bist sowieso die schönste Frau hier. Du siehst aus wie ein Bond-Girl aus den Sechzigern. Na ja, wie ein schwangeres Bond-Girl. Warte bloß, bis der Boss dich sieht!«

»Ach hör doch mit Sol auf!«

»Du liebst es doch«, neckte er sie.

Bec lächelte Joey an. Sie war dankbar für seine Komplimente. Bis vor ein paar Monaten hatte sie sich für Männer noch unsichtbar gefühlt und war an Haus und Kinder gebunden gewesen. Vielleicht lag es ja an der Schwangerschaft, dass sie sich momentan entschieden attraktiver als je zuvor fühlte. Nur die Tatsache, dass Joey so dicht neben ihr stand, bereitete ihr leises Unbehagen, weil Charlies Kumpel sie beobachten konnten. Unsicher blickte sie sich um. War sie paranoid? Hier waren doch nur Freunde.

Da drängte sich Murray durch die Menge. »Na, bist du auch schön brav?«, fragte er höhnisch.

Sie lächelte ihn vage an.

»Wie geht es dem Welpen?« Er war definitiv einer von Charlies Verbündeten, sie musste aufpassen, dass sie mit ihm keinen Streit bekam.

»Gut. Danke der Nachfrage, Muzz.«

Dann entschuldigte sie sich bei den Männern. Auf Zehenspitzen ging sie in Yazzies hochhackigen Pumps quer über die Wiese zu dem hässlichen grauen Betonblock, in dem sich die Toiletten befanden. Sie blickte in den Spiegel. Yazzie hatte ihre Haare zu einem hoch angesetzten Pferdeschwanz zusammengebunden, der sehr sexy wirkte. Ihr fiel ein, was Evie einmal gesagt hatte. Sie solle »sich selbst beobachten«, damit das Leben sie nicht einfach mitriss.

Jetzt versuchte sie, sich von außen zu betrachten, und entdeckte in dieser Toilette mit dem tropfenden Wasserhahn und dem angerosteten Becken zum ersten Mal, wie schön sie war.

Sie war immer viel zu kritisch sich selbst gegenüber gewesen, so dass sie ihre Schönheit nicht wahrnehmen konnte. Ihr ganzes Leben lang hatte sie versucht, in die Männerwelt rauer, staubiger Arbeit auf der Farm zu passen, es ihren Brüdern gleichzutun, um Anerkennung von ihrem Vater zu bekommen.

Das hatte sie hart und verschlossen gemacht. Aber jetzt wurde ihr auf einmal klar, dass sie gar nicht so defensiv und abweisend zu sein brauchte. Man konnte auch in ihrer Welt feminin sein. Sie dachte an die Sternennacht, die sie mit Joey verbracht hatte. Was hatte er in jener Nacht in ihr gesehen, das ihr entgangen war?

Sie war blond, und ihre Muskeln waren von der Arbeit auf der Farm so gut ausgebildet, dass alles am richtigen Fleck saß. Seit sie Charlie herausgeworfen hatte, hatte sie so viel abgenommen, dass sie eine schöne Taille bekommen hatte. Vom vielen Laufen waren auch ihre Beine kräftig. Sie trat einen Schritt zurück, um sie im Spiegel besser sehen zu können. Sie sahen in den hochhackigen Pumps richtig gut aus. Seltsam, dass sie sich noch nie so gesehen hatte. Sie hatte lediglich kurze, kritische Blicke in den Spiegel geworfen und das Augenmerk immer nur auf ihre Makel gerichtet: die Sommersprossen auf der Nase, die zu breiten Hüften, den schwabbeligen Bauch. Heute Abend jedoch sah sie eine ganz andere Person. Sie drehte sich zur Seite und strich mit der Hand über ihren Babybauch. Dr. Patkin war äußerst zufrieden mit ihren Fortschritten. Er hatte sogar gesagt, dass ab und zu ein halbes Glas Wein nicht schaden würde. Sie liebte Landärzte!

»Da bist du ja!«, sagte Yazzie, als sie zurückkam. Die junge Frau hatte heute Abend falsche Wimpern angeklebt und sich die Augen dunkel geschminkt. Der Effekt war dramatisch und edel. In ihrem kurzen roten Kleid und mit den blonden Haaren, die sie zu einem Bauernzopf um den Kopf geflochten hatte, sah sie aufsehenerregend aus.

Sie ergriff Becs Arm und beugte sich zu ihr. »Ich werde langsam sauer. Nimm mich bitte mit, wenn du zum Übernachten zu Evie fährst. Was ist bloß los mit mir? Ich scheine nur alte Männer anzuziehen, im Alter von Hugh Hefner oder noch älter. Deprimierend. Und was ist mit dir und deinen jungen Männern? Joey lässt dich schon den ganzen Abend nicht aus den Augen.«

Bec lachte. »Du kennst ihn doch. Wir sind nur gute Freunde.«

»Es sieht aber so aus, als ob er mehr wollte. Sol wird langsam richtig böse auf ihn.«

»Sol?«

Yazzie nickte. »So habe ich ihn noch nie gesehen.« Sie hob ihre Champagnerflöte. »Er ist in dich verliebt.«

»Nein, das ist er nicht.«

Yazzie nickte nachdrücklich. »Oh doch. Er erzählt mir alles. Alles. Über sein Liebesleben. Die Frauen. Normalerweise lacht er sich jedes Mal, wenn er in Europa oder sonst wo auf Reisen ist, eine neue an. Er hat eine ganze Reihe von Freundinnen, wie er sie nennt.« Sie trank einen Schluck Champagner. »Aber damit ist es jetzt vorbei. Ihn hat es ganz schlimm erwischt! Er hat schon seit Monaten keine Frau mehr gehabt. Er liebt dich, Baby!«

Rebecca wusste nicht, was sie sagen sollte. Natürlich hatten ihre häufigen Telefonate eine Verbindung zwischen ihnen entstehen lassen, aber sie wäre nie auf die Idee gekommen, dass er sich in sie verlieben könnte. Auf einmal wurde ihr klar, dass es möglich war. Sie verdiente es, vom besten aller Männer geliebt zu werden. Aber noch wollte sie es nicht wahrhaben.

»Verliebt in eine Schwangere, die kurz vor ihrer Scheidung steht? Das soll er sich aber gut überlegen«, sagte sie abwehrend. »Wo ist der Kerl überhaupt?«, fragte sie.

Yazzie zuckte mit den Schultern. »Wahrscheinlich lässt er sich volllaufen, so wie ich. Es liegt den Stantons im Blut, sich bedeckt zu halten und zu besaufen.«

Nachdem die Modevorführung vorbei war, schallte inzwischen Ricky Martin aus den Lautsprechern.

Yazzie packte Bec am Arm. »Komm, lass uns tanzen!«

Lächelnd schüttelte Bec den Kopf. »Nein.«

»Gott! Du bist immer so ernst!« Yazzie schmollte. »Und so nüchtern! Ich wünschte, Gabs wäre hier. Ich brauche jemanden, der mir beim Tanzen und Trinken Gesellschaft leistet.«

»Yazzie! Das sieht dir so gar nicht ähnlich!«

»Na ja, ich bin eben ein bisschen durch den Wind.«

»Warum?«

Erneut zuckte Yazzie mit den Schultern. »Du weißt schon.«

»Ja, ich weiß«, sagte Bec, als sie die Trauer in Yazzies Augen sah. Sie hatten zwar nie wirklich über die Babys geredet, aber Yazzie wusste, dass Rebecca sie verstand. Zwischen ihnen herrschte stummes Einvernehmen. Die Frauen umarmten sich und standen eine Weile ganz still da, während um sie herum die Party tobte. Als sie sich voneinander lösten, blickte Yazzie Rebecca traurig, aber dankbar an.

»Ich liebe dich«, sagte sie. »Du hast keine Ahnung, was du und die Kinder mir bedeuten. Keine Ahnung!«

Rebecca lächelte unter Tränen. »Ich dich auch, Baby! Ich liebe dich auch!« Sie räusperte sich und sagte: »Und jetzt genug der Emotionen! Du brauchst was Handfestes. Komm, wir kaufen uns einen Mann!« Sie hakte Yazzie unter und machte mit der freien Hand eine weit ausholende Handbewegung, mit der sie alle Männer im Saal einschloss. »Welcher von denen gefällt dir?«

»Du musst dir einen aussuchen!«

»Nein, ich bin schwanger. Jetzt will mich sowieso keiner.«

»Wer sagt das?«

Bec zuckte mit den Schultern.

»Das ist die beste Zeit. Mein Exmann hat es geliebt, als ich schwanger war.«

Bec gingen tausend Fragen zu Yazzies früherem Leben als Mutter und Ehefrau durch den Kopf. »Wer war eigentlich dein Mann?«

»Ein Feigling.« Yazzie wandte sich ab und erklärte das

Thema damit für beendet. »Komm, lass uns anfangen zu feiern.« Sie lief auf den DJ zu.

Bec blieb alleine zurück. Sie blickte sich um. Von Joey war nichts mehr zu sehen. Sie lächelte. Wie seltsam sich doch ihr Leben im Moment anfühlte. Es gab so viel Neues zu entdecken. Plötzlich sah sie Janine. Sie stand in einem viel zu engen, viel zu kurzen schwarzen Kleid mit dem Rücken zu ihrem Mann und flirtete mit dem ältesten Sohn der Clarksons.

Ein Stück weiter erblickte Bec Candy und Doreen, die mit Platten voller Bruschetta hereinkamen. Sie wollte gerade zu den beiden Frauen gehen, als sie Sol sah, der sich am Büro des Ausstellungskomitees mit dem Fernsehmoderator Sam Kekovich unterhielt. Als Rebecca auf die beiden zutrat, wurde Sam Kekovich gerade von dem Fahrer abgeholt, der ihn zum Flughafen bringen sollte. Anscheinend musste er nach Sydney zurück. Rebecca hörte schon von Weitem, dass Sol ihm den Kuchen mitgeben wollte. Sie hatte ihn noch nie betrunken gesehen, aber jetzt hatte er offensichtlich zu tief ins Glas geschaut.

»Er will meinen Kuchen nicht«, sagte Sol. Sein spanischer Akzent war noch deutlicher zu hören als sonst. »Was hat er denn gegen meinen Kuchen?«

»Er ist nicht gerade das ideale Handgepäck fürs Flugzeug. Lass es gut sein, Sol. Du bist betrunken.« Rebecca lächelte ihn schief an. Die Cocktailparty der Messe in Bendoorin war berüchtigt für ihre Alkoholexzesse. Anscheinend waren dieses Jahr die Stantons an der Reihe, sich abzuschießen.

»Und du flirtest mit diesem Blödmann Joey«, sagte Sol eifersüchtig.

»Das stimmt gar nicht!« Rebecca begann zu kichern.

»Was? Warum lachst du?« Er hielt ihr den Kuchen hin. »Hier, nimm meinen Kuchen.«

»Ich will deinen Kuchen nicht.«

»Du willst meinen Kuchen nicht?«

»Nein. Selber *Blödmann*!«

Ihre Blicke trafen sich, und sie grinsten sich an.

»Tut mir leid«, sagte er. »Du hast mich aus dem Gleichgewicht gebracht.«

»Ich? Ich würde eher sagen, das war der Rotwein. Ich habe nichts getan.«

»Nein, du hast nichts getan, aber du bist so schön, Rebecca, du quälst mich jede Nacht«, sagte er leise und trat auf sie zu. Er stellte den Kuchen auf einen Tisch und ergriff sie am Arm. »Komm mit mir.«

Es lag etwas Verführerisches in seiner tiefen Stimme und der Art, wie er sprach. Rebecca bekam Gänsehaut davon. Sie ließ sich von ihm von der Party wegziehen. Durch eine Seitentür verließen sie die Scheune. Draußen schlang Sol die Arme um sie und drückte sie gegen die Blechwand. Im schwachen Lichtschein, der aus der Scheune fiel, sah sie die Leidenschaft in seinen Augen.

»Warum willst du mich nicht?«, fragte er so dicht an ihrem Mund, dass sie seinen Atem spürte.

»Ich will dich doch«, flüsterte sie. »Es ist nur zu früh.«

»Zu früh? Was sagt Evie denn zum Leben im Hier und Jetzt?«

338

Sie blickte in sein schönes Gesicht. Sie wollte sich nicht verlieben. Noch nicht. Nicht jetzt. Die Narben waren noch nicht verheilt, und das Baby eines anderen Mannes wuchs in ihr.

»Bitte, Rebecca.«

Sie spürte, wie ihre Knie weich wurden und ihre Entschlusskraft dahinschmolz.

Sie wandte ihm das Gesicht zu und zog ihn an sich. Ihre Lippen trafen sich, und Rebecca gab sich ganz dem Augenblick hin. Sie schlang die Arme um seinen Hals, schmiegte sich an ihn und seufzte vor Verlangen. Aber dann löste sie sich von ihm und blickte ihn flehend an.

»Es kann nicht funktionieren.«

Er umfasste ihr Gesicht mit beiden Händen. »Warum denn nicht? Wir können dafür sorgen, dass es funktioniert. Ich werde dafür sorgen.«

»Es geht nicht.«

»Warum?«, murmelte er und bedeckte ihren Hals mit Küssen.

»Du weißt schon. Wegen der Schwangerschaft.« Sie wies auf ihren Bauch. »Es ist Charlies Baby.«

Sie glaubte, es würde ihn abschrecken, wenn sie ihn an die Realität erinnerte. Sie feuerte einen Warnschuss ab und dachte, dass ihn das zur Vernunft bringen würde.

Sol hob den Kopf. Forschend blickte er sie an. Sie sah ihm an, dass ihm tausend Fragen durch den Kopf gingen. »Ja, du trägst das Kind eines anderen Mannes. Und? Warum soll das ein Hinderungsgrund sein?«

Er fuhr mit der Hand über den Bauch, in dem ihr Kind wuchs. Rebecca fühlte die Wärme, die von seiner

Handfläche ausging. Langsam breitete sich ein Lächeln auf seinen Zügen aus. »Rebecca, verstehst du denn nicht? Dieses Baby ist ein Teil von dir. Ich werde auch dieses Kind lieben, so wie ich Ben und Archie liebe.«

Verwirrt und zweifelnd blickte Rebecca ihn an.

Sol packte sie sanft an den Schultern und beugte sich herunter, um ihr in die Augen zu sehen. »Verstehst du denn nicht? Nach allem, was wir mit Abby und Nicholas durchgemacht haben, ist das ein Geschenk. Warum sollten wir uns davon aufhalten lassen? Das Universum will es so.«

Zum ersten Mal hatte er den Namen von Yazzies Babys genannt. Ein Schmerz durchfuhr sie. Ihr wurde klar, dass das Leben jeden Moment gelebt werden musste. Sie blickte Sol in die Augen und sah ihn offen an. Lebe im Augenblick, sagte sie sich selbst, der Augenblick fühlte sich gut an. Es war nicht mehr aufzuhalten. Sie schmiegte sich an ihn und legte die Hand auf die kurzen schwarzen Locken in seinem Nacken. Sanft zog sie seinen Kopf zu sich herunter, so dass ihre Stirnen sich berührten. Ihr Atem wurde schneller, und ihre Lippen trafen sich zu einem Kuss.

Zuerst waren die Küsse sanft. Rebecca hatte das Gefühl, er würde sie mit seinen starken Lippen zu neuem Leben erwecken. Sie drückte sich enger an ihn, umschlang ihn fester. Verlangen stieg in ihr auf, als auch sein Körper reagierte. Seine Hände glitten über ihre Schultern, tiefer, an ihren Brüsten vorbei. Er spielt mich wundervoll, dachte sie. Wie ein Instrument.

»Dir ist kalt«, flüsterte er mit rauer Stimme.

»Komm«, sagte Bec, »wir suchen uns einen wärmeren Ort.«

Sie führte ihn zu einem alten Truck, der in der Nähe geparkt war. Im Hänger war frisches, warmes Stroh für die Schafe und Böcke, die am nächsten Morgen wieder abtransportiert würden.

Vor dem Truck war alles dunkel, und niemand konnte sie sehen, als sie einander in die Arme nahmen. Rebecca schlüpfte aus ihren hochhackigen Pumps, schob ihr silbernes Kleid über die Oberschenkel hoch und stützte sich mit kräftigen Armen ab, als sie sich auf den Hänger schwang. Dann drehte sie sich um und reichte Sol die Hand, damit auch er sich hochziehen konnte.

Sie hörten nicht auf, sich zu küssen. Rebecca öffnete Sols Gürtel und schob seine Hose herunter. Auch ihr Höschen zog sie aus.

Er breitete sein Jackett für sie aus, legte seine warmen Hände um ihre Taille und hob sie auf einen der Heuballen, die vorne lagen. Er küsste eine glühende Spur von ihren Ohrläppchen bis zu ihrem Hals. Seine Finger fanden ihre warme Nässe, und er stieß einen Finger hinein. Stöhnend bog sie sich ihm entgegen. Sie schloss die Augen, warf den Kopf zurück und genoss seine Berührungen mit allen Sinnen. Reine Lebensfreude erfüllte sie. Ihre Hand schloss sich um die glatte, warme Haut seines Penis. Er war ziemlich groß, und sie freute sich auf ihn.

Nach mehr als zehn Jahren Ehe mit Charlie kam es ihr wie die Erforschung eines fremden Landes vor, Sols Körper zu berühren. Er war ihr völlig fremd, exotisch, schön und ein bisschen gefährlich. Sie stöhnten beide vor Lust, als er in sie eindrang und rhythmisch begann, in sie zu stoßen.

Heute Abend waren sie zu dritt: Sol, Rebecca und das Kind, das sie erwartete. Rebecca hatte Angst gehabt, dass es sich unangenehm oder falsch anfühlen würde, aber es war alles völlig richtig. Es fühlte sich an wie reine, universelle Liebe. Wie Schönheit. Ihr Körper überraschte sie, als sie schnell zum Orgasmus kam. Als Sol ihr folgte, überliefen sie erneut sanfte Wellen der Lust, und sie lachte leise. Auch Sol stimmte ein.

»Unser erstes Mal«, sagte er. »In einem Schaftruck. Und anschließend hast du gelacht. Daran werde ich mich immer erinnern. Du bist so schön, Rebecca.« Lächelnd küsste er sie zärtlich auf die Lippen.

Sie hatte sich noch nie mit einem Mann so glücklich gefühlt … so geliebt. Nur zögernd lösten sie sich voneinander und halfen sich gegenseitig, ihre Kleidung wieder in Ordnung zu bringen. Als sie präsentabel waren, hob Sol sie vom Truck herunter. Wieder lagen seine Hände warm um ihre Taille. Sie legte ihm eine Hand an die Wange.

»Danke«, sagte sie.

»Wofür?«

»Es ist so lange her.«

Sol lachte leise und küsste sie auf die Wange. »Freut mich, dass ich dir helfen konnte. Es wird noch öfter vorkommen, wenn du möchtest«, sagte er. »Aber jetzt sollten wir besser wieder auf die Party zurückgehen. Yazzie betrinkt sich heute Abend. Schlimmer als ich.«

»Ich weiß.«

Er ergriff ihre Hand und zog sie an seine Lippen. Immer noch funkelte Verlangen in seinen Augen. »Du bist etwas ganz Besonderes, meine schöne Frau. Komm.«

Er führte sie zurück zur Scheune, und einen Moment lang hatte Bec das Gefühl zu schweben.

Aber plötzlich stand Janine Turner vor ihnen. Sie hatte die Arme um ihren eigenen Körper geschlungen; ihre Wimperntusche war verlaufen und umrandete schwarz ihre Augen. Rebecca blieb erschrocken stehen.

»Du Schlampe!«, schrie Janine wütend und trat auf sie zu. »Du hast dafür gesorgt, dass er mich verlassen hat.«

Bec hob beruhigend die Hände. »Janine, du bist betrunken. Ich will mich nicht mit dir streiten. Lassen wir die Sache auf sich beruhen.«

Aber es war zu spät. Janine hatte ihre Dämonen schon den ganzen Abend über mit Wodka gefüttert. Wie ein Maschinengewehr feuerte sie los, und Rebecca war ihre Zielscheibe. »Verdammte Schlampe!«, schrie sie und stürzte sich auf Rebecca.

»Lass sie in Ruhe!«, herrschte Sol sie an, aber seine Worte schienen Janine nur noch mehr anzustacheln.

Hysterisch schreiend und kreischend, schlug sie Rebecca die falschen Nägel in die Brust. »Schlampe! Er hatte recht! Charlie hatte recht! Jetzt wissen wir ja, von wem du schwanger bist!«, sagte sie und wandte sich mit verzerrtem Gesicht Sol zu. »Jetzt ist Charlie weg. Alles nur wegen dir, du Luder! Du hast ihn weggeschickt. Er ist weg! Nur wegen dir!«

Bec packte Janine am Arm und versuchte, sie wegzuziehen. Sie war völlig schockiert und benommen von dem Angriff.

Sol zog ihre Angreiferin weg. Wütend schrie er sie auf Spanisch an. »Hör damit auf! Und jetzt verschwinde!«, sagte er heftig. »Geh zurück zu deinem Mann. Hör auf, dich selbst zu demütigen, oder muss ich dir erst eine Ohrfeige versetzen, um dich zu Verstand zu bringen?«

»Verzieh dich, du reicher Arsch!«, heulte die betrunkene Frau und wollte sich erneut auf Rebecca stürzen. »Ich bringe sie um!«

Rebecca spürte, wie sich eine Energie in ihr regte. Sie hatte genug. Sie packte Janine mit fester Hand, hielt sie auf Armlänge von sich entfernt und blitzte sie wütend an. »Hör jetzt auf, Janine!«, zischte sie wütend. »Kapierst du denn nicht, dass Charlie dich nur benutzt hat? Er ist ein Arschloch. Er hat mich ständig betrogen. Er hat auch dich betrogen. Er hat meine Tiere erschossen und ist abgehauen, er hat dich gevögelt und ist abgehauen. Gott, Janine. Wach endlich auf! Vergiss ihn. Und lass mich aus deiner armseligen Scheiße heraus!«

Die Worte reichten, um Janine völlig niederzuschmettern. Sie sah Rebecca nicht an, sondern zog sich zurück. Schluchzend verschwand sie schwankend in der Dunkelheit. Erst in einiger Entfernung drehte sie sich noch einmal um und schrie: »Ich weiß nicht, warum Sie sich mit der abgeben, Mr. Stanton! Charlie hat mir gesagt, sie ist im Bett nicht zu gebrauchen. Und eine schlechte Frau für einen Farmer ist sie auch.«

»Verschwinde!«, donnerte Sol.

Dann wandte er sich zu Rebecca und legte ihr einen

Arm um die Schultern. »Geht es dir gut, meine Prinzessin? Hat sie dich verletzt? Warte, ich schaue es mir im Licht an. Oh, da ist Blut, sie hat dich gekratzt. Oh, Prinzessin.«

Rebecca zitterte. *Prinzessin?* Bei diesem Wort sträubten sich ihr sämtliche Haare. Was war sie für ihn? Eine weitere Eroberung auf seiner Weltfrauentournee? Nach allem, was sie auf Waters Meeting alleine bewältigt hatte? Nachdem sie alles überlebt hatte? Sie erstarrte. Sie war keine Prinzessin, für niemanden. Sie schob seinen Arm weg, und tief in ihr stieg Wut auf. »Prinzessin? Du nennst mich Prinzessin?«, fragte sie schockiert. Verwirrt schüttelte sie den Kopf, als ob sie dadurch alles wieder an den richtigen Fleck rücken könne. Trotzig beschloss sie, das Mitgefühl auf Sols Gesicht zu ignorieren. Stattdessen standen ihr all die Männer vor Augen, die sie im Leben gedemütigt hatten. Wütend stieß sie hervor: »Ich will nicht von dir beschützt werden. Und vor allem will ich nicht Prinzessin genannt werden. Ich brauche und will keinen Mann. Und jetzt lass mich allein. Es kann nicht funktionieren, Sol. Nicht jetzt. Nie.«

In ihrem silbernen Kleid lief Rebecca barfuß in die Nacht hinein, über den Festplatz zu Evies Haus. An ihrem Finger baumelten die Riemchen der hochhackigen Schuhe. Tränen der Wut traten ihr in die Augen. Sie schalt sich selbst, weil sie sich auf Sol eingelassen hatte. Schon wieder hatte sie sich in die Welt der Männer hineinziehen lassen. Sie sehnte sich nach ihren Söhnen und wollte diese Nacht so schnell wie möglich vergessen. Sie hätte es besser wissen müssen.

33

Rauch stieg aus den zahlreichen Feuern auf dem Parkplatz vor der Kneipe zum klaren Abendhimmel auf. Charlie hockte vor einem rauchenden Feuer, eine Grillzange in der einen, ein Bier in der anderen Hand. Er liebte den Kochwettbewerb mit Lebensmitteln aus der Region, der jedes Jahr hinter der Kneipe stattfand. Er nahm einen Schluck aus seiner Bierdose und stocherte an dem in Alufolie verpackten Tier herum, das in der Glut lag. »Meinst du, wir müssen sie wenden?«, fragte er und blickte auf.

»Sie« war die tote Waldtaube, die Grunter Davies gestern auf dem Weg zur Arbeit angefahren hatte. Da Grunter wusste, dass heute der Kochwettbewerb stattfand, hatte er die Taube fröhlich in seine Frühstücksdose neben seine Hühnchensandwiches und seine Schokoladenplätzchen gepackt. Die Frühstücksdose hatte er auf sein Armaturenbrett gelegt, und kaum hatte er seinen beachtlichen Leibesumfang auf den Traktor gehievt, hatte er auch schon begonnen herumzutelefonieren, um seine Kochmannschaft zusammenzustellen.

Charlie Lewis stand als Erster fest. Er lehnte nie ein Bier ab. Aber Grunter wusste auch, dass sie eine Frau im Team brauchten. Er konnte nicht kochen. Das hatte er immer seiner Frau überlassen. Und bei Charlie sah es wohl genauso aus.

Grunter hatte sich den Kopf zerbrochen, welche Frau aus dem Ort wohl wissen könnte, wie man eine tote Taube zubereitete, damit sie vernünftig schmeckte. Ein paar Runden später auf seinem Traktor war ihm dann schließlich Chatelle Frost eingefallen. Sie war frisch geschieden wieder in den Ort zurückgezogen und wohnte jetzt mit drei kleinen Kindern unter sechs Jahren im ehemaligen Pfarrhaus. Auch sie hatte Lust mitzumachen.

Jetzt hockten sie alle drei um das Feuer und hofften, den Preisrichtern würde ihre »geräucherte Waldtaube in Räucherschinken mit Pfefferbeerensauce« schmecken.

»Ja, klar, dreh sie um«, sagte Grunter und kratzte sich den kahlen Schädel unter seiner Kappe. Er trank ebenfalls einen Schluck Bier.

»Nein! Noch nicht!«, protestierte Chatelle und blickte auf ihre Uhr. »Sie braucht noch zehn Minuten.«

»Toll! Da lohnt sich noch ein Bier!« Grinsend warf Charlie seine leere Bierdose in einen Abfalleimer in der Nähe, der schon von den Bierdosen der anderen Meisterköche überquoll. »Noch ein Bier, Grunter?«

»Ein Mann ist kein Kamel, Kumpel. Natürlich noch ein Bier.«

»Und noch ein Cougar?«, fragte Charlie Chatelle. Sie nickte und schob sich eine Strähne des dünnen blonden Haars aus den dunkelbraunen Augen. Sie lächelte ihn an. Sie stand in Schnürstiefeln, engen Jeans und einer wattierten Flanelljacke mit einem schwarzen Schal um den Hals vor ihm. Wieder dachte Charlie, wie wenig sie

347

sich seit der Grundschule verändert hatte. Sie war immer noch recht hübsch. Die Ärmel ihrer Jacke waren zu lang, und ihre kleinen Hände wirkten zart. Einen Moment lang sah Charlie Rebecca vor sich, wie sie zusammengekrümmt auf dem Boden in der Küche von Waters Meeting lag, Blut und Rotz im Gesicht verschmiert. Aber er verdrängte das Bild rasch wieder und trank sein Bier. Sie war immer so zänkisch gewesen. Sie hatte ja regelrecht darum gebettelt, dass er sie so behandelte.

Chatelle jedoch war in Ordnung. Sie war zwar nicht so klug wie Rebecca, aber dadurch auch nicht so kompliziert.

Mit den drei Kindern, um die sie sich kümmern musste, war sie bestimmt auch nicht so nervig wie Janine, die ihn ständig mit »Komm-zurück«-SMS bombardierte. Er wollte nicht mehr an die Frauen aus seiner Vergangenheit denken. Zeit für ein frisches Bier für die Herren, dachte er, und eines für die kleine Lady. Sie war im Bett bestimmt eine Wildkatze. Seine Laune hob sich, als er Chatelles Blick erwiderte.

»Ich sage nicht nein zu noch einem Drink. Danke, Basil.« Ihre Stimme klingelte wie ein Glöckchen. Sehr mädchenhaft, fand er. Hübsch. Er musste auf einmal an seine Jugendfreundin denken. Sie hatten sich nach dem Krippenspiel im Klassenraum der sechsten Klasse geküsst – er war einer der Könige aus dem Morgenland gewesen, sie eines der Schafe.

Charlie schlenderte zu der im Freien aufgebauten Bar unter der Feuertreppe, wobei er sich die Zeit nahm, bei den anderen Feuern stehen zu bleiben.

Ein Team schmorte Wombat in Wein in einem riesigen, schweren, schwarzen Campingkessel. Ein anderes machte Wallaby-Frikassee auf einem Bett aus Wildreis.

Die meisten Rezepte erforderten stundenlanges Schmoren, und viele Teams waren schon seit dem frühen Morgen zugange. Als letzte Teilnehmer am Wettbewerb waren die Farnells gekommen. Sie kochten Krebse in einem Sud aus wilden Kräutern. Sie waren fromme Antialkoholiker, aber die Hänseleien der anderen, die schon ordentlich getankt hatten, schienen ihnen nichts auszumachen.

Bis zum Abendessen wären die Gerichte alle auf den Campingtischen aufgebaut, damit die Leute aus dem Ort sie probieren konnten. Sie würden vorsichtig vom Opossum und Wombat kosten, die gebratene Ente verschlingen und an den Steaks von Kamel und Wildschwein nur riechen.

Vor der Schlangenpastete, die Skegsie Wilson kreiert hatte, würden die meisten sicher zurückschrecken. Skegsie hatte die riesige Mulgaschlange in seiner Küche erschossen und dabei den Boden aufgerissen. Der Schuss hatte seine Kinder und seine Frau mehr erschreckt als die Schlange. Es war immer noch ein bisschen Blei in der Pastete, deshalb wurde vor dem Verzehr gewarnt.

Charlie war seit Jahren nicht mehr bei diesem Event gewesen, bei dem der Alkohol in Strömen floss. Er genoss den Aufenthalt zu Hause. Seine Mum ging ihm zwar auf die Nerven, aber es war ein gutes Gefühl, täglich drei warme Mahlzeiten vorgesetzt zu kriegen und dazu noch die bestgefüllte Frühstücksdose im ganzen

Bezirk. Er fühlte sich einfach besser umsorgt. Oder vielleicht mehr zu Hause? Woran mochte es wohl liegen, dass Bec den Haushalt einfach nicht so führen konnte, wie er es sich vorstellte? Das hatte ihn immer schon geärgert. Sie konnte zwar eine Herde treiben, aber staubsaugen war nichts für sie.

Seine Mum wuselte zwar ständig um ihn herum, aber er wusste ja, sie meinte es gut. Bec hingegen hatte sich einen Dreck um ihn gekümmert. Vor allem seit die Jungs auf der Welt waren. War er am Ende nur der Samenspender gewesen? Sie hatte jedenfalls bekommen, was sie wollte, und dann hatte sie ihn auch noch überredet, sich sterilisieren zu lassen. Charlie seufzte. Es war wirklich eine Erleichterung, wieder zu Hause zu sein. Klar, manchmal vermisste er nachts die Kinder, und dann verspürte er ein hohles Gefühl im Bauch. Aber tagsüber war er eigentlich nur wütend. Er wünschte, Bec würde endlich aufhören, ihm ihre selbstgemalten Bilder und Briefchen zu schicken. Wenn er die Umschläge öffnete, riss er damit nur Wunden auf, die nicht heilen wollten. Aber dann kippte er ein Bier hinunter und sagte sich, dass er die Jungs auch früher kaum gesehen hatte. Sie fielen in Becs Zuständigkeit. Sie brauchten ihn nicht wirklich, deshalb war es besser so.

Nicht nur seine Mum freute sich, dass er zurück war. Sein Vater hatte zwar kaum etwas gesagt, aber Charlie merkte ihm an, dass er ganz aufgeregt war, weil er ihn wieder hatte. Schon am zweiten Abend, als Charlie verkündet hatte, dass er möglicherweise für immer bleiben würde, hatte sein Vater alle Pläne für die Farm auf dem

Küchentisch ausgebreitet. Landkarten, Notizen, Pläne für die Aussaat. Mr. Lewis hatte ihm gezeigt, welcher Acker als nächster gepflügt, besprüht und für das Getreide vorbereitet werden musste. Charlie empfand es als tröstlich, wieder zum alten System zurückkehren zu können. So hatte sein Dad Jahr für Jahr auf der Farm gearbeitet.

Seine Eltern lebten sehr zurückgezogen, aber Charlie genoss die Tatsache, dass der Ort so nahe war. Er konnte freitagabends ohne Weiteres einen trinken gehen. Das war ganz anders, als isoliert auf Waters Meeting, wo es nur den Kricketclub und den Fur Trapper gegeben hatte, zu leben. Hier hatte er viel mehr Möglichkeiten auszugehen, ob es Empfänge im Golfclub waren, die Bar, die Kneipe, der Sportplatz oder feuchtfröhliche Barbecues auf anderen Farmen.

Auch heute Abend genoss er es, mit den anderen Hobbyköchen zu plaudern. Manche Leute hatte er seit Jahren nicht gesehen. Als sein Handy in der Hosentasche vibrierte, entschuldigte er sich bei den Johnsons, die einen Hasen am Spieß drehten, und lehnte sich an den stählernen Pfosten der Feuertreppe. Er zog das Handy heraus. Muzz hatte geschrieben. Ein Foto war auch darangehängt.

Ein Foto von Rebecca. Offensichtlich war es auf der Bendoorin Show gemacht worden. Im Hintergrund sah er Blumen und mit Schleifen ausgezeichnete Kuchen. Auf dem Foto stand Sol Stanton dicht bei Rebecca, und es sah so aus, als wolle er sie gleich küssen. Es war ein harmloses Foto. Andere Leute standen um sie herum, und er konnte auch die Köpfe der Jungs erkennen, die neben Sol standen. Was ihn jedoch wie ein Schlag in den Magen traf, war der Ausdruck in Rebeccas Augen. Es war ein Ausdruck, den er seit Jahren nicht gesehen hatte. Liebe. Verlangen.

Muzz hatte geschrieben: *Privatdetektiv Murray zu deinen Diensten. Deine Exfrau ist hier heiß begehrt!*

Charlie räusperte sich und schloss die Augen. Exfrau? Wann hatte er eigentlich angefangen, sie als seine Exfrau zu betrachten? Das Foto hatte ihn getroffen. Er zuckte zusammen, aber dann richtete er sich auf. Resolut schrieb er Murray zurück: *Danke, Kumpel. Halt ein Auge auf sie. Je mehr Dreck, desto besser für die Anwälte.* Er hasste sich selbst, als er auf Senden drückte, aber zugleich spürte er, wie Wut in ihm aufstieg. Dann war also Sol der Vater des Babys. Der reiche Scheißkerl. Wenn das tatsächlich so war, dann sollte sie dafür büßen, schwor Charlie sich. Entschlossen trat er an die Bar, bestellte und ging zu seinem Grill zurück, um Chatelle ihr Getränk zu bringen. Heute Nacht, gelobte er sich, gab es kein Halten.

Gegen drei waren die meisten Feuer erloschen, und die Party hatte sich vom Parkplatz an die Theke verlagert. Charlie war nicht zufrieden mit der Jukebox, er wollte mehr Action auf der Party. Er hatte zwar Chatelle bereits am Haken, aber sie konnte warten. Er war betrunken und hatte Spaß. Als er vor die Tür ging, um zu pinkeln, fiel sein Blick auf genau das Party-Utensil, das er brauchte. Mit der Entschlossenheit des Betrunkenen packte er den Rasenmäher, hievte ihn durch die Hintertür und die Treppe hinauf in den ersten Stock des Hotels, der mit einem orangefarbenen Flauschteppich ausgelegt war. Er war völlig verstaubt und bekleckert und könnte mal eine Reinigung vertragen, dachte er verschmitzt. Sein Publikum würde hinterherkommen. Sie waren in Jubel ausgebrochen, als sie gesehen hatten, dass er einen Rasenmäher an der Theke vorbei in den ersten Stock geschleppt hatte.

Als er dabei war, den Rasenmäher zu starten, kamen die Gäste von der Theke ebenfalls lachend die Treppe hinaufgelaufen und feuerten ihn an. Schließlich sprang der Rasenmäher knatternd an, und Charlie begann, den Teppich im Flur zu mähen.

»Sieht ein bisschen ungepflegt aus«, rief er durch die stinkenden Dieselwolken den anderen Gästen zu. Als der Wirt sich schließlich durch die begeisterte Menge nach oben gedrängt hatte, hatte er bereits den halben Teppich gemäht.

»Basil Lewis«, schrie er kopfschüttelnd. »Hör sofort auf!«

»Was?«, rief Charlie.

»Ich sagte, hör auf!«

Charlie wies auf den Teppich. »Aber ich mähe doch den Teppich.«

»Hör sofort auf!« Der Wirt zog mit dem Finger eine Linie über seinen Hals.

Charlie schaltete den Rasenmäher aus. »Ich wollte dir bloß einen Gefallen tun, Kumpel«, sagte er. »Dein Teppich ist ein bisschen ungepflegt. Ich kann auch noch die Kanten schneiden. Hier ein bisschen trimmen und da.«

Der Wirt verdrehte nur die Augen und wies mit dem Kopf zur Theke. »Alle wieder nach unten. Aber dalli! Sonst schließe ich den Laden und schmeiße euch alle raus. Verflucht, Charlie Lewis, wer hat dich bloß wieder in den Ort gelassen?«

Wie Schulkinder marschierten die Betrunkenen kichernd wieder hinunter. Nur Charlie blieb stehen. Er stützte sich auf den Griff des Rasenmähers und blickte Chatelle an. Und Chatelle, die an der Wand lehnte, erwiderte seinen Blick. Verführerisch lächelten sie sich an. Charlie trat an eine der Türen und drehte den Messingknopf. Die Tür ging auf. Er warf einen Blick ins Zimmer und nickte.

»Ja«, sagte er. »Ich wusste es. Es ist ein Doppelzimmer.« Er betrat das Zimmer. Er wusste, dass Chatelle Frost ihm folgen würde.

34

Rebecca hielt eine fadenscheinige Socke hoch und blickte auf den Berg von einzelnen Socken auf der Couch. Mit dieser Arbeit brauchte Charlie sich bestimmt nicht zu befassen, das machte seine Mutter für ihn.

»Ich verstehe einfach nicht, warum sie immer wieder verloren gehen«, beklagte sie sich bei Ben und Archie, die am Küchentisch saßen, Toast aßen und mit zwei mit Vegemite beschmierten Dinosauriern aus Plastik spielten.

»Vielleicht gibt es hier ein Socken-Monster«, schlug Ben vor.

»Und das Socken-Monster frisst sie auf«, fügte Archie hinzu.

»Ja, vielleicht«, sagte Bec. Sie warf die einzelne Socke auf die Couch. »Ach, ich gebe auf. Sie sehen alle:ne so traurig und einsam aus. Ich glaube, ich fange noch mal von vorne an.«

Sie ergriff die am schlimmsten aussehenden einzelnen Socken, stieg über den violetten Staubsauger, der wie ein schlafendes Tier auf dem Boden lag, und trat an den Holzofen. Den Staubsauger hatte Charlie ihr und den Jungs zum Muttertag geschenkt, das Geschenk hatte sie damals sehr beleidigt.

Zum einen schien es eine weitere Botschaft von Charlie zu sein, dass sie das Haus nicht so sauber und ordentlich hielt, wie er es gerne hätte, und zum anderen hasste sie Hausarbeit. Nicht so sehr wegen der Arbeit, sondern weil sie dabei in ihrem Kopf die vielen Mängel im Haus auflistete. Das alte Haus schien um sie herum zusammenzufallen. Der Tag war niemals lang genug, alles zu erledigen. Charlie hatte auf der Farm auch vieles nicht geschafft. Aber sie war im Haus regelrecht gefangen, in einem ständigen Chaos, das nicht nur die Jungs, sondern sie alle verursachten. Ständig räumte sie hinter allen her. Sie wusste, dass sie die Kinder nur als Vorwand benutzte, denn in Wahrheit sperrte sie sich innerlich gegen die Hausarbeit, wie ihr nach einem Gespräch mit Evie und Yazzie klar geworden war. Je mehr sie sich auf die Unordnung konzentrierte, desto größer wurde die Unordnung. Je mehr Negativität sie zuließ, desto mehr gab es.

Die Frauen hatten Doreen Groggan gebeten, bei Rebecca sauberzumachen. Und Evie hatte ihr nahegelegt, anders über das Haus zu denken. Bec hatte die Aussicht, Doreen etwas für ihre Arbeit bezahlen zu müssen, zunächst abgeschreckt, aber ihr war jetzt klar, wie negativ sie damals gewesen war. Als sie jetzt den alten Holzofen aufmachte und die einzelnen Socken in die Flammen warf, wurde ihr klar, dass sie schon wieder den Fluss ihres Lebens blockierte. Was waren schon fünfzig Dollar alle vierzehn Tage? Und was war falsch daran, den Kindern neue Socken zu kaufen? Heute kam der Agent, um den Wert des Maschinenparks zu schätzen und die Ma-

schinen für die Verkaufsanzeigen in den Händlerkata-
logen und dem Internet zu fotografieren. In zwei Wochen würde ein bisschen Geld hereinkommen.

Außerdem wurde es langsam warm, und wenn der
Regen kam, würden sich die ausgeruhten Weideflä-
chen bestimmt besser machen, als wenn sie nach den alten Methoden bearbeitet worden wären. Krachend und
fluchend schlug sie die Ofenklappe zu, verdrehte dann
aber spöttisch die Augen über sich selbst. Schon wieder
eine Sache, die sie ihrem Katalog der Klagen hinzufü-
gen konnte. Die Klappe hing immer noch schief in den
Angeln. Jedes Mal, wenn sie sie öffnete, dachte sie an
Charlie.

»Würdest du die Tür bitte reparieren?«, hatte sie ihn
immer wieder gebeten. Aber er tat es einfach nie. Sie
hing schief in den Angeln, schloss nicht richtig, und der
Ofen verbrauchte deshalb viel zu viel Holz und Kohle.
Gelegentlich fielen auch orange glühende Kohlenstücke
auf die Herdplatte, schwärzten dort alles, und Rebecca
hatte noch mehr zu putzen. Hinzu kam, dass Charlie
keine Lust hatte, Holz zu hacken. Er brachte immer nur
das Nötigste, nicht wie Gabs' Mann Frank, der um das
ganze Haus herum hoch aufragende Mauern aus Holz-
scheiten errichtete, als wenn sie demnächst belagert würden.

»Ach was«, murmelte sie vor sich hin. »Du bist
schließlich nicht Aschenputtel.« Wenn hier auf Waters
Meeting etwas nicht in Ordnung war, dann konnte sie
das inzwischen nicht mehr Charlie vorwerfen. Sie musste die Dinge selber in die Hand nehmen. Sie nahm eine

verstaubte alte Kerze vom Regal und stellte sie auf einen Teller. In diesem Moment bewegte sich das Baby in ihr, und sie legte die Hand auf den Bauch. Sie lächelte.

»Hallo«, sagte sie und streichelte über die feste Kugel. Sie war heute früh angeschlagen. Die Tränen saßen locker, und mehr als einmal hatte sie sich gefragt, wie sie mit allem fertigwerden sollte.

Sie zündete die Kerze an. Ben blickte auf.

»Was tust du da, Mum?«

»Das ist meine Positiv-Thinking-Kerze für die Hausarbeit. Jedes Mal, wenn ich in die Flamme blicke, sage ich mir: ›Ich bewältige meine Hausarbeit mit Leichtigkeit und Freude.‹« Sie schwenkte die Arme. »Ich will nicht mehr über alles wütend sein! Es muss ja doch alles gemacht werden. Jedes Mal, wenn ich mich über etwas beklage, will ich mich ab sofort an alle guten Dinge erinnern. Mann, das muss man wirklich üben!«

»Ich helfe dir«, sagte Ben aufgeregt und räumte seinen Teller ab.

»Guter Junge«, sagte sie. »Ich lasse Wasser ins Spülbecken. Ben, du wäschst ab. Archie, du kannst abtrocknen.«

Archie schien es zu gefallen, dass er eine Aufgabe bekommen hatte. Er holte sich den kleinen alten Melkschemel, um sich daraufzustellen.

»Mum?«

»Ja, Arch?«

»Wann können wir Daddy sehen?«

Rebecca hielt einen Augenblick im Wäschefalten inne.

»Bald. Ich verspreche es. Ich rufe ihn an. Vielleicht können wir Grandma und Grandpa besuchen.«

»Oh.« Ben ergriff die Spülbürste und prüfte vorsichtig die Wassertemperatur. »Warum ist Daddy auf Grandpas Farm und nicht hier auf unserer Farm?«

»Weil Daddys Bruder geheiratet hat und weggezogen ist, jetzt muss Daddy seinen Eltern helfen.«

Für den Moment waren die Jungen zufrieden und verfolgten das Thema nicht weiter. Bec lächelte sie traurig an. Sie fand es schrecklich, dass Charlie niemals anrief. Ob sie wirklich mit den Jungen auf die Farm der Großeltern fahren sollte, damit sie ihren Vater sahen? Oder würde es sie nur aufregen? Es war so schwer, immer zu wissen, was das Richtige für die Kinder war. Rebecca schickte ein stummes Gebet für die Zukunft der Jungs nach oben. Hoffentlich konnte sie sie vor dem Sturm bewahren, der unweigerlich mit der Scheidung und der Aufteilung des Besitzes kommen würde.

»Gleich kommt der Bus, Ben. Bist du fertig?«

Ben nickte.

Rebecca sammelte die Wäscheberge auf, um sie in die Schlafzimmer zu bringen. Sie warf noch einen Blick auf die Kerze, um sich mentale Unterstützung zu holen. Zum wiederholten Mal glitten ihre Gedanken zu Sol und der Nacht auf der Show, während sie mit dem Wäschekorb die Treppe hinaufging.

Es war jetzt eine Woche her, sie hatte ihn seither nicht wiedergesehen. Er hatte nur einmal kurz angerufen. Im Hintergrund waren Verkehrsgeräusche zu hören, und er musste schreien, damit sie ihn überhaupt hörte.

»Mein Fahrer ist gerade vorgefahren«, hatte er gesagt. »Ich muss gehen. Ich will dich wiedersehen. Aber wenn du mehr Zeit brauchst …« Dann war das Gespräch unterbrochen worden.

Am nächsten Tag hatte sie gerade die Hühner gefüttert, als der Lieferwagen eines Express-Paketdienstes auf dem Hof hielt. Ein kleiner kahlköpfiger Mann stieg aus und hielt ihr ein Formular auf einem Clipboard hin, das sie unterschreiben sollte. Stirnrunzelnd nahm sie den Stift entgegen. Sie erwartete doch gar nichts.

»Sie haben einen weiten Weg hinter sich«, sagte sie zu dem Mann.

»Ja, da haben sie recht.« Er ging zur Seite seines Lieferwagens, und sie hörte, wie er die Schiebetür aufschob und zuknallte. Als er wieder auftauchte, hielt er den größten Blumenstrauß in den Armen, den Bec je gesehen hatte. Er reichte ihn ihr.

»Da liebt Sie aber jemand«, sagte er. Er murmelte noch etwas, was sie nicht verstand, stieg wieder in sein Auto und fuhr davon.

Rebecca hatte dagestanden und den Duft der weißen und rosa Rosen eingeatmet. Tränen waren ihr in die Augen getreten. Wie lange war es her, dass ihr jemand Blumen geschenkt hatte? Sie griff nach der Karte. *Entschuldigung. Musste dringend nach Paris. Orchesterauftritt. Bin vor Weihnachten zurück. Danke für eine ganz besondere Nacht. Alles Liebe, Sol.*

Als sie jetzt die Wäsche faltete, fiel ihr Blick auf die Blumen, die in einer Vase auf ihrer Kommode standen. Sie lächelte traurig. Natürlich war er wieder weg. Entweder wegen seines Vaters oder seiner Pflichten als Musiker. Zwei Monate! *Zwei Monate!* Wenn Sol zurückkam, stand sie schon kurz vor der Geburt des Babys. Keine ideale Zeit, um eine Liebesbeziehung aufzubauen. Beinahe wäre sie in Tränen ausgebrochen, aber dann fiel ihr ein, dass *sie ihn* weggeschickt hatte. Außerdem hatte sie sich doch vorgenommen, positiv zu denken. Und bis alles in geordneten Bahnen lief, gab es keinen Raum für einen Mann in ihrem Leben. Unwillkürlich musste sie lachen. Wie lächerlich ihr chaotisches Leben war.

Sie fühlte sich zu Sol hingezogen, aber er war ganz anders als alle anderen Männer. Seine Fremdartigkeit machte ihr ein bisschen Angst. Es gab nicht nur kulturelle Unterschiede, sondern er war auch viel städtischer als sie. Angesichts seiner kultivierten Sprache, seines Benehmens und seiner Kleidung kam sie sich manchmal vor wie ein Kerl. Und er spielte *Pikkoloflöte* in einem *Orchester.* Früher hätte sie ihn verächtlich als Weichei abgetan. Wie sehr sie sich verändert hatte.

Mittlerweile stand sie der Welt viel offener gegenüber. Mit Sol konnte sie die Welt völlig neu entdecken. Ein aufregendes Leben führen, das sie nie für möglich gehalten hätte. Und das nicht wegen des üppigen Lebensstils, den er ihr bieten konnte, sondern weil es sich so sehr von ihrem früheren Leben unterschied.

Sie dachte an die Nacht der Bendoorin Show. So hinreißend und zärtlich er auch gewesen war, war er doch ziemlich betrunken gewesen. Als sie nach ihrem wütenden Abgang am nächsten Tag nichts von ihm gehört hatte, hatte sie schon gedacht, sie hätte alles zerstört. Vielleicht fand er ja, dass ihr die Trennung nach der langjährigen Ehe zu sehr zusetzte, und wollte die Sache auf einen One-Night-Stand beschränken. Aber die Blumen hatten bestimmt ein Vermögen gekostet. Allerdings – was war für einen Stanton ein Vermögen? Ob Yazzie wohl wusste, was in jener Nacht zwischen Sol und ihr vorgefallen war? Vielleicht sollte sie einmal mit ihr reden.

Sie legte Archies und Bens Wäsche in eine Kommode, die mit Aufklebern aus ihrer Kindheit bedeckt war. Jetzt waren noch weitere von den Jungs hinzugekommen. Wenn sie Ben zum Schulbus gebracht hatte, würde sie Yazzie anrufen.

Hastig schob sie die Schubladen zu. Unten im Garten bellte Funny. Stirnrunzelnd blickte sie aus dem Fenster. Der Welpe trottete mit gespitzten Ohren zum Gartentor. Ein weißer Ute fuhr gerade in den Hof. Es kam sehr selten jemand zu Besuch. Typisch, dass er ausgerechnet jetzt kam, wenn sie mit Ben zum Bus musste. Wer war das wohl?

Sie ging hinunter und öffnete die Hintertür. Überrascht sah sie Andrew Travis, der das Gartentor geöffnet hatte und sich gerade zu Funny herunterbeugte, um sie zu begrüßen. Lächelnd kam er auf Rebecca zu. Auf der Veranda stellte er eine große Reisetasche ab.

»Hier bin ich!« Er streckte ihr die Hand entgegen.

Rebecca machte sich gar nicht erst die Mühe, ihre Überraschung und Freude zu verbergen. Er sah mit seinen kurz geschnittenen grauen Haaren und dem blauen Hemd, das er in seine schokoladenbraune Jeans gesteckt hatte, extrem gut aus.

»Hallo! Was führt Sie denn hierher?«

Er verdrehte seine Augen, die genauso blau waren wie sein Hemd. »Typisch RLM! Ich soll eine Reihe von Vorträgen hier in der Region halten.«

»Ja«, sagte Bec, »ich habe gesehen, dass Sie kommen sollten.«

»Aber sie haben vergessen, mir ein Zimmer im Dingo Trapper zu reservieren. Dutchy hat wegen Renovierung geschlossen.«

»Renovierung?«

»Anscheinend kommt jetzt tatsächlich der Bergbau in die Region. Der alte Barry Clarkson hat sein Land verkauft. Und Dutchy weiß natürlich, dass er viel mehr verdienen kann, wenn er die alte Kneipe ein bisschen aufmöbelt.«

»Was? Bergbau?« Rebecca blickte zum Himmel. Jetzt passierte es tatsächlich.

»Ja.« Andrew schüttelte den Kopf. »Kohle. Es ist ein Hohn!«

In Rebecca stieg ein unruhiges Gefühl auf. Die Geologen hatten schon seit Jahren hier herumgeschnüffelt, jetzt war also die Bergbauindustrie auch in die besseren landwirtschaftlichen Bereiche vorgedrungen. Sie fröstelte.

In anderen Gebieten fand sie die Spuren des Bergbaus auf dem Ackerland oft so desaströs, dass sie lieber Umwege in die Stadt in Kauf nahm, statt sich dem Anblick aufgewühlter und verwüsteter Erde auszusetzen. Und warum das Ganze? Weil die Menschen immer unersättlicher wurden und immer mehr Geld verdienen wollten. Aus blinder Gier.

»Um es kurz zu machen«, fuhr Andrew fort. »Ich weiß nicht, wo ich in den nächsten Tagen schlafen soll. Gestern Abend habe ich in Bendoorin übernachtet, aber die meisten Treffen habe ich hier auf dieser Seite des Berges. Würde es Ihnen etwas ausmachen?«

Bec lächelte. »Keineswegs, das wäre mir sehr recht.«

Sie wollte sich bücken, um seine Reisetasche zu ergreifen, aber er legte seine Hand auf ihre. »Na, hören Sie mal, junge Frau, Sie werden mir doch nicht die Tasche tragen! Wie wäre es, wenn Ihnen zur Abwechslung mal jemand hilft? Ich trage jetzt mein Gepäck herein, und dann zeigen Sie mir, wo der Wasserkessel ist, damit ich uns eine Tasse Tee machen kann. Danach können Sie mir zeigen, wo das Brennholz gelagert wird. Es soll kühl werden. Und gerade hier oben wird es ja im November dann schon richtig kalt.«

»Meine Tasse Tee muss leider warten. Ich muss Bennie zum Schulbus bringen.«

»Soll ich das für Sie erledigen? Ich kann ihn im RLM-Wagen dorthinbringen.«

Rebecca blickte ihn an. Seine Freundlichkeit überwältigte sie. Ihr Körper entspannte sich, und auf einmal merkte sie, wie erschöpft sie war. Er könnte eine wirkliche Hilfe sein. »Ja. Bitte.«

Andrew sah, dass ihr Tränen in die Augen traten. Voller Mitgefühl lächelte er sie an. »Es sieht so aus, als ob Sie ein bisschen Hilfe brauchen könnten. Und eine Umarmung wäre wahrscheinlich auch nicht schlecht.«

»Es geht schon. Ich bin zäh. Und ich habe schon so viel Hilfe.«

Andrew blickte sie forschend an. »Ist das die Wahrheit?«

Sie senkte den Blick. »Es ist mir tatsächlich alles ein bisschen zu viel, ja«, gab sie leise zu.

»Außerdem ist noch ein Baby unterwegs. Und Charlie ist weg«, sagte er sanft.

Sie nickte, und dann flossen die Tränen. »Entschuldigung«, sagte sie und wischte sich verlegen die Augen mit dem Handrücken ab. »Ich dachte eigentlich, ich hätte schon genug geweint. Entschuldigung.«

»Sie brauchen sich nicht zu entschuldigen.«

Er zog sie in die Arme und streichelte ihr über den Rücken. Rebecca stand da, spürte seinen Herzschlag und ließ sich von ihm im Arm halten, sie war dankbar für die Freundlichkeit dieses wundervollen Mannes, den sie schon so lange bewunderte und verehrte. Es war, als sei ihr Bruder Tom wieder bei ihr. Erleichterung stieg in ihr auf, und sie wusste plötzlich, dass die Dinge wieder ins Lot kommen würden.

35

Später an diesem Morgen fuhr Rebecca mit den Handflächen über die hohen Gräser auf einer der Bergwiesen, während Funny fröhlich und mit hängender Zunge durch das Gras sprang. Archie, der auf der Ladefläche des Ute mit Matchbox-Autos spielte, die früher einmal ihr, Mick und Tom gehört hatten, blickte auf und zeigte auf den Welpen: »Sie ist wirklich lustig, Mummy.«

Rebecca lachte. »Deshalb heißt sie ja auch Funny.«

Auch Andrew musste lächeln. »Ein lustiger Name für einen lustigen Hund.«

»Wenn sie die Stiefel von der hinteren Veranda auf den Rasen zerrt, ist sie nicht ganz so lustig«, sagte Rebecca.

Sie sah zu, wie Andrew einen Spaten in die Erde trieb, um eine Bodenprobe mit Pflanzen zu nehmen. Wärme stieg in ihr auf. Es war eine seltene Gelegenheit, Andrew Travis einmal ganz für sich alleine zu haben. Normalerweise waren immer andere Farmer dabei. Einzelgespräche mit ihm waren etwas Kostbares.

Sie wusste, dass sie seinen Intellekt und seine landwirtschaftlichen Kenntnisse bewunderte. Aber sie hatte nicht gewusst, dass sie sich so sehr auf ihn und seine Energie gestützt hatte, um auf Waters Meeting weitermachen zu können. Ehrfürchtig sah sie zu, wie er sich hinhockte und die Erde inspizierte, wie er sie zwischen den Fingern rieb, daran roch und das Wurzelsystem betrachtete. Rebecca pflückte ein hübsches Känguru-gras und rieb den Kopf mit den goldbraunen Samen-körnern zwischen den Fingern. Sie schloss die Augen und nahm die friedliche Energie des Landes hier oben auf dem Berg und Andrews tröstliche Anwesenheit tief in sich auf.

Als sie die Augen wieder öffnete, stockte ihr der Atem beim Anblick des Tals vor ihr. Sie konnte es auch *fühlen*. Der Puls ihres Landes schlug in ihr und in ihrem unge-borenen Kind. Und sie fühlte Toms Anwesenheit

»Sehen Sie sich das an«, sagte Andrew aufgeregt und riss Bec aus ihren Träumen.

Sie trat zu ihm.

»*Oben wie unten*«, sagte Andrew mit Nachdruck. Er hielt eine frisch ausgegrabene Graspflanze in der Hand, die nicht nur neu austrieb, sondern auch lange welke Blätter hatte. Darunter hing ein gleichermaßen langes, fedriges Wurzelgeflecht, so hübsch wie Spitze.

»Genau das streben wir an«, sagte er und streichelte liebevoll über die Pflanze. »Die welken Blätter werden zu Kompost und ernähren die Kreaturen in der Erde. Sie haben großartige Arbeit geleistet, Bec. Es ist Jahre her, seit auf dieser Wiese die Gräser lang genug wachsen durften, um zu kompostieren.«

»Ich habe an Ihre Worte gedacht, Mutter Natur die Chance zu geben, das Land selbst zu heilen«, sagte Re-becca. »Ich habe die Herdenrotation auf *mindestens* hundertfünfzig Tage ausgedehnt. In den weniger fruchtbaren Bereichen sogar länger, damit sie sich länger erholen können.«

»Eine gelehrige Schülerin«, sagte Andrew.

Bec lächelte ihn an. »Ich habe viel bei Ihnen gelernt, Meister«, erwiderte sie und verneigte sich mit gefalteten Händen. »Sie haben mir beigebracht, dass man Geburt, Wachstum und Reproduktion braucht, zugleich aber auch *Tod und Verfall*. Pflanzen brauchen alle vier Jahreszeiten. Sie sagen: Wir Farmer lassen eine dieser Jahreszeiten aus, weil wir keinen Raum für Tod und Verfall lassen. Deshalb bekommt unser Boden keine Nahrung. Ich gewähre den Böden diese Jahreszeit jetzt, indem ich die Herde länger von den Weiden fernhalte.«

»Sie sind eine sehr gute Schülerin«, sagte Andrew. Dann jedoch wurde er wieder ernst. »Das ist mein nächstes Anliegen. Ich will den Menschen begreiflich machen, dass Weidetiere nicht schlecht für Australien sind. Den Menschen muss klar werden, dass dieser Kontinent Weidetiere für den Kohlenstoffkreislauf ebenso braucht wie Raubtiere. Indem wir Fleisch essen, sind wir Teil dieses Kreislaufs. Das ganze Gerede über vegane Ernährung, um den Planeten zu retten, ist Blödsinn.« Er sah die Pflanze an. »Dieses kleine Baby kann der ganzen Welt helfen, wenn wir es zulassen. Wir müssen nur die gesamte Landschaft kompostieren, damit Wasser und Nährstoffe im Boden bleiben. Auf den meisten Farmen wird das nicht so praktiziert. Aber Sie haben hier einen Anfang gemacht.« Er blickte sie mit aufrichtiger Bewunderung an.

»Sie sind eigentlich Wissenschaftler, oder?«, fragte Bec. »Sie haben sich nur als Rinderfarmer verkleidet.«

Er lachte.

»Wenn wir die sogenannten Wissenschaftler, die Ihre Erfolge nicht wahrhaben wollen, doch nur dazu bringen könnten, hierherzukommen und sich mit eigenen Augen zu überzeugen«, sagte sie, »dann würden sie Ihnen das Leben nicht mehr so schwer machen.« Rebecca hockte sich neben ihn und ergriff die Pflanze. Auch Funny kam angetrottet und schmiegte sich an sie.

Rebecca wusste, dass viele Umweltprobleme auf der Welt in sechs Monaten gelöst werden könnten, durch Gräser, die Kohlenstoff im Boden lagerten. Bei Gräsern ging der Vorgang viel schneller als bei Bäumen, die Jahre brauchten, um Kohlenstoff im Holz zu lagern.

Rebecca wusste, dass die langen Wurzelsysteme dabei halfen, den Boden von Waters Meeting zu regenerieren. Jeder sollte sehen, dass dieses Ziel in relativ kurzer Zeit zu erreichen war. Aber sie wusste auch, dass ihre Methoden Gegner hatten.

»Geld regiert die Welt«, sagte Andrew, »und die Menschen machen es so, wie sie wollen. Wir beide geben alles für diese Arbeit, und dann kommt irgendeine Minengesellschaft oder ein Bauunternehmer und zerstört bestes Ackerland.« Er schubste sie leicht an der Schulter. »Es hat keinen Zweck, sich über das aufzuregen, was andere tun.«

Rebecca lächelte ihn an. Er strahlte eine solche Ruhe aus. Sie beobachtete, wie er Funny liebevoll über den Rücken strich.

Obwohl er wusste, wie schlecht es mit der Zukunft der Nahrungsproduktion auf der Welt aussah, schien

Andrew die große Aufgabe, der er sich verschrieben hatte, nicht zu fürchten. Er vertraute darauf, dass wenigstens eine Handvoll von Farmern sich seinen Methoden anschließen würde. Je gesünder die Landwirtschaft wurde, desto gesünder wurde auch die Nahrung.

Rebecca wusste, dass er noch einige Berge erklimmen musste. Die großen Unternehmen wollten ihn und die Wissenschaftler, die ihn unterstützten, am liebsten zum Schweigen bringen, um die Profite der Düngerfirmen und Ölgesellschaften nicht zu gefährden.

»Wissen Sie«, sagte Andrew, »Franklin Roosevelt hat einmal gesagt: ›Die Nation, die ihren Boden zerstört, zerstört sich selbst.‹« Er erhob sich und half auch Rebecca auf. Dann drückte er das Stück Wiese wieder an die Stelle, wo er es ausgegraben hatte, und trat es fest.

»Wie lange wird es wohl noch dauern, bis alle Farmer begriffen haben, dass die großen Unternehmen und die von ihnen bezahlten Wissenschaftler uns Lügen erzählen?«, fragte Bec.

»Solange es dauert«, erwiderte Andrew. »Vielleicht geschieht es auch nie. Wir können immer nur für uns selbst sorgen. Sie tun es ja jetzt, Rebecca, und das ist alles, was zählt. Dank Ihnen jubiliert Waters Meeting jetzt.«

Rebecca empfand eine tiefe Freude über dieses Lob. Sie war überglücklich, dass dieser außergewöhnliche Mann hier bei ihr war.

Als sie wieder ins Haus kamen, war es schon fast Mittag. Rebecca erwartete den Mann, der die Maschinen fotografieren und für den Verkauf schätzen wollte, aber sie wollte Andrew noch rasch einen alten Pflug und eine

Einzelkornsämaschine zeigen. Sie ließ Archie mit Funny im Sandkasten zurück, wo sie beide fröhlich zu buddeln anfingen, und ging mit Andrew zum Maschinenschuppen. Andrew stieß einen Pfiff aus, als er die Ansammlung teurer Geräte sah.

»Ihr Mann liebt teures Spielzeug!«

»Exmann«, korrigierte Rebecca ihn. Dann seufzte sie. »Ich hätte nie gedacht, dass ich das mal sage. Wir hatten wahrscheinlich beide von Anfang an viel zu unterschiedliche Ansichten.«

»Sie sollten die Vergangenheit nicht bedauern«, sagte Andrew.

Sie führte ihn an die Seite des Schuppens, wo ein von Gras überwucherter Metallpflug auf zwei alten Eisenbahnschwellen stand.

»Ich bin mir nicht sicher, aber könnte man ihn in eine Drillmaschine für Grünland umbauen?«, fragte Rebecca. »Wenn das ginge, könnte ich wirklich neu anfangen. Ich könnte Hafer säen, um damit die mehrjährigen Pflanzen zu unterstützen.«

Andrew legte eine Hand auf die Maschine und musterte sie. »Man könnte ihn bestimmt umbauen! Er ist perfekt. Dann brauchen Sie gar keine von Charlies großen Maschinen«, sagte er. »Sie brauchen nur einen Traktor und diese Sämaschine, leicht verändert natürlich. Den Rest können Sie verkaufen.«

Die Aussicht erregte sie. Charlie und sein Maschinenpark hatten sie von der alltäglichen Arbeit auf der Farm entfernt. Die neuen Maschinen waren so computerisiert, dass sie nie gelernt hatte, sie zu bedienen, und sie konnte sich nicht alleine helfen, wenn etwas kaputtging. Ständig mussten irgendwelche teuren elektronischen Ersatzteile bestellt werden. Aber wenn sie nur mit einem Traktor und einer einfachen Sämaschine auskommen würde, dann konnte sie alles wieder allein machen.

Andrew bückte sich, um nachzusehen, welche Maßnahmen für den Umbau erforderlich waren. Schließlich richtete er sich auf und klopfte sich die Hände an der Jeans ab. »Sie haben da diesen alten Connor Shea neben der Strohballenpresse«, sagte er. »Sie brauchen einfach nur die Saatkiste abzubauen, sie auf den Rahmen zu montieren und mit den vorhandenen Saatschläuchen zu verbinden. Voilà! Und schon haben Sie eine Direktdrillmaschine.«

»So leicht geht das?«

»Ja.«

»Ich brauche keinen Bankkredit für neue Maschinen?«

Andrew schüttelte den Kopf. »Es ist perfekt. Hier liegen genug Teile herum. Ich kann Ihnen die Maschine in wenigen Tagen zusammenschweißen. Ich muss nur ein paar Termine verschieben, aber ich helfe Ihnen gerne. Dann können Sie loslegen. Sie können ja jetzt schon mal Hafer in die Weiden am Haus einsäen.«

Rebecca atmete tief durch. Eine völlig neue Zukunft für Waters Meeting eröffnete sich ihr. Das war viel besser, als Socken zusammenzulegen! »Das ist so aufregend. Vielen, vielen Dank.«

»Das Vergnügen ist ganz auf meiner Seite«, erwiderte er und lächelte sie an.

Sie sah ihm an, dass er nachdachte und etwas sagen wollte. Aber der Moment war vorüber, als Archie auf einmal angerannt kam und sich wie ein Äffchen an Andrews Rücken hängte.

»He!« Andrew schlang grinsend die Arme um den kleinen Kerl und setzte ihn sich auf die Schultern. »Bist du uns hinterhergeschlichen?«

Wieder einmal dankte Rebecca dem Universum, dass es ihr Andrew geschickt hatte. Mit einer positiverer Einstellung schien alles wie von selbst zu funktionieren.

36

»Was ist das eigentlich?«, fragte Andrew, als sie vom Maschinenschuppen zum Haus zurückgingen. Er zeigte auf die Stahlstangen von Charlies neuem Pflug, die aus der Erde ragten wie ein teilweise versunkenes Schiff.

Sie grinste. »Das ist Charlies Silagegrube.«

»Sieht eigentlich nicht so aus.«

Bec zog die Nase kraus. »Hm. Nein, eigentlich ist es auch ein mehrere hunderttausend Dollar teurer Pflug, den ich da versenkt habe.«

Andrew riss die Augen auf. Als er sah, dass sie die Wahrheit gesagt hatte, warf er den Kopf zurück und lachte laut.

»Wahnsinn! Sie haben aber nicht daran gedacht, zuerst die Pflugscharen auszubauen und sie zu einem Zaun umzubauen? Das habe ich nämlich mit meinem Pflug gemacht, damit ich nie wieder in Versuchung komme, ihn zu benutzen.«

»Ich war nicht in der Verfassung, an derlei zu denken«, sagte Bec. »Dann finden Sie das also nicht total blöd? Ich hätte gutes Geld dafür bekommen können.«

»Nein, ich halte Sie keine Sekunde lang für blöd. Und wenn Sie sich vornähmen, jeden einzelnen Pflug in Australien zu versenken, dann wäre ich stolz auf Sie. Wenn

Sie ihn verkauft hätten, hätte er irgendwo anders die Erde aufgerissen. Sie könnten allerdings Probleme bekommen, wenn Sie das Charlies Anwalt erzählen.« Andrew stemmte die Hände in die Hüften und schüttelte den Kopf.

»Er wird sie doch nicht bekommen, oder?«

»Die Farm?«, fragte Andrew. »Die Farm Ihrer Familie? So grausam wird er nicht sein.«

Sie blickte ihn hoffnungsvoll an, dann verdrängte sie die Sorgen. »Ich habe Hunger. Sie bestimmt auch. Kommen Sie, wir holen Salat aus dem Garten zum Mittagessen«, sagte sie.

Sie stieß das hölzerne Gartentor zum Gemüsegarten auf, der sich an der Seite des Hauses befand. Archie und Funny folgten ihnen. Als sie über den Kiesweg ging, der an den Hochbeeten entlangführte, verspürte sie sofort ein Gefühl des Friedens.

An harten Tagen, als die Kinder noch klein waren, war der Gemüsegarten immer ihr Zufluchtsort gewesen. Dort kam sie zur Ruhe. Die Kinder spielten im lichten Schatten der Bäume, ihr alter Kelpie schlief, und sie wühlte mit den Händen in der fruchtbaren Erde.

Während sie mulchte und wässerte, Unkraut jätete und Sträucher beschnitt und das frische Gemüse für die Küche erntete, blickte sie manchmal zu den trockenen, öden Weiden von Waters Meeting, die hinter dem Zaun lagen, und fragte sich, warum sie es nicht schafften, dass die Farm so aussah und sich so anfühlte wie ihr Garten.

Unbewusst war ihr die Antwort klar, aber sie zögerte immer, die Gedanken deutlich zu formulieren. Ihr Blick

375

glitt zu den Fässern mit chemischen Düngemitteln, die hinter dem Maschinenschuppen aufgestapelt waren, und zu den harten Metallscheiben des Pflugs. Dann blickte sie wieder zu ihren Kindern und betrachtete ihre reine Haut, die noch nicht vom Leben gezeichnet war.

Da stand sie, die Frau eines Farmers und Mutter, in ihrer Oase mitten in der Wüste ihrer Familienfarm. In dem Moment, als sie den Garten so lebendig und blühend und die Farm öde und sterbend gesehen hatte, hatte sie gewusst, dass sie um ihrer Kinder willen ein Umdenken bei den Männern hervorrufen musste. Aber das war auch der Moment, in dem ihre Ehe zu scheitern begann. Als dann Andrew in ihr Leben gekommen war und ihr eine Richtung bezüglich der Landwirtschaft vorgegeben hatte, war alles anders geworden.

Andrews Stimme riss sie aus ihren Gedanken. »Ich habe kürzlich eine interessante Studie gelesen«, sagte er. »Wenn ich dazu komme, werde ich bei meiner nächsten Präsentation ein paar Dias dazu vorführen.«

Rebecca zog Karotten aus der Erde und lauschte Andrews Ausführungen.

»Amerikanische Wissenschaftler haben den Mineraliengehalt in Gemüse zwischen 1940 und 1991 untersucht. Nach 1991 konnte ich keine Ergebnisse mehr finden. Ich habe das Gefühl, die amerikanische Regierung hat sie vielleicht verschwinden lassen, weil die Ergebnisse heute noch wesentlich schlimmer sind. Wahrscheinlich ist der Level gefährlich niedrig. Auf jeden Fall«, fuhr er fort, »haben die Studien in manchen Gemüsesorten einen um sechsundsiebzig Prozent verringerten Anteil an

Vitaminen und Nährstoffen ergeben. Unser Fleisch hier in Australien hat nur noch *halb* so viel Eisen wie in den Siebzigern. Das alles kommt daher, dass keine Nährstoffe mehr im Boden sind.«

»In diesem Boden aber doch«, sagte Bec. Sie ließ die Erde durch ihre gespreizten Finger gleiten. Sie spürte förmlich, wie es von Leben darin wimmelte.

»Dieser Boden ist leider die Ausnahme. Wussten Sie, dass man heutzutage in Australien Orangen kaufen kann, die null Vitamin C enthalten?«

»Das überrascht mich nicht«, sagte sie und schnipste eine Schnecke vom Salat in den Eimer mit den Abfällen für die Hühner. »Wissen Sie, Charlie redete immer nur über Zahlen, Input und Umsatz. Ich glaube, er hatte vergessen, dass es in der Landwirtschaft um Nahrung geht.«

»Aber als Mutter vergisst man das nicht. Die Frauen haben es nicht vergessen«, sagte Andrew. »Wir Männer sollten unsere Farmen nicht danach bewerten, wie profitabel sie sind, sondern wie sie aussehen. Und wie sie sich *anfühlen*. Aber Männer fühlen sich ja manchmal selber nicht.« Andrew blickte sie an. »Ich kann stundenlang über Böden reden, aber wenn ich darüber reden soll, was ich empfinde, bin ich ein hoffnungsloser Fall«, sagte er. »Vor allem, wenn ich jemanden um Hilfe bitten muss.«

In diesem Moment ertönte eine Hupe. Das war bestimmt Tonka Jones, der sich die Maschinen ansehen wollte.

»Er ist zu früh dran«, sagte Bec. »Das Mittagessen muss leider warten. Kommen Sie.«

»Wenn der Mann mit den Maschinen fertig ist«, sagte Andrew und öffnete das Tor für sie, »können wir zu Ihren Jungtieren auf die Weide gehen, und ich zeige Ihnen, wie Sie den Dung bewerten.«

Rebecca strahlte ihn an. Sie hatte damals seinen Kurs »Begutachtung des Dungs als Maßnahme zur Herdengesundheit« leider verpasst.

»Ja, bitte«, lachte sie, »das ist doch mal eine Einladung, der kein Mädchen widerstehen kann.« Sie ging vor ihm her und sagte, immer noch lachend: »Ich bin die glücklichste Frau auf der Welt.«

Rebecca blieb der Mund offen stehen, als Tonka Jones ihr den ungefähren Wert des Maschinenparks nannte.

»Das ist natürlich konservativ berechnet«, sagte Tonka und beugte sich über das Clipboard, das er auf die Motorhaube seines Ute gelegt hatte. Ein staubverkrusteter Popel hing an einem seiner Nasenhaare, ohne dass er es merkte.

»Konservativ? Es ist wunderbar«, sagte Bec und wischte sich über ihre Nase, in der Hoffnung, dass Tonka den Wink verstand.

»Ich wette, Sie haben nicht gewusst, dass Ihr Mann so viel in Diesel und große Reifen investiert hat.«

Die Gesamtsumme sprang ihr in die Augen. Über eine Million Dollar.

»Sie sind sich wahrscheinlich nie wie Millionäre vorgekommen«, sagte Tonka. Er hatte mit dem Handy Fotos von den Maschinen gemacht, die er ins Internet hochladen würde.

»Ich rufe gleich Cory von der Bank an«, sagte Bec aufgeregt. »Ich habe mich in der letzten Zeit schon sehr reich gefühlt. Allerdings rede ich nicht von Geld, sondern vom Boden.« Sie lächelte Andrew an und legte die Hand auf ihren Bauch. Wie gut es ihr doch ging, mit Sol, den Kindern, ihren Freunden und der Zukunft von Waters Meeting.

Als sie Tonka verabschiedet hatte – er hatte die Befürchtung geäußert, Rebecca könne Heuschnupfen haben, da sie sich dauernd die Nase rieb –, gingen Rebecca und Andrew in die Küche.

»Was ist mit der Lektion in Dung, die Sie mir erteilen wollten?«, fragte sie nach dem Mittagessen. »Ich habe noch eine halbe Stunde Zeit, bevor ich Ben vom Schulbus abholen muss.«

Andrew rieb sich die Hände. »Ja, lassen Sie uns zu den Weiden gehen.«

Sie gingen mit Archie auf die Luzernewiese. Seit Archies Unfall war Rebecca nicht mehr auf den Weiden am Fluss gewesen. Die schreckliche Erinnerung stieg in ihr auf, und sie fragte sich, ob sie Andrew davon erzählen sollte. Aber dann entschied sie sich dagegen. Das gehörte jetzt der Vergangenheit an, und auch ihr kleiner Junge, der fröhlich mit Funny spielte, sollte nicht unnötig an den Unfall erinnert werden.

»Ziemlich aufgewühlt«, sagte Andrew und betrachtete die tiefen Löcher, die die Rinderhufe in der Erde hinterlassen hatten.«

»Ja, ich weiß. Charlie hat das Vieh im Winter immer

379

hier gehalten. Es hat mich wahnsinnig gemacht. Früher haben wir die Wiese hier stark bewässert, aber dann hat uns die Regierung die Wasserlizenz weggenommen, weil die Anwohner flussabwärts sich beschwert haben.«

»Das hatte wahrscheinlich auch sein Gutes«, sagte Andrew. »Immer mehr zu bewässern ist keine Lösung. Der Boden ist schon ganz verkrustet.« Er zog sein Taschenmesser aus dem Gürtel und warf damit ein wenig Erde auf. »Das Moos zwischen den Luzernepflanzen zeigt mir, dass er abgestorben ist. Es ist hier wirklich fünf vor zwölf. Das Moos deckt ja den Boden wenigstens ab, aber darunter ist er leblos. Sie können es spüren. Er ist weniger fest.«

»Ich weiß«, erwiderte Rebecca traurig. Vor zehn Jahren hatte sie gedacht, die Bewässerung wäre großartig für das Land, doch jetzt sah sie, dass sie es kaputt gemacht hatte. »Die Disteln da gefallen mir auch nicht.« Sie zeigte auf eine Gruppe hoher Distelpflanzen.

»Nun, ich kann Ihnen nur raten, sie zu mögen. Sie sollen sich ruhig aussäen. Besser Disteln als nur Moos und blanke Erde. Pflanzen bauen Bodengesundheit auf. Sie müssen sich nur auf die Pflanzenarten konzentrieren, die Sie haben wollen, und dann mit ihnen umgehen. Wehren Sie sich nicht gegen die Arten, die Sie nicht wollen. Wenn Sie diese Disteln entfernen, bleiben immer noch eine Million Samen im Boden, die neue Disteln hervorbringen. Ihre langen Wurzeln tun zumindest etwas Gutes, und mit der Zeit werden sie zurückgedrängt, wenn einjährige und mehrjährige Pflanzen gemeinsam auf dem Vormarsch sind. Man sollte sie nicht trennen, wie es in diesem Land immer noch gehandhabt wird.«

»Bei Ihnen klingt das so einfach.«

»Das ist es auch. Jedenfalls solange die Tiere und Mikroben im Boden über unterschiedliche Pflanzen genügend Vitamin F bekommen. Sogenannte Unkräuter haben Wurzelsysteme, die so tief gehen, wie die Pflanzen hoch sind. Auf ihrer Farm muss es so unordentlich aussehen wie am Straßenrand. Als ob sie verlassen wäre.«

»Sieht Ihre Farm so aus?«

»Ja. Mein Nachbar hält mich für verrückt, aber ich habe eine Humusschicht von einem Meter, ich habe überschwemmungsresistente Wiesen, gesunde Tiere, und jeder Tropfen Regen, der fällt, geht in den Boden. Aber man muss natürlich umdenken. Sollen wir jetzt einmal die Kuhfladen begutachten?«

»Ja.«

Schweigend gingen sie über den Paddock zur Färsenweide. Bec hatte die jungen Schafe zu den Rindern getrieben, damit sie alle die beste Weidefläche hatten, solange es so trocken war.

»Sie sehen okay aus«, stellte Andrew nach einem Blick auf die Herde fest. Er trat zu einem frischen Kuhfladen. »Ich würde ihm ungefähr fünf Punkte geben. Nicht schlecht. Wenn er so platt ist, bedeutet das, dass die Tiere nicht genug trockenes Futter haben.«

Er schaute sich weiter um. Archie inspizierte einen Kuhfladen mit einem Stock, und Funny begann sich in einem zu wälzen.

»Ihr Dung ist in Ordnung. Der Welpe scheint ihn auch zu mögen.«

»Danke«, erwiderte Bec grinsend. »Hauptsache Funny genießt die Kuhfladen.«

Andrew lachte.

»Ich muss ein wenig jonglieren, aber ich habe genug Futter für das Vieh. Wenigstens einigermaßen.«

»Es wird schon reichen. Und das Baby? Wann soll es denn kommen?«

Bei Andrews Frage zuckte Rebecca ein wenig zusammen. Es überraschte sie immer noch, dass sie Charlies Kind erwartete. Sie hatte schon ohne Säugling genug zu tun. Wie sollte sie das Leben meistern, wenn ein Neugeborenes dazukam?

»Ich habe noch ein paar Monate Zeit.«

»Wunderbar.«

»Es macht mir eher Angst. Ich weiß nicht, wie ich das alles alleine schaffen soll.«

Andrew legte ihr den Arm um die Schultern und zog sie an sich. »Das wird sich zeigen.«

Sie dachte, Andrew würde den Arm wieder sinken lassen, aber er blieb so stehen, und gemeinsam schauten sie auf die jungen Kühe und Schafe, die einträchtig auf der Weide grasten.

»Meine Frau und ich konnten keine Kinder haben«, sagte er und blickte in die Ferne. »Deshalb hat sie mich verlassen. Sie war wütend darüber. Es wäre schön gewesen, eigene Kinder zu haben. Aber jetzt freue ich mich an den Kindern anderer Leute. Wie an Ihren zum Beispiel.«

»Vielleicht sollte es so sein, dass Sie keine Kinder bekommen. Ihre Arbeit ist sehr wichtig, und Kinder würden Sie einschränken.«

»Nein, das würden sie nicht, aber das wissen Sie auch. An Kindern wächst man.« Er schaute sie an. Sie konnte seine Traurigkeit spüren. »Ich wollte Sie schon vor langer Zeit etwas fragen, Rebecca, schon bevor Charlie gegangen ist. Ich brauche Ihre Hilfe. Sie wären perfekt für das, was ich vorhabe. Nächstes Jahr gehe ich in die Vereinigten Staaten, nach Montana. Ich habe mich mit einem großen Filmproduzenten zusammengetan, der eine Ranch hat. Er ist ein leidenschaftlicher Anhänger meiner Anbaumethoden. Sein Name ist Bernard Truman. Er möchte mir eine Informationstour um die Welt ermöglichen.« Er redete schneller, als habe er Angst, sie könne ablehnen. »Wir könnten jemanden wie Sie im Team brauchen. Sie kennen meine Arbeit aus erster Hand, und Sie vertreten sie genauso leidenschaftlich wie ich selbst. Die Jungs und das Baby könnten Sie mitnehmen. Wenn ich auf Tour bin, könnten Sie mich im Hauptquartier vertreten. Bernard hat eine riesige Ranch. Die Landschaft dort ist wunderschön. Sie würde Ihnen auf jeden Fall gefallen.«

»Ha! Ganz bestimmt.« Bec lachte, aber sie wurde schnell wieder ernst, als sie den drängenden Ausdruck auf Andrews Gesicht sah.

»Ich meine es ernst. Ich hätte Sie und die Kinder wirklich gerne dabei.« Groß und unerschütterlich wie ein Fels stand er vor ihr. Rebecca fiel auf einmal ein, dass sie und Charlie sich auf dieser Wiese geküsst hatten, als sie nach Waters Meeting gekommen waren. Nicht weit von hier hatten sie sich im Gras geliebt. Jetzt stand sie zehn Jahre später mit einem anderen Mann hier. Sie träumte nicht mehr wie Aschenputtel vom Prinzen. Das Leben hatte sie auf eine lange Reise mitgenommen und an einen Ort geführt, von dem aus sie alleine weiterreisen musste. Sie brauchte keinen Mann, um ihre Träume zu erfüllen. Aber wo waren ihre Träume? Hier auf Waters Meeting? Oder in einem Leben, in dem sie einen Beitrag zu Andrews wichtiger Arbeit leistete? Oder konnte sie am Ende ihre Träume mit Sol leben?

Sie wandte den Blick ab. Am Rand der Weide floss der Rebecca River ruhig dahin, aber im Gegensatz zu ihrem Namensgeber fühlte Rebecca sich aufgewühlt. Es gab so viele Möglichkeiten. Diese Farm hier war ihr Ein und Alles. Sie konnte sie nicht verlassen. Niemals. »Ich kann nicht.«

Andrew verzog enttäuscht das Gesicht. »Ich wusste, dass es nicht sehr wahrscheinlich ist. Aber ich musste fragen. Sie wären die perfekte Assistentin für mich. Es gibt noch so viel zu tun. Ich verstehe jedoch, dass es für Sie nicht der richtige Zeitpunkt ist.«

Rebecca schüttelte den Kopf. »Es ist einfach zu verrückt. Ich bekomme ein Baby. Und habe die Jungs. Und natürlich Waters Meeting.«

Andrew zuckte mit den Schultern. »Das Leben macht mehr Spaß, wenn es verrückt ist.«

Sie lächelte ihn entschuldigend an. »Ich kann nicht. Es tut mir leid.«

Erneut zuckte Andrew mit den Schultern. »Wir finden schon jemand anderen.«

Rebecca blickte auf die Uhr. »Bens Schulbus. Ich muss ihn abholen.«

»Wissen Sie was, ich fange schon einmal an, Abendessen zu machen«, sagte er liebenswürdig, und gemeinsam gingen sie ins Haus.

37

Rebecca kam gerade mit Ben vom Schulbus, als sie oben auf dem Kamm einen Transporter sahen. Wer konnte das sein? Sie hatte keine Tiere geordert.

»Erwarten Sie einen Truck?«, fragte Andrew, der ihrem Blick gefolgt war.

Bec schüttelte den Kopf. »Ich kaufe kein Vieh. Ich verkaufe höchstens.«

Als das Fahrzeug näher kam, sah sie, dass es ein Pferdetransporter war. Mit lautem Zischen der Bremsen kam er zum Stehen. Der Fahrer stieg aus, winkte ihnen zu und ging nach hinten, um eine Rampe herunterzulassen. Als Bec am Gartentor ankam, hatte er bereits ein aufsehenerregendes Quarter Horse ausgeladen. Ein Pferd wie für Barbie oder eine Kriegerprinzessin im Film.

Es war eine goldbraune Palominostute mit langer flachsblonder Mähne. Sie trug den Kopf hoch und blickte sich mit dunklen Augen um. Ihr blonder Schweif reichte fast bis auf den Boden. Sie stieß ein leises nervöses Wiehern aus.

»Was für eine Schönheit!«, staunte Andrew und betrachtete das Tier fasziniert.

»Bitte sehr«, sagte der Fahrer und reichte Bec das Führseil.

»Aber ich habe doch gar kein Pferd bestellt«, sagte sie.

»Haben Sie nicht?«, sagte Andrew. »Was macht die Stute dann hier?«

»Sie gehört wahrscheinlich nach Rivermont, der Farm vor uns. Sie sind zu weit gefahren.«

Der Fahrer zuckte mit den Schultern und reichte Bec einen Umschlag. »Hier steht Waters Meeting.« Er zeigte mit dem Zeigefinger auf den Umschlag. »Ich habe gerade zwei Pferde in Rivermont abgeliefert.«

»Aber sie gehört nicht hierher.«

»Den Unterlagen nach doch.«

»Aber …«

»Hören Sie, junge Frau«, schnitt der Fahrer ihr das Wort ab, »ich bin vor Mitternacht nicht zu Hause. Meine Frau wird sauer sein. Ich bin aus der Nummer raus. Machen Sie mit dem Pferd, was Sie wollen. Ich sollte das Tier nur bei Ihnen abliefern.« Mit diesen Worten stieg er wieder in seinen Truck und fuhr ab.

»Kann das alles noch seltsamer werden?« Bec legte ihre Hand auf den Hals der Stute und redete leise mit ihr, um sie ein bisschen zu beruhigen. Als das Pferd schließlich anfing zu grasen, öffnete Bec den Umschlag.

Zuerst stieß sie auf die Papiere des Pferdes. »Oh, hallo, Miss Luella«, sagte sie zu dem Pferd.

»Miss Luella?«, fragte Andrew.

»Das ist ihr Name.« Mit aufgesetztem texanischen Akzent las Bec vor: »Cootibar Ranch Miss Luella. USA Import. Sie ist fünf Jahre alt. Aber was in Gottes Namen machst du hier, Miss Luella?«, wandte sie sich an das Pferd.

An die Papiere war eine Karte geheftet.

Für mein schönes Mädchen von der Farm (dich Prinzessin zu nennen, traue ich mich nicht mehr!): Du brauchst ein anständiges Pferd. Dies ist ein geschenkter Gaul, dem du durchaus ins Maul schauen kannst. Sie ist ganz ruhig und lieb, macht aber noch mehr Spaß, wenn du Sporen trägst! Mit all meiner Liebe, Sol.

Rebecca fiel der Unterkiefer herunter. Sol! Zuerst die Blumen. Das hatte sie schon übertrieben gefunden. Und jetzt das hier! Ein Pferd! Das war wirklich zu viel. Wollte er sie kaufen? Irritiert und ungläubig betrachtete sie das Tier. Es konnte einfach nicht wahr sein, dass er sich so schnell so sehr in sie verliebt hatte.

Sie wandte sich ab und sah zu den Bergen. Die Sonne tauchte die Gipfel in weiches goldenes Licht.

»Wissen Sie jetzt mehr, nachdem sie die Karte gelesen haben?«, fragte Andrew stirnrunzelnd.

»Ja«, sagte sie spröde. »Sie ist ein Geschenk von Sol Stanton.«

»Oh, ich verstehe«, sagte Andrew.

Als Rebecca das wunderschöne Tier in den runden Hof führte, rief sie Andrew zu: »Ich rufe besser Yazzie an, um mich zu vergewissern, dass kein Irrtum vorliegt.«

»Oh, das ist bestimmt kein Irrtum, da bin ich mir sicher«, sagte Andrew.

In diesem Augenblick kamen die Jungs aus dem Haus gestürmt, und die merkwürdige Stimmung zwischen ihnen war vorüber.

»Mum! Was ist das für ein Pferd?«

Geduldig beantwortete Rebecca die Fragen der Jungen und versorgte das Pferd. Aber in ihr tobte ein Sturm. Was dachte Sol sich bloß? Ihr ein Pferd zu schenken! War er wahnsinnig?

Und dann war da noch Andrew. Ruhig und einsam stand er da und bot ihr an, all das mit ihr zu teilen, was er der Welt zu geben hatte. Sie hatte das Gefühl zu zerreißen. Ein Teil von ihr kämpfte noch mit der Trennung von Charlie. Und der andere war von diesen beiden wunderbaren Männern hin- und hergerissen, die in ihr Leben getreten waren. Der eine als Geliebter, der andere als Mentor, der all ihre Träume vom Bewirtschaften einer Farm verwirklichte. Und ihre Söhne. Als sie sie anschaute, merkte sie, wie die Verwirrung in ihr sich lichtete. Sie musste in erster Linie die Kinder großziehen. Ein Baby war unterwegs. Außerdem sollte sie jetzt nicht nur einen Welpen trainieren, sondern sich auch noch mit einem jungen Pferd befassen. Das war einfach alles zu viel.

Am liebsten hätte sie nur Freude darüber empfunden, dass ein Mann so etwas für sie tat. Ihr ein Pferd schenkte. Sie hätte sich am liebsten gleich auf die Stute geschwungen und wäre mit ihr ausgeritten, hätte Stunden damit verbracht, ihre Schönheit in sich aufzusaugen. Sie wollte ihre Hände über das perfekte hellbraune Fell gleiten lassen, die üppige Mähne und den Schweif bürsten und jeden perfekt geformten Huf in die Hand nehmen. Sie wollte sich daran freuen, dass Sol sich so viel Mühe machte, ihr ein so wunderbares Geschenk zu schicken … aber sie konnte es nicht. Sie würde es nicht zulassen. Andrew war hier, die Jungs mussten Abendbrot haben, und tief im Inneren konnte Bec nicht glauben, dass sie so viel Glück überhaupt verdient hatte.

Wie eine Familie saßen sie um den Küchentisch. Rebecca war hin- und hergerissen. Ihr Landwirtschaftsgott saß am Kopfende, ihr Ehemann war fort, und Sol war anwesend, weil im Hof das prachtvolle Quarter Horse stand. Ganz zu schweigen von den Gedanken an Joey mit seiner virilen Jugend. Ihr schwirrte der Kopf von alldem, was zurzeit um sie herum passierte.

Andrew hatte ihr bei der Zubereitung des Abendessens geholfen, aber Rebecca konnte nichts essen. Sie hatte keinen Hunger. Am liebsten wäre es ihr gewesen, die Jungen lägen schon im Bett, und sie hätte endlich Ruhe, um die Ereignisse des Tages zu verdauen und die Gedanken zu ordnen, die ihr durch den Kopf schwirrten. Sie blickte Andrew an. Tief im Inneren wusste sie, dass sie jetzt noch keinen Ersatz für ihren Ehemann wollte. Noch nicht. Es war zu früh. Aber Andrews ruhige, angenehme Anwesenheit machte ihr nur zu klar, dass ihr Leben äußerst schwierig und einsam werden würde, wenn erst das Baby da war, ganz gleich, wie positiv sie sich darauf einstimmte.

Nach dem Essen setzte sie sich zum ersten Mal seit Monaten in den bequemen Lehnsessel am Holzofen. Andrew räumte die Teller ab, während sie nur in die Flammen blickte. Andrew brachte auch die Kinder ins Bett und las ihnen noch eine Geschichte vor. Er legte Funny in ihr Körbchen im Waschraum und gab Trockenfutter in ihren Napf.

Dann kam er zu Rebecca zurück. »Alles erledigt. Die Kinder sind wundervoll, genau wie der Kelpie. Das spricht für Sie.«

»Danke«, sagte sie. »Ich bin so froh, dass ich mich einmal ausruhen kann.«

Er trat näher und hockte sich auf den Couchtisch neben ihr. »Alles okay?«

Rebecca schüttelte den Kopf. Er tätschelte ihre Hand.

»Es wird schon alles gut. Alles wird gut.«

Tränen traten ihr in die Augen. Der Weg war zu lang und zu mühsam gewesen. Sie hatte gehofft, ihr Leben wieder im Griff zu haben, aber heute Abend war sie völlig durcheinander. Das Telefon klingelte, und sie erhob sich, wobei sie sich bei Andrew entschuldigte, dass sie ständig weinte. Sie nahm den Hörer ab. »Hallo?«, meldete sie sich.

»Du klingst müde«, sagte Sols Stimme.

Bec warf Andrew einen Blick zu. »Nicht wirklich. Die Kinder sind gerade ins Bett gegangen.«

»Hast du mein Geschenk bekommen?«

»Oh, Sol«, sagte sie, als wenn es ein Problem für sie sei. Andrew räusperte sich und verschwand in der Küche.

»Du hörst dich nicht erfreut an«, sagte Sol.

»Überwältigt ist das passendere Wort.«

»Sie ist wunderschön, nicht wahr? Sie ist von Natur aus schon ruhig, aber ich habe sie so ausbilden lassen, dass du sie auch in der Schwangerschaft sicher reiten kannst. Yazzie kann dich begleiten. Es wird euch beiden guttun.«

»Du hast an alles gedacht, was?« Sol schien die Anspannung in ihrer Stimme nicht zu hören.

»Sie hat mich sofort an dich erinnert.«

»Es ist ein zu großes Geschenk, Sol.«

»Zu groß? Nein. Evie sagt immer, du sollst es zulassen.«

»Das hat Evie gesagt? Wie schön für sie, aber musst du mir deswegen gleich ein Pferd schenken? Ein ganzes Pferd? Und noch dazu ein … du weißt schon.«

»Na ja, ein halbes Pferd wollte ich dir nicht schenken! Natürlich habe ich dir ein ganzes Pferd geschenkt!«

»Mach keine Witze, Sol«, sagte sie.

»Warum darf ich dir nichts schenken?«

»Dafür gibt es viele Gründe.«

»Mir fällt keiner ein«, neckte er sie. »Aha! Die Dame ist Geschenke nicht gewöhnt.«

Sie antwortete nicht. Sol fuhr fort: »Außerdem war Miss Luella Teil eines guten Geschäfts. Ich wollte ein Pferd haben, mit dem Yazzie arbeiten kann. Wir brauchen auch Arbeitspferde, die in dieses Land passen. Und ich wollte ein Reitpferd für mich. Du siehst die Weiden vom Pferderücken aus besser. Miss Luella war Teil eines Handels für drei Pferde, deshalb ist sie tatsächlich ein geschenkter Gaul. Es gibt also keinen Grund, warum du sie nicht annehmen kannst. Du hast so viel für Yazzie getan. Du hast so viel für mich getan.« Als Rebecca immer noch schwieg, fügte er mit tiefer Stimme hinzu: »Rebecca, du fehlst mir.«

»Sol. Nicht.«

»Was soll das heißen, *nicht*?«, fragte er irritiert. »Keine

Geschenke? Wie Pferde? Oder keine Emotionen? Wie Liebe?«

»Sol. Es war doch nur eine Nacht.« Sie spürte, wie sie rot wurde. Andrew konnte sie hören.

»Eine Nacht kann eine Ewigkeit sein. Für mich war es mehr als eine Nacht. Aber für dich offensichtlich nicht.«

»Sol«, sagte sie traurig. »Ich muss jetzt aufhören.«

»Nein, bleib am Telefon. Rede mit mir.«

»Sol, ich muss aufhören. Es tut mir leid. Ich brauche einfach ein bisschen Zeit. Wir reden ein andermal.« Sie legte auf. Es war still in Waters Meeting.

Schließlich ging sie in die Küche. »Entschuldigung«, sagte sie zu Andrew.

Er lächelte sie traurig an. »Sie brauchen sich nicht zu entschuldigen. Er ist ein guter Kerl. Ein toller Mann.«

»Ich weiß, aber … Sol … nun ja …«, begann sie, aber sie brachte den Satz nicht zu Ende.

»Kommen Sie mit mir nach Amerika«, sagte Andrew kopfschüttelnd. »Dadurch nehmen Sie sich den Druck mit der Farm. Die Arbeit ist so wichtig für die Welt … und Sie …«

Erneut klingelte das Telefon.

»Oh!«, sagte Rebecca. »Entschuldigen Sie mich.« Andrew zuckte mit den Schultern und wandte sich erneut zum Spülbecken. Er ließ Wasser einlaufen und begann mit dem Abwasch. Als Rebecca den Hörer abnahm, hoffte sie halb, dass es noch einmal Sol wäre, damit sie den Schlag abmildern konnte, den sie ihm gerade versetzt hatte. »Hallo?«

»Schwester«, kam eine tiefe Stimme über die Leitung.

»Mick?«

»Ja, wer sonst?«

Sofort stellten sich Rebeccas Nackenhaare auf. Es hatte einmal noch einen Bruder gegeben. Einen, der sie anrief, nur um mit ihr zu plaudern, der ihr Briefe und E-Mails schrieb, nicht wie dieser, der nur anrief, wenn er etwas wollte. Sie musste sich zusammenreißen, um ihn nicht wütend zu fragen, was er wolle.

»Wie geht es dir?«, fragte sie stattdessen.

»Gut.«

»Truds? Und den Kindern?«

»Ja, Truds geht es auch gut«, erwiderte Mick ungeduldig. »Den Kindern ebenfalls. Danny ist gerade von der besten Schule in der Stadt geflogen, und David nimmt an einem Programm für übergewichtige Kinder teil, aber ansonsten geht es ihnen gut. Das behauptet Trudy zumindest. Ich sehe sie sowieso kaum. Viel zu viel Arbeit. Du kennst das ja.«

»Ja. Das kenne ich.« Rebecca nahm einen Kugelschreiber und kritzelte auf einem Brief der Schule herum. Sie drückte tiefe, scharfe Linien in das Papier.

»Und, wie wäre es mit einem Treffen?«, sagte Mick plötzlich.

Rebecca hörte auf zu kritzeln. »Was?«

»Ein Treffen«, wiederholte Mick. »Wegen der Farm.«

»Wie meinst du das?«

»Nun, nachdem du und Charlie euch getrennt habt.«

»Wie meinst du das?«

»Wegen Dads Testament und so.«

»Wie bitte?«

»Charlie hat mich wegen der Scheidung und wegen Dads Testament angerufen. Mum und ich haben uns getroffen und es uns angesehen. Gemäß Dads letztem Willen warst du nur so lange die Eigentümerin von Waters Meeting, solange du verheiratet warst. Da Charlie jetzt die Scheidung eingereicht hat, nun, da gehört dir nach Dads Testament nichts mehr.«

Rebecca spürte, wie Panik von ihr Besitz ergriff. Ihr wurde heiß und kalt zugleich.

»Wusstest du das nicht?«, fragte Mick. »Du hättest dich wirklich früher darum kümmern sollen, Schwesterherz. Aber du hast ja immer schon den Kopf in den Sand gesteckt.«

Rebecca atmete tief ein. Ihr Blick glitt zur Decke, wo Spinnweben im Staub hingen. Übelkeit stieg in ihr auf, und sie schluckte.

»Bec?«

»Ich höre dir zu.«

»Nun, angesichts dieser Tatsache werden Charlie und ich morgen nach Waters Meeting kommen, um uns dort mit dir zu treffen. Okay?«

Rebecca konnte nichts sagen. Ihr eigener Bruder hatte sich mit ihrem Exmann zusammengetan und fiel ihr in den Rücken. Sogar ihre Mutter hielt zu den beiden. Hätte Frankie sie nicht anrufen können?

»Schwester?«, sagte Mick in die Stille hinein.

»Ja.«

»Okay? Morgen Vormittag also?«

»Klingt so, als wenn ich sowieso nichts dagegen machen könnte.«

»Gut. Bis morgen also.« Er schwieg. »Geht es dir gut?«

»Fick dich ins Knie, Mick.«

»Sei nicht böse.«

»Oh, ich bin nicht so böse. Aber du kannst dich trotzdem ins Knie ficken.«

»Na, dann«, sagte er spitz. »Das ist mal wieder typisch für dich. Bis morgen also.«

Rebecca legte auf. Kreidebleich blieb sie mit dem Rücken zur Küche stehen. Andrew, der spürte, dass etwas nicht stimmte, blickte besorgt zu ihr herüber.

»Ist alles in Ordnung? Kommen Sie her …« Er kam in die Diele und wollte sie in den Arm nehmen.

Sie hob abwehrend die Hände. »Nein. Bitte, lassen Sie mich.«

Er erstarrte und runzelte die Stirn. »Okay.«

»Entschuldigung«, sagte sie. Ihre Augen füllten sich mit Tränen. »Ich wollte Sie nicht anfahren.« Sie massierte sich die Schläfen, weil sie spürte, dass sie Kopfschmerzen bekam. »Das war mein Bruder. Er und Charlie kommen morgen her. Sie sagen, dass ich nach der Scheidung keinen Anspruch mehr auf die Farm habe.«

»Aber das ist …«

Sie unterbrach ihn. Der Schock saß zu tief. Sie wollte jetzt nicht darüber reden. »Ich muss hier raus, an die frische Luft, um nachzudenken. Okay? Kann ich Sie bitten, heute Abend auf die Jungs aufzupassen? Sie wachen bestimmt nicht auf. Ich komme später wieder.«

»Ja, sicher«, sagte er und musterte sie besorgt. »Tun Sie, was immer Sie tun müssen.« Rebecca drehte sich um und ergriff auf dem Weg nach draußen ihre Jacke und ihre Mütze. Sie hatte das Gefühl, als ob ihr Vater ihr gerade vom Grab aus einen Messerstich in den Rücken versetzt hatte.

38

In den Ställen holte Rebecca Ink Jets alte Trense heraus und hievte den abgenutzten alten Ledersattel vom Halter an der Wand. Dann schnallte sie sich Sporen an.

Das alte Zaumzeug erinnerte sie an Inky und Hank und das schreckliche Ende, das Charlie ihnen bereitet hatte. Erneut stieg Wut in ihr auf. Sie war vor allem wütend auf sich selbst. Sie hatte ihrer Familie *vertraut*. Und jetzt das! Sie biss die Zähne zusammen und marschierte aus dem Stall zu Miss Luella. Sie wusste, dass sie von dem neuen Pferd eine Menge verlangte, wenn sie es jetzt sattelte und mit ihm ausritt, aber sie musste einfach weg. Sie musste wieder einen klaren Kopf bekommen. Außerdem konnte sie Sol vertrauen, wenn es um Pferde ging. Sie wusste, dass die Stute perfekt war. Es tröstete sie, dass sie ihm in dieser Hinsicht vertrauen konnte.

Sie ging zum Innenhof und legte den Sattel übers Geländer. Die Trense hängte sie an einen alten Pfosten. Miss Luella schien sich zu freuen, dass sie Gesellschaft bekam. Sie wieherte leise und kam angetrabt, als Rebecca durch die Zaunbretter schlüpfte.

Die Stute war wirklich eine Schönheit. Bec spürte, dass sie ruhig und von freundlicher Neugier war. Sie schien voller Vertrauen und absolut zufrieden zu sein.

Das Pferd störte sich nicht an der fremden Trense, und auch den Sattel legte Rebecca ihr ohne Probleme auf den Rücken. Der alte Sattel und die schmutzige Satteldecke passten äußerlich überhaupt nicht zu dem schönen, eleganten Geschöpf, auch die Trense war so brüchig und abgenutzt, als wenn sie jeden Moment reißen könnte.

Aber sie hatte jetzt keine Zeit, sich darüber Gedanken zu machen. Erhitzt und mit vor lauter Wut und Verwirrung gerötetem Gesicht führte sie die Stute im Hof herum. Sie schlug fest mit den Lederriemen der Steigbügel gegen den Sattel, um zu sehen, wie das Pferd auf laute Geräusche reagierte. Die Stute blieb gelassen. Rebecca schwang sich in den Sattel und ritt zuerst ein paar Runden im Hof, im Schritt, im Trab und dann in einem langsamen Galopp. Das Tier war perfekt zugeritten, es gehorchte auch auf die leisesten Hilfen.

Die Stute reagierte sensibel und war gut geschult. Es war eine Freude, sie zu reiten.

Nach einer Weile öffnete Rebecca das Tor, ritt hinaus auf die Ebene am Fluss und gab mit einem leisen Schnalzen das Kommando zum Galopp. Die abnehmende Sichel des Mondes stand schon über den Bergen. Er war aufgegangen, noch bevor die Sonne untergegangen war.

Beim Reiten dachte sie an ihr ungeborenes Kind. Aber es konnte nichts passieren. Sie spürte, dass sie auf diesem Pferd beide gut aufgehoben waren. Sol hatte eine gute Wahl getroffen. Dankbarkeit stieg in ihr auf. Sie empfand Liebe … und heftiges Schuldgefühl. Aber die Freude, dass ihr Baby nun zum ersten Mal ausritt, überwog.

Während der Schwangerschaft mit Ben war sie oft ausgeritten. Warum also nicht auch jetzt?

Zuerst hatte sie vorgehabt, bis zum Fluss zu reiten und dann wieder umzudrehen, aber dann ritt sie einfach weiter. Wie lange hatte sie schon nicht mehr auf einem Pferd gesessen? Wie lange war es her, seit sie durch den Fluss geritten war und anschließend den Weg hinauf in die Berge zur Hütte genommen hatte? Die Stute schnaubte, als sie vor dem dunklen Fluss stand, aber dann ging sie gehorsam hinein. Bec zog die Füße aus den Steigbügeln und hob die Beine an, damit sie keine nassen Füße bekam. Mit gespitzten Ohren suchte sich das Pferd vorsichtig seinen Weg zwischen den Felsen und kletterte schließlich mit Leichtigkeit am anderen Ufer die Böschung hinauf. Rebecca wusste nicht, wo Sol das Pferd gekauft hatte, aber es war ein zuverlässiges, geschicktes Tier. Sie fuhr mit der Hand über den schön gebogenen Hals und schnalzte erneut.

Schon nach kurzer Zeit hatten sie den ersten Hang erreicht. Sie hatten Glück, dass der Mond schien. Er stand so hoch am nachtblauen Himmel, dass er einen Lichtschein auf die Gipfel warf. Kurz zog sie die Zügel an und klopfte der Stute den Hals. Sollte sie zur Farm zurückreiten? Sie konnte die Gebäude in der Ferne noch erkennen. Andrew hatte das Licht in der Küche angemacht, und sie sah dünnen weißen Rauch aus dem Schornstein aufsteigen.

Er wird schon alleine mit den Jungs zurechtkommen, dachte sie. Im Moment konnte sie den Gedanken noch nicht ertragen, wieder heimzumüssen. Sie wollte nicht wach im Ehebett liegen, während Andrew im Gästezimmer schlief und Sol sich irgendwo auf der anderen Seite der Welt aufhielt und sich von ihr gekränkt fühlte. Sie wollte noch nicht wieder die Last des alten Hauses mit all seinen Geistern und Erinnerungen spüren und immer wieder darüber nachdenken müssen, dass sie nach dem Willen ihres längst toten Vaters Waters Meeting an ihren Bruder und ihren Exmann verlor, während ihre Mutter stumm zuschaute. Sie wollte nicht die niederschmetternde Tatsache akzeptieren, dass Charlie monatelang keinen einzigen Versuch unternommen hatte, seine Söhne zu sehen, aber jetzt alles stehen und liegen ließ, um mit Mick nach Waters Meeting zu kommen, wenn er Rebecca dadurch die Farm wegnehmen konnte.

Nein, dachte sie, ich gehe heute Nacht nicht zurück. Sie trieb die Stute weiter den Berg hinauf. Wie oft, dachte sie, bin ich schon weggelaufen. Zum Beispiel damals, als sie vor ihrem Vater in den Norden geflüchtet war. Oder als sie aus Enttäuschung nach Toms Tod die Fichten niedergebrannt hatte. Und dann erst kürzlich, als sie den Pflug begraben hatte. Ihr wurde klar, dass sie dieses Verhaltensmuster abstellen musste. Wenn sie im Leben weiterkommen wollte, musste sie anders auf solche Drucksituationen reagieren. Aber eine Nacht in der Hütte konnte sie sich doch gönnen, oder? Nur eine Nacht alleine.

Dieses Mal, sagte sie sich, laufe ich nicht weg. Sie nahm sich nur Zeit zum Nachdenken. Sie griff in ihre Jackentasche und zog ihr Handy heraus. In der nächsten Kurve gab es eine Stelle, wo sie einigermaßen Empfang

401

hatte. Dort hielt sie Miss Luella an, und das Pferd blieb gehorsam stehen, während Rebecca rasch eine SMS an Andrew schrieb.

Muss heute Nacht in der Hütte bleiben. Entschuldigung. Komme morgen früh zurück. Passen Sie bitte auf die Jungs auf. Bin zu Hause, bevor sie aufwachen. Sie drückte auf Senden.

Sofort kam die Antwort. *Okay, keine Sorge,* schrieb Andrew.

»Braves Mädchen«, sagte sie zu der Stute und streichelte sie wieder. »Du bist wirklich magisch. Ich glaube, ich habe mich in dich verliebt.«

Als sie die Hütte erreichte, war es schon ganz dunkel. Der Mond warf einen schwachen Schein auf den Weg zwischen den geisterhaft weißen Stämmen der Eukalyptusbäume, und die Stute ging trittsicher den Pfad entlang. Das Mondlicht schimmerte auf dem Wellblechdach.

Charlie und Murray hatten vor einem ihrer alkoholisierten Jagdwochenenden im letzten Sommer neues Wellblech aufs Dach gelegt. Rebecca war seitdem nicht mehr hier oben gewesen. Bevor die Jungs auf der Welt waren, war sie immer mit Charlie hier hinaufgeritten und hatte sich um die Herden auf den Sommerweiden gekümmert. Sie hatten in der Hütte übernachtet, Koteletts auf den Grill geworfen und ein oder zwei Dosen Bundy getrunken, um dann Arm in Arm im Schlafsack einzuschlafen. Charlie hatte bald schon leise geschnarcht, aber Rebecca hatte wach gelegen und auf das Wispern von Tom gelauscht, der in der dunkelsten Zeit seines Lebens hier Zuflucht gesucht hatte.

Rebecca versorgte die Stute und stellte sie in den Unterstand auf der Nachtweide. Den Sattel legte sie auf die Veranda. Als sie den Riegel an der Tür hob, stellte sie überrascht fest, dass er neu war. Beinahe empfand sie Dankbarkeit, weil Charlie an der Hütte gearbeitet hatte, aber als sie ein paar Kerzen und die Petroleumlampe angezündet hatte, wich ihre Dankbarkeit gequältem Schmerz.

Das Licht enthüllte, dass Muzz und Charlie die Wände mit Fotos aus Porno-Magazinen zugekleistert hatten. In einer Ecke stand eine ganze Pyramide von Bierdosen, die bis zur Decke reichte. Charlie hatte aus der Hütte seinen eigenen Rückzugsort gemacht. Rebecca fühlte sich beraubt. Er konnte ihr immer noch so viel Schmerz zufügen. Sie blickte auf die aufreizenden Posen der Nacktmodelle und fühlte sich erniedrigt. Sie hatte diesem Mann Kinder geschenkt. Sie hatte die Straffheit ihres Körpers geopfert, um Mutter zu werden, und das war Charlies Antwort auf ihre Hingabe. Empfand er so wenig Respekt vor der Weiblichkeit?

Und warum musste Charlie sich ausgerechnet in Toms Hütte dermaßen ausleben? Warum hatte er ihr das angetan? Warum verstanden so viele Männer nicht, was sie anrichteten? Erneut spürte sie, wie ihr Tränen in die Augen traten. Das Baby in ihr regte sich und begann zu treten. Sie machte Feuer im Ofen und riss alle Bilder herunter, um sie zu verbrennen.

Als sie die Fotos von einem Pfosten entfernte, wusste sie, was sie darunter finden würde. Sie weinte schon, noch bevor ihre Fingerspitzen ertasteten, was darunter war. Es waren Initialen. Die ihres Großvaters und ihres Vaters. Und natürlich die von Tom und ihr.

»Hilf mir«, schluchzte sie. Sie lehnte sich mit der Stirn an den Pfosten und fuhr mit den Fingerspitzen ihre und Toms Initialen nach. Sie begann zu weinen und sank auf den kühlen, feuchten Boden am Pfosten herunter. Sie zog die Knie an die Brust und ließ ihren Tränen freien Lauf. Als sie in die lodernden Flammen im Holzofen blickte, sah sie die nackten Frauen brennen. Die Bilder rollten sich an den Kanten auf, zuerst sah es aus, als ob die Frauen schreien würden, dann züngelten orangefarbene Flammen empor, und schließlich zerfiel alles zu schwarzer Asche.

Sie dachte an all die Frauen in der Geschichte, die von Männern verbrannt worden waren. Männer, die die Macht der Frauen fürchteten.

Als das Feuer langsam niederbrannte, sah Rebecca in den dunklen Winkeln des Ofens das Gesicht von Tom. Seine Züge waren eine Mischung aus Schatten und Feuer, aber während die Flammen um ihn herumtanzten, konnte Rebecca ihn manchmal ganz deutlich sehen. Zu ihrem Entsetzen entdeckte sie auf seinem Gesicht alles, was sie fühlte: Auch er weinte.

39

Steif vor Kälte wachte Rebecca am nächsten Morgen auf. Sie hatte unruhig geschlafen und war froh, als die ersten Vögel zwitscherten. Auf einmal verspürte sie tiefe Sehnsucht nach ihren Kindern. Sie erhob sich von dem Feldbett und streckte ihre schmerzenden Gliedmaßen. Müde schlüpfte sie in ihre Stiefel, räumte in der Hütte ein wenig auf und ging hinaus, um die Stute zu satteln.

Als sie schließlich über die Bergwiese ritt, war die Sonne schon aufgegangen, und ihre Strahlen drangen durch die Baumwipfel. Trotz der trüben Gedanken, die ihr durch den Kopf gingen, stieg Freude in ihr auf. Was war dieses Pferd doch für ein prachtvolles Geschöpf! Aber dann drängten sich wieder Charlie und Mick in den Vordergrund. Sie waren bestimmt schon unterwegs. Charlie hatte wahrscheinlich in der Stadt übernachtet und sich von Trudy verwöhnen lassen. Die gemeinsame Mission machte sie zu Kameraden. Ob Charlie überhaupt jemals an die beiden kleinen Jungs dachte, die er zurückgelassen hatte?

Evie vertrat die These, »du erntest, was du säst«. Aber wie kam es dann, dass Rebecca immer nur für ihre Familie gesorgt und Liebe gegeben hatte und jetzt doch den Kürzeren zog? Ihr Vater steckte hinter alldem. Sie hatte das Gefühl, er schickte ihr jetzt seine Henkersknechte, um die schmutzige Arbeit zu tun. Er hatte sie nie auf der Farm haben wollen. Was würde Evie mir wohl raten, überlegte sie verzweifelt, während sie zur Farm ritt.

Die Morgensonne ließ das Unterholz silbern leuchten. Plötzlich erkannte sie, woran es bei ihr haperte: Sie hatte einfach nie daran geglaubt, das Allerbeste zu verdienen. Scheiterte sie deshalb immer? Weil sie glaubte, Besseres stehe ihr nicht zu?

Aber hatte Evie nicht auch gesagt: »Es gibt viele gierige Mistkerle auf der Welt«? Was machte man, wenn man eines Tages merkte, dass sie nicht nur auf der Welt, sondern in der eigenen Familie waren? Sie wusste, was Evie sagen würde, doch es fiel ihr schwer, es zu akzeptieren. Evie würde sagen, man müsse üben, dankbar für diese »Mistkerle« zu sein und ihnen trotzdem Liebe zu schenken, denn sie zeigten ihr durch ihre Gier und Unfreundlichkeit den Weg zu einem besseren Leben voller Vergebung und Liebe, vor allem sich selbst gegenüber. Das war nicht gerade einfach. Vor allem heute nicht. Sie legte der Stute eine Hand auf die goldene Mähne und atmete den süßen Geruch des Buschs tief ein.

Der Weg stieg ein wenig an, und Rebecca trieb das Pferd in einen Galopp. Auf dem flachen Felsplateau über dem Tal von Waters Meeting zügelte sie die Stute und blickte auf ihre Farm.

Das Tal wurde von zwei Flüssen durchzogen, die wie die Zunge einer Schlange gespalten waren. Am Zusammenfluss wurde der breite Rebecca River daraus, der sich durch fruchtbare Ebenen wand. Das Farmhaus

406

stand im Südwesten, und Rebecca sah, wie die Sonne über die Berggipfel stieg und auf die Fenster des Hauses schien. Es war schwer vorauszusehen, was die Männer vorhatten, aber Rebecca hatte das Gefühl, sie würde das Anwesen verlieren. Sie biss die Zähne so fest zusammen, dass sie Kopfschmerzen bekam. Wenn ich stumm die undankbare Rolle der Hausfrau weitergespielt hätte, dachte sie bitter, wäre die Farm in meinem Besitz geblieben.

Sie beschloss zu kämpfen. Waters Meeting sollte nicht aufgeteilt und verkauft werden. Sie trieb das Pferd an und ritt den Weg hinunter.

Der alte Holzofen war in Betrieb, Andrew hatte sich offensichtlich bereits in der Küche zurechtgefunden. Am Rand des Herds stand ein Topf mit Porridge und daneben eine Teekanne aus Metall. Rebecca wollte sich gerade auf die Suche nach ihm machen, als sie ihn auf der Treppe hörte. Er hatte seine Reisetasche dabei und blickte sie besorgt und leicht verlegen an. Er trat auf sie zu.

»Alles okay?«, fragte er und blickte in ihre müden Augen.

Sie nickte.

»Kommen Sie. Lassen Sie uns frühstücken. Ich muss in etwa zwanzig Minuten los. Frank und Gabs wollen, dass ich heute Abend bei ihnen übernachte, damit ich den Boden für sie testen kann.«

Sie spürte die Ruhe, die er ausstrahlte, als er ihr eine Portion Porridge gab und Honig darüberträufelte. Er reichte ihr eine Tasse Tee.

»Es tut mir leid, dass Sie so viele Probleme haben«, sagte er.

Rebecca lächelte leise. »Ich habe diese Entwicklung eigentlich kommen sehen, aber ich konnte vermutlich den Gedanken daran nicht ertragen.«

»Vielleicht sollten Sie Sol anrufen? Er könnte Ihnen bestimmt helfen.«

Sie schwieg, bevor sie antwortete: »Nein. Das geht ihn nichts an.«

Andrew schüttelte den Kopf. »Ich war zumindest so mutig, Sie um Hilfe zu bitten. Sie sollten das auch tun.« Er stellte seinen Teller mit Porridge auf den Tisch und setzte sich ihr gegenüber. »Wann kommen die beiden?«

Rebecca zuckte mit den Schultern.

»Was wollen Sie tun?«

Erneut zuckte sie mit den Schultern.

»Ich habe beschlossen, meinen Terminplan nicht zu ändern, um Ihnen hier nicht im Weg zu sein. Aber ich habe ein paar Anrufe getätigt und mit Gabs geredet. Frank und Dennis werden die Maschine für Sie umbauen. Frank hat es schon für sich selber gemacht, und die Groggans haben es auch vor, deshalb kommen die beiden nächste Woche. Ich habe auch Evie und Yazzie wegen des Treffens heute Bescheid gesagt. Ich hoffe, das macht Ihnen nichts aus. Evie ist bereit, heute den ganzen Tag auf Archie aufzupassen. Sie hat gesagt, sie haben ihn ihr schon öfter mit dem Schulbus geschickt.«

Rebecca nickte dankbar, obwohl sie ein wenig traurig darüber war, dass Andrew fortging. »Oh, Andrew, danke. Sie sind der Allerbeste.«

Er blickte sie voller Mitgefühl an. »Ende der Woche fliege ich nach LA und von da aus nach Montana. Mein Angebot steht noch. Sie könnten als Projektmanagerin mitkommen. Wir würden Sie gut bezahlen. Die Vortragsreise wird ein Jahr lang laufen, und wenn die Finanzierung durch den Film läuft, könnten wir sie auf zwei Jahre verlängern. Sie würden hauptsächlich von der Ranch in Montana aus agieren. Es ist wundervoll dort. Wie ein kleines Dorf. Sie und Ihre Familie sind dort jederzeit willkommen.«

Rebecca dachte an die Pässe, die in einer Aktenmappe im Arbeitszimmer lagen. Sie war so aufgeregt gewesen, als sie die Pässe der Jungs mit ihren süßen kleinen Fotos erhalten hatte. Sie hatte damals versucht, einen Familienurlaub zu arrangieren. Nach Bali. Oder Fidschi. Eine Rucksacktour. Irgendwohin. Aber Charlie hatte nicht gewollt.

Die Pässe hatte sie nie gebraucht.

»Unmöglich«, sagte Bec.

»Nichts ist unmöglich.«

»Der Meinung bin ich nicht, Andrew, aber trotzdem vielen Dank.«

»Die Trumans würden Sie auf ihrer Ranch willkommen heißen. Sie haben mehrere Häuser dort, es ist untertrieben, wenn ich sage, sie sind nicht unvermögend. Bernard Truman und seine Frau sind berühmte Filmproduzenten mit großen Ideen und großen Herzen. Es wird aufregend sein, für sie zu arbeiten. Bernard ist nicht nur in Hollywood erfolgreicher Produzent, er ist auch Philanthrop. Und er will meine Agrartheorie in der ganzen Welt verbreiten. Er hätte Sie genauso gerne an Bord wie ich. Es gibt für die Kinder sogar eine Schule auf der Ranch.«

Rebecca starrte auf ihren Porridge. Sie wusste, sie musste etwas essen, aber ihr war übel. »Danke. Aber ich kann nicht. Ich kann hier nicht weg.«

Andrew schwieg und widmete sich seinem Frühstück.

Kurz darauf stand Rebecca am hinteren Tor. Andrew bückte sich und streichelte Funny.

»Danke, dass ich hier übernachten durfte«, sagte er.

»Es tut mir leid, dass ich so durcheinander bin«, erwiderte sie. Sie umarmte ihn zum Abschied, und er küsste sie sanft auf die Wange.

»Viel Glück«, wünschte er ihr. »Ich bin für Sie da. Denken Sie immer daran. Sie können mich jederzeit anrufen. Und hören Sie auf, sich zu entschuldigen.«

Wind kam auf, als er wegfuhr. Rebecca schaute ihm nach und schob sich ein paar lose Haarsträhnen aus der Stirn. Schließlich ging sie stirnrunzelnd in die leere Küche zurück und begann, das Frühstücksgeschirr abzuwaschen. Sie hatte sich noch nie so allein gefühlt.

Kurz darauf trapsten Ben und Archie verschlafen die Treppe herunter und brachten ein wenig Normalität in ihren Morgen. Während sie Ben für die Schule fertig machte und alles für Archies Aufenthalt bei Evie vorbereitete, stieg dumpfe Panik in ihr auf. Mick und Charlie waren auf dem Weg, um ihr Waters Meeting wegzunehmen.

40

Sie kamen gegen elf Uhr dreißig. Mick stieg aus einem dicken Allradwagen, und Charlie, der bei der guten Küche seiner Mutter offensichtlich noch ein paar Kilo zugelegt hatte, stieg auf der Beifahrerseite aus und streckte sich. Voller Abscheu betrachtete Rebecca ihn vom Küchenfenster aus. Es war seltsam, Charlie hier wiederzusehen, allein bei dem Gedanken, dass er sich seit Monaten nicht um die Jungen gekümmert hatte, stieg Wut in ihr auf. Er hätte einmal vorbeikommen können, um Ben nach der Schule zu sehen oder Archie bei Evie zu besuchen, aber das hatte er nicht getan.

Mick trat an die Heckklappe des Wagens und holte einen Aktenkoffer heraus. Er sah in seiner beigefarbenen Chino, seinen Bootsschuhen und seinem teuren marineblauen Pullover lächerlich aus. Seine Haare waren lang und wellig und wichen an der Stirn schon deutlich zurück. Seine Haut sah aus wie ein Marshmallow: schwammig und weiß.

Mick war zum letzten Mal vor drei Jahren auf Waters Meeting gewesen. Er fand es hier langweilig. Sein Handy hatte kaum Empfang, eine Tatsache, über die er sich ständig beklagte, weil er berufliche Anrufe verpasste. Auch Trudy war nie gerne hierhergekommen. Ständig hatte sie befürchtet, Danny und David könne bei den Gefahren, die überall auf der Farm lauerten, etwas zustoßen, und meistens waren sie schon einen Tag früher als geplant wieder abgereist. Je älter die Jungs wurden, desto weniger Lust hatten die Eltern, mit ihnen die lange Fahrt im Auto zu unternehmen. Rebecca wandte sich vom Fenster ab und schürte das Feuer im Holzofen. Dann schüttete sie für die beiden Männer einen Tee auf. Das macht man doch für seine Familie, dachte sie sarkastisch, auch wenn sie antreten, um dein gesamtes Leben zu zerstören. Man kocht ihnen eine Tasse Tee.

Als Charlie die Küche betrat, stand ihr sofort wieder die Erinnerung an den letzten Abend mit ihm vor Augen. Seine Wut, als er sie gegen den Schrank geschleudert hatte, der Geschmack von Blut in ihrem Mund. Sie verschränkte die Arme vor der Brust und sah, wie sein Blick von ihrem Gesicht zu ihrem dicken Bauch glitt. Er verzog angewidert die Mundwinkel. Am liebsten hätte sie ihn angeschrien, dass es *sein Kind* war, aber sie murmelte nur »Hallo«. Hinter ihm betrat Mick die Küche mit einem zu lauten: »Tag, Schwesterherz.« Er legte den Aktenkoffer auf den Tisch und zog sie aufgesetzt herzlich in die Arme. Sie hätte ihn am liebsten geohrfeigt.

»Tee? Kaffee?«

»Für mich nicht«, lehnte Mick ab.

»Für mich auch nicht«, sagte Charlie.

Beide Männer setzten sich. Mick öffnete den Aktenkoffer und zog einen Stapel Pappordner heraus. Er versuchte, über Belanglosigkeiten zu plaudern, merkte aber schnell, dass Rebecca nicht darauf einging.

»Sollen wir dann mal zum Punkt kommen?«, fragte er endlich und blickte kurz auf. Schließlich war er Geschäftsmann, und Zeit war Geld.

Rebecca setzte sich ebenfalls an den Tisch. »Zu welchem Punkt genau?«, fragte sie kühl.

»Du brauchst gar nicht zu zicken. Hier geht es nur ums Geschäft, das weißt du selbst, Rebecca.« Er schob ihr eine Aktenmappe zu. »Das ist deine Kopie sämtlicher Unterlagen. Sie enthält Dads Testament und die Unterlagen der Farm. Ich habe die Passagen, die für die Scheidung relevant sind, angekreuzt. Und ich habe auch Kopien der Grundbesitzurkunden für Waters Meeting und die Herden angefertigt.«

Rebecca schlug die Mappe auf. Die getippten Buchstaben auf der ersten Seite verschwammen ihr vor den Augen. Alle Klarheit, die sie gewonnen hatte, als sie Waters Meeting vor der Bank gerettet hatte, löste sich in Nichts auf, als Micks Worte sie wie eine Bombe trafen.

»Das Testament enthält die Klausel, dass Waters Meeting nur im Familienbesitz bleibt, solange du mit Charlie verheiratet bist«, führte Mick aus. Er blickte auf, um Rebeccas Reaktion abzuwarten, aber als sie kerzengerade am Tisch sitzen blieb, fuhr er fort: »Wenn du dich scheiden lässt, wird der Besitz zwischen den verbleibenden Kindern von Harry Saunders aufgeteilt. Das bist du, Rebecca, und ich, Mick.« Er sagte es, als ob er einem Kleinkind einen komplizierten Sachverhalt erklären müsse. Sie spürte, wie sie rot wurde. Es war dumm von ihr gewesen, sich nie anzuschauen, wie es im Fall einer Scheidung von Charlie rechtlich für sie aussah. Aber sie hatte den beiden Männern, die vor ihr saßen, schließlich vertraut.

Sie starrte Charlie an; sein Blick streifte sie kurz. In seinen Augen stand kein Schuldgefühl, nur Wut. Er zog eine rote Aktenmappe aus Micks Dokumentenstapel, auf die er mit Filzstift Scheidungspapiere gekritzelt hatte. Er warf sie ihr über den Tisch zu. »Du kannst sie unterschreiben«, sagte er.

Rebecca starrte auf die Mappe. Mick durchbrach das Schweigen.

»Nach dem Verkauf der Farm bleibt genug für dich und die Jungen übrig, auch wenn du die Schulden bezahlt und Charlie seine Hälfte gegeben hast«, sagte Mick. Er versuchte, beruhigend zu klingen, blickte sie dabei aber an, als sei sie ein einziges Ärgernis.

»Verkauf?«, stieß Rebecca hervor. »Du kannst doch nicht die Farm verkaufen. Mick!« Sie warf ihm einen verzweifelten Blick zu.

Er runzelte die Stirn. »Du kannst doch nicht erwarten, dass Charlie, der so hart hier gearbeitet hat, nichts für die Farm verlangt. Er muss natürlich seinen Anteil haben.«

»Aber muss sie deshalb gleich *verkauft* werden? Könnt ihr mir und den Jungs nicht Zeit lassen, um ihn auszuzahlen?«

Mick verzog die Lippen zu einem hässlichen Grinsen. »Du hast doch nicht im Ernst geglaubt, du könntest hier alleine sitzen und nicht mit deiner Familie teilen? Und ausbezahlen kannst du ihn auch nicht. Die Farm geht doch den Bach runter.«

Rebecca begann zu zittern. Aber tief im Innern regte sich die Löwenmutter. Sie kniff die Augen zusammen und blickte ihren Bruder an. »Rede nicht in diesem überheblichen Tonfall mit mir, Mick«, sagte sie scharf. »Ich sitze nicht hier, weil das eine Goldgrube ist. Ich bin hier, weil es mein *Zuhause* ist und das Zuhause meiner Kinder!«

»Ich bin nicht überheblich«, wich Mick zurück, »aber realistisch gesehen …«

»Realistisch gesehen ist die Farm dir völlig egal«, unterbrach Rebecca ihn. »Euch beiden ist sie egal. Was ist mit Ben und Archie? Charlie, das sind deine Söhne!«

Charlie wandte den Blick ab.

»Du bist furchtbar idealistisch, Rebecca«, sagte Mick. »Was ist mit meinen Söhnen und ihrem Anteil am Erbe? Sie haben genauso viel Recht auf die Farm, jetzt, wo eure Ehe vorbei ist.«

»Du bist vor Jahren ausbezahlt worden«, sagte Rebecca. »Das weißt du auch. Deine Jungs haben viel Geld, auch das weißt du. Hier geht es nicht um Geld. Bei Waters Meeting geht es nicht um Geld. Es geht um das Land.«

»Sei doch nicht so blöd, Rebecca«, warf Mick ihr vor. »Es geht immer ums Geld.«

Wut stieg in ihr auf und wollte gerade aus ihr herausbrechen, als Funny, die in ihrem Körbchen auf der Veranda lag, zu bellen anfing. Abrupt stand Mick auf und blickte auf seine Armbanduhr. Er ergriff die Papiere und schob sie unter seinen Arm. »Das werden sie sein.«

»Wer?«, fragte Rebecca.

415

Mick blickte sie an. »Mach einfach mit, Schwester-chen. Wir zahlen dich gut aus. Wir können nicht zulas-sen, dass du hier schwanger alleine die ganze Farm ver-sorgst. Es hat schon alles seine Ordnung so. Du kannst ein bequemes Leben mit genügend Geld führen.« Damit verließ er die Küche.

Sie blieb mit Charlie am Tisch zurück. »Charlie?«, fragte Rebecca drohend. »Wer kommt da?«

Er warf ihr einen spöttischen Blick zu. Siegesgewiss sagte er: »Die Geologen. Von der Minengesellschaft. Sie wollen sich umschauen. Mick hat ihnen einen Deal vor-geschlagen.«

»Eine Mine? Hier?«

»Wo denn sonst, Rebecca? Das wird dich lehren, dich von diesem Stanton flachlegen zu lassen. Jetzt kannst du ja zu ihm rennen.« Charlie stand auf und ging aus dem Zimmer.

Eine Mine? Rebecca schluckte. Sie rannte ans Fens-ter. Es stimmte, was er gesagt hatte. Vor dem Tor parkte ein Konvoi von Jeeps und Wagen mit Allradantrieb. Auf den Türen prangten die staubbedeckten Logos der Mi-nengesellschaft. Rebeccas Herz sank wie ein Stein.

41

An jenem Nachmittag zog ein heftiger Regenschauer von Süden heran. Laut prasselten die Tropfen auf das Wellblechdach. Rebecca stellte überall Töpfe und Eimer unter die undichten Stellen, und während sie das tat, begann sie plötzlich zu schluchzen. Benommen wanderte sie im Haus herum. Mick zeigte den Geologen Waters Meeting, und sie wusste, dass Charlie später wieder hereinkommen würde, um die Kinder zu sehen. Direkt nachdem er sie grausam aus ihrem Zuhause gedrängt hatte.

In Bendoorin würde Evie Archie jetzt in den Schulbus setzen, und sie musste gleich zur Hauptstraße fahren, um die Kinder abzuholen.

Sie griff nach ihrer Jacke, schlüpfte in die Gummistiefel und setzte sich einen Regenhut auf. Mit Funny auf den Fersen lief sie auf die Veranda. Gerade als sie zum Gartentor herausgehen wollte, hörte sie ein Fahrzeug näher kommen. Es war Evie in ihrem kleinen weißen Auto.

Die Frau stieg aus und spannte einen bunten Regenschirm auf, der mit Cartoon-Katzen und -Hunden gemustert war. Dann öffnete sie die hintere Tür, ließ Ben und Archie aussteigen und führte sie an der Hand auf die Veranda.

»Ich dachte, ich erspare dir eine Fahrt«, sagte sie. Sie reichte ihr die Rucksäcke der Jungen und blickte sie prüfend an.

»Oh, Evie«, sagte Rebecca, die kaum die Tränen zurückhalten konnte. »Mick und Charlie …«, begann sie, konnte den Satz aber nicht zu Ende bringen. »Die Minen …«, setzte sie erneut an.

»Ich weiß. Andrew hatte so ein Gefühl, dass das passieren würde. Er hat mich vorgewarnt«, erwiderte Evie.

Rebecca weinte schon wieder, und Evie legte den freien Arm um sie. Mit dem anderen hielt sie den Regenschirm über sie beide.

Nach einer Weile löste sich Rebecca von ihr. »Entschuldigung. Du wirst ja ganz nass. Sollen wir hineingehen?«

Evie schüttelte den Kopf. »Hat dein Wagen Allradantrieb? Lass uns doch mal gucken, was die Leute von der Mine so treiben. Es wird die Kinder bestimmt interessieren.«

Rebecca blickte sie verwirrt an, aber dann sah sie, dass die Augen der alten Frau spitzbübisch leuchteten. Ein Lächeln breitete sich langsam auf ihrem Gesicht aus. »Jungs!«, rief sie. »Kommt, wir gehen zu eurem Vater!«

Sie fuhren am Scherschuppen vorbei zum Fluss, wobei sie den Reifenspuren der Minenfahrzeuge folgten. Nachdem sie den Fluss überquert hatten, folgten sie dem Verlauf des Rebecca River nach Norden. Das Auto holperte durch tiefe Pfützen, und sie kamen nur langsam voran.

Die Jungs saßen auf Evies Schoß, Funny lag zu ihren Füßen, und Jesus hatte auf dem Sitz in der Mitte das Kommando übernommen. Von Zeit zu Zeit knurrte er den Welpen an, der jedes Mal freundlich mit dem Schwanz wedelte.

Ab und zu, wenn die Sonne durch die Wolken kam, kurbelte Rebecca die Scheibe herunter und genoss die Schönheit des Buschs. Jetzt im Frühjahr barst alles vor Vitalität. Der Regen ließ die Blätter silbern schimmern, und die feuchte Luft duftete.

Schließlich stießen Evie und Rebecca auf die Männer. Sie nahmen an der alten Holzbrücke im oberen Bereich der Farm Bodenproben. Der Regen hatte nachgelassen, und der Lärm der Maschinen dröhnte durchs Tal.

Ben riss die Tür auf und sprang seinem Vater entgegen. »Daddy!«

Evie half Archie aus dem Auto, dann stiegen Rebecca und sie selbst, gefolgt von den Hunden, ebenfalls aus.

»Hallo, Kinder«, sagte Charlie. Sein Gesicht hellte sich auf, als er sie sah. Er hockte sich hin und umarmte seine Söhne.

»Daddy!«, riefen sie beide aufgeregt, und Rebecca sah, dass Charlie Tränen in den Augen hatte.

Ben löste sich als Erster aus der Umarmung seines Vaters und schaute sich um. »Was machst du hier?«, fragte er und zeigte auf die Maschinen.

Rebecca beobachtete ihn. Die Wärme verließ seine Augen, und er blickte die Kinder streng an.

»Das ist nur was für die Erwachsenen. Geschäftliche Angelegenheiten.«

»Aber Dad, was macht diese Maschine da? Und warum sind die Männer hier?«

»Halt mal den Mund, Ben. Siehst du nicht, dass ich hier mit Onkel Mick arbeite?«

»Was ist das, Daddy?«, fragte Archie und blickte seinen Vater hoffnungsvoll an.

Charlie verdrehte ungeduldig die Augen und blickte zu Rebecca. »Warum bist du mit ihnen hierhergekommen?«

»Sie wollten dich sehen«, sagte sie kalt.

Er wandte irritiert den Blick ab. »Ich sehe sie noch im Haus, bevor wir wieder fahren«, brummte er.

»Aber Daddy …«

Charlie warf Ben einen scharfen Blick zu, dann blickte er wieder zu Rebecca. »Du musstest sie wohl unbedingt hierherbringen, was?«, fragte er. Mick stellte sich neben ihn.

»Ich wollte, dass sie die Wahrheit sehen«, erwiderte Rebecca. Sie stemmte die Hände in die Hüften und sah ihn offen an.

Charlie blickte zu Evie, die in ihrem blauen Regenmantel winzig aussah. »Wenn du hierhergekommen bist, um mir eine Szene zu machen, tu dir keinen Zwang an«, sagte er.

Rebecca schüttelte den Kopf. »Nein, Charlie. Du und Mick, ihr seid diejenigen, die die Szene machen. Wenn das hier alles vorbei ist und diese Farm verkauft und umgepflügt ist, dann werden sich deine Söhne für den Rest ihres Lebens daran erinnern.« Damit drehte sie sich um und führte ihre Söhne von den Männern weg. Sie pfiff die Hunde zu sich und fuhr mit Evie flussabwärts nach Hause.

In jener Nacht zog sich Rebecca die Decke über den Kopf und fragte sich, ob sie kämpfen sollte. Sie stellte sich vor, wie sie jedes Mal, wenn die Geologen kamen, zum Gewehrschrank rennen und Warnschüsse in die Luft abgeben würde wie die Frauen in amerikanischen Western. Dann wieder stellte sie sich vor, wie sie eine riesige Pressekampagne organisieren würde, Widerstand gegen die Minengesellschaft mit Komitees, Plakaten und Versammlungen in der Stadthalle. Briefe, Pressekonferenzen und schlaflose Nächte.

Aber am Ende schloss sie die Augen und atmete tief durch. Ihr Baby bewegte sich in ihr. Erneut empfand sie Dankbarkeit für Evies klugen Rat auf der Heimfahrt zum Haus. Wenn Evie nicht gewesen wäre, würde sie jetzt Amok laufen.

»Entscheide dich für den Pfad der Liebe«, hatte ihre Freundin gesagt, und in jenem Moment hatte Rebecca gewusst, dass sie alles loslassen musste, an das sie sich so sehr geklammert hatte. Sie hatte gewusst, dass die Männer mit ihren Maschinen nicht verschwinden würden. Es hatte ihr wehgetan, die Pracht des Frühlings und das langsame Aufblühen von Waters Meeting, seit sie die Farm anders führte, zu beobachten, aber um ihrer selbst und der Kinder willen musste sie es loslassen. Um der Liebe willen.

Sie drehte sich auf die andere Seite, legte das Kissen unter ihrem Kopf bequemer zurecht und blickte durch das Fenster in die Dunkelheit. Der Regen trommelte an die Scheibe. All diese Jahre, die sie gekämpft hatte. All die Anstrengungen, um ihrem Vater zu beweisen, dass sie gut genug war. Sich selbst zu beweisen, erst ihrem Bruder Mick gegenüber und dann ihrem Mann gegenüber. Für ihre Überzeugungen zu kämpfen. Für sich selbst zu kämpfen.

Sie dachte an Toms gequältes Gesicht in den Flammen. Auf einmal wurde ihr klar, dass sie ihre kostbare Energie und Aufmerksamkeit nur noch ihren Kindern widmen wollte. Nicht dem Kampf mit Charlie und einer skrupellosen Minengesellschaft. Sie wollte nur mit ihren Kindern zusammen sein. Sie flüsterte sich zu: »Lass los, Rebecca. Lass los, lass los, lass los. Lass alles los, lass es einfach los.« Erschöpft schlief sie ein.

42

»Rebecca!«, ertönte eine Stimme aus der Dunkelheit. »Rebecca!«, flüsterte es drängend.

Rebecca wollte nicht aufwachen, aber sie riss sich aus dem Schlaf. »Tom?«, murmelte sie.

»Rebecca!«

Als sie endlich wach wurde, merkte sie sofort, dass etwas nicht stimmte. Nicht nur der Regen prasselte aufs Dach, sie hörte auch ein unheimliches Kreischen und Knacken. Es roch eindeutig nach Rauch. Sie sprang aus dem Bett und versuchte, das Licht einzuschalten, aber der Strom war weg. Sie rüttelte Ben, der neben ihr im Bett lag. »Wach auf! Wach auf! Wir müssen aufstehen!«

»Aber ...«, wandte Ben verschlafen ein. Sie zerrte ihn hoch und rannte auf den Flur. Dort züngelten schon Flammen durch das Treppenhaus.

Entsetzen packte sie, sie rannte in Archies Zimmer. Sie stellte Ben neben Archies Bett ab. Zum Glück war der Rauch dort noch nicht so dick, aber sie und Ben hatten trotzdem schon begonnen zu husten.

»Ben, du musst ein großer Junge sein und mit mir den Flur entlanglaufen. Ich muss Archie tragen.« Sie hob Archie, der schläfrig protestierte, aus dem Bett. Der Rauch wurde unerträglich, brannte in den Augen und schmerzte in den Lungen, und das Knacken des Feuers im Treppenhaus wurde stetig lauter.

Draußen bellte Funny wie verrückt im Garten. Eine Wellblechplatte vom Dach wölbte sich und knallte laut. Panisch packte sie beide Jungen und kroch zu ihrem Zimmer am Ende des Korridors zurück. Dort öffnete sie die Glastüren zur Veranda. Sie blickte hinunter auf die Ostseite des Hauses, wo bereits Fensterscheiben in der Hitze zerplatzt waren. Flammen leckten in die feuchte Nacht hinaus. Der kalte Sturmwind weckte die Jungen vollends auf, und sie wimmerten vor Angst.

Wie sollte sie herunterkommen? Der Portikus über dem selten benutzten Haupteingang des Hauses fiel ihr ein. Dort rankte sich eine Kletterrose empor. Sie rannte die Veranda entlang, wobei sie beide Jungen mit sich schleppte. Schließlich stellte sie Ben auf die Füße und befahl ihm, stehen zu bleiben.

»Nein!«

»Aber ich kann euch nicht beide gleichzeitig tragen. Ich bringe erst Archie herunter und komme dann dich holen.«

»Nein, Mummy, nein!«, schrie Ben und weigerte sich, sie loszulassen.

»Dann kletter auf meinen Rücken. Halt dich an mir fest wie ein Opossum. Lass nicht los.«

In Gedanken flehte sie Tom um Hilfe. Dann nahm sie all ihre Kraft zusammen. Sie kletterte über das Geländer auf das Dach des Eingangsportikus. Die Jungen hingen schwer an ihr, und sie hätte fast vor Schmerzen aufgeschrien, als sie mit den nackten Füßen auf das ge-

teerte, mit winzigen Steinchen belegte Dach trat Der
Regen peitschte herunter. Auf dieser Seite des alten
Hauses sah alles noch ganz normal aus, aber am Dach-
giebel entdeckte Rebecca schon Funken, die wild in den
Himmel sprühten. Noch hielt der Regen das Feuer in
Schach, aber es breitete sich über die Holzverkleidung
des Hauses rasch aus.

»Haltet euch fest«, sagte sie zu den Jungs. Ben nahm
ihr fast die Luft, so fest hatte er seine Arme um ihren
Hals geschlungen, und auch Archie klammerte sich
krampfhaft an ihre Schulter. Sie war mittlerweile so nass,
dass der Pyjama ihr fast vom Leib rutschte und zerriss.

Langsam und vorsichtig suchte sie sich einen Weg hinunter. Dornen ritzten ihr die Haut auf, und die Jungs
schrien auf. Ihr dicker Bauch schrammte an dem trockenen, zerbrechlichen Rankgitter vorbei. Sie packte alles, was ihr unter die Hände kam, aber einen Meter über
dem Boden gab das Spalier mit einem lauten Knacken
nach, und alle drei fielen herunter und landeten hart auf
dem Kies der Einfahrt. Einen Moment lang war alles
still. Rebecca konnte sich nicht bewegen, und vor lauter Regen sah sie nichts. Die Silhouette des Schornsteins
über der Küche glühte rot gegen den Nachthimmel. Das
Haus stöhnte und ächzte, als ob es von innen aufgefres-
sen würde.

»Jungs?«, rief sie fragend und tastete nach ihnen. »Seid
ihr okay?«

Ben wimmerte, und Archie fing laut an zu heulen.

Funny hatte sie gefunden und rannte nervös um sie
herum.

425

»Mein Arm«, sagte Ben. »Mummy, mein Arm.«

»Komm her«, sagte Bec. Sie rappelte sich mühsam auf. »Hier ist es nicht sicher. Wir müssen weiter weggehen. Wir müssen Funny in Sicherheit bringen, okay? Ihr müsst ganz tapfer sein, Jungs, und euren kleinen Hund retten! Kommt.« Barfuß und durchnässt schleppte sie sich mit den Kindern über den Hof zum Maschinenschuppen.

Dort riss sie die Tür des Land Cruiser auf und schob die Jungen auf den Rücksitz. Dann hob sie auch Funny hinein. Sie schaltete die Zündung ein, damit die Heizung lief. Im schwachen Schein der Innenbeleuchtung sah sie ihr Handy auf dem Armaturenbrett liegen. Sie drückte auf eine Taste und sah, dass es 24.15 Uhr war. Empfang hatte sie in diesem Teil des Hofs nicht. Sie schaltete den Notfallscheinwerfer ein, der immer unter dem Beifahrersitz lag, und schaute sich Bens Arm an. Sie konnte nicht erkennen, ob er gebrochen war, aber sie sagte ihm, er solle ihn an den Körper gedrückt halten und ruhig durchatmen. Als sich die Jungs einigermaßen beruhigt hatten und schon begannen, aufgeregt über das Feuer zu reden, verließ sie den Maschinenschuppen.

Im Licht ihres Scheinwerfers sah sie ein paar Pferdedecken, schüttelte sie aus, damit keine Spinnen mehr darin waren, und brachte sie zum Land Cruiser, um die Jungs darin einzuwickeln. Sie beruhigte die beiden. Der Feuerschein, der die Außengebäude erhellt hatte, wurde langsam schwächer. Das Haus begann in sich zusammenzufallen. Sie schob den Wagen rückwärts zum Pferdehänger und koppelte ihn an. Dann öffnete sie die Beifahrertür.

»Ihr müsst jetzt beide ganz tapfer sein. Ich muss noch etwas erledigen. Wenn ihr Angst zeigt, dann bekommt auch Funny Angst. Also passt auf euren kleinen Hund auf, okay?« Sie küsste beide Kinder, und sie nickten stumm, wenn auch mit Tränen in den Augen. Bens Unterlippe bebte, aber er hielt den Welpen fest im Arm.

Die Herde war nicht gefährdet. Die Tiere grasten weit weg auf der anderen Seite des Flusses. Aber sie und die Jungs mussten hier weg, und sie konnte Miss Luella auf keinen Fall so nahe an der Brandstelle zurücklassen.

Rebecca lief zu den Ställen. Sie nahm eine Trense und ging zu Miss Luellas Box. Die Stute hatte den Kopf gehoben und schnaubte nervös. Als sie Rebecca sah, kam sie sofort zu ihr, ließ sich die Trense überstreifen und ging bereitwillig mit über die Rampe in den Hänger.

»Braves Mädchen«, sagte Bec und streichelte sie. Sie sicherte die Seitentür und hob die hintere Rampe.

Als sie wieder im Wagen saß, waren die Jungs bereits eingeschlafen. Die Bauchmuskulatur schmerzte schrecklich, aber sie schob alle Gedanken an die Schmerzen und das Baby beiseite. Sie nahm die Streichhölzer aus dem Handschuhfach und ging zum Maschinenschuppen. Heute Nacht hatte sie noch eine letzte Sache zu erledigen.

Sie nahm den schweren Benzinkanister und warf ihn hinten auf die Ladefläche. Dann setzte sie den Wagen zurück und fuhr den Hügel herunter zum Scherschuppen. Dort bog sie rechts ab und fuhr bis zum Gartentor des Holzhauses, in dem ihr Vater gelebt hatte. Sie öffnete die Tür, nahm den Deckel vom Kanister und goss das Benzin in den dunklen Innenraum. Auch die Wände bespritzte sie. Den Kanister warf sie ebenfalls hinein. An der Tür zündete sie ein Streichholz an, wartete kurz und warf es dann hinein. Sofort fing das gesamte Gebäude Feuer.

Als sich durch die Hitze, die brennende Farbe und das Plastik giftige schwarze Rauchwolken entwickelten, zog Rebecca sich eilig zum Land Cruiser zurück. Die Flammen wärmten ihr das Gesicht. Sie war klatschnass, aber der Regen hatte aufgehört, und Dampf stieg aus ihrem Pyjama auf, wie der Atem eines Drachens. Wie gebannt stand sie da und beobachtete die Flammen, die immer höher schlugen. Sie wollte sich gerade abwenden und gehen, als sie hinter den tanzenden Flammen Toms Gesicht sah.

»Tom«, sagte sie.

Er lächelte.

Sie drehte sich um und fuhr von Waters Meeting weg.

43

Vom Bett aus hörte Rebecca die Papageien krächzen, die durch den Garten von Rivermont flogen. Sie beobachtete, wie sie sich in Scharen auf den Eukalyptusbäumen niederließen und an den Blüten knabberten. Neben ihr lagen Archie und Ben, sie hatte beide Jungen im Arm. Ihre Haare waren noch feucht von dem Bad, das sie ein paar Stunden zuvor genommen hatten. Trotz der Unmengen von Shampoo und Duschgel, die Yazzie angeschleppt hatte, rochen ihre Haare und ihre Haut immer noch nach Rauch. Bec blickte zur Decke und fragte sich, wie es auf Waters Meeting nach den Ereignissen der vergangenen Nacht jetzt wohl aussehen mochte.

Sie hatte im Fernsehen in den Nachrichten Berichte über Menschen gesehen, die alles bei einem Buschfeuer verloren hatten, und sie hatte ihren Schmerz darüber gespürt, dass sie wieder ganz von vorne anfangen mussten. Aber sie fühlte sich heute Morgen vollständig gereinigt und nicht niedergeschlagen, wie sie eigentlich erwartet hatte. Ihre Jungs waren in Sicherheit. Nur das zählte. Mick und Charlie würden Waters Meeting so oder so an die Minengesellschaft verkaufen. Das Land war verloren. Für sie war das viel schlimmer als der Verlust des Farmhauses, das so viele Dämonen und Geister beherbergt hatte. Das Schicksal ihres Landes jedoch zerriss sie innerlich. Entschlossen schob sie die Gedanken beiseite und küsste ihre Söhne.

Wahrscheinlich war das Feuer im Küchenofen entstanden. Die Klappe hätte längst repariert werden müssen. Die Feuerwehr würde vermutlich auch herausfinden, dass das Feuer in der alten Holzhütte absichtlich gelegt worden war, aber das war ihr egal. Es musste einfach sein.

Sie dachte an Tom. Es musste tatsächlich sein. Er hatte sie in gewisser Weise von diesem Ort befreit. Von den negativen Erinnerungen an ihn, ihren Vater und ihr Leben als Frau eines Farmers.

Daran dachte sie voller Dankbarkeit, als sie sich daran machte aufzulisten, was sie bei dem Brand verloren hatte. Sie hatte ihr Leben. Sie hatte ihre Jungs. Sie hatte ihre Freiheit. Es hätte ganz anders kommen können. Sie schauderte bei dem Gedanken. Sie zog ihre Söhne fester an sich, weil ihr klar wurde, dass sie alle hätten sterben können. Gott sei Dank war es so ausgegangen.

Stattdessen waren sie auf Rivermont und in Sicherheit. Yazzie hatte sie an der Tür verwirrt und erschreckt in Empfang genommen. Der Anblick und der Geruch von Rebecca und ihren Söhnen, die den zitternden Kelpiewelpen im Arm hielten, sagte ihr schon ohne Worte alles, was sie wissen musste.

Sie hatte sie hereingeführt und nur gesagt: »Ich hole Evie.«

Rebecca hatte gespürt, wie eine Welle der Erleichterung über ihr zusammenschlug. Evie war hier.

Yazzie war ins Gästezimmer gelaufen und hatte die alte Frau geweckt. In ihrer ruhigen, unaufgeregten Art hatte sie sofort Ordnung in die Situation gebracht und Yazzie nach draußen geschickt, damit sie Miss Luella aus dem Hänger holte und in den Stall brachte.

Evie hatte den Jungs ein Bad eingelassen, hatte sich jedoch vorher ihre Verletzungen angesehen. Ben hatte zahlreiche blaue Flecke auf dem rechten Unterarm, aber er war offensichtlich nicht gebrochen. Während die Kinder in der Badewanne saßen, legte sie Salben, Pflaster und Verbandsmaterial zurecht und versorgte die Kratzer und Wunden, die sie davongetragen hatten.

Plötzlich stand Yazzie in der Badezimmertür und hielt in jeder Hand eine süße Gummiente.

»Ich habe sie aus dem Schrank geholt«, sagte sie und hockte sich neben die Wanne. »Extra für euch. Meine Kinder, Abby und Nicholas, haben so gerne damit gespielt. Ihr könnt sie haben.«

»Danke, Yazzie«, sagte Ben leise. Er nahm die Entchen entgegen und reichte eins seinem Bruder.

»Gerne.« Als sie das Badezimmer wieder verließ, drückte sie Rebeccas Arm. »Ich bin so froh, dass euch nichts passiert ist«, sagte sie.

Rebecca schluckte die Tränen herunter. Sie bückte sich, um die nach Rauch stinkenden Kleider vom Boden aufzuheben.

Evie trat zu ihr. »Und nun zu dir.«

»Mir geht es gut.«

»Du und dein Baby, ihr braucht Heilung«, sagte Evie und nahm ihr die Kleider ab. »Ich lasse dir in Yazzies

Zimmer ein Bad ein.« Sie nahm einen Gästemorgenmantel vom Haken und reichte ihn ihr. »Zieh ihn dir über und pass auf die Jungen auf. Ich rufe Dennis an. Er ist doch der Leiter der hiesigen Feuerwehr, oder? Er regelt alles für dich.«

Rebecca nickte, dankbar für Evies Unterstützung. Sie spürte, wie ihre Muskeln vor Nervosität zuckten, und ihre Hände hatten begonnen zu zittern. Als sie schließlich in der Badewanne lag, waren erneut die Tränen gekommen. Aber Evie war schon da, um sie mit einem Tee und einem selbstgebrauten Tonikum zu beruhigen.

Bec setzte sich in dem Schaumbad auf und nahm die Tasse von Evie entgegen. »Oh, Evie, ich kann kaum glauben, dass Charlie und Mick …«

»Schscht«, unterbrach Evie sie. »Nimm dein Bad. Schlaf eine Nacht darüber, und denk vor morgen früh nicht mehr daran. Dann sieht schon alles nicht mehr so trübe aus.«

Evie hatte recht gehabt. Die Kinder bei sich zu haben und ihren leisen Atem auf der Haut zu spüren war genug für den Moment.

Aber das Gefühl von Frieden war nur von kurzer Dauer. Eine scharfe Kontraktion fuhr durch ihren Bauch. Sie zuckte zusammen. Ben und Archie regten sich im Schlaf, aber sie wachten nicht auf, als sie ihre Arme wegzog.

Rebecca richtete sich auf und hielt sich den Bauch. Sie stand auf und schlich in gekrümmter Haltung ins Badezimmer. Panik überfiel sie, als eine neue Schmerzwelle sie überrollte. Sie umklammerte den Rand des Waschbeckens und starrte mit aufgerissenen Augen in den

Spiegel. Angst, ihr Baby zu verlieren, stieg in ihr auf. Rasch wandte sie sich vom Spiegel ab und wankte in den Flur, wobei sie sich mit beiden Händen den Bauch hielt. »Evie?«, stöhnte sie. »Evie!«

Evie zeigte keine Panik, als sie an ihre Zimmertür kam. »Leg dich auf mein Bett«, sagte sie. Sie zog ihren hellgrünen seidenen Morgenmantel über und zog den langen grauen Zopf heraus. »Atme gleichmäßig.«

Evie stellte sich vor sie. Ihre Hände verharrten über Rebeccas Körper in der Luft. Evie schloss die Augen, und dann spürte Rebecca die Hitze und Energie, die von den Händen der alten Frau ausströmten. Auch Yazzie war wach geworden. Sie stand an der Tür und blickte besorgt von Evie zu Rebecca.

»Hol bitte das Auto, Liebes«, sagte Evie zu Yazzie, ohne die Augen zu öffnen. »Wir bringen Rebecca ins Krankenhaus. Die Ärzte sollten ein paar Tests machen.«

44

Im Krankenhaus in Bendoorin musterte Dr. Patkin Rebecca besorgt über den Rand seiner Brillengläser. Sie lag in einem Krankenhausnachthemd auf den kühlen Laken des Bettes. Sie zitterte unkontrolliert, und ihre Zähne klapperten. Ihr war eiskalt. Schreckliche Angst, das Baby könne zu früh und tot zur Welt kommen, erfüllte sie. Evie hielt ihre Hand und befahl ihr, ruhig zu atmen und zu vertrauen. An Dr. Patkins besorgtem Blick konnte sie erkennen, wie ernst die Situation war.

»Will denn keiner einen Witz machen?«, fragte Bec mit erstickter Stimme. Sie konnte doch ihr Baby nicht verlieren! Außer ihren Kindern hatte sie doch schon alles verloren!

Dr. Patkin begann mit der Ultraschalluntersuchung und sagte: »Was haben Sie sich nur dabei gedacht, sich in diese Lage zu begeben? Häuser abbrennen! Also wirklich!« Er warf ihr einen gespielt missbilligenden Blick zu und tätschelte ihr die Hand. Aber seine beruhigende Art konnte ihr die Angst nicht nehmen.

»Dann wollen wir mal sehen«, sagte Dr. Patkin und schaute auf den Monitor. Auch die Krankenschwestern, die Rebecca sofort aufs Zimmer gebracht hatten, blickten gespannt auf den Bildschirm. Rebecca sah die Besorgnis in ihren Blicken. Als Dr. Patkin eine großzügige Dosis Gel auf ihrem Bauch verteilt hatte, merkte sie, dass die Krämpfe aufgehört hatten. Die Stille in ihrem Bauch erfüllte sie mit noch größerer Angst als die Schmerzen.

Dr. Patkin fuhr mit dem Ultraschallkopf über ihren Bauch, und einen Moment lang konnte sie auf dem Bildschirm nur schwarzweiße Wirbel erkennen, einem Wettersatellitenbild nicht unähnlich.

»Hier«, sagte er schließlich. Er tippte mit dem Zeigefinger auf den Monitor. »Da ist sie. Alles in bester Ordnung. So munter wie Larry oder in diesem Fall Lara.« Er drehte den Monitor so, dass sie besser sehen konnte, und tippte erneut auf das Bild. Alle im Raum atmeten erleichtert auf. Tränen traten ihr in die Augen, als sie auf das Bild blickte. Freude stieg in ihr auf, als sie den Herzschlag ihres Kindes sah, das lebendig und wohlauf war, und sie empfand ungeheure Erleichterung. Evie ließ ihre Hand los, und die Schwestern verließen nach und nach das Untersuchungszimmer.

»Sie?«

»Wollten Sie das Geschlecht überhaupt wissen? Es ist mir so entschlüpft, Entschuldigung«, sagte Dr. Patkin.

»Sie?«

»Ja, sie. Und es sieht gut aus. Es wird alles gut gehen. Wahrscheinlich haben Sie sich lediglich ein paar Muskeln gezerrt. Die Krämpfe rühren noch von der dramatischen Nacht und dem Schlafmangel her. In etwa einer Stunde untersuche ich Sie noch einmal, wenn dann immer noch alles in Ordnung ist, können Sie wieder nach

Hause gehen. Ihr Blutdruck ist normal. Eigentlich sind Sie quietschfidel und ihr Baby auch.«

Bec lachte. Evie ergriff erneut ihre Hand und drückte sie.

»Kannst du bitte Yazzie anrufen?«, bat Rebecca Evie. »Sag ihr und den Jungs, dass alles in Ordnung ist.«

Eine Stunde später stand auf einmal Gabs in ihrem Krankenzimmer und grinste sie fröhlich an. Sie trug ein orangefarbenes Maxikleid mit Paisleymuster und ein Beanie auf dem Kopf.

»Wie siehst du denn aus?«, staunte Rebecca und zog die Ohrstöpsel ihres iPods aus den Ohren.

Gabs hielt stolz eine braune Papiertüte hoch, auf der der Name von Evies Geschäft stand. »Ich habe den Laden praktisch leer geräumt«, sagte sie und wirbelte stolz herum, um ihr Kleid zu präsentieren. Sie kramte in der Tüte und zog etwas heraus, das aussah wie ein großer violett-golden gestreifter Vorhang mit orangefarbener Schärpe.

»Was ist das?«, wollte Rebecca wissen.

»Das Kleid, in dem du das Krankenhaus verlässt.«

Rebecca schlug sich die Hand vor den Mund und schloss die Augen.

»Du wirst doch jetzt nicht anfangen zu weinen, oder?«, stöhnte Gabs. »So schlimm ist es nun auch wieder nicht. Du kannst dich glücklich schätzen. Ich habe darüber nachgedacht, ob ich mein Haus nicht auch abbrennen soll. Ich kann die Hausarbeit einfach nicht mehr ertragen. Vor allem die Wäsche! Das war echt geschickt von dir, Bec, alles abzufackeln. Du kriegst auch noch eine komplett neue Garderobe. Guck mal!« Sie hielt das

Kleidungsstück hoch und wackelte damit hin und her. »Sexy!«

Rebecca blickte ihre Freundin kopfschüttelnd an, musste aber unwillkürlich kichern.

»Candys Kaufhaus hat noch nicht auf, aber ich habe schon seit einer ganzen Weile mein Augenmerk auf große beige Unterhosen geworfen. Damit könntest du dir vermutlich eine Zeitlang behelfen, bis du mehr Kleider hast.«

»Oh, Gabs«, seufzte Rebecca.

»Oh, Gabs? Oh, was für ein Mist wäre eher ange-bracht«, antwortete Gabs. Sie seufzte und zog ihre dunklen Augenbrauen hoch. »Schwer zu glauben, dass alles weg ist. Haus und Farm!«

Bec stimmte ihr zu. Niedergeschlagen schauten die beiden Freundinnen sich an.

»Aber das Wichtigste ist, dass du, deine Jungen und das Ungeborene in Ordnung seid. Alles andere spielt keine Rolle.«

Bec blinzelte unter Tränen. »Ja, ich weiß«, sagte sie leise.

»Aber natürlich ist es auch wichtig, gut auszusehen, also komm, probier es an.« Gabs wedelte mit dem Kleid vor ihr herum, stolperte dabei über ihr eigenes Maxikleid und fiel der Länge nach mitsamt dem prächtigen Kaftan über Rebecca. Rebecca brach in herzhaftes Lachen aus.

Später, als Rebecca in dem violett-goldenen Kaftan auf dem Beifahrersitz vor dem Laden auf Evie wartete, blickte sie an sich herunter. »Unfassbar«, kicherte sie. Es

437

war schön, dass sie nach alldem, was passiert war, noch lachen konnte.

Evie kam aus dem Laden, Jesus hatte sie unter den Arm geklemmt, und ging nach nebenan in Larissas Café. Rebecca griff nach ihrem Handy, das auf dem Armaturenbrett lag. Sie hatte auf einmal das Gefühl, Sol anrufen zu müssen. Seit sie so unfreundlich auf Miss Luella reagiert hatte, hatte sie nichts mehr von ihm gehört. Yazzie hatte ihn bestimmt angerufen, um ihm von dem Brand zu erzählen, und er hätte eigentlich genug Zeit gehabt, sie inzwischen zurückzurufen, ganz gleich, auf welcher Seite der Welt er sich gerade befand. Vielleicht wollte er ihr genügend Raum lassen, vielleicht hatte er aber auch, wie Rebecca hoffte, ganz aufgegeben. Das wäre am einfachsten.

Sie scrollte durch ihre Kontakte und stieß dabei auf Charlies Nummer. Unwillkürlich musste sie daran denken, dass bei dem Feuer die Kinder hätten umkommen können und sie beinahe ihr Baby verloren hätte. Es waren auch seine Kinder. Er musste wissen, was passiert war. Spontan wählte sie seine Nummer.

Charlie stand in Boxershorts auf dem ziemlich schäbigen braunen Teppich vor Chatelle Frosts leerem, zerwühltem Bett. Er runzelte die Stirn, als sein Handy klingelte und er sah, dass Rebecca ihn anrief. Er war den ganzen Nachmittag bis tief in die Nacht hinein gefahren, um ein paar Stunden in Chatelles Bett verbringen zu können, ohne dass seine Eltern es mitbekamen. Sie hatten es noch nie gut gefunden, wenn er mit Mädchen aus dem

Ort ging. Seine Mum hatte bereits angerufen, um zu fragen, wann er denn nach Hause käme. Und jetzt war auch noch Rebecca am Telefon, wahrscheinlich um ihm zu dem Verkauf von Waters Meeting an die Minengesellschaft die Meinung zu sagen. »Was willst du?«, bellte er ins Telefon.

Rebecca zuckte beim Klang seiner Stimme zusammen. »Charlie?«

»Was ist?«

»Es hat gebrannt«, begann sie langsam.

»So früh im Jahr?«, fragte er ungeduldig. »Das ist ziemlich unwahrscheinlich.«

»Das Farmhaus. Es ist abgebrannt.«

»Abgebrannt? Was soll das heißen?«

»Abgebrannt.«

Charlie fuhr sich mit der Hand durch das schüttere Haar. Wut stieg in ihm auf. »Du hast es angezündet, was? Wie konntest du nur? Du blöde …«

»Nein, Charlie, ich habe es nicht angezündet«, erwiderte sie. »Es war schrecklich. Die Jungs hätten ums Leben kommen können. Und … und jetzt«, stammelte sie. »Ich bin gerade aus dem Krankenhaus gekommen. Ich dachte, wir hätten unser Baby verloren. Unser Mädchen.«

Mädchen, dachte Charlie. Stumm schaute er aus dem Fenster. Chatelle hängte gerade Wäsche auf, sie stand barfuß im Garten, während zwei ihrer Kinder lärmend um sie herumjagten. Das dritte saß in der Windel zu ihren Füßen auf dem Rasen und saugte an einem Gartenschlauch. Charlie betrachtete die sanfte Wölbung von

Chatelles Oberschenkel, als sie sich in ihrem kurzen rot-schwarzen Negligé reckte, um eine Wäscheklammer an der Leine zu befestigen. Er drehte sich um.

»*Unser* Baby, Rebecca? *Unsere* Jungs? Soweit ich weiß, sind das nicht meine Kinder. Jetzt hast du auch noch das Haus angezündet. Ich rufe meinen Anwalt und die Polizei an. Und ich werde auf volle Erstattung der Versicherungssumme für das Haus klagen.«

Rebecca spürte seine Kälte. Interessierte es ihn nicht einmal, dass seinen Kindern nichts passiert war? Ging es ihm nur noch um Geld? Sie saß in Evies kleinem Auto, starrte auf die Straße und fragte sich, wohin der Junge verschwunden war, in den sie sich einmal verliebt hat-te. Wie war das nur passiert? Sie schloss die Augen. Sie hatte sich dieses Leben selber geschaffen, eigentlich kein Wunder, so wie sie aufgewachsen war. Sie dachte an ihre gleichgültige, karrierebesessene Mutter und ihren ver-bitterten, wütenden Vater. An die Enttäuschung ihrer Mutter über sie und die Kälte ihres Vaters ihr gegenüber. Plötzlich wusste sie, warum ihr Leben so geworden war. Sie hatte sich nie wirklich geliebt oder beschützt gefühlt, in ihrem ganzen Leben nicht.

Sie stieß die Luft aus. »Du kannst mit dem Geld tun und lassen, was du willst«, sagte sie sanft. »Und auch mit Waters Meeting, das wird den Rest deines Lebens dein Gewissen belasten. Komm nur den Kindern nicht mehr zu nahe.«

»Den Wunsch kann ich dir erfüllen«, antwortete er kalt. »Ich will dich nicht sehen und sie auch nicht. Jeden-falls für lange Zeit nicht.« Damit legte er auf.

Rebecca saß eine Weile da und zwang sich, ruhig zu atmen. Einatmen durch die Nase, ausatmen durch den Mund. Sie schloss die Augen und ließ Ruhe in ihren Körper strömen. Charlie war für sie verloren. Und vorläufig auch für die Jungs. Aber irgendwann würde er sicher wieder auf seine Söhne zukommen und möglicherweise auch auf sein drittes Kind, wenn er erst einmal sah, dass sie tatsächlich von ihm war.

Genetisch bedingte Ähnlichkeiten ließen sich nicht verleugnen.

Irgendwann in der Zukunft wären sie sicher alle wieder so munter wie Lara, wie Dr. Patkin sie genannt hatte. Rebecca legte die Hand auf ihren Bauch. Lara war ein hübscher Name, aber nicht für ihr Baby. Der Name wäre auf ewig mit der Erinnerung an die Angst verbunden, die sie in der Nacht des Brandes empfunden hatte.

Überrascht blickte Rebecca auf, als sie Ursula Morgan mit einem großen Karton unter dem Arm über die Straße auf sich zukommen sah. Sie trat an Evies Auto, und Rebecca kurbelte die Scheibe herunter.

»Ich stelle den Karton auf den Rücksitz, ja?«, fragte Ursula. »Wir haben von dem Feuer und dem Krankenhaus und so gehört. Deshalb haben wir Mütter von der Schule heute früh schnell ein bisschen was gesammelt … Kleidung, Spielzeug und Sachen für die Jungs.«

Bec schaute sie überrascht an. Es war immer wieder erstaunlich, wie schnell sich Neuigkeiten hier im Ort verbreiteten. Ursulas freundliche Geste rührte sie.

»Wirklich? Danke! Vielen, vielen Dank!« Bec schluckte die Tränen herunter.

»Mit dem Baby alles klar?«, fragte Ursula, als sie die Kiste auf den Rücksitz stellte.

»Ja, alles klar, danke.«

»Gut«, sagte sie und schlug die Tür wieder zu. »Sag Bescheid, was du sonst noch brauchst. Ein neues Kleid zum Beispiel. Das Ding, was du da trägst, ist ja furchtbar. Aber keine Sorge, wir sammeln noch etwas für dich.«

»Danke. Sag allen vielen Dank«, stammelte Bec.

»Bis dann!« Ursula eilte in Candys Kaufhaus.

Bec presste Daumen und Zeigefinger auf ihre geschlossenen Augen, sie war von der plötzlichen Freundlichkeit von Ursula und den anderen Müttern überwältigt. Bendoorin war ein guter Ort. Seufzend versuchte sie, sich wieder zu fassen.

Nach einer Weile kam Evie mit zwei Kaffeebechern und einer Einkaufstüte zum Auto, Jesus trottete hinter ihr her.

»Es ist alles geregelt«, sagte sie. »Larissa übernimmt meinen Laden, während ich in Rivermont aushelfe. Wir haben die Verbindungstür geöffnet, wie damals, als Archie in der Stadt im Krankenhaus lag. Es ist einfach ideal. Die Kunden können sich im gesamten Laden umschauen, und Larissa bedient einfach zwei unterschiedliche Kassen. Gar kein Problem. Ich gehöre ganz dir.« Sie stellte die Einkaufstüten auf den Rücksitz und stellte fest: »Ich sehe, dass Ursula dich gefunden hat. Das ist gut. Ich habe für die Jungs und mich eine Quiche zum Abendessen gekauft. Du bist bestimmt viel zu müde, um für sie zu kochen, und Yazzie wird alle Hände voll mit dem Treiben heute Abend zu tun haben.« Sie schloss die Tür, und Jesus kuschelte sich auf Becs Schoß.

»Was für ein Treiben denn?«

Evie zog sich den Sicherheitsgurt über die Schulter. »Hast du es vergessen?«, fragte sie. »Deshalb war ich doch gestern Abend in Rivermont. Sol kommt extra deswegen zurück.«

»Weswegen denn?« Rebecca streichelte das glatte Fell des Hundes.

»Die Zuchtschau. Sonst hat sie immer in Scone stattgefunden, die jährliche Schau der Fohlen und Hengste. Schicke Leute in teuren Klamotten reisen an, schauen sich die Pferde an und unterschreiben dicke Schecks für Jährlinge. Es ist ein ganz schöner Aufwand. Yazzie hasst es, tut es aber für ihren Dad.«

»Ah!«, sagte Rebecca. Ihr fiel ein, wie Yazzie über die übertriebenen Einladungen der französischen Frau ihres Vaters geflucht hatte. Die Frau hatte lächerlich viele Prominente eingeladen und nicht an die wirklich interessierten Kunden gedacht.

»Das sind Leute, die nicht einmal im Entferntesten an Rennen interessiert sind«, hatte Yazzie empört gesagt. »Sie zeigen sich nur einmal im Jahr auf dem Rennplatz, weil sie dann in ihren schicksten Kleidern fotografiert werden.« Rebecca wusste jetzt wieder, worum es ging. Die Angestellten auf Rivermont bereiteten sich schon seit Monaten darauf vor.

»Das ist *heute*?«, fragte Rebecca Evie. Sie war in der letzten Zeit so mit Waters Meeting beschäftigt gewesen, dass sie kaum an Rivermont gedacht hatte.

»Ja. Sol kommt auch«, sagte Evie.

»Das hast du schon zweimal erwähnt.«

»Tatsächlich?« Evies Augen funkelten. »Ich werde wahrscheinlich senil.« Sie blickte Rebecca aus ihren grünen Augen an. Rebecca musste ein Lächeln unterdrücken. Die alte Dame wusste, was zwischen ihr und Sol vorgefallen war. Wahrscheinlich hatte Sol sich ihr anvertraut. Sie wusste alles. Eine Welle von Zuneigung zu Sol überflutete sie, aber sie verdrängte das Gefühl sofort wieder. Sie konnte sich seiner Liebe nicht sicher sein.

»Vielleicht sollte ich besser nach Waters Meeting zurückgehen. Ich muss die Hühner herauslassen und nach der Herde schauen.«

Evie fuhr los. Sie schüttelte den Kopf, als sie auf die breite, leere Hauptstraße von Bendoorin einbog. »Im Leben nicht! Ich lasse dich auf keinen Fall dorthin zurück. Dennis und die örtliche Feuerwehr kümmern sich um alles. Jetzt zahlt sich aus, dass sie sich so oft mit deinem Exmann betrunken haben. Sie regeln alles für dich. Gabs hat gesagt, sie holt die Hühner zu sich, und Frank sieht nach dem Vieh. Ich bleibe die nächsten Tage sowieso auf Rivermont, dann kannst du es mal genießen, einen kostenlosen Babysitter zu haben. Nimm dir Zeit für dich.«

»Aber das Feuer. Die Minengesellschaft ...«

»Es ist alles vorbei, Rebecca«, sagte Evie und warf ihr einen Blick zu. »Du kannst gar nichts mehr tun. Außerdem hat Dr. Patkin zwar gesagt, dass es dir und dem Baby gut geht, aber wenn du nach Waters Meeting zurückkehrst, kommst du hier oben nicht zur Ruhe.« Sie tippte sich an die Stirn. »Du musst dich gedanklich von der Farm und den Vorgaben der Männer lösen. Es tut dir nicht gut. Bleib in Rivermont. Dort sind die Menschen und die Energien freundlich. Dann hörst du auf, dir Sorgen zu machen.«

»Wer sagt denn, dass ich mir Sorgen mache?«, erwiderte Bec stirnrunzelnd. Sie senkte den Kopf. »Ich mache mir viel zu viele Sorgen, oder?«, gab sie schließlich zu. »Als ob ich nichts aus allem gelernt hätte!«

Evie lachte. »Unsinn. Du hast dich erstaunlich weiterentwickelt. Glaub an dich selbst. Und jetzt schlage ich vor, du rufst deinen Bruder an, solange wir Empfang haben. Erzähl ihm von dem Brand. Er soll sich um alles kümmern. Wenn er das Geld will, muss er sich auch darum kümmern.«

Rebecca blickte auf ihr Handy, das auf dem Armaturenbrett lag. Der Gedanke daran, Mick anzurufen, lag ihr wie ein Stein im Magen, aber Evie hatte recht. »Okay, ich rufe ihn an.«

Evie hielt am Straßenrand, und Rebecca griff zögernd zu ihrem Handy. »Ich kann nicht«, sagte sie. »Ich kann ihn nicht anrufen.«

Evie schnalzte mit der Zunge. »Komm«, sagte sie, »gib mir dein Handy. Ich rufe den fetten Bastard an.«

Bec musste unwillkürlich kichern. Sie saß da und hörte zu, wie Evie in geschäftsmäßigem Tonfall mit ihrem Bruder redete. Charlie hatte ihm bereits von dem Feuer berichtet, und er wollte wissen, was denn nun passiert war. Ob es den Kindern gut ging, interessierte ihn offenbar genauso wenig wie Charlie.

445

Rebecca wusste, dass Mick ein paar Leute anrufen, Bargeld und Bier anbieten und die Aufräumarbeiten an ein paar Männer aus dem Ort übertragen würde. Typen, mit denen er als junger Mann getrunken hatte. Männer wie Mick bekamen immer ihren Willen. Bec verspürte leise Sehnsucht nach den Schafen und Rindern, an die sie sich so gewöhnt hatte. Sie übergab auch diese Tiere an Mick. Der Gedanke schmerzte sie.

»So ein Blödmann«, sagte Evie, als sie aufgelegt hatte. Dann fuhr sie weiter.

Rebecca schaute durchs Fenster auf die Landschaft. Seit dem Regen wirkte sie weicher. Als sie in die Berge kamen, wandte sie sich an Evie. »Du wusstest schon auf Rivermont, dass mit dem Baby alles in Ordnung war, oder?«

»Ja«, erwiderte Evie.

»Warum hast du mich dann ins Krankenhaus gebracht?«

»Weil du deine Ängste besiegen musstest. Du glaubst noch nicht so richtig an energetische Heilung oder Selbstheilung. Die konventionelle Medizin ist eine Beruhigung für den Geist, aber du wirst es schon noch lernen. Bei manchen dauert der Prozess lange.«

»Vor allem bei solchen Dumpfbacken wie mir«, sagte Bec und trank einen Schluck von der heißen Schokolade, die Evie von Larissa mitgebracht hatte.

»Ja, vor allem bei solchen Dumpfbacken wie dir«, bestätigte Evie lächelnd. »Wenn du deine Gedanken unter Kontrolle hast, hast du auch dein Leben unter Kontrolle. Und du musst es *zulassen*. Du musst die Liebe zulassen. Gute Dinge zulassen. Du hast es verdient.« In diesem Moment furzte Jesus, und mit einem Mal herrschte ein solcher Gestank im Auto, dass sie beide hektisch die Scheiben herunterkurbelten.

»Im Moment liegt mir mehr daran, Hundefürze aus meinem Leben zu lassen, als die Liebe hineinzulassen!«, sagte Rebecca. »*Jesus Christus!*«

45

Rebecca war von der Aufregung der letzten Tage noch ein wenig schwindlig, als sie später am Tag zu dem Pferdetruck ging, der auf den Parkplatz von Rivermont rumpelte. In der Sattelkammer polierte Joey das Zaumzeug und die Halfter, die an den Messinghaken neben den Boxen hingen. Die Metallgebisse klapperten, als er sie in dampfend heißem Wasser abwusch. Er schien sich auf die Parade am Nachmittag zu freuen. Als er Rebecca erblickte, brach er in lautes Lachen aus. Sie trug immer noch den Kaftan und ein geliehenes Paar Reitstiefel.

»Oh! Vielen Dank für dein Mitgefühl!«, sagte Bec. »Ich habe ein entsetzliches Erlebnis hinter mir.«

»So wie du aussiehst, steckst du noch mittendrin.«

»Joey! Ein bisschen Mitgefühl wäre wirklich nett.«

»Nein, nein. Es steht dir! Du siehst echt ... echt wie Swinging Seventies aus.«

Joey stand die Freude über die bevorstehende Veranstaltung deutlich ins Gesicht geschrieben. Anscheinend hatte er auch auf Scone schon immer daran teilgenommen. In Rivermont fand die Parade zum ersten Mal statt, deshalb war alles noch aufregender. Joey wandte sich zum Pferdetransporter.

»Scuba!«, rief er. »Schau dir die weibliche Version von Kamal an!«

Die Tür ging auf, und ein schlanker Mann sprang heraus. Auf dem Beifahrersitz wedelte ein magerer kleiner weißer Hund mit dem Schwanz. Die Hunde von Rivermont, Funny und Jesus begrüßten ihn überschwänglich.

»Hallo«, grüßte der Mann Rebecca. »Hübsches Kleid. Gehört auch ein fliegender Teppich dazu?«

»Warum hast du so lange gebraucht?«, fragte Joey. »Du hast doch nicht etwa deinen Schwanz als Kompass benutzt?«

»Ich heiße doch nicht Joey«, erwiderte Scuba trocken.

Yazzie tauchte aus den Ställen auf. »Was für ein glückliches Geschick hat dich denn heute hierhergeführt? Schön, dass du die Pferde bringst«, rief sie, als sie sah, wer die Rivermont-Rennpferde von ihrem Stall in der Stadt zur Farm gebracht hatte. »Wie geht es dir, mein Schöner?«

Scuba strahlte sie an und breitete die Arme aus. »Hervorragend! Um nichts in der Welt wollte ich einen Tag wie heute mit meinen Pferdemädels verpassen!« Er zog Yazzie in eine Umarmung. Dann öffnete er die hintere Ladeklappe, und sie luden Pferde und Ausrüstung aus.

»Für dich nur die leichten Sachen«, sagte Joey und nahm Rebecca eine Tasche ab. »Du kannst im Pausenraum die Blumen für das Podium arrangieren, wo Sol sprechen wird.«

»Blumen arrangieren? Ich?«

»Na los. Lern endlich deine mädchenhafte Seite kennen.«

Evie hatte recht, dachte Rebecca. Es hatte keinen Sinn, über das Schicksal von Waters Meeting oder das Feuer zu grübeln. Sie musste das Leben so nehmen, wie es kam.

Sie hatte eigentlich befürchtet, den Tag im Schockzustand zu erleben, erschöpft und niedergeschmettert, stattdessen fühlte sie sich vital und lebendig. Es musste an Evies magischem Kaftan liegen, dachte sie lächelnd. Die tragische Situation auf Waters Meeting kam ihr meilenweit entfernt vor, während sie beobachtete, wie Joey und die anderen Mitarbeiter Pferde abspritzten und putzten. Sie war schon im Stall bei Miss Luella vorbeigegangen. Die Stute hatte bei ihrem Anblick freudig gewiehert, den Kopf an ihre Brust gedrückt und sich so vorbildlich gebärdet, als ob sie ein Pferd aus einem Ponyhof-Roman für Kinder wäre. Erneut stiegen Rebecca Tränen wegen des Schocks, aber auch aus Dankbarkeit in die Augen, als sie sich an ihre schöne Stute schmiegte und tief ihren wunderbaren Duft einatmete. Dann war sie in den Pausenraum gegangen, wo so viele Blumen lagen, dass der Raum aussah wie die Garderobe einer Operndiva.

»Wir brauchen sechs große Vasen. Zwei für das Podium, zwei fürs Büffet und zwei für den Eingang zum Paradeplatz«, hatte Yazzie gesagt, die in ihren abgeschnittenen Jeans, dem weißen Spitzentop und ihren Cowboystiefeln aussah wie ein schickes Cowgirl.

»Okay«, sagte Rebecca und fügte sich in diese seltsame Welt. Sie sind reiche Leute, die ihr Ding durchziehen, dachte sie, aber sie sind gute Leute, auch wenn sie ein bisschen unter ihren Eltern leiden. Kaum anders als bei ihr selbst.

Mit einer Vase roter und weißer Rosen in beiden Händen ging Rebecca durch das glänzende weiße Holztor zum vorderen Rasen, wo ein Zelt aufgebaut wurde. Die jüngeren Pferde wurden bereits von Steph, Daisy und den anderen Mädchen im Kreis geführt, damit sie sich an den Platz gewöhnten. Einige Jährlinge wieherten, andere schnaubten mit gesenkten Köpfen. Sie trugen Halfter aus Leder mit golden glänzenden Messingschnallen. Eine Stute trug Sols Brandzeichen, das sich weiß gegen ihr kastanienbraunes Fell abhob.

Sol wird bald hier sein, dachte sie, und ein Schauer der Nervosität und Vorfreude überlief sie. Sie blickte auf den Kaftan, der sich um ihren Sechsmonatsbauch spannte, und überlegte, was sie sonst noch anziehen könnte. Aber dann lachte sie sich selbst aus. Wie hoffe ich denn, dass Sol auf mich reagiert, dachte sie. Ich brauche mich doch nur anzusehen.

Sie ging nach vorne zum Haus, vorbei an Narzissen und Buchshecken mit bunten Vogelhäuschen.

Die Stantons hatten sich für das Ereignis mächtig ins Zeug gelegt. Die Eichen vor dem Herrenhaus breiteten ihre Kronen schützend über dem Dach aus, und in der Dämmerung würden überall Scheinwerfer aufleuchten. Der Garten sah aus wie aus einem Bilderbuch. Die Rosen blühten üppig, und die Flanken der Pferde schimmerten im Sonnenlicht. In einem Käfig neben dem Zelt gurrten Tauben.

Bill Hill stellte Plastikstühle für die Gäste auf, die bald eintreffen würden. »Hübsches Kleid! Wo hast du dein Kamel geparkt?«, rief er.

Bec lächelte, und er nickte ihr mitfühlend zu. Auch er gehörte zu den Menschen, die sie durch den Tag trugen. Es stimmte tatsächlich, dachte sie. Hier auf Rivermont waren alle fröhlicher und positiver, ganz anders als auf Waters Meeting. Als sie an den Brand dachte, überfiel sie wieder bleierne Müdigkeit.

Yazzie, die gerade telefonierte, winkte Rebecca zu sich. Sie legte die Hand über ihr Handy und sagte: »Wenn du mit den Blumen fertig bist, könntest du dann bitte die Satteldecken vor die entsprechenden Boxen unserer Champions legen?« Bec nickte und wollte gerade gehen, als ihre Freundin ihr die Hand auf den Arm legte. »Alles okay?«

Bec lächelte und nickte. Aber Yazzie schüttelte den Kopf. »Nein, das stimmt nicht. Geh und leg dich hin. Geh zu deinen Jungs, und dann ruhst du dich ein bisschen aus. Und zieh dieses … dieses … *Ding* aus! Ehrlich! Evie und ihr Kleidergeschmack!« Sie wies auf ihr Handy. »Keine Sorge. Ich bin in der Warteschleife. Verdammte Fluglinien.« Sie verdrehte die Augen.

»Okay.« Erneut wandte Rebecca sich zum Gehen, aber Yazzie stellte sich vor sie.

»Tut mir leid, dass hier so viel los ist«, sagte sie. »Ich kann es nicht ausstehen, aber Dad besteht jedes Jahr darauf. Und weißt du was, ich hasse es zwar, aber ich organisiere es trotzdem jedes Jahr aufs Neue für ihn. Wofür, frage ich mich.« Wieder verdrehte sie die Augen.

»Es ist wirklich glamourös«, gab Bec zu. »Vielleicht ein bisschen … wie soll ich es ausdrücken, ohne unhöflich zu sein? Ein bisschen zu viel des Guten vielleicht.«

»Ich weiß.« Yazzie zog die Nase kraus. »Und um dem Ganzen die Krone aufzusetzen, habe ich gerade erfahren, dass Dad es dieses Mal gar nicht schafft hierherzukommen. Er und Sol schlagen sich wegen irgendeines geheimen Deals mit einem großen Unternehmen herum. Es hat irgendwas mit Umweltschutz zu tun, deshalb giot Sol nicht auf. Und Dad steuert auf die nächste Scheidung zu, weil Nummer drei vor Wut schäumt, dass sie nicht mit all ihren tollen prominenten Gästen zusammen sein kann!«

Becs Herz sank. Yazzie spürte das offensichtlich.

»Männer«, sagte sie. »Die Pflicht geht ihnen über alles. Als ob sie immer die großen Macher sein müssten. Und was wollen wir Frauen? Wir wollen nur, dass sie bei uns sind und uns sagen, dass sie uns lieben. Mein Dad hat das nicht ein einziges Mal zu mir gesagt. Kein Wunder, dass ich kein glückliches Händchen bei der Partnerwahl habe!« Sie stieß die Luft aus. »Komm, ich bringe dich zum Haus. Du brauchst Schlaf, mein Mädchen!« Gemeinsam gingen sie den Kiesweg entlang. »Hat dein Dad jemals zu dir gesagt, dass er dich liebt?«

Bec zuckte mit den Schultern. »Ich erinnere mich nicht«, log sie.

»Oh, wenn er es gesagt hätte, wüsstest du es. Mein ganzes Leben lang habe ich mir ein Bein ausgerissen, um meinem Dad zu gefallen … ich schwöre dir, dieses Jahr ist es das letzte Mal. Ich schwöre es! Ich bin fertig damit.«

Bec bemerkte, dass Yazzie Tränen in den Augen hatte. Der Stress forderte auch von ihr seinen Tribut. »Warum sind wir Frauen bloß so versessen darauf, den Männern zu gefallen?«, sinnierte sie. »Und dazu noch Männern, die nicht einmal nett zu uns sind.«

»Gott«, sagte Yazzie. »Das ist diese Aschenputtel-Geschichte. Sieh mich an. Ich bin als Prinzessin großgeworden. Blonde Haare, blaue Augen, so zierlich, dass mich ein Windhauch umpusten könnte. Die Männer wollten mich *besitzen*. Mich wie ein Püppchen behandeln. Mum steckte mich von dem Tag an, als ich auf der Welt war, in Ballerinas und kleine Seidenkleider und unterstützte das alles noch. Es ging nur darum, dem *Einen, Einzigen* zu begegnen und ihn zu heiraten. Und dann bis ans Lebensende glücklich zu sein. Was für eine Illusion. Aber ich bin froh, dass ich es ausprobiert habe. Sonst wäre ich nicht die, die ich heute bin.«

»Möchtest du nicht wieder einen Partner?«

Yazzie hakte sich bei Rebecca ein. Ihre schlanken Finger lagen auf ihrem Unterarm. »Mein Dad hat genug Partner für uns alle. Wenn Ehefrau Nummer drei weiter so herumzickt, dann gibt es bald Ehefrau Nummer vier. Morgen bin ich hier weg. Wenigstens für einen Monat, damit Dad endlich mal merkt, was ich alles für ihn leiste.«

Bec warf Yazzie einen besorgten Blick zu. Sie wollte nicht, dass die Freundin ging.

»Oh, mach dir keine Sorgen. Du kannst natürlich auf

Rivermont bleiben, solange du willst. Platz genug ist hier ja.« Sie wies auf das Haus. »Bald ist Sol auch wieder eine Zeitlang da, um dir Gesellschaft zu leisten. Ich ziehe mich irgendwohin zurück, wo ich ganz alleine bin. Nur ich und die Hunde.« Voller Hoffnung blickte sie zu den Bergen. »Ich wohne bei einer Familie, die ich einmal in Argentinien kennengelernt habe. Sie haben eine wunderschöne Pferdefarm. Ganz reizende Leute. Nur für einen Monat, um wieder einen klaren Kopf zu bekommen. Für dich und das Baby bin ich allerdings rechtzeitig wieder da«, fügte sie lächelnd hinzu. »Und jetzt leg dich endlich hin, Mädchen!«

Der erste Helikopter mit Gästen weckte Rebecca gegen halb zwei am Nachmittag. Sie stand auf und zog einen Bademantel an, dann ergriff sie den violett-goldenen Kaftan und verzog das Gesicht. Nach dem Brand besaß sie noch nicht einmal mehr Unterwäsche, geschweige denn Partykleidung. Ihre gesamte Vergangenheit war verbrannt. Nackt und ohne jeden alten Ballast unter ihrem Bademantel fühlte sie sich zutiefst gereinigt. Jetzt brauchte sie nur noch Flügel, um ins Leben fliegen zu können.

Sie lächelte, als sie den Stapel an Kleidern sah, die sie anprobieren konnte. Obenauf lag hübsche Unterwäsche mit einer Notiz von Yazzie. *Für dein neues Ich*, stand darauf.

An die Tür hatte jemand auf Hochglanz polierte Cowboystiefel in Braun und Türkis gestellt. Der roten Rose und der Flasche Fruchtsaft nach zu urteilen, die in den Stiefeln steckten, war es wohl Joeys Idee gewesen. Er hatte sich bestimmt mit den Mädchen aus dem Stall zusammengetan, um die Stiefel für sie zu organisieren.

Sie blickte aus dem Fenster und sah, wie die Bäume sich im Wind der Rotoren bogen, als der Hubschrauber landete. Sie fragte sich, ob Sol wohl seine Pläne geändert hatte und früher kam. Ein Teil von ihr wünschte es sich.

Unter der Dusche wusch sie sich besonders sorgfältig die Haare. Da draußen würden ein paar sehr schicke Leute herumlaufen, und sie wollte dazu beitragen, einen guten Eindruck für Rivermont zu hinterlassen.

Unten kuschelten ihre Jungs erschöpft mit Evie auf der Couch und schauten sich einen Zeichentrickfilm an. Sie setzte sich einen Moment lang dazu.

Weder Ben noch Archie hatten Lust, die Pferdeparade draußen zu sehen. Die Gäste hatten sich bereits im Zelt versammelt, tranken Champagner, und die Frauen bohrten mit ihren spitzen Absätzen Löcher in den Rasen. Becs Söhne hatten nach der Landung der Hubschrauber beschlossen, dass das Ganze ein langweiliges Erwachsenenfest war und sie mit Evie und einer DVD drinnen besser aufgehoben waren.

Bec hatte sich eine weiße Leinenbluse ausgesucht, die locker über ihren Bauch fiel, und trug dazu eine Schwangerschaftsjeans mit einem Ledergürtel, den sie unter ihrem Bauch schloss.

Als sie in den Spiegel schaute, kam sie sich vor wie neu. Sie war so dankbar für die Fürsorge der Menschen um sie herum. Vor ihr stand eine völlig andere Person. Außen und innen – ganz zu schweigen von diesem anderen Teil von ihr, der sich irgendwo auf einer anderen Existenzebene befand.

Zur Abwechslung ließ Bec ihre Haare einmal offen. Sie fielen in blonden Wellen auf ihre Schultern. Sie schminkte sich sorgfältig, wobei sie sich aus Yazzies reichlich gefülltem Schminkschrank im Gästebadezimmer bediente. Vor dem Spiegel im Badezimmer standen Rosen in einer kleinen Vase. »Köstlich«, murmelte Bec, als der Duft ihr in die Nase stieg.

Sie verließ das Haus durch den Haupteingang und ging zu der Veranstaltung.

Yazzie stand am Mikrofon. Sie hatte Sols Rolle als Moderatorin übernommen und stellte jedes Pferd vor, das in den Ring geführt wurde.

Bec sah, dass Joey sich selbst mindestens ebenso präsentierte wie den edlen Hengst, den er auf dem Platz herumführte. Es konnte kein Zweifel daran bestehen, dass er sich genauso elegant bewegte wie Shining Light, eines der erfolgreichsten Pferde von Rivermont.

Sol hatte einmal gesagt, dass Rennpferde zum Rennen gezüchtet würden und nicht zum Arbeiten oder Denken. Dieser Hengst jedoch sah einfach nur stark und gesund aus. Die gut gekleideten Männer in der Menge betrachteten das Pferd gespannt, während die meisten der eleganten Frauen eher gelangweilt wirkten. Sie waren offensichtlich weniger wegen der Pferde als wegen des glamourösen Ereignisses hier.

Was die Frauen nicht mitbekamen, Bec jedoch bewunderte, war Joeys fachmännischer Umgang mit dem Pferd. Er sorgte dafür, dass das Tier sich so perfekt wie möglich präsentierte. Es wirkte so mühelos, dass die Gäste gar nicht merkten, wie viel harte Arbeit dahintersteckte. Als er mit seiner Fliegersonnenbrille an Bec vorbeiging, schenkte er ihr ein rasches Grinsen.

Bec fühlte sich von dieser Welt, die ganz anders war als die alltägliche Welt auf Waters Meeting, magisch angezogen. Ihr wurde klar, dass es viele verschiedene Arten zu leben gab – und sie konnte sich die aussuchen, die ihr am besten gefiel. Sie war frei.

Als die Parade vorüber war, begann ein Streichquartett auf dem Rasen zu spielen. Yazzie, die in einem hübschen kurzen goldenen Kleid, das mit schwarzer Spitze eingefasst war, umwerfend aussah, blickte zu Bec herüber und deutete diskret an, dass sie sich am liebsten übergeben würde. Dann wandte sie sich wieder ihrem Gesprächspartner zu, einem dicken, rotgesichtigen Geschäftsmann mit Halbglatze, der sie mit seinen Blicken förmlich verschlang.

Da Bec sich noch nicht zu den Gästen gesellen wollte, lief sie zu den Ställen. Die Welt der Arbeiter lag ihr mehr, dort wurde ihr auch klar, dass sie und Sol nicht zusammenpassten. Sie konnte mit seiner Welt nichts anfangen, nur mit der Farm und den Pferden. Der Rest interessierte sie nicht. Es machte sie traurig, zugleich war sie jedoch erleichtert, dass Sol nicht da war und sie sich nicht mit seinem Verlangen nach ihr auseinandersetzen musste.

Plötzlich musste sie an Andrew denken. Wo war er jetzt wohl? Sicher war er irgendwo unterwegs und half anderen Menschen, die Welt zu retten. Ihr wurde klar, dass sie ihn vermisste.

An den Ställen räumte das Team auf und brachte die Pferde in die Boxen zurück. Die Sonne versank schon hinter den Bergen, und ein sanfter, rosiger Schimmer lag über der Landschaft. Es würde nicht mehr lange dauern, und die Hubschrauber würden die meisten Gäste abholen und wieder in die Stadt bringen. Für die übrigen würde es ein großes Abendessen geben. Sie übernachteten im Gästeflügel von Rivermont.

Bec trat in den Hof. Auf dem Rand des Brunnens saß Joey und rauchte eine Zigarette. Er hielt Miss Luella am Zügel. Sie war gesattelt und stand ruhig neben ihm. Offensichtlich war sie froh, aus ihrer Box heraus zu sein, und schaute sich neugierig um.

»Sie ist eine Schönheit, was?«, sagte Joey und kniff die Augen zusammen.

»Ja, das ist sie. Was tust du hier?«

»Du, meine Prinzessin, sollst sie reiten. Ich habe Stunden damit zugebracht, sie auszubilden.«

»*Du* warst das.«

»Sol hat gesagt, ich würde die Verantwortung dafür tragen, wenn sie auch nur einen falschen Tritt macht. Also, hier steht sie, mein Geschenk an dich.« Er stand auf und hielt ihr die Zügel hin. Er reichte ihr Sporen. »Reit mit ihr aus, das ist die beste Therapie. Und mach dir keine Sorgen, dass dein Baby aus dir herausfallen könnte. Ich schwöre, du musst die heilige Muttergottes sein. Ich staune heute noch darüber, dass du schwanger geworden bist, ohne Sex mit mir zu haben!«

Bec lachte. Aber dann wurde Joeys Gesicht wieder ernst.

»Na los. Und wenn ihr nur im Schritt geht. Du brauchst das jetzt!« Er war irgendwie weicher und stiller als sonst. Bec nahm die Sporen und bückte sich, um sie an ihren neuen Cowboystiefeln zu befestigen. Sie spürte Joeys Nähe.

»Weißt du, du wirst immer meine Prinzessin sein«, sagte er.

Bec blickte zu ihm auf. »Hör auf, mich Prinzessin zu nennen.«

»Stell dich nicht so an«, erwiderte er. »Du bist wunderschön, und ich kann dich nennen, wie ich will. Auch Prinzessinnen können stark sein und Sporen tragen. Und jetzt mach, dass du wegkommst.«

Bec schwang sich in den Sattel. Als sie sich in dem wundervollen Westernsattel zurechtsetzte, der bestimmt den Stantons gehörte, legte Joey ihr die Hand aufs Bein und blickte sie an.

»Du weißt, dass du hinreißend bist.«

Bec war ganz gerührt über seine Ernsthaftigkeit. »Nein.« Sie lachte nervös. »Nein, das bin ich nicht.«

»Denk, was du willst«, sagte Joey, »ich finde, du bist absolut hinreißend, Rebecca Saunders. Ich liebe dich sehr.«

Sie lächelte ihn an. »Ich liebe dich auch, Kumpel. Du hast mir wirklich wieder in den Sattel geholfen. Die Nacht mit dir werde ich nie vergessen. Sie hat mir den Blick geöffnet, seither kann ich mich selbst anders sehen.«

»Es war wohl nicht ganz der richtige Zeitpunkt«, sagte Joey. Seine Hand lag immer noch auf ihrem Oberschenkel. »Mit dem Altersunterschied und so. Aber in einem anderen Leben, Bec, wärst du meine Frau.«

»Ja?«

»Ja«, sagte er. »Das wärst du.« Sein Blick war völlig aufrichtig.

»Danke, Joey. Das ist etwas ganz Besonderes.«

»Dann ist also eine schnelle Nummer in den Ställen ausgeschlossen?«, fragte er vergnügt.

Bec schlug ihm auf die Schulter. »Träum weiter!«

Joey schob die Hände in die Taschen und sagte gespielt empört: »Dann geh schon, du herzloses Weib!« Er wies mit dem Kopf auf die steilen Berghänge. »Mach einen Ausritt, Prinzessin. Und komm erst wieder, wenn du mit dir im Reinen bist.«

Als sie das Pferd vom Hof lenkte, war Bec Joey zutiefst dankbar. Sorgsam achtete sie darauf, was ihr Körper ihr sagte. Nach dem Schreck des Vortags wollte sie sich auf keinen Fall überanstrengen, aber sie fühlte sich gut. Sogar besser als gut. Ich will ohne Angst leben, beschloss sie und trieb die Stute zu einem schnelleren Schritt an. Einen Galopp in die Berge würde es heute allerdings nicht geben. Heute Abend würde sie nur im Schritt reiten und das langsame Tempo genießen. Sie schob die Finger unter die blonde Mähne des Pferdes und atmete den Duft des Buschlands tief ein. Sie saß auf dem wundervollsten Pferd, das sie jemals besessen hatte. Leicht und federnd schritt Miss Luella aus. Rebecca fühlte sich frei.

Als sie den Hügel hinaufritten, frischte der Wind auf. Er fuhr durch die Mähne des Tieres, aber die Stute behielt ihren ruhigen Schritt bei. Rebecca dachte an Joeys

461

lustige und freundliche Art. Wenn das Baby auf der Welt war, dann könnte sie den professionellen Beritt, den er ihrem Pferd hatte angedeihen lassen, erst richtig auskosten.

Rebecca schickte einen stummen Dank an Joey und natürlich auch an Sol.

Sol war nicht nur derjenige, der ihr dieses wundervolle Geschöpf geschenkt hatte, sondern er hatte auch dafür gesorgt, dass die Umgebung auf dieser Farm so gesund und lebendig war.

Andrews Arbeit und seine Gabe, die Menschen zu inspirieren, war ein Glück für sie und Sol. Zwei unglaubliche Männer. Zwei unterschiedliche Antworten auf Rebeccas Gebete. Aber was sollte sie jetzt tun? Welche Zukunft sollte sie wählen? Sie empfand für beide auf unterschiedliche Art und Weise tiefe Liebe, aber tief im Innern fühlte sie ein Flackern, aus dem mit der Zeit eine stärkere Flamme werden konnte, diese Flamme hatte etwas mit Liebe zu tun. Nicht für einen Mann, für den »Einen«, auf den sie sich stützen konnte. Es war auch nicht die Liebe, die sie für ihre Kinder empfand. Es war der Beginn einer Liebe zu sich selbst. Zum ersten Mal in ihrem Leben spürte sie es in sich. Sie konnte endlich sehen, wie *wundervoll* sie war.

Hoch oben auf dem Kamm zügelte sie die Stute und blickte auf die aufragende Bergkette, die vor ihr lag. Plötzlich wusste sie ganz genau, was sie tun musste, für sich und für die Welt. Sie blickte auf die hohen Gräser der Ebene, die sich im Wind verneigten.

Dann trieb sie die Stute an und drehte um.

46

Die zehn Tage nach der Rivermont Parade waren für Rebecca wie im Flug vergangen, weil sie so viel mit Packen und Papierkram zu tun hatte. Jetzt warteten Ben und Archie aufgeregt neben einer Transportkiste der Fluggesellschaft, in der Funny saß. Sie wirkte völlig unbeeindruckt. Schnüffelnd nahm sie all die unbekannten Gerüche um sich herum auf. In einer kleineren Kiste saß Jesus, der verängstigt aussah und gelegentlich kurz bellte. Rebecca stand am Frachtschalter und reichte dem Mann hinter dem Tresen die tierärztlichen Bescheinigungen über die notwendigen Impfungen.

»Bis dann am anderen Ende der Welt, ihr beiden«, sagte Bec zu den Hunden. Sie hatte ein bisschen Mitleid mit ihnen, aber es war eine gute Entscheidung, sie mitzunehmen, sowohl für sie selbst als auch für die Kinder.

Schade war nur, dass sie Miss Luella auf Rivermont zurücklassen musste. Die Kosten, um das Pferd in die Vereinigten Staaten zu schaffen, wären viel zu hoch gewesen. Bec wusste, dass die Stute gut versorgt und geritten würde. Joey und Daisy würden sie bestimmt verwöhnen.

»Oh, Funny, dir passiert schon nichts«, sagte Ben und streichelte dem Hund durch den Maschendraht die Ohren.

Evie bückte sich ebenfalls, um den Hunden einen letzten Blick zuzuwerfen. Sie legte Ben die Hand auf den Rücken. »Schon komisch, was sich so alles ergibt«, sagte sie lächelnd.

Der Mann vom Frachtschalter trat zu ihnen. »Keine Sorge, wir passen gut auf die beiden auf.« Er hob die Transportkisten auf einen kleinen Anhänger, markierte sie und gab Bec die Unterlagen zurück. »Auf geht's!«

Evie kramte noch rasch in ihrer Tasche und zog ein Fläschchen heraus. Sie sprühte etwas über die Hunde.

»Was ist das?«, fragte Bec.

»Rescue-Tropfen und Buschblütenessenzen«, sagte Evie. »Ich nehme das bei Jesus immer, wenn wir verreisen.«

»Und es funktioniert?«, fragte Bec und zog die Augenbrauen hoch.

»Bei diesem Hund funktioniert gar nichts«, seufzte Evie. »Aber Tiere werden uns geschickt, damit wir etwas lernen.«

»Ja, da ist was dran. Funny ist zu mir gekommen, um mir die lustige Seite des Lebens zu zeigen und um den Jungs durch eine schwierige Phase zu helfen. Die Treue von Hunden ist inspirierend. Aber was sollst du von Jesus lernen?«, fragte Rebecca.

»Nicht so viel zu fluchen und lästerliche Reden zu schwingen.« Evie sprühte auch ihnen etwas auf die Handgelenke. Jesus begann zu bellen. Sie stieß erneut einen Seufzer aus. »Der verdammte Hund. Auf eine glatte, sichere Reise!«

»Nun, wenn du die Sache in die Hand nimmst, muss

alles gut gehen«, sagte Rebecca. In den vergangenen Tagen hatte sie gestaunt, wie effizient Evie am Telefon auf die verschiedenen Behörden eingeredet hatte, um innen alle notwendigen Pässe, Visa und in Rebeccas Fall eine Arbeitserlaubnis zu besorgen. Bernard Truman in Amerika schien vom gleichen Kaliber zu sein. Auch er hatte sämtliche notwendigen Fäden gezogen, damit Rebecca rechtzeitig zum Start ihres Dokumentarfilmprojekts zum Grasanbau und Andrews Vortragsreise vor Ort war.

Als ihre Reisepläne feststanden, ermunterte Evie Rebecca: »Geh mit Liebe und Licht in das neue Leben, und du wirst sehen, wie alle Türen für dich weit aufgehen. Du musst dir nur selbst versichern, dass alles fließt.«

Vor einem Jahr noch hätte Rebecca geglaubt, die Frau hätte nicht mehr alle Tassen im Schrank, aber sie hatte jetzt am eigenen Leib erlebt, was ein zentrierter, ruhiger Geist erreichen konnte. Das verlieh ihr den Mut, sich auf das Abenteuer einzulassen.

Yazzie hatte sie im Kluger zum Flughafen gebracht. Sie luden das Gepäck aus, in dem sich nicht nur ihre Kleidung befand, sondern auch Weihnachtsgeschenke für die Familie Truman, die sie noch nicht kannten, und natürlich für Andrew. Ihr erstes weißes Weihnachten mit zwei Kindern oder vielleicht auch dreien, je nachdem, wann das Baby zur Welt kam. Die Jungs waren ganz aufgeregt, und auch Bec empfand kindliche Freude.

»Ist das alles?«, fragte Yazzie schließlich.

»Ja, das ist alles.«

Sie standen einen Moment lang da und schauten einander in die Augen.

»Du wirst mir fehlen«, sagte Yazzie mit tränenstickter Stimme.

Leise Zweifel stiegen in Rebecca auf. Ihr Baby drehte sich im Bauch, und ein Nerv in ihrem Rücken zwickte. »Soll ich das wirklich tun?«, fragte sie und legte beide Hände auf ihren dicken Bauch.

»Entschuldigung, ich wollte nicht rührselig werden«, lachte Yazzie. »Natürlich sollst du das tun. Beweg deinen Hintern ins Flugzeug. Dr. Patkin hat dir doch bescheinigt, dass du im letzten Schwangerschaftsdrittel beruhigt fliegen kannst. Evie hat große Erfahrung darin, Kinder im Busch auf die Welt zu holen, und die Trumans haben für dich den besten Kinderarzt bereitgestellt, den man für Geld kaufen kann. Miss Luella ist in Rivermont gut untergebracht. Was soll dich also aufhalten?« Yazzie beantwortete ihre eigene Frage. »Nur du selbst. Du bist dein einziges Hindernis. Es ist eine einmalige Gelegenheit! Und jetzt los!« Sie umarmte Bec und gab ihr einen Kuss auf die Wange. »Ich reise ja auch bald ab, um so schnell wie möglich nach Argentinien zu kommen. Mit Ehefrau Nummer drei bleibe ich nicht einen Tag länger als nötig auf Rivermont. Und dann auch noch ohne dich!«

Sie umarmte auch Evie, und Rebecca verspürte leise Gewissensbisse, weil Evie Yazzie verließ, um ihr mit den Jungs und mit dem Baby zu helfen.

»Die Reise nach Argentinien wird dir auch guttun, da bin ich sicher«, sagte Evie. »Sieh zu, dass du da drüben wieder aufs Pferd steigst! Auf alles, was man reiten kann!«

Yazzie lachte leise. »Ja, das mache ich. Auch für mich

ist es an der Zeit, wieder in den Sattel zu kommen. Wenn wir uns auf Rivermont wiedersehen, haben wir bestimmt alle viel zu erzählen, vielleicht komme ich ja auch mal nach Montana, um mir alles anzusehen. Bald sind wir alle wieder vereint, das weiß ich.«

Sie wollten gerade auseinandergehen, als ein schrilles Kreischen und Jubeln hinter ihnen ertönte. Gabs, Candy und Doreen fielen über sie her. Sie brachten so viel von ihrer strahlenden Energie mit, dass sich alle Leute auf dem Flughafen nach ihnen umdrehten.

»Ihr seid gekommen, um uns zu verabschieden!« Rebecca strahlte.

»Du hattest uns gar nicht Bescheid gesagt!«, erklärte Doreen vorwurfsvoll. »Einen Tag brennt das Haus nieder, und am nächsten bist du weg!«

»Ja, wenigstens brauche ich so keine Hausarbeit mehr zu machen!«, erwiderte Bec. »Und auf der Farm muss ich jetzt auch nicht mehr arbeiten.«

Candy begann aufgeregt, in ihrer Tasche zu kramen. Sie zog ein in Geschenkpapier eingewickeltes Päckchen mit roter Schleife heraus. »Ein verfrühtes Geschenk fürs Baby!«, sagte sie.

Bec stellte ihren Rucksack ab und packte das Geschenk aus. Es war ein Batik-Strampelanzug in allen Regenbogenfarben. »Wow!«, sagte sie.

»Ich habe ihn selbst gemacht.«

»Wow, Candy«, sagte Rebecca noch einmal. Mehr fiel ihr dazu nicht ein.

»Du liebe Güte, Louise!«, schrie Gabs. »Wie soll das Baby denn darin schlafen? Der ist so *laut*!«

»Halt den Mund, Gabs!«, erwiderte Candy. »Laut bist hier nur du! Weißt du nicht, dass deine Lebenskraft auch wie die Farben des Regenbogens aussieht? Nicht wahr, Evie? Larissa hat die Bücher in deinem Laden gelesen. Sie hat mir ein Bild gezeigt.«

»Tatsächlich?« Gabs hielt den bunten Strampler hoch. »Ich glaube, ich sehe inwendig eher so aus, wenn ich auf der Ladies' Night lauter bunte Cocktails getrunken habe.«

»Ach, Gabrielle. Vier Stunden im Auto mit dir sind entschieden zu viel«, sagte Doreen. Sie wandte sich an Bec. »Ich habe das hier für dich mitgebracht, für die Mutter des Babys.«

»Oh, wie lieb von dir, danke«, sagte Bec.

Die Frauen kicherten, als Rebecca das Geschenkpapier aufriss. Ihr Kichern steigerte sich zu hysterischem Gelächter, als verschiedene Sexspielzeuge auftauchten, unter anderem ein Klitorisstimulator und ein riesiger rotierender Dildo.

»Was ist das, Mummy?«, fragte Ben.

Bec wandte ihm rasch den Rücken zu. »Ach, nur Lichtschwerter für Erwachsene«, sagte sie. Dann wandte sie sich wieder an die Frauen. »Ihr seid ja blöd. Wie soll ich denn mit den Teilen durch die Security kommen? Das hier geht ja als Waffe durch!« Sie schlug Gabs mit dem Dildo auf die Schulter.

»Wenn ihr erst auf Flughöhe seid, kannst du die Waffe bestimmt anstellen!«, schlug Gabs vor.

Lachend begannen sie, die Geschenke in Becs Gepäck zu verstauen. Auf einmal jedoch wurden sie still.

»Also, bis dann«, sagte Gabs abrupt.

»Ja, tschüss«, sagte Doreen, und so schnell, wie sie gekommen waren, waren die Frauen auch wieder weg. Stirnrunzelnd blickte Bec ihnen nach.

Auch Evie und Yazzie hatten sich mit den Jungs aus dem Staub gemacht. Sie standen vor einem Süßigkeitenautomaten und kramten nach Kleingeld, obwohl sie gerade erst im Airport Hotel gefrühstückt hatten. Rebecca beobachtete sie verwirrt. Sie blickte sich um und wusste plötzlich, warum alle verschwunden waren.

Durch die Menge kam Sol auf sie zu. Er sah so gut aus. Seine dunklen Haare waren vom Wind zerzaust, und er trug einen engen schwarzen Pullover.

»Rebecca!«, rief er ihr zu. *Er war hier!* Heftiges Verlangen überwältigte Rebecca. Jetzt erst gestand sie sich ein, wie schmerzlich sie ihn vermisst hatte. Sie hatte sich selbst etwas vorgemacht.

Er kam auf sie zu. Seine Emotionen standen ihm ins Gesicht geschrieben. Er riss sie in die Arme und hielt sie fest. Eine Zeitlang standen sie in einer engen Umarmung still und vergaßen alles um sich herum. In diesem Moment wusste sie: Sie liebte diesen Mann.

Er küsste sie leidenschaftlich und voller Liebe. Als er sich von ihr löste, sah sie die Erregung in seinen Augen.

»Sol! Was …«

»Silencio, Geliebte! Ich muss dir etwas zeigen.« Sol griff in die Tasche und zog einen zusammengefalteten Zeitungsausschnitt heraus.

Rebecca faltete ihn auseinander. Ihr Blick fiel auf die Schlagzeile: *Stanton Corporation überbietet Minen-Kon-*

zern. Mit einer Mischung aus Freude und Ungläubigkeit überflog sie den Artikel.

In einem dramatischen Deal wurde die historische australische Farm Waters Meeting vor dem Schicksal bewahrt, in eine Kohlemine verwandelt zu werden. Stanton-Pty-Ltd-Direktor Sol Stanton überbot den Bergbau-Giganten Texlon. Stanton plant, das Anwesen wiederaufzubauen, um dort die Kohlenstoffabsonderung von Grasland zur Unterstützung einer nachhaltigen und umweltschonenden Landwirtschaft zu studieren.

Rebecca blickte Sol an. Nervös wartete er auf ihre Reaktion.

Tränen traten ihr in die Augen. Sie hob die Hände an ihre brennenden Wangen. »Du hast die Farm *gekauft?*«

»Ja.«

Lachen stieg in ihr auf, und sie blickte ihn glücklich an. »*Du hast Waters Meeting gekauft?*«

Auch Sol lachte. »Sí! Ich habe es gekauft. Für dich, aber nicht nur für dich. Es war eine geschäftliche Entscheidung von meinem Vater und mir. Kannst du dir Rivermont neben einer Kohlemine vorstellen? Nein! Eine grauenhafte Vorstellung. Und ich will das Land in Andrews Sinn regenerieren, nicht zerstören. Deshalb, ja, ich liebe dich, aber ich habe es nicht nur aus Liebe zu dir getan. Meine Liebe hast du sowieso, ob du sie nun erwiderst oder nicht.«

»Sol. Das … das ist …«

»Ich wollte es dir persönlich sagen. Ich wollte nicht, dass du mir böse bist, weil mir jetzt die Farm deiner Familie gehört.«

»Böse?« Rebecca bekam Gänsehaut. Ihr kleines Mädchen bewegte sich heftig im Bauch. »Oh, Sol! Besser hätte es gar nicht kommen können! Keine Mine auf Waters Meeting! Überhaupt keine Minen mehr! Und du willst den Boden wieder aufbauen!« Sie ergriff seine Hände und war von der Freude darüber, dass ein Mann wie Sol sich jetzt um das schöne Anwesen kümmerte, überwältigt. »Das ist die allerbeste Nachricht!« Sie schlang die Arme um ihn.

Er hielt sie im Arm und sagte: »Ich beginne bald damit, ein Haus auf dem Anwesen zu bauen. Nicht an der Stelle, wo dein altes Haus gestanden hat, sondern auf dem flachen Felsen, von dem aus man das Zusammentreffen der beiden Flüsse sehen kann. Verstehst du?«

Rebecca nickte lächelnd. Sie kannte die Stelle. »Ich habe immer schon gedacht, wie schön es sein müsste, dort ein Haus zu bauen. Wundervoll!«

»Es wird ein Öko-Haus aus heimischen Baustoffen und in Passivenergiebauweise, comprendes?«

Wieder nickte Rebecca.

»Mit einer großen Küche und einem großen Ofen. Ich werde viele Jahre lang der Männerkuchen-Champion von Bendoorin sein.«

Die Vision, die er für sie schuf, trieb ihr die Tränen in die Augen.

»Du und die Jungs und unser kleines Mädchen werden dort willkommen sein. Deshalb müsst ihr auch zurückkommen.«

Rebecca schluckte. Die Erkenntnis, dass sie gleich in ein Flugzeug steigen musste, traf sie abrupt. Dabei stand hier der Mann, den sie liebte. Einen Moment lang zog es sie mit Macht zu ihm hin. Sie zog scharf den Atem ein. »Das ist so lieb von dir, Sol. Aber ich muss gehen. Ich muss in die Staaten …« Ihr versagte die Stimme.

Sol hob die Hände und lächelte sie liebevoll an. Kopfschüttelnd sagte er: »Natürlich musst du gehen, Rebecca. Ich käme nicht im Traum auf den Gedanken, dich aufhalten zu wollen. Ich werde auch zu dir kommen und dir bei Andrews Projekt helfen. Wir können Waters Meeting und Rivermont als Beispiel für den Erfolg, der erzielt werden kann, nehmen. Das ist ein langfristiges Projekt für uns beide. Wir werden sehen, was zwischen uns passiert, sí? Lass die Sterne entscheiden.« Seine Augen flehten sie an zu glauben, was er sagte.

»Sí! Ja!« Rebecca nickte lachend und verschränkte ihre Finger mit seinen. »Ich weiß zwar im Moment noch nicht, wohin mein Weg mich führt, aber wir werden sehen. Okay?«

»Okay!«

Sie küsste ihn sanft auf die Lippen und umfasste sein Gesicht mit beiden Händen. »Danke, Sol, danke«, hauchte sie und lehnte ihre Stirn an seine.

Als sie die Augen schloss, sah sie sich selbst auf der Veranda stehen, die über die Felskante hinausreichte und einen fantastischen Ausblick auf die beiden Flüsse bot, die sich zum Rebecca River vereinten. Bis zum Horizont erstreckte sich blühendes Land. Sie sah sie alle dort. Ihre Kinder, Sol, ihre Tiere. Sie sah den uralten Puls des Landes und spürte die Seelen der Einheimischen, die das Land vor ihrer Zeit geliebt hatten. Vor ihrem geistigen

Auge sah sie das alles. In diesem Moment wusste sie, sie war *zu Hause*.

Als Rebecca sich anschnallte und das Flugzeug über die Startbahn holperte, schloss sie die Augen und spürte, wie das Adrenalin durch ihren Körper schoss. Die Jungs unterhielten sich leise, neben ihnen saß Evie. Rebecca stellte sich das neue Haus auf Waters Meeting vor. Sie atmete tief ein und verstand, wie glücklich sie sein konnte. Wie glücklich, am Leben zu sein. Ins Feuer gesehen zu haben. Erlebt zu haben, wie ihr Leben bis zur Unkenntlichkeit verbrannt war, und überlebt zu haben.

Als der Jumbo beschleunigte, um abzuheben, schlug ihr Herz schneller. Es schlug für ihr Baby und für die Jungs neben ihr. Es schlug für das Land. Inzwischen wusste sie, dass es auch für Sol schlug. Tief im Herzen wusste sie, dass sie diese Reise machen musste. Es war ein neuer Anfang. Sie hatte die Chance, etwas anders zu machen, nicht nur auf ihrer Farm, sondern auf vielen Farmen auf der ganzen Welt.

Sie hatte sich im Internet die Bilder von der Lucky D Ranch angesehen, wo sie leben würde. Verträumte Fotos von den fichtenbestandenen Hügeln in Montana, die vor hohen Berggipfeln lagen. Sommerhimmel in Rosa und Gold. Ein Foto aus ungefähr dem gleichen Blickwinkel mitten im Winter, wenn die Landschaft unter hohem Schnee verborgen lag. Auf einem anderen Foto sah sie die hohe rote Holzscheune der Lucky D Ranch, die neben dem Cottage stand, in dem sie und die Jungs wohnen würden. Die kleine Ansiedlung stand in einem

Wäldchen am Flussufer, wo glänzende Pferde träge unter Zedern grasten. Andrew hatte ein Foto von dem Büro geschickt, in dem sie arbeiten würde, und eine Aufnahme von einer pechschwarzen Stute namens Loretto, die sie reiten sollte. Es gab auch Ponys für die Jungs und ein kleines Schulhaus auf der Ranch. Das alles lag vor ihr.

Sie lehnte sich in ihrem Sitz zurück und dachte, dass sie nicht nur überlebt hatte, sondern dass ihr Leben blühte und gedieh. Sie war stärker als je zuvor.

Als das Flugzeug in den blauen Himmel schoss und durch die Wolken stieß, beschloss Bec plötzlich, dass sie ihr kleines Mädchen Skye nennen würde. Denn es war der Himmel, der sie mit allem verband. Mit dem Land, das sie gerade hinter sich ließ, und mit dem idyllischen Ort, der bald ihr Zuhause wäre. Und es war auch der Himmel, der sie mit dem Universum jenseits der Wolken verband. Evie hatte ihr beigebracht, den Ort in sich zu fühlen, damit der Wahnsinn des Lebens auf diesem winzigen Planeten sie nicht mehr überwältigte.

Ein Schauer überlief Rebecca. Sie spürte keine Bitterkeit und kein Bedauern, nur Liebe. Sie wusste, dass sie etwas dazugelernt hatte und an den widrigen Umständen gewachsen war. Dadurch war sie eine bessere Mutter geworden. Ein besserer Mensch. Jetzt lag dank all dieser Ereignisse eine leere Seite vor ihr, auf der sie etwas Neues schaffen konnte.

Danksagung

Ich muss Hunderten von Menschen für dieses Buch danken. Die Liste würde mehr Platz einnehmen als der gesamte Roman. Wenn Sie also Ihren Namen hier nicht finden, so habe ich Sie trotzdem nicht vergessen. Sie waren die ganze Zeit über bei mir, und ich bin Ihnen ewig dankbar … Sie wissen, wer gemeint ist.

Zuerst möchte ich meinen Kindern, Rosie und Charlie danken, Luke Johnstone, Luella Maeburn, Margaret Connolly, Jamie Grant und meiner hilfreichen glücklichen Heidi Latham und ihrer Familie. Mein Dank gilt auch dem inspirierenden Bodenretter Colin Seis, dem gleichermaßen inspirierenden Grasgott, Graeme Hand, und Barry Hardwick vom Natural Resource Management South. Danke an mein Wellness- und Luxusteam: Dr. Tim Begbie und seine Familie, Claudette Wells, Joe Bugden, Kim im Sixes and Sevens und Michael Burnett. Applaus für Jackie Merchant für die Gespräche mit deutschem Akzent und ihre schöne Website, George und Lyn Pickles für die B&S-Abenteuer, Kelpie, der legendäre Rodeo-Clown, weil er so ein cleverer Narr ist, Cameron und Ron Jackson für den Schreibraum und Kay O'Connell für ihre Unterstützung. Rod und Leanne Follett danke ich für ihre Liebe, The Wolfe Brothers für die Ablenkung, Kath Mace für das Bier, Sally Patmore für den Zwischenfall unter der Dusche. Helen Quinn für das Haarspray, Sally und Pete Tame für ihre Fürsorge, Collette Harold und Miss Chris für ihre Arbeit ebenso wie Su und Michael Morice, Pru Cotton für ihre Liebe zu Pferden, und so geht es immer weiter … Pip Wagner, Greg Warren, Lynette Johnstone, Nan, Jodie und Friday, die Katze. Danke an die Familie Smith, die Familie Loane und die Crew der Campbell Town Show für ihre Inspirationen hinsichtlich des Männerkuchens! An die Lichtarbeiter Katherine und Kim Bright und unser »Grader-Good«-Team, danke dass ihr mein Schreiben mit Licht erfüllt habt.

Danke an die Mannschaft bei Harper Collins: Ihr wart der Hammer! Danke an Shona Martyn für den neuen Weg, Anna Valdinger für das Lachen und das gesamte Team, weil Sie mein Anliegen verstanden und mitgemacht haben. Danke an meinen Exmann John dafür, dass er nicht so ist wie Charlie Lewis und unseren Kindern der beste Dad ist, und an die tapfere Familie Treasure. Danke auch an das Team bei Penguin, die vor über einem Jahrzehnt meinen ersten Roman *Jillaroo* veröffentlicht haben. Seht bloß, wie weit wir gekommen sind! Wie aufregend ist es doch, auch dem Landleben eine Stimme in Büchern zu geben, die überall in den Regalen liegen.

Danke an meine Hunde Connie, Rousie und Indi und an die Ponys Jemma und Jess, weil sie so geduldig darauf gewartet haben, dass ich endlich meinen Schreibtisch verlasse! Und an Dreams, mein wunderschönes Pferd.

Du musst und wirst mich weiter tragen und meinem Leben Flügel verleihen.

Schließlich gilt mein Dank meinen Lesern: Sie sind diejenigen, die meine Bücher zum Leben erwecken. Ich hoffe, die Bücher helfen Ihnen dabei, nach innen zu blicken und zu verstehen, wie Sie Ihr Licht in die Welt bringen können. Und wenn Sie Land haben, dann regt Sie dieses Buch hoffentlich dazu an, sich mit Mutter Natur zusammenzutun, damit die Gesundheit unseres Planeten gesichert ist.

In Liebe
Rachael xx

Das Schicksal nimmt ihr alles, doch sie kämpft für ihren Traum ...

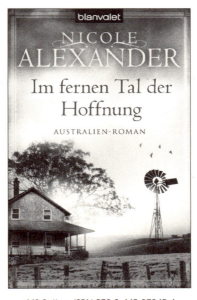

448 Seiten. ISBN 978-3-442-37849-4

Australien, 1989. Endlich leitet Sarah, die Enkelin Gordon Hamishs, der einst Schottland verließ, um im Land der roten Erde sein Glück zu versuchen, die Familienfarm Wangallon. Eine Krise zwischen Sarah und ihrem Verlobten Anthony spitzt sich zu, als ihr Halbbruder Jim auf Wallangon eintrifft, der seinen Anteil der Farm fordert. Da Sarah nicht in der Lage ist, Jim auszuzahlen, droht ihr nun der Verlust eines Teils von Wangallon. Wird Sarah ihr persönliches Glück für den Erhalt der Farm aufs Spiel setzen müssen?

Lesen Sie mehr unter: **www.blanvalet.de**

blanvalet
DAS IST MEIN VERLAG

... auch im Internet!

 twitter.com/BlanvaletVerlag

 facebook.com/blanvalet